编委会名单

主　编：邱水平

副主编：安钰峰

编　委（按姓氏笔画排序）：

马春英　王逸鸣　王颜欣　白砚华　冯　路

朱树梅　刘　怡　李　刚　李　红　李　豪

吴艳红　谷卫胜　张　昉　张慧君　陈　凯

陈　默　高　静　郭俊玲　郭奕冲　温俊君

我和我的祖国

北大老同志庆祝新中国成立70周年回忆文集

邱水平 ◎ 主编

北京大学出版社
PEKING UNIVERSITY PRESS

图书在版编目(CIP)数据

我和我的祖国:北大老同志庆祝新中国成立70周年回忆文集/邱水平主编.—北京:北京大学出版社,2019.9
　ISBN 978-7-301-30749-6

　Ⅰ.①我… Ⅱ.①邱… Ⅲ.①北京大学—校友—回忆录 Ⅳ.①G649.281

中国版本图书馆CIP数据核字(2019)第186545号

书　　　名	我和我的祖国——北大老同志庆祝新中国成立70周年回忆文集 WO HE WO DE ZUGUO——BEIDA LAOTONGZHI QINGZHU XINZHONGGUO CHENGLI 70 ZHOUNIAN HUIYI WENJI
著作责任者	邱水平　主编
责任编辑	武　岳
标准书号	ISBN 978-7-301-30749-6
出版发行	北京大学出版社
地　　　址	北京市海淀区成府路205号　100871
网　　　址	http://www.pup.cn
新浪微博	@北京大学出版社　@未名社科-北大图书
微信公众号	ss_book
电子信箱	ss@pup.pku.edu.cn
电　　　话	邮购部 010-62752015　发行部 010-62750672 编辑部 010-62753121
印　刷　者	北京中科印刷有限公司
经　销　者	新华书店
	650毫米×980毫米　16开本　28.75印张　387千字 2019年9月第1版　2019年9月第1次印刷
定　　　价	108.00元(精装)

未经许可,不得以任何方式复制或抄袭本书之部分或全部内容。
版权所有,侵权必究
举报电话: 010-62752024　电子信箱: fd@pup.pku.edu.cn
图书如有印装质量问题,请与出版部联系,电话: 010-62756370

序　言

离退休老同志是学校的宝贵财富和重要资源，为学校的改革发展做出了巨大贡献，也是新时代继续推进"双一流"建设的重要力量。北大党委明确提出，让老同志安享幸福老年生活，发挥好他们的正能量作用，是党委义不容辞的政治责任。

在中华人民共和国成立70周年之际，学校党委希望继续发挥老同志的政治优势、经验优势、威望优势、智力优势，充分发掘爱国主义教育资源，营造共庆新中国华诞、共享伟大荣光、共铸复兴伟业的浓厚氛围，进一步激发广大师生的爱国主义热情。

这一想法得到了老同志的积极响应和大力支持。在大家的共同努力下，特别是在离退休工作部的精心组织下，我们组织编写了《我和我的祖国——北大老同志庆祝新中国成立70周年回忆文集》，作为对新中国成立70周年的一份献礼。

这是一本"老北大人"的书。读这些老北大人的故事，非常亲切，也非常感动。这些老北大人，就是我们身边平凡的老师。他们数十年如一日，为人师表、不辞辛劳、严谨治学、勇于创新。

因为平凡，所以感动；因为平凡，所以伟大！正是怀着把工作做好的朴素情感，老师们做出了不平凡的成绩。

比如王选老师和陈堃銶老师，带领团队反复实验，成功设计出汉字字形的高倍率压缩和不失真的快速复原方案，使中国在激光照排技术领域领先于国际水平。又比如韩济生老师，为了救助患者，克服种种困难，先后创建了北医神经科学研究中心、北医神经科学研究所、北京神经科学学会、中华疼痛医学研究会，为推动疼痛医

学发展做出了重要贡献。

爱国主义的内涵博大、深刻，但从来不是一个空洞的、艰深的命题，是体现在日常生活中具体的、实实在在的行动上。爱国其实跟我们每个人的联系都很紧密，"人人可做，处处可为"，小事持之以恒，小善久久为功，经年累月下来，就是了不起的爱国行动。就像这些老北大人，他们怀揣着对本职工作的忠诚与热爱，把爱国之情付诸实践，干一行、爱一行、精一行。

蔡元培先生曾说："教育者，非为已往，非为现在，而专为将来。"今天呈现在大家面前的这本厚重的书，是一本老者之书，一字一句是老者之言；但它更是一本青年之书，指明的是青年创业之路，唱响的是青春奋斗之歌。

今年是五四运动一百周年。一百年前，正是北大青年发出了"爱国、进步、民主、科学"的时代最强音，推动了时代的发展。进入新时代的今天，青年应当如何继承和发扬五四精神，再立新功？

去年5月2日，在北大师生座谈会上，习近平总书记勉励当代青年要"爱国、励志、求真、力行"，强调广大青年既是追梦人，也是圆梦人。总书记的话，不仅为北大青年，也为全体新时代青年的成长成才指明了方向。

这本书在某种意义上可以说是新时代青年学习和践行习近平总书记重要讲话精神的参考读物，为我们回答如何"勇做走在时代前列的奋进者、开拓者、奉献者"这个重要问题提供了一种可能的答案。相信读完这本书后，我们可以从老同志身上汲取无穷的精神力量。

希望我们新时代的青年，坚定信念、志存高远、敢想敢拼、敢做敢成。鲁迅先生讲："北大是常为新的，改进的运动的先锋，要使中国向着好的，往上的道路走。"青年应该把树立远大理想和脚踏实地统一起来，成长为新时代合格的"追梦人"和"圆梦人"，向人生的高峰、向科学的高峰、向"中国梦"的高峰发起冲击。

希望我们新时代的青年,主动融入社会发展的主流,适应国家发展的需要。这一代青年人的人生黄金期,要与党和国家"两个一百年"的奋斗期交织相汇。能亲历这个伟大的历史进程,实现几代中国人的夙愿,是人生之大幸,应该不负韶华,敢于担当,主动作为。

读一本好书,就像交了一位益友。阅读这本书,就是与学者对话、与历史对话、与人生对话。衷心希望广大读者能从这本书里收获人生的感悟,汲取奋斗的力量。

本书编委会
2019 年 5 月 17 日

目 录

马克垚：立学立身，常新育人 / 001

王阳元：征途漫漫中国"芯" / 008

王希祜：燕园耕耘七十载，无愧为国献终生 / 022

王京生：无影灯下的人生 / 034

王学珍：踏入北大门，走上革命路
　　　　——回忆我在新中国成立前后的岁月 / 045

王顺洪：我爱北大，我爱汉院 / 055

卢淑华：我的社会学之路 / 065

乐黛云：透过历史的烟尘看人生 / 075

吉利久：七十年的回忆 / 086

李伯谦：手铲释天书，拂尘觅古幽 / 097

杨　辛：登泰山而悟生，赏荷花而好洁 / 107

杨芙清：七十年，我始终和祖国在一起 / 117

杨承运：耄耋阅世享新曲 / 132

吴慰慈：矧惟君子学，吾道深而宏 / 142

邹积清：抬头仰望星空，埋首钻研技术 / 151

汪劲武：我与植物分类学的不解之缘 / 160

沈　政：执着的追求，妙了的心愿 / 168

沈正华：用初心铭记岁月
　　　　——我与北大图书馆一起成长 / 178

张注洪：愿将此身长报国 / 190

张衍田：一生学问路 / 201

陈良焜：回忆"百分之四"政策目标的提出 / 211

陈佳洱：勇攀核物理的高峰 / 222

陈堃銶：参与"告别铅与火"的印刷革命 / 234

林　明：与时俱进，自强不息
　　　　——一个老图书馆人的足迹 / 246

罗凤珍：一次阿里行，一生阿里情
　　　　——难忘的西藏阿里医疗队岁月 / 256

金　英：难忘的两封信 / 267

赵炳华：一入护理门，一生护理人 / 274

赵振江：架起心灵的彩虹
　　　　——我去格拉纳达大学校订西文版《红楼梦》 / 282

胡壮麟：回首往事，倏忽七十载
　　　　——新中国第一批大学生的追忆 / 291

胡佩诚：为心理健康事业而奋斗 / 302

侯学忠：伴随新中国发展的步伐砥砺前行 / 311

俞士汶：助力汉语走入信息时代 / 320

姜伯驹：培养数学人才，服务国家建设 / 331

耿引曾：架起中印友谊的桥梁 / 340

徐天民：耄耋之年忆往昔，谆谆之语寄后人 / 347

徐金宝："653"与"728"
　　　　——参加国家工程侧记 / 357

郭振华：北大对外汉语教学六十年 / 364

黄　琳：静水流深，沧笙踏歌 / 371

黄宗良：情系国政一甲子，心不自缚与舟同 / 381

崔殿祥：追梦燕园六十载 / 390

梁立基：从海外"孤儿"到民间大使 / 399

董士海：亲历计算技术专业的发展 / 411

韩济生：此生唯愿济众生 / 422

储槐植：我与中国刑法发展同行 / 432

潘文石：生态保护四十年 / 440

后　记 / 451

马克垚
立学立身，常新育人

马克垚，1932年6月生，山西文水人。北京大学历史学系教授。1952年进入北京大学历史学系学习，1956年留校任教，2005年被聘为北京大学哲学社会科学资深教授。主要从事世界中古史教学及研究。

从机械转向史学

中华人民共和国成立之前，我国处于一段比较动荡的时期。我上学的时候日本人已经占领了文水，很快我离开家乡，去了山西的国民党占领区。抗战胜利后我又回到太原，初中就在太原读书。当时生活条件很艰苦，只能吃小米，而且是定量的，没有别的吃的，也没有菜，只能泡点水放点盐就把小米吃了。

1951年，我参加高考，那时候心高气傲，觉得自己在中学理工科那么好，一定能考上清华，就报了清华大学，其他志愿瞎填了一通。结果，清华落榜了，我糊里糊涂去了瞎填的唐山工学院机械系，

其实那时候我根本没听过这个学校,甚至都不知道唐山在哪儿。

去了以后我郁闷不已,一方面接受不了与心理预期的差距,另一方面学习成绩不好。在中学里我的理科都是挺好的,但是一到大学变得一塌糊涂。我记得刚入学要学大学物理,每次最后一堂课还有10分钟时,老师说你们拿一张纸出来,现出一道题,10分钟考试,必须把这个题做完。我几乎每次都是0分。时至今日我都记得一道题:雨伞上掉了一滴雨点,算重力和加速度——我还会算;但是老师又加了一个条件,说雨伞会转,我一下子就算不出来了。还有门课叫"投影几何",我们都叫它"头痛几何",十分难学。当时老师都是归国留学生,讲一次就认为你懂了,其实我根本不懂。学工科最重要的是要手巧,上机械制造课,要会做木工活儿,老师让我们把木头刨成一个长多少宽多少的木块,我一刨子下去木头就七歪八扭了,最后都是不及格的。

这段学习生活对我来说太痛苦了,我想改变一下。大概每个人小时候都想成为文学家,我那时候一想:不念大学也可以成为高尔基,人家不是也没念大学吗?我也想学着写小说。后来觉得大概不行,因为写小说得有生活积淀。我没有经过实际生活锻炼,当不了文学家,就还得考大学,我想上大学就学历史吧,没有生活也可以学历史。这样我就退了学,重新高考,报考了北京大学。

1952年我考入北京大学历史学系,开始了一生与史学的缘分。那时候,新中国刚刚成立,学校里的学习氛围很浓厚,老师、学生心气都很高,大家都觉得共产党真厉害啊,把帝国主义都赶跑了,都抱着学好本领、建设祖国的愿望一门心思地学。老师教得很认真,我们学习也很认真。

1956年我毕业那年,正赶上党中央发出"向科学进军"的号召,我就留校任教了。其实我最开始是想研究中国古代史的,但是系里认为我外语比较好,要求我去教外国史,而且还是艰深晦涩的世界中古史,我也只能服从分配。世界中古史这一段的历史比较难学,当时引进的图书、资料很少。20世纪50年代学习苏联，引进了一些苏联的图书、资料，后来中苏关系破裂，苏联的图书也少了。至于出国留学、访问，更是不可能的事。另外，做外国史研究要懂外语，而我们学外语连收音机都没有，所以语言学习也比较困难。就是在这样艰难的条件下，我自己摸索着讲授世界中古史，也尝试做一些研究。在北大几十年，我也经历了风风雨雨，但是贯穿始终的就是史学研究，不敢说有多少成就，总还算积累了一些心得，在此与大家分享一下。

摆脱权威的束缚，摒弃学科的成见

做学问不能拘泥于经典权威。我刚读大学的时候，正是"全盘苏化"时期，教材全是学苏联的，苏联专家的意见也是权威的，我们不能有不同意见。苏联不少学者认为奴隶社会分两个阶段：一个是发达的奴隶社会，像希腊、罗马；另一个是落后的、专制的奴隶社会，像古代中国、印度、埃及、巴比伦。他们认为落后的奴隶社会不能发展到发达的奴隶社会，而且经济也不能达到先进奴隶社会的水平。我们一听就很生气，这种思想好像传达出的就是东方永远也达不到西方的水平，我们当然不同意了。当时，我就觉得苏联不太可信。一个原因是苏联很多观点是从西方引入的，有很多带有殖民主义色彩的东西被延续下来了；另一个原因我觉得是苏联大国沙文主义特别严重。

20世纪六七十年代，国外进行了对亚细亚生产方式的大讨论。这个问题之前在苏联是禁区，斯大林逝世后，苏联

1956年，马克垚大学毕业照

又开始讨论这个问题。英国和法国的一些期刊上也发表了很多相关文章。我因为参加编写《简明世界史》看到这些文章，就觉得这一问题可以讨论。改革开放后，国内也对这一问题进行了热烈的讨论，有人说亚细亚生产方式是奴隶社会的，有人说是封建社会的，也有人说是原始社会的。我认为他们说的都不一定对。马克思对社会发展阶段的意见，主要是根据欧洲的历史经验做出的，对亚洲的历史了解不够，才提出亚细亚生产方式的问题。马克思也没有明确说过5种生产方式，是斯大林总结出5种生产方式，这并不一定完全正确。社会发展阶段的问题，还是需要讨论的。

对亚细亚生产方式的讨论对我的思想是个很大的解放，让我知道不能迷信经典权威，而要具体问题具体分析，一切从实际出发。

要学习广博的社会科学知识。20世纪五六十年代，国内史学界讨论的是所谓的"五朵金花"（中国古代史分期问题、中国封建土地所有制形式问题、中国封建社会农民战争问题、中国资本主义萌芽问题、汉民族形成问题）。涉及土地制度的问题时，讨论我们东方有没有土地私有制。我当时读到侯外庐先生关于土地制度的一篇文章：《关于封建主义生产关系的一些普遍原理》，侯先生主张中国古代是土地国有制，这引起许多不同的意见。侯先生懂德语，他引用的马克思语录和习惯上翻译的很不一样，应该是考察过马克思原著的。所以我去查了马克思的原文，涉及的很多概念我都不清楚。马克思是法学博士，文章中有很多法学概念，而我的法律知识很差，当时不像现在有通识教育，可以跨系选课，而是"划系为牢"，不能随便选课。我只好自己补课，找外文法学著作来学习，读得昏头昏脑、半懂不懂，也去请教过法学大家芮沐教授。不过自己补课也有一定成果，就是了解到土地制度有法律形式和经济事实两方面的问题。1964年，我在《历史研究》发表了《关于封建土地所有制形式讨论中的几个问题》，从法学角度分析了什么是"占有"、什么是"所有"，不过并没有能解决这几个问题，只是提出问题而已。

通过这段研究经历，我发现学历史不能只学历史，还要有广博的社会科学知识。那时候我觉得法学当然是重要的，经济学、社会学也是很重要的。我一度还学习过一些经济学知识，可惜自己的数学基础不行，学不深入。广博的社会科学知识能使史学研究进一步深入，能够使人正确地提出问题，从而解决问题。

以中国为参照系，跳出西方主义圈子

以中国为参照系，开展比较研究。从研究亚细亚生产方式开始，我对历史进行了一些朴素的比较研究。当时，有位教授认为中国从魏晋南北朝时期才进入封建社会，所以他说汉代还是奴隶社会。我注意到这个问题，我认为汉代是不是奴隶社会应该拿罗马来比较，又加上我是研究外国史的，有罗马史方面的知识，就写了一篇文章——《罗马和汉代奴隶制比较研究》，发表在《历史研究》上。这篇文章后来受到了学界重视，还获得了《历史研究》的"优秀论文奖"。其实得不得奖我不太在意，但我喜欢这个奖。因为现在很多评奖要自己申报、单位推荐，按单位分配名额，还设一、二、三等奖，大体上申报者都有份。但当时这个奖不是让个人申报，单位也不知道，而是由广大读者推荐，最后编辑部根据大家的意见总结后进行发奖，我觉得这才是真正的奖。

我始终认为，中国人研究世界史，也有自己的优势，就是可以以中国为参照系，进行中西比较，这样可以看到西方人看不到的一些问题。

比如，在法律问题上，西方有一种说法叫"王在法下"，他们认为法律不是制定的，是被找到的，因为他们对法律的概念追溯到了习惯，习惯是先有的，法律先于国王，法律也因此高于国王，所以他们认为西方是民主的、文明的、法治的，指责东方是专制和落后的，法律是君主制定的。后来我发现中国也有自己的习惯法，那就

是"礼",礼也不是由君主制定的。一般认为董仲舒是中国君主专制学说的奠基者。可董仲舒的"天人感应说"也主张人君的行为应该符合天道,强调君王要遵守"礼";不行天道,不按照"礼"的规定行事,是要下台的。所以,"王在法下"的概念在中国同样也有。西方王权讲究血统,一般世代相袭;而中国不同,中国人一直认为"王侯将相宁有种乎",如果帝王违反了"礼",老百姓是可以起来造反的,所以恰恰是中国人最具"造反精神"。

跳出西方主义圈子,扎根中国大地,建立自己的学术体系、话语体系。我们过去就批判西方中心论,但是实际上我们的教科书大体上还是西方中心论,因为西方好像有发展规律,人家有希腊、罗马、中世纪,然后就到了文艺复兴、工业革命、资产阶级革命;但是东方是一种循环史观,中国是讲朝代,唐宋元明清,好像没有规律,所以我们就向西方学习。当然,我们必须承认,学习了西方历史的这些规律后,我们的历史学研究才有了很大的进步,否则我们还是只有纪传体和编年体。但是,我们也因此不知不觉受了人家的理论控制,跟着人家走。当学生就是要向先生学习,学习了以后跟着先生走,最后就跳不出来了。

萨义德的《东方学》提出,你不但要认识到西方中心主义是西方人的学说,还要认识到是西方制造了东方主义,你对自己的认识也是西方人给你的。因为西方中心主义给了你一个理论、一个方法,你就得跟着它了,所以你戴着它的眼镜一看,我们就是落后、专制、不民主,形成了这样一个思维定式,这就是在话语上受了控制。

世界一定是多元发展的,中国有中国的规律,西方有西方的规律,阿拉伯有阿拉伯的规律,当然这些规律一定有共同性,我们应该在个别里求出最一般的东西。所以我一直认为,看问题要跳出西方中心主义的理论束缚,这样我们也许会有一个新的世界历史观、一个新的世界历史图景。我觉得,不光中古史,整个世界的历史都需要重新研究,重新研究的重要任务就是摆脱西方人制造的西方中心主义思想束缚，还历史以本来面目。我写了《古代专制制度考察》一书，试着从那里面找一条路来。当然，完成这个宏伟的蓝图要靠几代学者的努力，特别要靠年轻学者，逐渐把这个问题解决掉。

一直以来，源于西方的学术范式、研究方法，长期占据国际学术主导地位。现在，经过长期努力，中国的史学已在不少领域可以到国际史坛一展风采，和他们打个平手，这日益引起西方学术界的重视。但是中国史学还是受西方主义的束缚，未能建构起中国自身的学术范式，出现"西化"和"国际化"的倾向。此外，符合中国特色的学术评价体系尚未建立健全，当前学术界重数量轻质量、重形式轻内容的评价导向，不利于学科的健康发展。我认为，未来我们的研究一定要扎根中国大地，总结中国的历史经验；既要借鉴西方有益的理论和方法，也要根据中国历史文化实践经验和未来发展需要构建中国理论，同时，还要实现学术评价转型，改变"崇洋媚外"的学术评价标准，淡化数量考核，建立起更加科学合理的评价体系。

在这一进程中，北大应做出自己的贡献。北大有一个光荣传统，那就是敢为天下先，北大就是要有这样一种精神，要做"常为新的，改进的运动的先锋"。我希望北大能够保持这样的传统，而不是跟在别人后面亦步亦趋，依样画葫芦。

文史楼在我刚入校的时候才刚刚建好，现在的北大有很多建筑都是后来修的，有的我都不认得。但就像文史楼前那两棵曾是幼苗的大树一般，北大仍然在不断地成长，希望北大能保持自己的独立人格，做常新的北大，希望年轻的北大人能学有所成，为国家、民族的发展贡献自己的力量。

（采访、整理：严为）

王阳元
征途漫漫中国"芯"

王阳元，1935年1月生，浙江宁波人。1953年考入北京大学物理系，1958年毕业留校任教，1995年当选为中国科学院院士，是北京大学微电子学科奠基人和我国集成电路产业的开拓者之一。主要从事微纳电子学领域中新器件、新工艺和新结构电路的研究。

求学岁月

我出身于一个贫寒之家，我的父亲按现在的说法是一个个体户，经营柴米油盐酱醋酒，养活着一家人。尽管家境困难，但是父母对我们的要求极严，他们嘱咐我们绝不可以与他人比吃比穿，唯有认真读书求上进是正道。

学校教育对我的成长起的作用是关键性的。我有幸在一生中受教于三个百年名校，即柴桥小学、宁波中学和北京大学。

小学阶段我就认真学习，从我记事起成绩就一直名列前茅。如果在哪次考试中偶然得了第二名,我就感到对不起父母,羞愧难当。

1947年,我小学毕业,以宁波市镇海区统考第一名的成绩考上了浙江省立宁波中学。1949年5月25日,在我中学二年级的时候,宁波解放了;同年10月,新中国成立了。

宁波解放之后,舟山群岛还没有完全解放,国民党还盘踞在舟山群岛,几乎天天派飞机来轰炸。我不得不休学回到家。每天早上,我挑起装着全家细软的箩筐跟着家人去山里躲避,晚上飞机没法来了,我们再回到家里。每天这样来回奔波。1950年5月19日,舟山群岛全部解放,我们才稳定下来。休学半年后,我坚决要继续读书,父母也不忍心耽误我的学习,倾其所有,供我求学,于是我恢复了中学学习。我中学的学习和此后大学的学习都是靠助学金才得以完成的,是人民培育了我,是党培育了我。

对我一生影响最深的学校,除了北京大学之外,就数浙江宁波中学了。宁波中学是以治学严谨、管理有方而著称的。中学阶段对我来说最大的影响有三个:

第一,使我养成规律的生活习惯。入学以后我们学生全部住宿在学校里,过着十分有规律的生活,这使我养成了读书做学问的好习惯。上课我专心听讲,效率很高,因此课下我可以有很多时间去读课外书,获取多种知识,这促使我在后来的科研中注意多方面积累知识,拓展思路。我在中学时,把萨本栋的《普通物理学》看了,后来考北大物理系也和这有关。

第二,为我树立了革命的进步的人生观。在课外书阅读中,我阅读了不少优秀的文学作品,例如《钢铁是怎样炼成的》《普希金诗篇》等,这些对我树立正确的世界观和人生观都有着深刻的影响。我特别喜欢《居里夫人传》,为此,我立下了人生的志向:成为一名对祖国、对人民有贡献的科学家。记得我当时写了一篇作文:《未来的科学家——宇耕在成长》,"宇耕"是我给自己起的一个名字,意为"宇宙的耕耘者"。我的语文老师看了以后很高兴,在班上还表扬

了我。这个从小立下的志向成为我日后工作的强大精神动力。

第三，为我健康的体魄打下了基础。我喜爱各种体育运动，每天去操场跑步，我曾经是宁波中学中长跑1500米和5000米田径记录的保持者。体育锻炼不仅为我打下了身体健康的基础，而且我认为体育锻炼与科学研究有许多地方是相通的。跑400米最累的是在200米左右弯道的地方，挺住了，你就能坚持到底；跑1500米时，我最喜欢向终点冲刺的时刻，当大家都疲劳不堪时，我喜欢鼓足力气冲向终点，去夺取胜利。搞科学研究、著书立说又何尝不是如此呢？胜利往往产生于坚持，最困难的时候咬牙坚持下来，就会接近胜利，越困难，越要坚持，最终就能享受胜利的喜悦。

中学阶段，我就很喜欢物理课。考入北京大学物理系是我的第一志愿，也是我人生道路的一个新起点。

刚到北京时，我不太习惯，南方人也吃不惯馒头。那时北京有沙尘暴，经常飞沙走石，我全身过敏。1952年院系调整后，物理系招进180多名同学，上大课时会有300多人。大学的生活是比较艰苦的，当时我们住在第二体育馆，我睡在看台的水泥地上，铺上一个草席就是床，个人用品放在枕头边上。

尽管条件艰苦，但是我的信念就是"求学""学问"：求学就是求着学；学问就是学着问。这是我最难忘的时期之一。

经过院系调整，北大物理系大师云集。我非常荣幸地接触到了黄昆、王竹溪、虞福春、周光召等物理学大师。我进入北京大学后的第一位老师就是黄昆教授。黄昆教授严谨的治学态度和对物理学深入剖析及卓越的逻辑思维能力，对我一生的治学都有着深刻的影响。在很多方面，他影响着我的科学研究和培养学生的方法。

在学习过程中，我逐渐掌握了学习的规律。除了听课以外，讨论也是非常好的学习方式。我每天吃完晚饭就和同学讨论问题，往往就一个物理概念争论不休，有时争论得面红耳赤，当有了统一认识，大家才相对一笑欣然而散。

当时考试是学习苏联的口试形式。考试时老师坐在一个教室，我们抽签，抽到题先在另一个教室准备，然后去和老师面对面答题。我的多数考试成绩都是优，特别是黄昆老师的两次口试，我都取得了很好的成绩，他还问过我："你以前是不是当过老师？"但也有教训，有一次数理方程课的考试，我之前有一个问题没有深入理解，于是死记硬背想记住它，结果考试我恰好抽到这道题，但死记硬背的知识应付不了口试，这门课我最终的成绩是及格。正如毛主席所说："感觉到了的东西，我们不能立刻理解它；只有理解了的东西才能更深刻地感觉它。"① 这个教训让我终生难忘，此后我治学、科研一定要求自己做到彻底理解搞懂。我也是这样教育我的学生的。

1956年，周总理亲自主持制定了《1956—1967年科学技术发展远景规划纲要》（简称为《十二年科学技术发展规划》），半导体是重点方向之一，五校（北京大学、复旦大学、南京大学、厦门大学和东北人民大学）在北京大学联合举办半导体专门化，培养人才。北京大学又云集了一批以黄昆教授和谢希德教授为首的优秀半导体教师，我有幸作为第一批学生被重点培养，学习有关半导体理论与技术的多方面知识，这为我长期在微电子领域开展工作奠定了扎实的基础。

科研之路

1958年，我毕业之年，集成电路在美国发明，揭开了信息时代微电子芯片创新的序幕。从此我就与集成电路结下了终身之缘。

到2019年，集成电路已经发明61年，它已如同组成人体的细胞一样，和软件一起成为信息社会的基础元素，无处不在，成为人们生活和产业发展中不可或缺的必需品。集成电路的科学技术水平和产业规模已成为衡量一个国家综合实力的标志之一，是当之无愧

---

① 《毛泽东选集》第一卷，人民出版社1991年版，第286页。

的国之重器。

从教 61 年来，我体会最深的两句话是：科学研究的本质在于创新，教书育人的灵魂在于启迪。在我的科研之路上发生了很多事，在此我想重点回忆六件事。

硅栅 N 沟道 1024 位 MOS 动态随机存储器的研发过程

1969 年，我们聚焦于研发大规模集成电路。那个时期，我在反复思考一个问题：选择什么样的课题才能对国家微电子产业发展有更大贡献，并能立足国际微电子技术发展前沿？带着这个问题，我和同事们开展了深入的调查研究。在调研过程中，图书馆常有一个角落的灯光亮到凌晨两三点。经过近半年时间的调查研究和数十次的专业讨论，大家一致认为：硅集成电路存储器由于其稳定、可靠并可以低成本大批量生产的特性，必将替代磁芯存储器；而在半导体存储器中，当时又以硅栅 N 沟道技术性能最好，集成密度又高，因此硅栅 N 沟道技术必然能成为对产业最有影响力的微电子前沿技术。我们最后选定了这个方向，决心研制硅栅 N 沟道 1024 位 MOS 动态随机存取存储器（DRAM）。我担任该课题领导小组组长。

经过 6 年多坚持不懈的奋斗，我们采用了多种途径来消除技术瓶颈的困扰，在无数次失败的基础上总结科学规律，终于克服了设计掩膜版制作、硅栅薄膜生长和氧化层离子沾污等多项技术难题，1975 年研制成功了国内第一块 3 种类型（硅栅 P 沟道、铝栅 N 沟道和硅栅 N 沟道）1024 位 MOS 动态随机存取储存器，独立自主地开发出了全套硅栅 N 沟道技术，被称为我国 MOS 集成电路技术和产业发展过程中具有里程碑意义的事件。它比 Intel 公司研制成功硅栅 N 沟道 MOS DRAM 只晚了 4 年，因此获得了 1978 年全国科学大会奖。研究的过程非常艰辛，有人说是这用"汗水"浇灌成的，我说是用"鲜血"凝成的，因为每研制成功一块电路，我的十二指肠就会出血一次，最严重的一次是我从实验室走廊被直接送到北医三院去急救。

我们获得初步成功和成果之后，没有孤芳自赏。为了提高全国集成电路产业技术水平，我们组织了 3 期短训班，无偿地将苦苦奋斗了 6 年得到的科研成果的设计版图转给 20 多个单位。不仅如此，我们还派出小分队去相关公司讲课、辅导，帮助同行解决技术上的困难，让他们以最快的速度使我国 MOS 集成电路技术和产业水平上了一个新的台阶。北京大学微电子学研究所也因此一直被认为是硅栅 N 沟道技术的主要发源地和开拓者。

奋战"1024"的革命精神和科学分析精神一直是我们微电子学研究所的光荣传统，也是我们此后不断取得科技攻关胜利的宝贵精神力量。"1024"精神就是面对国家的急需，不怕困难，迎难而上，分析困难，解决困难，是大无畏的革命精神与理性地提出问题、分析问题和解决问题的科学精神相结合的典范。

多晶硅薄膜物理和 MOS 绝缘层物理研究

在总结硅栅 N 沟道 1024 位 MOS 动态随机存取存储器研制经验基础上，我认为还有两个技术的科学规律没有被充分理解与掌握，需要我们进一步加强研究。于是，我们开展了对多晶硅薄膜物理和 MOS 绝缘层物理的系统研究。

在多晶硅薄膜研究方面，我们首先针对多晶硅薄膜氧化层增强氧化现象对集成电路成品率和性能影响这一关键因素进行研究。对多晶硅薄膜存在晶粒间界的物理特征，提出了是晶粒间界在氧化过程产生的应力导致了氧化增强现象的观点。为此开展的 TEM（透射电子显微镜）实验证明了这个推测理论的正确性，我们还总结提出"应力增强氧化"模型，进一步据此推导出了指导多晶硅薄膜氧化的工程方程和特征参数。

MOS 绝缘层物理研究则是另一个来源于实践过程的研究课题，当时在 1024 位 MOS DRAM 研究过程里栅氧化层中离子沾污引起的硅表面反型和阈值电压不确定，导致我们 1024 位存储器常常做不出

来，这促成了我们多位教授（主要是谭长华、许铭真、吉利久等）之间的合作，系统研究氧化层中离子沾污的测试方法和它的规律，这些工作的深入研究使北大微电子所 MOS 绝缘层物理研究室跃进了世界水平的行列。

研究科学问题要善于抓住事物的本质特征，例如多晶硅薄膜的本质特征是存在晶粒间界，然后以此出发，提出问题，分析问题，并解决问题。这是对一个从事教学和科研的人员的基本素质要求。

ICCAD 三级系统和集成电路产品开发

20 世纪 80 年代初，我国加大发展集成电路产业的力度，为此首先要发展设计业。谁掌握集成电路计算机辅助设计（ICCAD）工具（被称为"皇冠上的明珠"），谁就掌握了主动权。当时我国政府曾与法国谈判，试图通过技术引进来解决软件工具的源程序问题，但由于"巴黎统筹委员会"对华禁运高新技术，使我们下决心自己组织力量来开发大规模集成电路计算机辅助设计系统。

这是一项战略性的任务。时任电子工业部部长李铁映同志专门邀请我出来担纲。1986 年，我受命担任全国 ICCAD 专家委员会主任和全国 ICCAT 专家委员会主任。为确保成功完成这项使命，在电子工业部和微电子局的领导下，我组织总体组，设定了以研制成功满足产业发展和国防建设需要的具有自主知识产权的集成化、实用化的大型 ICCAD 系统为目标；组织了全国包括高等院校、科学院和工业研究部门各单位从事 ICCAD 软件工具开发研究与应用的优秀人才，联合攻关、集中开发；同时，组织力量，引进国外先进技术和人才，制定了国内外相结合的工作方针。

在全国联合攻关会上，我说："国家的需要就是我们科技人员报效祖国的方向，现在就是我们报国的最好时机。我们一定要急国家所急。我们一定要科学分析，锲而不舍，集中力量打歼灭战，解决问题。""不解决这个问题，我'决不罢休'！"

经过 6 年的奋斗，我们成功研制了全国第一个按软件工程方法开发的大型集成化的超大规模集成电路计算机辅助设计系统，该项目获得国家科技进步一等奖。这使我国继美国、西欧、日本之后进入能自行开发大型 ICCAD 系统的先进国家行列，不仅打破了西方国家对我实行的封锁，而且为我国集成电路设计业奠定了重要的技术基础。这一成果使我国扬眉吐气，从此能够在平等基础上与西方国家谈国际合作与交流。这是我最自豪的一件事。

1992 年，江泽民主席等中央领导亲自听取我们的成果汇报。时任机电部副部长曾培炎同志指着我对李铁映同志说："你当年把他请出来主持这项工作，现在他圆满地完成了任务。"

参与特种应用集成电路的研究

现代战争是信息化战争，微电子是信息化装备的基础，建设自主的微电子预研体系则是一项基础工程。1988 年，中国电子科学研究院组建电子预研管理机构，成立了先进微电子技术专家组，邀请我担任组长。在此基础上，1990 年国防科工委成立了微电子技术专业组，我同时担任国防科工委科技委兼职委员和微电子专业组组长，组织开展先进微电子预研系统建设。

当时国家建设亟须一种"1750"的先进技术，也是国外对我们封锁的技术之一。为此，国防科工委给我们下命令，必须两年内研究出来该技术。我们在庐山召开会议，面对国际的封锁，大家群情激奋，我说："军威是国威的集中表现，能够参与我国的先进装备建设，是我最兴奋、最有激情的事，也是我们科研人员的报国之机。"为此，我们组织了两个攻关小组，都立下了军令状，下定决心，排除万难。最终我们如期攻克了这个难关，及时满足了装备的需要。这也是我非常自豪、非常兴奋的一件事。

扩展集成微系统研究，创建国家级微米与纳米加工技术重点实验室

发展未有穷期，奋斗永不言止。20 世纪 90 年代初，以硅马达的

研制成功为标志的微机电系统（MEMS）开始发展。这是一个新的硅集成微系统发展方向，不仅可以与精密机械系统相结合，而且是可以广泛地与光学、生物、医学、生命科学、化学、物理学和数学等多学科交叉发展的一门新兴技术学科。北大是一所多学科综合性大学，具有发展这一学科的优势。在学校支持下，我与同事们一起向国家有关部门申请获批，1996年在北大建立了国家级重点实验室，我任主任。

实验室一开始定位有四原则：（1）必须是国际先进水平的；（2）组织力量，自力更生，解决关键的"卡脖子"问题，旨在从根本上提升我国MEMS研发水平；（3）向国内外开放，培养人才，特别要开放给博士生，让他们有自己动手的机会；（4）注重科技成果向产业转移，促进产业发展。

经过10年的奋斗，我们终于建立了我国第一个与集成电路兼容的MEMS设计和加工平台，开发了三套具有自主知识产权的工艺加工技术，发布了第一套MEMS CAD设计软件。

耶鲁大学校长理查德在参观我们实验室后回到美国，在《纽约时报》发表文章说："我在北京大学参观，看到他们有可以从事两种工艺研究的两条生产线①，他们的装备和技术的先进性，即使在国外大学里面也很难找到与之相媲美的。"

2006年，"硅基MEMS技术及应用研究"项目获得国家技术发明奖二等奖。

创建中芯国际

1999年，在党中央国务院对高新技术发展高度重视和国民经济高速发展的形势下，我国微电子产业建设迎来了一个新的快速发展时期。在总结国际集成电路产业的发展规律以及我国集成电路产业几十年来发展历程的基础上，我认为我国集成电路产业发展的关键

---

① 实际上不应叫作生产线，翻译问题，应是两条实验线。——作者注

在于：在机制上要有所创新，要突破传统模式，走开放改革之路；要利用国内、国际两种资源，面向国内、国际两个市场，引进组织国际化的一流爱国团队和技术，共同创建我国具有世界先进水平的集成电路制造企业。

1999年年底，适逢张汝京博士等一行来国内考察建设集成电路生产线的可能性，经过信息产业部有关人士的介绍，我们当即约定会面。和张先生见面后，我首先阐述了建设集成电路生产线的建议和可行性，随后在他们考察的基础上，我们第二次在深圳听取了他们的报告，共同讨论合作建设的方案和措施。这真是"天时、地利、人和"，就是这短短两次的会谈，成就了中芯国际集成电路制造有限公司（简称中芯国际）的创建。

2000年1月，中芯国际召开了第一届董事会，决定总部设在上海。2000年8月，中芯国际在上海浦东张江正式破土动工，13个月后，2001年9月25日即建成投产。2003年，中芯国际一厂被世界知名的《半导体国际》评为全球最佳半导体厂之一。

在北京市政府的大力支持下，2002年9月，我国第一个晶片直径300 mm的集成电路制造厂在北京亦庄兴建，仅用了2年时间。2004年9月25日，300 mm纳米级的集成电路制造厂正式投产。时任北京市委书记刘淇和市长王岐山同志亲自参加了投产典礼。国务院总理温家宝和国务院其他领导，以及著名科学家周光召院士、师昌绪院士等，先后都来视察300 mm厂的生产情况，对我们倍加赞赏。

中芯国际最核心的理念是贯彻了改革开放的精神，开创了一个与国际接轨的运作模式，不仅在资本、技术、市场、人才等各个方面能够充分利用国内外两种资源，同时也为逐步培养我国本土人才和进行自主研发提供了一个技术与产业化的平台。《中国集成电路产业全书》的主要编委们经过认真讨论，一致认为中芯国际的创建在我国集成电路产业发展中具有里程碑意义。

从创立中芯国际开始，我一直担任其国内企业的董事长和法人

代表,后又任其国际企业的董事长。张汝京博士开始任国际企业董事长和所有公司的CEO。2009年,在与中芯国际共同经历10年风雨之后,我辞去了中芯国际董事和董事长职务,改任中芯国际名誉董事长和首席科学家。在我离开董事长岗位时,中芯国际董事会给我赠送了一个特意制作的纪念鼎,上面刻着:"王阳元教授,作为创始人之一,于2000—2009年期间,在创立和建设中芯国际集成电路制造有限公司的过程中,无私奉献,建立了不可磨灭的历史性功绩,为中国和世界集成电路产业和科学技术的发展做出了卓越的贡献。"

育人感悟

大学的根本任务就是培养学生。宋代胡瑗说过:"致天下之治者在人才,成天下之才者在教化,教化之所本者在学校。"我一直说:"只要人类社会存在,教育就是永恒的主题;只要人的生命存在,学习就是不竭的任务。教育的灵魂在于启迪!"

教师的根本使命也是培养人才,学生要能够一代更比一代强,长江后浪推前浪。在历史的长河中,我们的生命只有几十年,十分短暂,但是如果我们能够将知识、经验、智慧传承下去,一代一代学生薪火相传,就如同滚滚长江川流不息,我们的生命也会被无限延长。

我认为不同的学习阶段有不同的教育规律。在本科阶段,我主张"大本科",希望同学们打好扎实的基础,我们虽然不能要求人人都能学贯中西、融通古今,但基础要扎实、知识面要广一些。文科学生要选修一些理科的课程,在信息时代选修一些信息科学技术的基础课程,懂得一些知识,比如芯片是什么、基础软件是什么;同样,理工科学生也要选一些人文社会科学学科的课程,要读一些中华好诗词,这有助于他们建立正确的世界观、价值观和人生观,提高其文化内涵和修为素养。

在研究生阶段,则要强调培养学生们提出问题、分析问题和解决问题的能力。爱因斯坦曾说:"提出一个问题往往比解决一个问题更为重要,因为提出新的问题、新的可能性,从新的角度看旧问题,都需要创造性想象力,而且标志着科学的真正进步。"我们对北大微电子专业学生的教育,特别注重对其提出问题意识的培养。我相信,优秀的研究生必定会在重要的国际会议上崭露头角。

20世纪八九十年代,我曾几次参加或率领教育部组织的团队去参加被认为是在电子器件领域最具权威性和标志性的国际会议——国际电子器件会议(International Electron Devices Meeting,IEDM)。因为当时我们没有被录用的论文,代表团的教授们聚在一起晚餐时,大家都有很多期盼,期待我们有论文在会上报告,期待我们有发言权。这个愿望从2008年起实现了,以后一直延续下去。我校微纳电子学科的学生在这个会议上每年发表的论文平均数可与世界名校相媲美。可以认为,我们在这方面的研究水平已进入世界先进行列,而实现这个愿望的是以我的学生为主体的年轻团队。当教师的喜悦莫过于此。

2001年,王阳元与集成电路创始人诺贝尔奖获得者基尔比(Jack Kilby)在一起

还有一个例子，电子器件学会（EDS）每年都要从全球评选出优秀博士论文奖学金获得者，名额为4—5名，亚洲仅有1名。但2008—2015年这8年间，我校有4名博士生获此奖励。这就是说，不仅包括国内著名高校，而且包括整个亚洲许多世界级名校在内，有50%的获奖者是我校学生。他们为国争光，也为北大争光。我为北大有这样的学生而感到骄傲！

从教61年，我先后培养了26名硕士生、59名博士生和18名博士后。

教育是千秋万代的事业，北京大学要持续发展，一定要珍惜优秀学生资源，优秀学生资源是北大最宝贵的财富。教育的成功与否，关键就在于要建设一支综合素质高、有活力、老中青结合、以中青年为主体、结构合理的教师队伍，使北大优秀的传统代代相传，不断发扬。

树爱国之情，立报国之志

习近平总书记指出："重大科技创新成果是国之重器、国之利器，必须牢牢掌握在自己手上，必须依靠自力更生、自主创新。""真正的大国重器，一定要掌握在自己手里。核心技术、关键技术，化缘是化不来的，要靠自己拼搏。"集成电路作为"国之重器"，一定要握在自己手里。我也非常有幸能够从事集成电路这一国之重器的研究。

如今，在中美贸易摩擦的背景下，打造中国"芯"的呼声，从民间到"庙堂"都非常高涨，芯片与中华民族的复兴如此密切地结合在一起。

我相信，我们一定能打造出世界前沿的"中国芯"。铸造中国芯，确实走过了漫漫征途，这里有内部因素和外部因素：内部因素是我们对集成电路的战略性和市场性的双重特性认识不足，外部因素则是西方国家对我国实行技术封锁、禁运和打压。但这种封锁和打压只能更激起中国人民，尤其是技术人员的报国激情和战斗意志。在中国共产党领导下，这股爱国之情和创新能力必将使西方国家的禁运、断供折戟沉沙于太平洋中。发展中国芯，需要创新，要创新最重要的还是具有创新能力的人才，而培养综合素质高、创新能力强的人才，归根到底需要教育。

国家所需就是我们的研究方向。作为一名科研人员，选择研究方向时，就是要考虑国家的需要和科研的前沿。科学没有国界，但是科学家是有祖国的。实验室就是科研人员报效祖国的"战场"。科研工作者从事国家急需的事业，这是理所当然的，也是报国最好的时机。当然，不是说所有的科研人员都要从事高新技术研究，一些基础研究是非常重要的，从长远的角度看，对科学事业有更深刻的影响，对民族的发展具有更深远的意义，即使在从事基础研究，也要怀着爱国之情、报国之心。总之，我们一生中不管怎么选择，最重要的是一生的奋斗过程一定是与国家的发展、国家的战略需求、民族复兴联系在一起的。心系祖国，胸怀全球，终生奋斗，必有所成。这样度过的一生，不管你的职位高低、财富多寡、能力大小，都将是有意义的一生。

我国集成电路产业和科技的创新发展，必将为全球集成电路产业的不断发展做出中华民族特有的贡献！我国集成电路科学技术和产业的强盛之日不会让我们等待太久！

北京大学有着优良的传统和光辉的历史，是一方培养高质量人才、出高质量科技成果的沃土。我很喜欢曹操《观沧海》的诗，我引用了其中几句，但在上面我加上两句描述北大的话：

> 西山逶迤，未名涟漪。
> 星汉灿烂，若出其中。
> 日月之行，若出其里。

希望同学们在未名湖畔、博雅塔下，不忘初心，牢记使命，锐意进取，锲而不舍，把自身的前途命运同国家和民族的命运紧紧联系在一起，为建设世界科技强国、为中华民族的伟大复兴做出更大贡献！

王希祜
燕园耕耘七十载，无愧为国献终生

王希祜，1928年出生于山东省蓬莱县（今蓬莱市），1947年考入北京大学理学院动物学系做练习生，长期从事北京大学后勤管理工作，曾任北京大学副总务长兼基建处处长、北京市教师住房建设领导小组办公室成员、北京高校房地产开发总公司副总经理等，1999年12月退休。

进北大迎解放，投身革命

1947年1月，我考入北京大学理学院动物学系做练习生。我1月13日到理学院报到，其时正是北大师生抗议美军对北大女生实施暴行的高潮。理学院大门内外铺天盖地贴满"抗议美军暴行""严惩美军暴徒""美帝国主义从中国滚出去"的大字报。这些大字报深刻揭露了美帝国主义的丑恶嘴脸和侵略者的本质。这是我进北大上的爱国主义第一课。

理学院原是清朝的公主府,院内建筑仍是王府的格局,唯有大院正厅东部的生物楼和南楼(教室楼)是近代建筑。动物学系师生人数不多,都挤在生物楼楼下,用房十分拥挤。练习生的工作主要是为教学、科研准备实验材料,采集、制作各种动物标本,并管理学生用的实验设备如显微镜等。因为这些工作,练习生和师生们接触很多,所以大家彼此都很熟悉。师生们关心政治、思想进步,他们深深地影响着我,使我逐步融入北大这个"小解放区"的环境之中。

抗战胜利后,国民党反动政府为了打内战,大量印发钞票,搜刮民脂民膏,物价飞涨、民不聊生,教育事业遭遇严重危机。北京学生在地下党的领导下,发起"反饥饿、反内战"的斗争。1947年5月18日,北大学生宣传队在西单商场附近突然遭到国民党青年军208师士兵围堵殴打,据说有8人被打致伤,其中2人受重伤。动物学系助教李秀贞向我们介绍她弟弟(北大工学院学生)在西单被打的情况:暴徒拳打脚踢,有好几个同学受伤。我们听了非常气愤,大家议论要参加"五二〇"大游行。

5月20日下午,一万多名各校学生聚集在北大操场,我加入的北大队伍有几百人,排头的是在北大上学的青年军复员学生,他们穿着夹克式青年远征军军装,有人还戴着美式钢盔,衣服背面写着"老208师"字样。当过兵的人走起路来很威武,队伍是四列纵队,我们年轻力壮的排在外侧两列,中间两列是较体弱的男生和女生。队伍浩浩荡荡,沿途高喊"反饥饿、反内战"的口号。走到西单商场时,我们外侧两列男生都将手挽起来,防止被冲散、被殴打。西单商场附近有些像特务便衣的人在观望,所幸没有发生事故,但回校后听说北大仍有两个人被打了。游行大队回到北大广场即举行群众大会,总结"五二〇"游行的战斗,并把北大操场命名为"民主广场"。

暑假后,我搬进理学院南楼单身宿舍,住在校内有更多时间参

加学校的各种活动。不久，我参加了化学系练习生沈承昌组织的读书会，参加读书会的有我们理学院几个练习生和校外几个中学生，北大学生老宁辅导我们学习《大众哲学》《论联合政府》《新民主主义论》等革命读物。随着形势的发展，我们还学习了介绍解放区情况的《大江流日夜》和《中国土地法大纲》等。北大校内虽然民主自由气氛浓厚，但学习小组仍然十分注意保密，学习地点随时更换。我们的学习文件也注意保密，北平解放前夕我们学习的《将革命进行到底》的新华社新闻稿，就是伪装在一本周作人的《秉烛谈》里。

学习小组坚持的时间很长，参加学习的人员有不少更迭，直到北平解放后小组公开，定名为"青苗社"，成为职工中一个社团，吸收沙滩校区青年职工中要求进步的积极分子参加。学习小组还在总办事处前设立板报专栏，配合政治学习，定期出版，直到职员会、工会正式成立，文宣工作正常化后，青苗社才停止活动。

学习小组是练习生们的一个交流平台，练习生联谊会就是在学习小组中酝酿产生的。1948年春，国统区物价飞涨、民不聊生，地下党领导教职工开展要求改善公教人员待遇的斗争，只拿职员工资60%的练习生们，纷纷要求享受应有的全额工薪待遇。沈承昌、王克昌和我几个人多方呼吁奔走，虽未解决问题，但练习生们在斗争中团结起来，一起读进步书刊，宣扬进步思想。后经党组织同意成立了练习生联谊会，我们几个人成了联谊会的负责人。联谊会在之后的迎接北平解放，与旧职员会斗争，以及成立职员会、工会等工作中，都起到了重要作用。

1948年4月的一天，我同李鸿藻（王岳）去西郊采集标本，中午回到理学院时，看到总办事处门口吵吵嚷嚷聚集了很多人。感觉情况不对，我同李鸿藻赶快进了理学院大门。他叫我去总办事处看看，我在民主广场的布告栏里看到贴着警备司令部抓人的黑名单，名单上有李鸿藻的名字。我赶快回来告诉他，想让他暂时在我的宿舍住下，他说不用我管，第二天去了解放区。几十年后，我们又在北大相见，李鸿藻任北大物理系党总支书记，后任教育部高教司司长。

1948年暑假，我的小学同学刘光鼎（后为中科院院士，曾任中国科学院地球物理所所长）从山东大学转学到北大物理系，带着弟弟刘光鼐来京，暂时挤在我在南楼的单身宿舍里。当年，山东大学缺乏进步书刊，他想运一批进步书刊到山大。其时，我正准备到青岛采购制作鲨鱼标本的材料，要带几个装仪器、药品和鱼的木箱，将进步书刊装箱混在一起是可行的办法。经党组织同意，我将进步书刊装在这批箱子里，从北京火车站运到天津码头，再装船运到青岛大港，由山大学生从码头接走。在天津码头，军警逐箱严格检查，我千方百计没有让他们打开这几个箱子。这次经历是我终生难忘的一次危险行动，也是我第一次单独完成一项革命任务。

1948年12月，解放军几路大军将北平城团团围住，地下党布置全党和盟员组织护校和迎接北平解放。植物学系练习生、地下党员王克昌组织我们几个人，登记动物学系、植物学系的贵重仪器、设备和重要图书资料。

1949年1月31日，我们接到通知：和谈签字，人民解放军要在今天进城接受北平防务，北平正式解放，我们要集体赴西直门欢迎入城的解放军部队。我们几个人到西直门外，在城门两侧等候。过午，人民解放军雄赳赳、气昂昂地迈着整齐的步伐进入古老的北平城。我们见到自己的队伍，群情振奋，热泪盈眶，大家振臂高呼欢迎口号。之后，我们又在回校的路上见到地安门部队换防：在地安门城门楼东北角马路东侧的人行道上，原站着两名国民党士兵，从东面走来一队着装整齐、精神饱满的解放军战士，从中走出两人，与国民党士兵互敬军礼后互换岗位。我们和周围参观的市民一起热烈鼓掌，我心中默默地想："北平变天了，是我们人民的天下了。"

晚上回来，上级通知2月3日举行欢迎解放军入城式，要求学

校各群众团体在地下党的统一领导指挥下，参加解放军入城式。而1947年12月改选的职员会，领导权是在一群国民党、三青团的人手里，这显然是不合适的。经党组织研究，由练习生联谊会出面，与旧职员会谈判，夺回职员会的领导权。2月1日下午，沈承昌、王克昌和我三人在子民堂与旧职员会展开了长达两个半小时的争论，最后迫于大形势影响，他们同意欢迎解放军入城式由练习生联谊会来组织领导。2月2日旧职员会中国民党骨干分子逃离学校，2月14日旧职员会宣布结束会务，2月15日北大沙滩区职员会筹委会成立。

2月3日，举行人民解放军入城仪式，我们带领职工队伍随北大的大部队一起，到东交民巷西口路南指定位置。这里恰好是美国兵营大门口，大门紧闭，偶尔会有个蓝眼睛、黄头发的脑袋从门缝中伸出来看看，我们高呼"美帝国主义从中国滚出去"，大门马上又关上了。上午11时，威武雄壮的解放军队伍走过来，热情的欢迎人群沸腾的欢呼声交织在北平的上空，直到下午5点仪式才结束。广大市民"拥护共产党、拥护解放军"的口号响彻云霄，庄严热烈的欢迎庆典震动古都。

7月1日，北大党员、团员步行到先农坛，参加庆祝中国共产党成立28周年大会。我们下午就到了那里，那天下着瓢泼大雨，离开会还有几个小时，大家在雨中唱着、跳着，十分兴奋，每个人都浑身湿透，鞋里、袜子里都是水，但没人退缩躲雨。晚上开会时，雨停了，郭沫若朗诵了一首庆祝的诗，毛泽东主席向大家问好，全体与会人员斗志昂扬、不怕困难的精神在我的记忆中永不磨灭。

10月1日，首都30万人在天安门广场举行开国大典。我随北大的队伍中午就到了西三座门西侧的指定位置。下午3时，庆典开始，毛主席在天安门城楼上庄严宣告："中华人民共和国中央人民政府，今天成立了！"30万群众仰望天安门、看着毛主席，心潮澎湃、群情激昂，口号声、锣鼓声响彻云霄。朱德总司令绕场检阅后，盛大的阅兵式开始，威武的人民解放军陆、海、空方队在我们面前通过。

天上飞过机群、地下通过装甲坦克后，群众游行队伍开始出发，北大队伍在天安门西侧，走在游行队伍的最后。当晚，我又参加了天安门广场的盛大庆祝晚会。

我有幸参加开国大典，见证新中国的诞生，感到热血沸腾、激动不已。当五星红旗升起来的时候，我暗下决心，要为年轻的新中国奋斗终生。

1950年6月，朝鲜战争爆发。10月19日，中国人民志愿军出兵抗美援朝。27日，北大民主广场上贴出了"反对美帝侵略、支援朝鲜人民爱国战争"的大字报。我在北大教职员抗美援朝上书毛主席的志愿书上签了名（我记得全校教职员376人签名）。1951年暑假，动物学系召开师生员工大会，动员开展捐献运动。我当时负责系里的行政事务工作，找到王府井南口中国青年服务社（团中央所属），经多次协商，他们同意收购我们制作的动物标本、切片。全系师生昼夜奋战制作标本，我也制作了一批蟾蜍骨骼标本，销售收入全部捐献，动物学系的捐献成果为全校各系前列。

办伙食管后勤，服务师生

1952年5月，我从动物系调到学生食堂膳委会，担任主任委员，负责管理沙滩校区的全部学生伙食工作。过去学生伙食是由学生自己选出膳委会，自己管理。1949年，团委、学生会提出伙食工作由学校管理，以减轻学生的负担，于是学校派进会计、采购等人员，减少了一些学生的工作。我担任主任委员后，全部伙食管理工作由行政管起来，这也为院系调整后正式成立膳食科做好了准备。8月，学校任命我为院系调整后新组建的膳食科首任科长。在以燕京大学职工为基础组建的新北大膳食科及各方的积极支持下，新建的大膳厅完工，新组建的7个食堂陆续开伙。原来800多名学生的燕园，迎来了3600多名新北大的学生。10月4日，新北大在东操场举行隆重的开学典礼。我从原来从事教学辅助的工作岗位,转变为后勤战线上的新战士。

9月,以庄守经(原燕大团委副书记)为书记、沈承昌(原北大职工党支部书记)为副书记的后勤党支部成立,在"为教学科研服务、为群众生活服务"的方针指引下,全面开启了新北大的总务工作。我除了行政上担任膳食科长外,校工会还选举我为职工工作委员会主任,在党支部的领导下,做好老职工和大批年轻新职工的思想教育、生活福利、文化学习等工作。

1952年,院系调整时练习生联谊会主要负责人合影,左二为王希祜

1956年,我调任总务处秘书,仍兼任膳食科科长。1957年4月中旬,苏联最高苏维埃主席团主席伏罗希洛夫到京。5月1日晚,在中山公园组织盛大的游园晚会,欢迎伏罗希洛夫主席。我和团委的一位干部率百余名学生参加晚会,我们在中山堂前围成一个圆圈,唱歌跳舞,毛主席陪伏罗希洛夫来到北大队伍中,我挽着毛主席,毛主席挽着伏罗希洛夫,三个人在北大学生队伍内走了整整一圈,这几分钟是我一生中最幸福的时刻。8月1日,庆祝"八一"建军节30周年军民联欢会在中山公园举行。与"五一"晚会一样,北大学

生的队伍仍在中山堂前，朱总司令走进队伍里，女生们抢着和朱总司令跳舞。警卫员找我设法"救"出朱老总，我走进圈内，拦住学生，陪朱老总到中山堂休息。他同周总理、陈毅、贺龙一桌，总理听说我是北大的，就让我坐下，问了一些北大的情况，陈毅、贺龙在一边插话，聊了十来分钟，我就礼貌地退了出来。

红湖原为鸣鹤园遗址翼然亭（校景亭）山下的一个小水池。1958年6月，由于当时北大校内没有游泳池，学生要到颐和园去游泳，总务处职工决心将这个水池改造为游泳池，并承诺18天竣工。总务处动员全校师生，从早到晚两班倒，清挖湖底淤泥，学生们从头发到脚丫都是泥水，脸盆挖坏了几十个，但稀泥挖不净，白天挖了，晚上地下水又将稀泥涌回。指挥部从后勤各处组织了30名壮汉组成突击队，我担任队长。晚10点，学生劳动大队走后，我们突击队将湖底铺上荆笆卵石，压住稀泥，一直干到早上6点大队上班，突击队才回去吃饭休息。就这样苦干了十来天，湖底工程完成；与此同时，配套的给水排水、更衣、照明、护岸等工程也同步完成。18天后，红湖游泳池按时放水启用。在庆祝竣工大会上，马寅初校长给我发了一面红旗，表扬我们突击队为修建红湖做出的贡献。游泳池被命名为"红湖"，并在校景亭南侧立碑志名。红湖游泳池一直到20世纪70年代，学校建成"五四"游泳池后才停用。

7月，北京市团市委组织大学生去长山岛军事野营，团市委副书记宋诚邀请我参加，为学校"大办民兵师"做准备。我随团在天津乘大型登陆艇直达海岛军营，接受了出操练兵、全副武装夜间紧急集合、行军、实弹打靶等军训科目的训练，参观要塞、炮台、地道等军事设施。经过20多天军训回校后，学校正式成立民兵师及持枪受阅民兵团，我被任命为受阅团参谋长，任务是负责全团的后勤保障、交通运输和枪支武器管理。我亲自去军火库领取了全团1000多支步枪和护旗手的冲锋枪、团首长的手枪，同副团长马士沂、副政委王家俊一起，每天训练队伍，并多次夜间在天安门合练。"十一"

国庆当天,北大受阅团威武雄壮地通过天安门,接受毛主席检阅,顺利完成受阅任务。

从昌平到燕园,建设北大

1959年12月,根据教育部和北京市委指示,北大制定上报了新的校园建设规划,根据事业发展需要,缺地57公顷,缺房46万平方米。市委讨论后认为,海淀校区已无发展余地,建议另觅新址建分校。经教育部和市委上报周总理同意后,国家计委下达设计任务书,批准在昌平建设理科分校,建设规模35万平方米,总投资5000万元,三年建成。为此,学校成立基本建设处,任命我为副处长,负责理科分校建设工作。在市委、市政府的大力支持下,1961年暑假,昌平分校建成教学楼1栋、学生宿舍4栋及食堂等所有附属配套建筑5万余平方米,并完成给排水、电力、供暖、电话等公用设施,具备开学条件。由于自然灾害,国家经济困难,教育部指示暂停迁校。1963年,全国经济形势好转,教育部同意分校启用,无线电电子学系(简称无线电系)、力学系部分专业迁往分校上课,我兼任昌平办事处副主任,负责基建、总务、医疗等除教学外的一切行政事务。据1963年12月统计,分校共有师生1181人,后勤职工56人。1965年,教育部指示北大在汉中建设分校,昌平分校停止建设。

1973年,我担任基建组副组长,负责图书馆建设工程。北大图书馆于1973年春开工,1974年年底竣工,1975年5月1日正式开馆启用。图书馆建筑面积24813平方米,设计2400个阅览座位,计划容纳藏书350万册,是当年国内高校中规模最大的图书馆,也是"文化大革命"期间北京高校建设的唯一大型教学用房。

1973年秋,斯诺遗嘱要将其骨灰部分安葬在北大燕园,安葬日期定为10月19日。工期仅有一个多月,墓碑制作和安装都还来得及，但从西校门到墓地的道路状况极差，校党委决定翻修道路。我在现场指挥修路、运输，和数百名配合劳动的师生日夜苦战了一个月，最终呈现在人们面前的是整齐的道路，路旁有美丽的鲜花。10月19日下午3点，周恩来总理等贵宾如期到来，举行仪式。1982年8月和1986年10月，我主持了葛利普教授之墓的建造和塞万提斯铜像的安装；1993年5月，我又主持建造北京大学革命烈士纪念碑。这些纪念文物育人于无形，静静地彰显着大学的校园文化。

1976年7月28日，唐山地震波及北京，北大全校伤17人，有66栋楼房发现裂痕，469间平房不宜居住，校园围墙倒坍27处，总长300余米，全校开展抗震救灾工作。我当时兼任蔚秀园社会主义大院的院长，全面承担起全院居民抗震救灾的工作。在大院的工作刚刚稳定时，9月，我奉命与郭宗林（军代表、革委会副主任）、麻子英一起带领北大师生到唐山抗震救灾，我负责师生们的交通、吃、住等一切后勤工作。师生分三批共约2000多人，在唐山陶瓷厂、唐山钢厂、开滦煤矿、市委大院等处设立了6个生活点，每个点上都有伙房和帐篷板房，吃住都不能麻烦当地居民。救灾期间，恰逢毛主席病逝，大家化悲痛为力量，更是忘我地投入救灾行动。10月下旬，师生们逐步撤回学校；11月中旬，我将一切遗留事项处理干净后也返回学校。从1977年起，我兼任北大抗震办主任，开始负责学校的抗震加固工作，逐年有计划地加固需要加固的楼房。

1979年1月24日，我被任命为基建处处长。1980年8月1日，我又被任命为北京大学副总务长兼基建处处长。

1980年10月12日，北大党委在向中共中央书记处报送的《关于北京大学当前情况和今后工作的报告》中提出：希望在今后五年或稍长一些时间内完成基建30万平方米；希望把北大基建列为国家重点建设项目，将北大周边规划路之内的土地划归北大。对于北大的报告，中央十分重视，经教育部和国家计委反复讨论，最后确定北大在"六五"计划期间，建房29万平方米。1985年，国家计委将

北大基建列入国家重点工程计划大本之内。学校为了加强对重点工程项目建设的领导，于1984年6月成立以丁石孙校长为首的校园建设规划委员会。重点工程的中心项目是11.3万平方米的理科楼群，它的规划方案由建设部副部长戴念慈主持，选中广东建筑设计院的方案，经万里、胡启立等中央和北京市领导，陆平等北大老领导审查同意。至此，北大开始了重点工程项目的建设，建成化学楼、静电加速器等项目后，1988年获得邵逸夫赠款资助，完成了理科楼群3号楼和5号楼的建设。在这期间，我们还建成了1000余套教工住宅，征用了学校周边可能征用的土地360余亩①。从1973年我恢复工作到1993年5月借调到教育部去参加北京市教师住房建设的20年间，北大共建成校舍43万平方米，其中教学科研用房13万平方米、教工住宅18万平方米、学生宿舍8万平方米、工厂等附属用房4万平方米。

1986年9月，美国赛克勒博士与丁石孙校长签署了向北大捐赠148.7万美元支持北大建设考古博物馆的协议。我代表校方主持实施这一合作项目。博物馆在原燕大规划建设位置建成一栋外形与燕园建筑风格一致的大楼。博物馆建筑面积4254平方米，1989年正式开工，1992年土建工程竣工。之后，又修建了赛克勒夫人花园并整修了博物馆西侧的原鸣鹤园部分旧园林，增建了水榭，新建了园界石墙，加上启功先生题名的"鸣鹤园"名石，使博物馆的环境更为古朴典雅。考古博物馆和1993年"五四"揭幕的北京大学革命烈士纪念碑是我在北大完成的最后两项任务，是我对北大做出的最后贡献。

为教师解困难，营建住房

1993年年初，教育部借调我代表教育部参加北京市教师住房建设工作，任北京市教师住房建设领导小组办公室成员、北京高校房

---

① 1亩≈0.0667公顷≈666.67平方米。

地产开发总公司副总经理,负责教师住宅小区的全部建设任务。我们首先从各高校抽调了一批多年从事基建管理的老同志,组成工作班子,立即开展工作。到 2002 年,共历时 10 年,北京市教师住房建成四个相对集中的住宅小区,占地 655.55 亩(不包括代征地),共建房 111 万平方米、安排教工住房 10463 套。1999 年年底我退休时,育新花园、静淑苑两个小区已全部建成,完成入住,望京花园西区完成主体结构建设,望京花园东区完成报批规划土建开工。

审计署对育新花园一期工程给予了很高的评价,《审计署关于北京高校住宅小区一期工程竣工决算的审计意见》指出,该工程一是工程速度快,二是工程质量好,三是配套设施全,四是综合造价低。这也是对我们这些为高校基本建设工作的老同志的嘉奖。

退休后,学校分给我一套育新花园住房,在我自己亲手建造的房子里安度晚年,我心情特别愉悦。在新中国成立 70 周年之际,回忆我在北大工作的 50 多年,我无愧无悔实践了自己在开国大典时的诺言:为年轻的新中国奋斗终生。

王京生
无影灯下的人生

王京生，1937年5月出生，辽宁辽阳人，北京大学人民医院教授，主任医师。1955年考入北京医学院医疗系，1960年毕业后到北京医学院附属人民医院工作，1992年获国务院颁发的政府特殊津贴。历任人民医院心血管病研究所副所长、心脏外科主任、中华医学会及北京市胸心血管外科学会学术委员等职务。

20世纪50年代初，我还是初中生的时候，曾想要做一名教师。高中毕业前夕，学校组织了一次社会实践活动，我被分到去医院的组里。当时社会上对医生这个职业很尊重，医生被誉为人体的工程师。因此，我很想选择老师和医生这两个职业，后来机会来了，幸运之神降临了我。

1955年是我个人命运发生重大转折的一年。那一年我18岁，通过参加高考，我考入了北京医学院（北京大学医学院是它的前身）医疗系。8月底我从外地来到了伟大祖国的首都北京，来到城外的北京医学院。校园里的一切是那么新鲜、欢乐与欣欣向荣，那朝气蓬勃的气氛深深地打动了我这个年轻学子的心，我下定决心一定要努力学习，报效祖国和人民。

第一次参加国庆游行

在北医学习的时光是很充实的，有全国知名的一级教授亲自授课，他们之中有解剖学苏醒教授、生理学王志均教授、生物化学刘思职教授等。学生们如饥似渴地学习着医学基础知识。刚开学不久，就迎来了1955年庆祝国庆的任务。同学们又开始学习跳集体舞和准备庆祝国庆的活动。

我清楚地记得，10月1日的清晨，校园里早早地欢腾了起来，女同学们穿着光彩夺目的花衣裙，大家登上来接我们的斯柯达大轿车向城里驶去。那时北医所在地的塔院乡被称为"城外"，学校的周边被称为"八大学院"区，周围布满了农田和菜园。北医的西什库菜园学生宿舍被称为"城内"。大约7时许，全体参加游行的同学在菜园准时集合。人人手中都拿着彩纸小旗和鲜花，列队完毕，开始向游行集结地南河沿大街进发，街道上各色人流队伍既充满欢乐又井然有序。10点整，从扩音器里传来了天安门广场庆典的声音，《歌唱祖国》的雄伟歌声一遍遍地播放着，阅兵大约进行了一个小时，群众游行就开始了。

经过观礼台下金水桥时，看见国家领导人站在城楼上向游行的人们招手时，大家兴奋的心情达到了顶点，一遍遍地呼喊着："中华人民共和国万岁！中国共产党万岁！毛主席万岁！"人们边喊边走，不知不觉间已经来到了西长安街。大家都想走慢些，在广场上多停留一会，但队伍的洪流不停地推着你向前走，谁都停不下来。下午5时，我们再次向天安门广场进发，准备参加入夜的狂欢。随着音乐和歌声，各学校的人们在广场上围成圆圈一遍遍地跳着不同的集体舞。当夜幕降临，歌声、欢乐声响彻整个广场的上空。晚8时，各

色礼花放起，人们欢呼着、跳跃着……可惜那时我没有照相机，未能留下照片。

经过了整夜的狂欢，直到东方的天际映出朝霞，广场上的人们才渐渐散去。这是我生平第一次参加的国庆游行，虽然过去了六十多年，但我永远不会忘记当时的景象。以后的"五一"和"十一"游行，我又参加了几次，但是1955年的国庆游行始终令我铭记在心。

初到人民医院

1960年秋，我从北京医学院医疗系毕业后，被分派到位于白塔寺的北京医学院附属人民医院外科学习工作。我从住院医师/助教做起，历经住院总医师、高级住院医师、主治医师/讲师、副主任医师/副教授、主任医师/教授。在长期的医、教、研的工作中，我深深感受到人民医院的老精神、老传统对我的影响。前辈们的教诲与带领帮助，使我受益匪浅。我在普通外科（简称普外）工作20年，胸外科工作3年，后又转到心脏血管外科工作20余年。现在我虽然已经退休，但还未离开我热爱的外科医师工作，希望在我有生之年，尽我所能奉献我的知识和经验。

在我做住院医生的时候，人民医院实行住院医生24小时负责制，每周只休息半天。住院医生白天黑夜全部时间都得在医院内、在病床前，要观察患者病情、参加手术治疗，随叫随到。当时大家都住在医院的宿舍楼内，生活工作都很方便，一心想的是努力工作和学习，以及如何尽快学习继承前辈的技术和经验。那时医院在培养青年医师方面强调要打好"三基三严"的基本功，尤其在手术的操作方面：如手术器械的使用，怎样拿止血钳、如何用手术剪刀等，一招一式都有具体要求。至今我还深深地记得，有一次在黄萃庭主任带领下，从早上开始，我在手术室一连做了五台手术，历时20余小时，结束手术时东方的夜空已泛起了曙光。

毕业后的第一年我是在普外轮转，当时普外科在病房三层的西头，被称为八病房，有床位50余张；第二年轮转骨科（6个月）、胸外（3个月）、泌尿外科（3个月），还要去门诊和急诊轮转。

我做完两年半的住院医师之后，1963年年中被遴选为外科住院总医师。住院总医师的工作职责是协调全外科的手术安排并参加常规手术及急危重病人的救治。每天下午5时要带领值班住院医师巡视全部外科重点病人，还要担负白天急诊室的复查工作，从晚6时到早8时做急诊室一线医师。如有急诊手术，还要亲自上台手术。我记得时间最长的一次，是连续上了三个月的14小时的大夜班，被训练成电话一响就直奔急诊室，处理完病人情况后，倒头便睡，处于日夜不分的状态。通过这种魔鬼式训练，我在独立处理急腹症、创伤外科方面的能力得到了很大提高。繁重的工作虽然让人很累，但这些经历也让我终生获益。

在做住院医师期间，我还脱产专职教过两届学生的外科总论和系统外科。教学让我的基本理论和基本知识有了很多积累和提高，丰富了我的经验。我还有两项手术记录至今未被打破：一是阑尾炎手术，从切皮到缝合完，我仅用了8分钟（病人是学生辅导员刘某）；二是针刺麻醉下做胃大部切除手术，共完成了60余例。

五年住院医师的工作，为我以后的工作和道路打下了稳固坚实的基础。可惜这种培养人才的方法，到1965年后未能持续下去。

创建人民医院心脏外科

我人生的另外30年是用在了人民医院心脏外科的创建与发展工作上。

20世纪80年代，百业待兴、人心思变，全国人民都想尽快地把我国建设成为富强的国家。党的十一届三中全会为我们指明了方向，

全面改革开放，我国开始了大规模的经济建设。当时北医系统各附属医院只有心脏内科和神经内科，心脏内科的名医林传骧教授和马万森教授分别在第一附属医院和人民医院工作。心内科的技术水平在国内名列前茅，但是却没有相关外科（心脏外科和神经外科）与之配合，这种情况被戏称为北医"无心无脑"或"心脑不全"。其实很久以来，北医的各级领导都想改变这种状况。因为心脏外科代表了临床医学的前沿水平，当时我国各医院进行三级医院评定时，要求三级甲等医院必须要有心脏外科。

在这种背景下，各医院建立心脏外科就成为必然之势。当时北医的老教务长、校长马旭同志带头多方奔走，联系国外机构。最终派出了北医的第一支心脏小分队前往美国"太平洋医学中心"学习进修。这支小分队由 11 人组成，人员由三个附属医院派出。原计划是这支队伍回来后便组建北医的第一支心脏外科的专业队伍，最终还是由各附属医院自立门户，各自独立建立了心脏外科并开展工作，这样走过了 30 余年。

回顾这 30 余年，正值我国改革开放飞跃发展的时期，各行各业都达到了历史上最好的阶段，我院的心脏外科也如婴儿一般，从最初的呱呱落地，蹒跚学步，逐渐成长，发展壮大，一直走到了今天。这是经历了两三代人前仆后继、努力奋斗的结果。今天我来回忆这 30 余年的历程，感到格外欣慰。

1983 年我从美国回到了熟悉的人民医院（白塔寺院区），一切又回到了老样子。要开展心脏外科手术比登天还难，没有病房、没有设备、没有人员，总之什么都没有，一穷二白。我边在胸外科上班边学做了很多胸外科的手术。1984 年我院订制的第一台体外循环机终于到货了，于是开展心脏手术的问题又被提上了日程。

首先从组建班子开始。1984 年中期，我前往中国医学科学院阜外心血管病专科医院进修学习。心脏外科是非常难学和风险很高的学科，只观看是学不会的，必须在实践中学习。为此我这个半路出家改行的普通外科医生来到阜外医院后,就从住院医师学起,接病人、写病历、值夜班,就像实习医生、住院医生一样,不过那时我已快50岁了,出家改行似乎有点晚,但是为了我院心脏外科的事业,我一如既往向前进不后退,迎接了一个个挑战,克服了一个个困难。

在阜外医院经过了将近八个月的学习之后,为了能在北医系统首先开展体外循环下做心直视的心脏手术,我们全组人员于1985年5月临时回到医院。我们先在办公室内做了一次动物实验的心脏手术,目的是检验手术的流程、人员配合、器械、药品等是否具备了开展手术的条件。当感觉准备工作做得比较充分的时候,我们决定先从先心病开始。那时医院在三楼西侧外科五病房的分支楼上,也就是急诊室的三楼给了我科三间病房。我们先建立了有两张床位的一间心肺重症监护病房(CPICU),它是我院最早的重症加强监护病房,仅有两台监护仪、一台呼吸机、一台血气机。当时没有病房,临时收治病人时我得向别的科室借床。体外循环机所使用的各种塑料管道要反复清洗后再消毒使用,那真是一个艰苦奋斗的时代。

1987年年初,全组人员在经过了两年的进修学习之后,全部回到了人民医院(白塔寺院区)。这时三楼的传染科搬走了,院内正式调拨了几间病房给心脏外科。从此我们有了自己的病房,可以正式收治病人,算是正式建科了。当时收治的病人主要是常见的先天性心脏病,如心房、心室间隔缺损,动脉导管未闭,肺动脉瓣手术。当年共做了70余例手术,未发生死亡病例,取得了较好的成绩,全科上下都很高兴,院领导也很满意。

1988年12月20日,我国著名的外科学专家也是人民医院普外科主任、我们敬爱的老师黄萃庭教授身患马凡氏综合征升主动脉夹层动脉瘤住院。当时,我院还是第一次做这种手术。1989年1月18日,我们请来了安贞医院的孙衍庆教授主刀,手术很顺利,但术后

黄教授却发生了很多并发症，我们在呼吸机支持下整整抢救了27天，其间黄教授有呼吸系统、循环系统的各种并发症，感染、水电平衡紊乱、营养失调、输血等。可以说外科学总论里的各个问题都出现了一遍。黄教授病情最危重的时候，连后事都安排好了。经过艰难而复杂的救治，病人最终恢复并于同年8月20日出院回家，之后又延续了五年多的生命。同年春天，我科又开始收治病人并进行手术，病种仍然是以先天性心脏病为主。我们于同年5月开展了两例先天性法鲁氏四联症矫治的手术，并取得了成功。同年9月，我们开展了首例风湿性心脏病、二尖瓣人工机械瓣膜置换术。此后又进行了主动脉瓣、二尖瓣双瓣置换术。同年10月在朱晓东院士的帮助下，我们又成功地完成了首例冠状动脉旁路移植术。在此期间我科与心内科合作开展了预激综合征心律失常的外科治疗，共进行了8例。后来这一工作被心脏电生理的消融术所替代，没有继续下去。

1991年5月，心外科由白塔寺院区搬迁入西直门的新院区，在病房楼的四层正式建立了心脏外科的病房（设有病床25张）及术后监护病房（监护病床6张）。心外科医生增至8人、护士15人、技术员3人。20世纪90年代初期，我院聘请孙衍庆教授为我科客座教授。在他的指导下，我科开展了百余例各类胸主动脉瘤的外科治疗。例如马凡氏综合征升主动脉瘤手术，主动脉夹层动脉瘤的手术，胸部降主动脉瘤及胸腹部动脉瘤、腹部动脉瘤及各类型的胸部夹层动脉瘤的手术。在那个时期，这些手术的开展对提高心外科的技术水平和团队工作的经验有很大帮助，为心外科以后独立开展工作打下了坚实的基础。1993年我科还开展了应用深低温停循环的方法为婴幼儿和小体重（8千克）的先天性心脏病患儿进行了外科手术治疗。

从1987年建科以来到2000年，心脏外科从条件极为艰苦的初始筹建阶段到逐渐发展壮大，经历了13个年头。我们总计完成各种先天性心脏病手术500余例，单瓣双瓣置换手术300余例，冠状动脉旁路移植术100余例，各类胸部主动脉瘤手术100余例。用今天的标准和眼光看这些数字是微不足道的，但是站在综合医院和历史的角度来看，这些成果的取得是从零开始的，是从一穷二白中摸索出来的。我做过普外科医生、胸外科医生，但都没有像心脏外科那样具有挑战性。我所花费的精力、时间，所承受的压力是无法计算的：危及病人生命的突发事件随时可能会发生，考验着医生的应急、判断和处理能力；心脏外科手术风险高，技术复杂难度大，设备要求高，还要有应用现代科学技术成果的能力，如体外循环、人工呼吸、各种机械辅助装置（IABP，LAVD，ECOM）等。

1997年秋至1998年间，我科还派出了六人组成的心脏外科手术小组前往非洲的苏丹共和国帮助筹建心脏病医院并开展心脏手术。行前苏丹共和国卫生部部长来院与人民医院签订合作协议。我们到达苏丹后，住在喀土穆儿童医院，该院空置并未收治病人，病房是两层的简易小楼。苏丹方面想把这所医院建成心脏病医院，但是这里不具备相应的条件。我们先住下来，和苏方谈判，准备手术的条件，并培训了几名苏方的术后监护护士。我们第一例手术选择了一名患有先天性心脏病、动脉导管未闭的苏丹女青年。手术结束时，毕业于武汉医学院的留学生叶海亚医生高呼"中国万岁"，因为这个手术在苏丹是第一次，此前整个非洲只有南非可以开展心脏外科手术。病人术后恢复很顺利，当天卫生局及卫生部官员来院探望，后来苏丹副总统也接见了我们，之后我们又进行了数十例瓣膜手术及先心病的手术。

弹指一挥间，人民医院的心脏外科已经走过了三十余年，得到了很大发展。现在年均手术例数迅速增加到四五百例，正在向完成万例心脏手术前进，同时培养了一批青年医生成为骨干的后继者。

20世纪末我院心外科的病种比例是先心病约占70%，瓣膜病占20%，冠心病占10%；今天这种情况有了很大的改变，冠心病占了80%—90%。

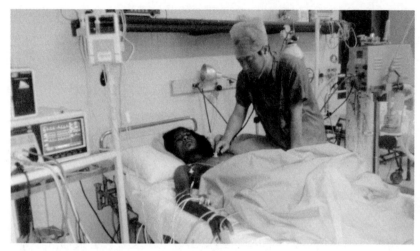

王京生在苏丹救治病人

现在我院心脏外科把冠心病的外科治疗作为重点的方向。我们开展了非体外循环下心脏不停跳的冠状动脉旁路移植术，这种技术避免了体外循环所带来的各种并发症，术后病人恢复较快，已成为我院治疗冠心病的主要术式之一。此外，我们还开展了小切口微创搭桥术、手术与支架并用的杂交手术、激光心肌血管成形术，以及左心室辅助装置术等，还开展了很多新的技术，如腔镜心脏手术、机器人心脏手术等。

2000—2006年万峰担任心脏外科主任，成功地开展了北京大学人民医院首例同种异体心脏原位移植术，后来又相继做了4例，其中4例患者存活至今，为我院填补了空白，使我院心脏外科又上了一个台阶。2007—2011年汤楚中任心脏外科常务副主任，其间我院开展复杂先心病低龄低体重患儿的手术技术又上了一个台阶。2014年至今陈彧教授接任心外科主任，他年富力强、勤奋好学、踏实肯干、敢于担当。近年来，心外科还到山西、内蒙古、四川、新疆等地开展了先心病工程,为边远地区送去了爱心,扩大了人民医院的影响。

结束语

我在人民医院工作、奋斗、生活了大半个世纪,度过了近60个春秋,可以无愧地称为老人民医院人。我为人民医院、为我的病人、为我所喜爱的外科工作奉献了我的青春和终生,直到耄耋之年。我一生做过各种手术20000多例(包括择期、急诊、门诊、下基层医疗队等),还亲历并参与各种心脏手术2000余例,抢救和治疗病人不计其数。人们都说医生是与疾病斗争的勇士,而我的战场就是在手术室里、在无影灯下,我的武器就是手术刀。同时,我也很庆幸能在北京大学人民医院这样一所教学医院工作,能以教师的身份教书育人。我很自豪,能身兼这两个自幼就向往的职业,既是医师又是教师。但我知道这一切都是国家和人民培养了我,是党教育了我的结果。为人民服务、为病人服务是医生的天职。救死扶伤、治病救人是我一生的责任。我经常在科内和同志们说:"病人把宝贵的生命都交付给了我们,我们有什么理由不全心全意为他们服务?"这些年来我在心脏外科的工作上虽然花费了很多的心血、时间和精力,但我感到很高兴,因为我挑战了、勇闯了、攀登了。

现在我已退休多年,但还没有完全离开我喜爱的工作,每周我还回到科里参加术前疑难病例的查房和讨论。看到今天心脏外科的发展,看到一代新人的成长,看到每年几百例成功的手术,看到我院心脏外科的工作在综合医院已名列前茅,我由衷地感到高兴。我喜欢和年轻人在一起讨论疑难病例,挑战新的高峰。我向青年人学习,以增加我的知识;当然,我也会毫无保留地把我的经验传授给他们。

　　退休后时间相对充裕,我有时间读书,主编了几本书,并为院报《重阳风光》写些小文章,乐此不疲。更使我快乐和兴奋的是,我可以有更多的时间去完成我一生的夙愿,尽可能到美丽祖国的各地多走走多看看,去见证和体验我们国家的繁荣发展。

　　(整理:胡春香)

王学珍
踏入北大门，走上革命路
—— 回忆我在新中国成立前后的岁月

王学珍，1926年生于浙江龙游县，1947年就读于北京大学法律系，1948年加入中国共产党，1950年起在北大工作，从事党务、教务等各项工作，1984—1990年任北京大学党委书记。离休后长期从事北京大学校史研究工作。曾任中共第十二届、第十三届中央候补委员，第八届全国政协委员。

乱世烽烟，辗转求学

1932年春，我才五岁多的时候，就上小学了。在小学读书一年半之后，家里让我去读私塾。私塾就设在我的小姨公家里，老师是小姨公，学生只有小姨公的孙子和我两个人。在私塾读了一年半以后，我又回到小学读书了。

1937年秋，读完了初小后，我考上了县城的中山小学高小，但

是，正当我要去上学时，全面抗战爆发了。日寇侵略的战火也燃烧到了我们那里。我们邻县衢州（现衢州市）有个飞机场，日本飞机常飞经我县去轰炸机场。为躲避战火，小学从县城搬去乡下了。所以过了半年后，我才去上学，高小念了两年，就去考中学。

1940年春，我考上了金华中学。因为抗战，金华中学也搬到乡下去了，我们班同学在金华山区一个叫方山的村子里上学，我们占用了一座祠堂，把祠堂中间隔开，一半用作教室，另一半用作宿舍。教室里放着若干可坐八个人的方桌，它既是上课的课桌，也是我们吃饭的饭桌。祠堂里摆着很多祖先的牌位，我们用纸把放牌位的架子都糊起来，但是纸很容易破，所以经常晚上睡觉时一转身，旁边露出一些牌位来！那时候没有电灯，也点不起煤油灯，每个同学自备一盏青油灯，每天晚上，八个人围着一张桌子自习，点着八盏青油灯，烟雾缭绕。

上了半年课，我病了，在家里休学了半年，第二年换到了一个叫山南的村子里上学。这里条件稍微好了点，一栋小小的两层楼房，下面是教室，住宿在楼上，大家就睡在地板上。这样又读了一年半，日寇侵占了金华，我只好逃回家去。金华中学当然不可能在金华办了，但我也不知道它搬到哪里去了。找不到学校，我只好在家里休学，跟我弟弟两个人在父亲开的小店里帮他卖点东西。

就这样我又休学了一年。1943年秋，我听说金华中学搬到缙云去了。缙云是浙江南部的一个小县城，比较偏僻，那时候不通火车，也没有运送客人的长途汽车。我只能收拾行装，走着去上学，我们一路走的有三个人，除了我，还有韩济生（现在是北大医学部教授、中国科学院院士），另一位是英士大学的学生。我们三人走了15天，走到了缙云。

迁到缙云的金华中学，也在一个山村里，条件异常艰苦。吃的饭我们叫作"沙米"——米里面沙子太多，因此吃的时候不能细嚼，只能嚼几下就往下咽。饭是定量的，一顿几十个人只有那么一桶饭。

因此，盛饭的时候要有技巧，第一碗饭不能盛得太少，也不能太多。第一碗盛得太少，吃不饱；盛得太多，等吃完去盛第二碗的时候，桶里的饭就都被大家吃完了，这样就吃不上第二碗了。菜也很少有，吃肉就更不敢奢望了。山区里想吃点零食也没有，嘴馋了只能买村民做的玉米饼，而且也不常有。

然而，即使这样也不得安宁，大概不到一年，日寇又把战火烧到了缙云。我们只能又逃回家去。回家前校长给我们开了一个证明，算是毕业了，以便考高中。我的初中生涯就这样结束了。

1944年秋，我到衢州中学读高中。学校也在乡下，当时高中有军训。吃饭也像部队里那样，要排队进入食堂，站在桌子边上，不能立刻吃饭，要等吹号，号声一响，才可以吃饭，过了十分钟左右，又吹号了，就必须停止吃饭。

我考到衢州中学的第二年，1945年8月，抗战胜利了。又过了一年，学校搬回衢州城里。

在乡下的时候，最匮乏的是"精神食粮"——除了教科书，没有别的书，买也买不着，借也借不到。寒暑假的时候，我也没有书看，就找学长把下一年级的教科书借来预习，提前把下一学期的算术题大半都做完了。

学校搬回衢州城后，城里有一个小图书馆，我很高兴，终于有书看了。晚上其他同学要做习题，而我已经提前把大部分习题都做过了，可以自由阅读。我记得图书馆里有一套《胡适文存》，我读了以后很受启发，觉得胡适的文章讲得很有道理，很佩服胡适。胡适那时候是北京大学校长，所以我就想将来到北大读书。正是在衢州图书馆里，我心里逐渐种下一颗北大的种子。

求学北大，追求进步

高中毕业了，我面临大学的选择。当时学校单独招生，没有统

一考试，我报考了四个学校：北京大学、浙江大学、武汉大学和复旦大学。至于专业，我报的是法律。原因很简单，我觉得学法律好找工作。国民党统治很腐败，我没什么背景，毕业以后不好找工作，学法律可以做律师，是自由职业，收入和社会地位也不错。

考完之后，浙江大学先发榜，我被录取了，就到浙大去读书了。不到一个月，其他三个学校都发榜了，我都被录取了。我还是想去北大读书。家里不赞成，我中学的老师也不赞成，他们觉得浙江大学也是好大学，而且毕竟在本省，离家近，那时候北方正打内战，交通也不方便，他们不放心我一个人去北京。

但是我觉得北京大学是五四运动的策源地，是进步学生运动领头的。何况北大的校长又是我敬仰的胡适先生，所以我坚决要到北大读书。家里人也就随我了。

到北大上学可不那么容易，需要从我们县里先到杭州，从杭州再到上海，从上海再坐轮船到天津，从天津再坐汽车到北大。我没有办理浙江大学退学手续，直接卷了铺盖就走了。北上的船票是北大的同学会帮我买的。

到了上海，我登上了北上的轮船，这艘船叫"元培"号，我特别高兴，北大老校长是蔡元培先生，我去北大上学坐的是"元培"号，多么有缘啊！三天后的傍晚我到了天津，下船后先到南开大学，把行李搬到南开大学借住了一夜。

第二天一早，有汽车把我们从天津送到北大。我到沙滩红楼报到，被分到了四院。四院是北洋军阀统治时期的国会旧址，也就是现在新华社所在地。我们住的就是以前议员住的房子。

原先到浙江大学，看到浙江大学图书馆有那么多书，我高兴极了。现在到北大了，四院也有个图书馆，书也很多，我同样很高兴，可以好好读些书了。

那时候北大学生活动很丰富，学校里有很多社团在搞活动，学生们朝气蓬勃，求索着国家和民族的未来。

我参加了两个社团，一个叫风雨社，一个叫新文学社。在社里，同学们一起读书学习、讨论时事、唱歌跳舞，相处得很好。

在新文学社里，我和十几个同学组成了一个小组学哲学。开始，大家一起学习贝克莱的主观唯心论。先各自阅读书籍，每周聚起来讨论一次。讨论来讨论去，有的问题还是弄不清楚。主观唯心主义最著名的话就是"我思故我在""存在就是被感知"，我们学习、讨论了以后，觉得想不通，道理说不通。之后，我们就学习艾思奇的《大众哲学》，觉得比贝克莱的容易懂，道理也通。

后来，我又阅读了一些进步书籍。马克思的《资本论》，我勉勉强强把第一本看完，有些地方看不懂；我也读了一些列宁、斯大林、毛主席的著作和文章。当时我对毛主席非常敬佩。他写的《实践论》，我读了以后觉得很有道理；另外，我还阅读了《论持久战》，里面对抗战的阶段分析，都得到了实践验证，我觉得非常了不得；毛主席的《新民主主义论》，我也学习了，也很赞成。

接着，我又阅读了更多的共产主义书籍。我朴素地觉得：工厂里没有资本家，只有工程师和工人不是挺好的吗？没有资本家，就没有剥削，大家都平等了，不是很好吗？

除了理论学习，现实也对我有很大的触动。国民党统治非常腐败，通货膨胀，物价飙升；街头美国军人开着吉普车，横冲直撞，肆无忌惮，令人愤慨。

就这样在参加学生运动的现实斗争中，在社团的活动和学习中，我的思想在慢慢转变，逐渐追求进步，向党靠拢。

我先加入了秘密的党的外围组织——民主青年同盟。其成员叫作盟员，加入后会有人来找你，并告诉你一个接头暗号，对上暗号后，你就接上关系了，就归他领导。地下组织成员相互不知道，最多是三个人一个组，就是说上头一个联系人，下头两个人，或者单线联系。联系的人也会经常变更，上个月他联系我，这个月你联系我，我也不能跟你讲在你以前是谁联系我的。

尽管盟里的工作很忙,但是我学习成绩还不错。当时家里经常寄不来钱,有时候伙食费也欠着不能按时交。第一学年结束后,我去申请奖学金,因为成绩不错,获得了批准。那时候的奖学金不是用钱来计算的,而是用面粉来计算。因为通货膨胀,物价上涨得很厉害,今天一袋面12块钱,明天12块钱可能半斤都买不了了,所以奖学金就是发面。我的奖学金是一个月1又1/3袋面,其中2/3袋面当伙食费,剩下的2/3袋面可以买学习和生活用品。这样,从第二学年起,我就不需要家里寄钱了。

团结同学,喜迎解放

经过一段时间的考验,1948年暑假,我光荣地加入了中国共产党。

1948年夏,国民党垂死挣扎,于8月19日公布了一份进步学生的"黑名单",对学生进行大肆逮捕,其中北大学生最多。组织通过内线知道了国民党的"黑名单",提前把这些同志转移了。8月北大很多同志被安排到解放区了,和我住同房间的两个室友也走了。我本来也被安排转移到解放区去的,身份证都做好了,在我准备出发的时候,组织上通知让我别走了,留在学校,团结同学,迎接北平解放。

为了躲避国民党的大逮捕,比较活跃的学生社团,如风雨社,都停止活动了。我们转而开展系级活动,组织上安排我去做系学生会工作,我猜想可能是因为我学习成绩比较好。我们还成立了一个新法学研究会,请教授当指导老师,开展公开活动。

迎接北平解放的主要任务是团结同学,反对南迁,宣讲政策,保护校产。到1948年冬,北平城被包围了,课其实都不怎么上了,主要就是做这些工作。

团结同学,反对南迁,就是希望老师、同学留在北平,不要跟着国民党南下。这其实比较好办,法律系的老师、同学大部分本来就不打算走。个别家在南方、不愿留在北平的同学,暑假回家后就没有再来学校。一些有名的教授,由党员讲师、助教和校学生会人员去做工作,不需要我们去做。

我们主要是宣传党的政策,如党的城市政策、文教政策等,消除大家对共产党的误解。地下党印刷了很多宣传单,我们组织同学把传单送给有关的教师和同学。我们甚至还把传单装在信封里,写上法院某某院长收,送到法院传达室请其转给院长。

再一个任务是保护校产,防止国民党的破坏。这个工作也好完成,法律系本来也没有多少校产,主要是我们法学会有些书要藏好,如《列宁选集》、毛泽东著作等。

另外,如果真打仗了,可能会有断粮、断水、断电的危险。学生会组织各膳团储备粮食、油灯,还在红楼前打了一口水井。

尽管工作比较忙,但是大家非常兴奋,感觉黎明的曙光就要来了。我记得快过春节的时候,我们几个人凑了点钱买了些面和菜,就在房间里包饺子迎接新年。正在包饺子的时候,突然一声巨响,震得房间到处是灰,一看原来是一发炮弹打过来了,打到我们对面的房间,给床底下打了一个大洞。大家都以为这是解放军打的炮,非常高兴,收拾收拾继续包饺子吃,也没有害怕。后来才听说这是国民党打的,是要暗杀何思源市长,因为他在积极促成北平和平解放。

1949年1月底,北平和平解放,古老的京城迎来了新生。

筚路蓝缕,摸索前行

北平解放以后,长期隐蔽的地下党终于走出"地下"。1949年2月4日,在四院礼堂召开整个北平的地下党会师大会。在这个会上,地下党员互相见面了,才知道自己所在院系哪些人是党员。其中有的人，我们一直觉得其比较落后，有的甚至"反动"，结果却是党员。他们的"反动"行为是党从全局考虑而安排的。

3月5日，中共北大总支部召开北平解放后第一次支委以上的干部会布置工作。3月13日，中共地下党组织在北大发展的民主青年同盟、民主青年联盟、民主革命青年联盟、民主进步青年联盟、农业青年联盟、进步青年联盟等六个革命青年组织，在四院礼堂联合召开盟员大会。会上宣布北大成立盟总支。3月24日，北大盟总支召开全校盟员代表大会，进行新民主主义青年团筹建工作。4月6日，新民主主义青年团北大总支部正式成立，原来的盟员转为团员。

开始的时候，大家对党组织的组织结构不太懂，北大党总支下面有组织部、宣传部，还有一个校政部。北平市委组织部部长刘仁同志知道了，批评说总支下面怎么会有校政部，才把它取消了。后来成立了统战部。

4月24日，成立北大学生会，大概我因为在系会工作过，就把我选到学生会去工作了。开始的时候，学生会主席是许世华。他做了几个月后毕业了，由我接任。

1949年5月4日，成立了北京大学校务委员会，那时候北大没有校长，只有校务委员会。校务委员会常委会的主席是汤用彤先生，委员会里的人有两个讲师、助教的代表（俞铭传、谭元堃），还有两个学生代表，是我和许世华。

当时的学生会和现在很不一样，办食堂、养猪、做豆腐等，挺有意思的。学生会首要的工作是宣传党的城市政策。那时候学校很多人对共产党不了解，有一些误解，需要我们宣传介绍。学生会就请一些延安来的老干部做报告，讲解党的政策、党的历史等。

再一个工作是进行课程改革，根据新民主主义的教育方针进行改革。其中法律系课程改革任务很重，那些之前讲国民政府法律的课程，当然不能上了。我们根据党的方针，结合同学们的意见，和系里的领导、老师一起研究，推进课程改革。

1950年3月，学生会改选了，我不在学生会工作了，组织上让我"脱产"（不再继续上学读书了），专职做党务工作。于是我结束了求学生涯。1951年我担任了北大党委副书记兼组织部部长。开始时我在北大工作，但编制不属于北大，属于北京市委组织部。

1952年院系调整，燕京大学和清华大学的一部分合并到北大。江隆基同志调到北大当副校长，后来兼任党委书记。当时北大的教务长有三位老师——周培源、严仁赓和侯仁之。他们三人都是党外人士，江隆基同志想找个党员协助他们，就把我从党委调到教务处当主任秘书。从此，我从党务工作转向做教务工作，一直到1984年又去做党务工作，任北大党委书记。

1984年，北大校园建设规划委员会部分成员合影，左二为王学珍

对如何做好教务工作，我也经过了一段时间的摸索。院系调整后，党的方针是学习苏联的先进经验，与中国的实际相结合。但在实际工作中，却发生过只照搬苏联的经验，不讲如何结合中国实际的偏差。如1952年秋制订的各专业教学计划，把苏联六年学制的课程压缩在我们四年学制的教学计划中，产生学生学习负担过重、"消

化不良",教师也负担过重的情况,不得不在1953年进行调整。又如我们曾一度照搬苏联的"六节一贯制"做法,即从上午8点开始上课,一连上六节课才吃午饭,然后整个下午安排自学,认为这样可以提高学习效率。但是我国的生活习惯和苏联不同,我们早饭是便饭,吃得不多,上到第五节、第六节课的时候,大家肚子饿了,学习效率很低,学生和老师都有很大意见,所以"六节一贯制"实行了很短一段时间就取消了。

1956—1965年,是我们党领导中国人民探索适合中国国情的社会主义建设道路的十年,我们学校也在党的领导下探索适合中国国情、有北大特色的高等教育发展建设的道路。这十年取得了很大的成绩,但也有不少曲折和失误。1966—1976年,我们经历了长达十年的"文化大革命"。1978年12月党的十一届三中全会以后,以邓小平同志为代表的中国共产党人开辟了中国特色社会主义道路,开启了中国特色社会主义的新时期,取得了举世瞩目的辉煌成就。

今年是中华人民共和国成立70周年,回顾新中国成立前后这段历史,我们深深感受到中国特色社会主义道路是我们党和全国人民历经千辛万苦、付出各种代价才取得的成果,这条道路来之不易,我们要倍加珍惜,并继续沿着这条道路奋发前进。正如习近平总书记所说,我们"已走过千山万水,但仍需跋山涉水"。作为过来人,我希望同学们珍视这条道路,坚定"四个自信",成长为国家的栋梁之材,成为可靠的社会主义事业建设者和接班人!

(采访、整理:李若凡、金昊玥、鲍启芳、罗琳山、郝洁若、陈思怡)

王顺洪
我爱北大，我爱汉院

王顺洪，1949年9月30日出生于北京，北京大学对外汉语教育学院教授。1970年进入北京大学中文系学习，1974年毕业留校。长期致力于日本汉语教育史、日本人汉语学习、中日语言文化比较研究。

我与共和国同龄，在举国欢庆中华人民共和国成立70周年的日子，我从心底感到万分高兴和激动。

70年，光阴似箭，岁月峥嵘，祖国由站起来、富起来到强起来，走过了极不平坦的追梦之路，在不同发展阶段有不同的考验与成就；70年，往事如画，记忆犹新，伴随着新中国的脚步，我个人经历了童年、青年、中年，进入了老年，在不同时期有不同的苦乐与收获。

回首我这70年，参加工作40多年，于北大42年（含学习），其中22年的时光是在对外汉语教育学院（从汉语中心始）度过的。

作为新中国的同龄人，能长期在北大尤其是对外汉语教学园地耕耘至退休，为北大的来华留学生教学和国际汉语教育事业做出贡

献,是我一生的幸运,也是我最大的满足和荣耀。退休以后,我经常像过电影一样回忆在北大几十年的经历,念念不忘,无怨无悔。

留校初期

1970年,我作为首届工农兵学员被单位推荐来到北京大学,进北大之前已在京郊延庆县委机关工作5年。那时北大的教学秩序刚刚恢复,我所进的中文系和全校一样,专业和课程设置比较简单,缺乏应有的系统性和科学性,教学安排和教学内容也不够合理,且时常受到政治运动的冲击。但是,我和同学们深感肩负着被推荐上大学的重任,下决心利用宝贵的机会努力学习,尽可能多地吸收知识、增长才干,为将来更好地工作打好基础,为国家和人民做贡献。

正因如此,尽管那时条件远不如今天优越,但大家都在充分利用课堂、图书馆等可以利用的条件,如饥似渴、废寝忘食地多听课、多读书,许多同学(包括我)都在那期间成了近视眼。

庆幸的是,那时候中文系的老教授王力、魏建功、杨晦、林庚、吴组缃、季镇淮、王瑶、朱德熙等,也给我们授课。中青年教师,除了承担主要讲课任务,还被分到各班进学生宿舍辅导。在"开门办学"期间,一些教师同我们一起走出学校进行教学实习。因而,师生接触比较多、关系密切。

中文系的老师们不仅教给我们专业知识,帮助我们完成学业,还给予我们人文关怀。毕业多年后同学相聚,每当聊起当年各位老教授讲课的特色与风采,回想起随班老师与学生同屋促膝交谈、耐心辅导学生的情景,就油然升起怀念和敬仰之情。虽然20世纪70年代特殊背景下北大教育所受的局限,对我们获得更多的知识有一定影响,但毕竟为我们后来的人生发展奠定了比较好的基础,使我们为社会做出了更大的贡献。

1974年2月我从中文系文学专业毕业后,便留在学校工作。起初是在中文系做青年教师，曾带领文学专业 1973 级创作组学生走出校门进行创作实践。半年之后，北大政治部组织组（现组织部）将我借调去做工作人员，一干就是 4 年多，主要是在年长同志的指导下，去各系开展党建调研、写简报向上反映情况、举办党员干部学习班等，还到京郊大兴县（今大兴区）北大分校（五七干校）工作过一年。虽然原所学文学专业知识没有得到进一步提升，但得到了新的锻炼，学到了新的东西，熟悉了北大的人和事，融入了这里的环境，成为一名真正的北大人。

扎根汉院

1976 年 10 月粉碎"四人帮"之后，笼罩在北大上空的阴霾被驱散，广大教师解除了精神枷锁，开展教学科研的积极性空前高涨。在新的形势面前，有些学校机关工作人员陆续回到系里开展原来的专业研究和教学。

1978 年 8 月，经领导批准我回到了中文系，一边任团总支书记做学生工作，一边在当代文学教研室做教员。中文系很重视对年轻教员的培养，给我们每个人安排了指导教师，在老教师的指导下，我"回炉"进修钻研业务。我同 1977 级、1978 级学生一起听课，将文学专业的课程又系统地修了一遍，之后便开始备课讲授中国当代小说、戏剧文学。那几年，行政、业务双肩挑，担子重、压力大，加上成家有了小孩，是留校后最忙碌最辛苦的时期。但毕竟年轻，精力充沛，压力变动力，干事争分夺秒，除了晚上《新闻联播》必看，其余时间一点儿不敢浪费。当时住在由学生楼改为教工宿舍的 34 楼，几口人挤在筒子楼一间屋里，无法看书，我就钻进图书馆直到闭馆；担任团总支书记做学生工作，34 楼对面就是 32 楼中文系学生宿舍，不管白天还是傍晚，我见缝插针随时去和学生干部见面。

那时候，尽管精神压力大，生活紧张而清贫，但奋斗意志十足，

从未感到苦和累,感觉十分充实,每天都在进步。1978年后,改革开放春风浩荡,国家日新月异,北大生机勃勃,我这个新中国同龄人正值而立之年,与其他年轻教师一样,迎来了奋发有为的新时期。

担任团总支书记四年后卸任,我开始全力以赴从事教学工作。1983年初夏的一天,中文系向景洁副主任突然把我叫进办公室,告诉了我一个完全意想不到的消息:"中国改革开放,开始大量向国外派遣留学生,驻外使领馆亟须管理干部,教育部拟从北大借调数人,任期四年,你愿不愿意去?给一周考虑时间,若同意就向上推荐。"兴许是我学了点儿日语,又做过学生管理和教学工作,学校才给了我这个机会。不过,这可是突如其来的大事,我刚走上教学岗位,孩子也还小,海外一去四年,未来变化莫知,兴许就此离开北大。又一次面临重大抉择,经与家人再三斟酌,最后决定接受借调,但任期结束后一定还回北大,北大已是我不可舍弃的家园。

1984年9月22日,经过教育部安排的半年日语培训和半年多教育外事实习,我被派遣到了日本东京,先在中国大使馆停留20天,拿到日本政府发的外国人登陆证后,于10月12日来到中国驻大阪总领事馆教育组,开始了新的工作。中国驻大阪总领事馆的管辖范围,包括日本关西地区两府五县(大阪府、京都府、滋贺县、兵库县、奈良县、和歌山县、三重县)。总领馆各业务组的外交官等工作人员,分别由中国外交部、商务部(当时叫对外经济贸易部)等部委派遣。教育组的主要任务是:对来日中国留学生的管理、公派讲学教师的关照、教育访日团组的接待、日本教育情况调研等。教育组有外交身份的只有我和另一位同志(从其他大学选派),比起在学校搞教学科研,责任重大,头绪较多,工作繁忙,又是在异国他乡,有一定语言障碍,对我来说,完全是新的经历和考验。值得欣慰和自豪的是,在四年多的时间中,通过不断学习和努力奋斗,我顺利地完成了组织交给的任务,自身也得到了前所未有的锻炼和提高。另外,我还大大加深了对日本社会的实际了解,运用日语的能力也明显增强,为后来从事与日本有关的教学与研究工作,创造了有利条件。

时间如流水,在大阪总领馆一干就是四年,转眼就到了1988年夏,驻外工作任期即将结束,回国后到哪里、干什么被提上了日程,我当然还是想回北大从事教学与研究。虽然在领事馆利用工作之余搜集了不少资料,并与在京都大学留学读博士的一位朋友合编了《日本研究中国现当代文学论著索引》一书,但具体是从事日本的中国文学研究还是中日文学比较研究,我尚在犹豫徘徊之中。

正值此时,北大对外汉语教学中心负责人潘兆明等到日本访问,在大阪见面时说起我回国后的工作,潘老师热情地说:"欢迎来汉语中心。"我听后眼睛一亮,顿开茅塞。来日本之前,我曾给中文系留学生(全是日本人)上过"中国当代文学作品选"这门课,每年还支援外事处留学生汉语教研室,给日本短期班学生上汉语课。回去后将文学与汉语结合、中文与日文结合,专门给留学生上课,岂不是理想的选择与归宿?于是,我很快就下定了决心。

1988年12月,我结束了在中国驻大阪总领事馆的工作返回北大。1989年9月至1990年9月,又带着从事对外汉语教学的明确目的,到日本关西大学进修了一年,考察日本的汉语教育情况,专门收集有关资料,并开始撰写论文。回国之后,立即办理了从中文系转到汉语中心的手续,从此在这块改革开放之后如日东升、春意盎然的田园扎下根,踏上了尔后22年的对外汉语教学与研究之路。

汉院岁月

在北大对外汉语教育学院(含汉语中心)的22年当中,我在从事教学与研究工作的同时,先后担任过汉语中心副主任、学院党总支副书记、选修课教研室主任、汉语教研室党支部委员等职务,亲历了对外汉语这个新兴学科在北大的变化。我还因参加编写《新中国对外汉语教学发展史》一书,撰写《北京大学对外汉语教学大事

记（1952—2003）》（打印稿）和《北京大学对外汉语教学发展概要》等文章，对北大这个领域的发展有所了解。可以说，我这个新中国的同龄人也是北大对外汉语教育事业发展变迁的见证人。

北京大学的对外汉语教学，始于1952年北京大学外国留学生中国语文专修班。该专修班前身是1950年在周恩来总理亲自安排下设立的清华大学东欧交换生中国语文专修班。1952年，中国高等院校进行院系调整，清华大学东欧交换生中国语文专修班转进北京大学，更名为北京大学外国留学生中国语文专修班，由教务长周培源兼任主任。20世纪50年代，北大是全国唯一从事留学生汉语培训的单位，那时学生不到80人，教员仅十几名，邓懿（周一良夫人）为教学方面负责人。那一代对外汉语教师以编写出版《汉语教科书》为主要标志，为北大和新中国对外汉语教学事业的初创做出了重要贡献。

20世纪60年代初，北京大学外国留学生中国语文专修班被撤销，全国外国留学生汉语培训工作中心转到北京外国语学院，1964年又转到新成立的北京语言学院。在北大，留下八名教员成立了公共汉语教研组，负责入系留学生的汉语补习。1965年，中国接收3000名越南学生来华学习，北大接受了250名学生的汉语培训任务，学校从中文系、俄语系和北师大借调教师、选留毕业生，汉语教研组教师骤增到40人。"文化大革命"爆发后，停止接收外国留学生，对外汉语教学中断。1973年，北大在全国率先恢复接收外国留学生，直到70年代末，留学生人数尚不多，汉语教学规模较小，机构、人员也不够稳定。但是，在课程设置、教材编写、教学管理等方面，北京大学还是取得了明显的成绩。

进入改革开放新时期，世界出现"汉语热"，来华留学生迅速增加，对外汉语教育事业蓬勃发展。1984年10月，北大以原来的留学生汉语教研组为基础，又从中文系调来部分教师，成立了对外汉语教学中心，中文系林焘教授兼主任，潘兆明、卫德泉任副主任。当时有教职工 28 人，长期生 80 多人，短期生 200 多人。对外汉语教学中心的成立，标志着北大的对外汉语教育事业发展进入快车道。之后，学生人数逐年攀升，至 2001 年已达到长期生 359 人、短期生 707 人；另外，还从 1986 年开始招收培养了 86 名研究生。教师数量增到 49 人，不断补充年轻教师，北大初步形成了一支老中青结合、整体素质好、学历层次高、教学科研能力强、朝气蓬勃的对外汉语教师队伍。在汉语中心阶段，各方面工作都登上了新台阶，这块原来在北大并不起眼的地方，呈现出令人瞩目的欣欣向荣的景象。我本人与许多中青年教师，正是有幸在这个时期，开始在这块充满希望的园地上耕耘、成长。

2002 年 6 月 29 日，对外汉语教育学院成立，标志着北大的对外汉语教育事业又跨进了一个新的阶段。建院 10 年中，除了原有的长期班、短期班，新增添了预科班、特殊班，学生总数上升到 1200 多人。最醒目的是研究生数量的快速增长，各类研究生合计达到 300 多人，其中还有 30 余名博士生，这标志着学科建设达到了可喜的规模与水平。随着国家汉语国际推广的大步前进，学院每年还为海内外培训大量汉语教师。学院教师队伍结构继续优化，学历层次日益提高，学术活动异常活跃，研究成果更加丰硕。同时，还建立了一支优良的兼职教师队伍，逐渐撑起了教学工作的半边天。教学管理的合理化、制度化，教材编写的更新换代，硬件条件的改善，课程体系的完善，教学手段和方法的创新等，也都取得了长足进步。经过十多年的大发展，对外汉语教育学院实力增强，气魄大长，地位提升，再也不是几十年前的"小院落"。

近几年来，随着国际汉语教育新形势和新媒体带来的教学技术的快速发展，北大对外汉语教育学院在管理体制改革、师资与学科建设、举办高端学术会议、开展远程汉语教学、支持国外孔子学院等方面，取得了新的突出成绩，各项工作又登上了新的台阶。我作为在这块园地上耕耘了 22 年的退休老园丁，亲身经历和见证了这里

的巨大变化,为北大对外汉语教学事业的非凡历程而感动,更为改革开放40年来的全面大发展而自豪。

出国日本

对外汉语教学的突出特点是"对外",不管是把学生招进北大,还是将教师派出国门,教学对象均是外国人。就我自己来讲,22年所从事的教学与研究,与日本的关系最为密切;就对外汉语教育学院来说,我自对外汉语教学中心成立前就一直与日本紧密关联。

我于20世纪80年代初在中文系时,就为日本留学生上过中国当代文学课和短期班汉语课,那时因工作需要,我参加了校工会办的外语班学习日语。改革开放后北大举办短期汉语班,最早就是从接收日本学生起步的,初期绝大多数学生是日本人。短期班结业后留学生办公室组织学生去上海、杭州、西安、洛阳等地旅行参观,我们一般都有汉语教研组的老师陪同。那时候,能与留学生一起住饭店、乘专车、旅行参观,享受外宾待遇,还真有几分新鲜乃至兴奋。也正是自那时起的30多年,我与日本以及对日本人的汉语教学和研究结下了不解之缘。

1984—1988年我在驻大阪总领事馆四年多的工作,加上随后一年返日进修,身历其境,真切体验,极大地丰富和加深了我对日本社会、文化和汉语教育实况的了解,也使我坚定地选择了从事日本汉语教育和日本人汉语学习的研究方向。在对外汉语教育学院(含汉语中心)工作的22年中,加上退休以后,我独自或与他人合作,撰写、编写出版了专著4部、译著3部、汉语教材5部,发表论文、译文等60余篇,著作、论文、教材之题目几乎都没离开"日本"二字。22年中,我先后4次被派遣出国任教合计5年半(不包括后来在孔子学院授课),除了半年是在法国,其余5年都是在日本。作为一个北大人,无论是做外交人员还是做汉语教师,我都想着利用熟悉日本情况的便利条件，为促进北大与日本的交流与合作发挥一点作用。

在驻大阪总领事馆工作期间，正值日本大力推进国际化，出现了"中国热""汉语热"，一些大学纷纷想与中国建立交流关系。在大学工作的日本朋友找我咨询、帮忙，我首先想到的是北京大学。经过牵线搭桥，先后有京都女子大学、帝塚山学院大学、山梨县立短期女子大学（2005年升格为山梨县立大学）与北大对外汉语教学中心建立了交流关系。我致力于北大对外汉语教学22年，曾先后被派往山梨、帝塚山任教，执教期间有意识地促成这两所大学与北大对外汉语教育学院（含汉语中心）签订或修订了合约，有力地巩固和发展了北大与它们的交流与合作关系。30多年来，我院已有20多位教师到上述几所大学任教。

进入21世纪以后，中国的改革开放形势越来越好，综合国力越来越强，国际影响力越来越大，作为增强软实力的举措之一，国家大力推广和支持与国外大学等教育机构合作建立和运营孔子学院。2006年10月，在国家汉办的推动和支持下，北京大学与日本立命馆大学合作建立了日本第一家孔子学院——立命馆孔子学院。2011年3月12日，我接受北大和国家汉办的派遣，赴日担任立命馆孔子学院中方院长。这次来日本与以往不同，我既不是外交人员，也不是普通教师，而是面对面地与日方院长及职员们合作，管理运营孔子学院，可谓使命光荣、角色特殊、责任重大。尤其是，中国方面主要由国家汉办主导，日本方面由立命馆大学领导，中日双方机构和有关人员在办事规则、思维方式、工作作风上存在明显差异，上下左右的关系比较微妙复杂。对我来说，虽在日本待过多年，生活环境一点儿也不陌生，工作起来却无驾轻就熟之感。不过，由于赴任之前我已做了充分的思想准备，在孔子学院的两年任职中，凭自己多年的国内外工作经验，较好地处理了与相关方的关系，既积极努力、尽职尽责，又谨慎务实、追求效果，从而善始善终地完成了组织交给的任务。2012年9月30日我满63周岁，北大给我办了退休手续。2013年3月，在立命馆孔子学院工作任期结束，我回国才真正开始了退休生活。

2011年3月，日本立命馆孔子学院欢送会

屈指算来，前前后后，我在日本工作合计12年有余，其中所干、所学、所感、所悟，非短言所能道尽。长期以来，与日本的交流与合作，一直是北大对外交流与合作的重要组成部分，我为自己能在其中做出微薄贡献而感到欣慰。

总而言之，作为中华人民共和国的同龄人，回顾祖国70年来天翻地覆的变化，我心潮澎湃，激动不已；作为一个北大人和对外汉语教育学院教师，回想在这块美丽园地上大半生的经历，参与和见证了这里的非凡进程和伟大业绩，我无比自豪。70周岁，作为一个人已是古稀之年，作为新中国却风华正茂，借此我向伟大的祖国、向我所爱的北大和对外汉语教育学院，献上衷心的祝福！

卢淑华

我的社会学之路

卢淑华，1936年2月出生于江苏南京，北京大学社会学系教授。1953年考入南京大学物理学系，1955年赴莫斯科大学留学，1960年进入北京大学无线电电子学系任教，1978年起在北京师范大学现代化教育技术研究所工作，1986年调入北大社会学系任教。长期从事社会研究方法、社会统计学的教学与研究。

新中国培养我上大学

我从小在南京长大，清楚地记得抗战胜利后民众欢迎国民党政府的盛况，但很快就偃旗息鼓了，因为迎来的不是建设百废待兴的家园的政府，而是忙着抢占汪伪留下的财产和忙着给自己找后路的各路接管人员，腐败之极，无以复加。当然教育也没有发展，只是维持汪伪政权留下的几所学校而已。小学毕业后能上中学是很难的，私立学校学费高昂，公立学校凤毛麟角，我小学毕业后险遭失学。

1947年我从南京市秦淮河畔的夫子庙小学毕业，幸运地考上了南京市第一女子中学，这是全市唯一的公立女中。拿到录取通知书，全家特别兴奋，真是像中了状元，但兴奋之余，愁上眉梢，那年学费有了新花招，说是由于教室不足，新生要增加一项赞助费，帮助学校建校舍。第一年学费堪比私立学校，这是我家负担不起的。因交不起学费，只能眼睁睁看着录取通知书，失学在家。学期一天天过去，落下的功课越来越多。父母焦急万分，最后只得孤注一掷，父亲直面校长："我一时实在拿不出全部学费，两个月后我一定交齐，学费可以补上，但孩子落下的功课可就补不上了！"父亲的一席话，让校长动了恻隐之心，出于同情，她破例展纸挥笔，同意我先来上学，欠下的一半学费过后补齐。就这样，我打了欠条走进了教室，这时学期已经过半，但总算没失学，是中学生了。

1949年新中国成立了，百废俱兴，"百年大计，教育为本"，我再也不用担心失学了，也不会早晨饿肚子去上学了，更不再是令人难堪的、赊着学费上学的学生了。学校不仅免收学费、课间有免费豆浆，贫困学生还有免费午餐，这也是我第一次吃上西红柿炒鸡蛋，是我有生以来少数几次有记忆的美味佳肴。我是1953年上大学的，对于原本连上中学都很侥幸的我来说，已是很知足了。国家开始实施第一个五年计划，为了加快人才培养，从中学和大学一年级选派留学生去苏联和东欧各大学学习，我又幸运地被派往北京俄语专科学校留苏预备部，经过一年的俄语强化培训，1955年前往世界著名的莫斯科大学物理学系学习。

八竿子打不着的社会学系

我自幼擅长数理，高考以数学满分考取了第一志愿南京大学物理学系。一年后又获得保送留苏的机会，在莫斯科大学物理系学习五年。1960年回国后，分配在北京大学无线电电子学系任教。2000年我在北京大学退休，退休单位不是无线电电子学系，而是八竿子打不着的社会学系。对专业人员来说，历来是"隔行如隔山"，认识我的人都感到惊讶，怎么会从理科转到文科，这个弯子转得可真大啊！甚至连自己都觉得不可思议，我最终会以社会学为业。

如果不是那场史无前例的"革命"，我一定是在北大无线电电子学系工作至退休。"四人帮"倒台后，我系承担了国家电子工业部试制数字通信收端机的任务，我是试制数字通信收端机主要技术（数模转换和帧同步）负责人，是研制数字通信的技术骨干，政治上也平了反，但我希望换个工作环境。一天，北大副教务长张群玉出现在我家，她看我决心已定，动情地说："每当看到在北大工作多年的老同志要离开时，我都感到很难过，是北大没把大家照顾好。"这是唯一一次北大校级领导和我谈话，而且是登门造访，很温暖、很有人情味，令我终生难忘。1978年我告别工作了18年的北大，来到北京师范大学现代化教育技术研究所。

"由理入文"的"敲门砖"

我不断被北师大列为派出人选，先是打算被派往南斯拉夫，后联合国教科文组织在北师大培训计算机辅助教学（CAI），我又被列入其中。1981年我来到了美国，先在波士顿数字设备公司交流，后到俄亥俄大学访学，虽然时间不长，但对我的职业轨迹起着决定性作用。

为了学习CAI，俄亥俄大学的唐寅北教授为我们选择了心理系的程序教学课本《统计学》，我结识了该系统计学教授R.克莱尔（Geeqe R. Klare），他毕生研究认知心理的统计模型，探讨应用文字的易懂性。无论是课程，还是克莱尔教授的研究，都使我大开眼界。原来在理科所熟悉的概率统计，在文科也大有用途，所谓学科交叉，不仅是相邻学科，还可以是文理两大学科，我感悟到了美国先进之所在。

回国后,联合国教科文协议中的计算机迟迟未到货。我无事可做,于是在所里开设了概率统计课,这原本是由数学系开设的。同时也是出于兴趣,我又积极探索统计在其他社科领域的应用。当时全国妇联正开展北京市婚姻调查,我自告奋勇承担了该项统计工作。当时还没有应用统计包,每项统计都要自己编写程序,工作量还真不小,但我乐此不疲,当别人用我统计的结果写报告、做文章时,我很有成就感。此外,我用相关、回归、列联表、统计检验等写了一篇文章,交给了全国妇联。他们把文章退还给我,原因是看不懂,所以总体调查报告中不要了;但建议我可找其他刊物发表,我理解就是文责自负的意思。所以,我的《婚姻道德观的统计分析结果》一文,是以个人名义发表在《社会学通讯》(1983 年第 4 期)上的,该杂志就是社会学核心刊物《社会学研究》的前身。不曾料到,该文成了我改行社会学的敲门砖。

毛遂自荐

1984 年的一天早晨,一位陌生的女士来敲门。她自报是北大社会学系 1981 级硕士刘沈生,是通过《社会学通讯》编辑部找到我家的。我当时心中不免诧异,不仅因为此人我不认识,而且我也没听说过北大有个社会学系。虽然这是新成立的,但并不是新系。早在 20 世纪 30 年代,燕京大学就有社会学系,当年雷洁琼先生就是社会学系教授,20 世纪 50 年代院系调整,全盘苏化,社会学系被取消。1978 年,改革开放的号角在祖国大地吹响,活跃的北大人乘时机之东风,在老一辈社会学家的努力下,首批恢复了社会学系。但毕竟中断了 30 年,国外社会学系的课程有了飞跃发展,例如统计学、计算机都成了社会调查研究不可或缺的知识和工具,统计学成了社会学系学生的主干课,而刘沈生同学正是看到我的文章来求教的。谈话中,我感到虽然离开北大仅短短几年,但改革开放带给北大的变化太大了，北大涌现出不少新系或新专业，其中包括社会学系。她还说，由于是新系，统计学方面还没人开课，希望我能去讲。她的建议让我动了心，一方面是自己对统计应用有兴趣，另一方面我在北大工作近 20 年，北大对我已是故乡。

不久，我托人带话，要求拜见社会学系主任袁方教授。记得那天是在北大 27 楼袁先生办公室，我呈上了发表的文章，并毛遂自荐，可以来开设社会统计学课程。我告诉袁先生，我在做北京市婚姻调查时，从中国社科院薛寅老师处借看过香港中文大学社会学系李沛良教授在社会学讲习班上讲授社会调查和统计分析的讲义（后来以《社会研究的统计应用》为名出版），对社会统计学的内容和所举的例子是了解的。我在北师大现代化教育技术研究所开设概率统计课，还编写了讲义，所以讲授统计知识是有经验的。听了我的一番介绍，由于我的自信和社会学对定量研究的重视，袁先生立即表示，欢迎我来给 1983 级研究生开设社会统计学课。就这样，讲课之事竟一次谈妥。说起来，我和袁先生素昧平生，在谈话前大家还互不了解，能在如此短的时间里拍板定案，我深感他的工作魄力和对定量研究的重视。套句美言，也是不拘一格降人才吧！记得当时的副系主任华青教授在排课表，正为找不到教员发愁，所以他说："你来得正好啊！"

告别理科

1984 年秋季，我回到阔别了 6 年的我所熟悉的北大讲台。与以往不同的是，我面对的不是理科的学生，而是文科的学生。我为北大社会学系 1983 级研究生首次开设了"社会统计学"课程。出乎意料，初次登场，同学普遍反映很好，认为我比外籍教员讲得还清楚。想来不仅因为我用的是祖国的语言，而且因为我把理科的教学特点带进了文科，同学感到新鲜、条理清楚、概念严谨。之后，我越来

越多地介入了社会学系的教学和科研工作：代表社会学系承担了科委的合作项目；作为社会学系的成员，参加了美国社会统计学创始人布莱洛克教授来华的系列讲座；1985年8月作为中国社会学代表团成员（团长袁方，成员卢淑华、高小远），参加了美国第80届社会学年会，会后访问了美国多所大学。社会学系给我如此多的任务，让我不得不对今后的职业取向做出抉择。当时北师大现代化教育技术研究所所长张至善教授，也是我原来在北大无线电电子学系的老领导，力劝我留在北师大，从事尖端的科研任务，主持语声信号处理。但社会学实在太诱人了，它无所不包，小大由之，大可研究国家的方针政策、社会的真知灼见，小可研究柴米油盐、婚丧嫁娶、生儿育女。因此我相信，在社会学里我一定会找到自己感兴趣的研究。1986年我彻底告别理科，从兼职正式调入北大社会学系，开设社会统计学课程，这在国内是首创。社会学是一门很注重社会调查的学科，比其他社会科学学科更注重收集数据和分析数据，因此统计学课程不仅是必修而且是主干课。因为北大有社会统计学、社会调查方法、统计包等课程，一时间北大的社会研究方法类教学很是风光，被称作"方法派"。系主任袁方教授也说过："别人说北大是方法派，那我们就是方法派，方法派也不错呀！"当时正值《中国大百科全书》编写第一版，社会学方法分支编写组主要成员都是北大社会学系的，北大社会学系主任袁方教授是主编，我是副主编（共2名），可见北大社会学系的调查方法在业内是公认的。

我自调入社会学系后，深感自己已不是简单地讲授统计课，而是运用统计知识为社会研究服务。用句不太文雅的话说，屁股要坐在社会学上才行。例如，课上用的应是社会学的专业术语，讲的、举的例子应取自社会研究。为此教员必须兼有两种学科的知识，对于我来说，社会学必须从零学起。幸运的是，当时正值社会学专业恢复初期，除了老一辈外，其他老师也都是转行来的，我们和学生一起听外教的课程，参与学科的科研、社会调查，聆听大师们的讲座，做到教学相长。就这样，我的课程兼有文理两科的特点。文科的同学一般很怕数学，但对我讲的统计课，他们感觉容易懂，这都是因为我生活在他们中间，懂得以文科同学的思路讲授课程。

《社会统计学》等教材的出版

如今我退休已19年了，回顾从事社会学教学研究近20年的光景中，我也曾主持或承担过从国家级到校级各种科研项目，有过不少具有定量分析特色的成果，参加过各种有关的国内外会议，先后获得从省部级到校级各类教学、论文、著作奖，但似乎这些都已时过境迁、烟消云散了。让我始料不及的是，那本记载着我课堂心血的教材《社会统计学》一直在高校社会统计学课堂上发挥着作用。

进入社会学系后，经过几年的教学，我编写的供社会学本科生用的教材《社会统计学》一书于1989年出版，深受读者欢迎。20世纪90年代，北京社科院曾就社会学的主干课教材进行问卷调查，被调查的有全国16所大学社会学系/专业的全部硕士生、博士生以及他们的导师。我编写的《社会统计学》获同类教材综合评分第一名。[①] 此外，这本教材还多次获学校和教委的教材奖：1987年9月获北京大学年度教学优秀奖；1991年5月获北京大学科学研究成果著作二等奖；1992年11月获国家教委第二届普通高等学校优秀教材二等奖；1997年7月获北京大学教学优秀成果奖；2011年获中国大学出版社图书奖第二届优秀教材奖二等奖。截止到2019年7月，这本教材累计总印刷次数达33次，第五版书稿正在审校中。历经30多年的考验，这本教材得到了相当广泛的肯定，拥有了稳定的读者群。

《社会统计学》这本教材一直延续着我的社会学生命，它的影响力并没有随着我的退休而烟消云散。相反，它的发行量有了相当大

---

① 朱敏：《对社会学教材质量的评价和分析》，《社会学研究》1994年第5期。

的增长,这使我退休后也无法与教学完全告别,随时要准备答复读者的各种问题。正因如此,退休后我不但完成了这本书的多次修订,还撰写了供大专生和研究生用的两本新教材。

2000年退休前我讲授本科生、研究生、博士生课程的时间,达16年之久。北大出版社建议我将相关讲稿整理成书,最初想到的是曾为社会函授大学撰写的大专本,由内部使用改为正式出版。我在查阅有关资料时,发现社会学研究生用的多元统计教材几乎是空白,少数的几本都是以介绍统计包为主,不是系统介绍统计知识的。回忆当年我讲授的研究生课程,除了一般内容外,还有美国社会统计学创始人布莱洛克教授来华讲授的一些精彩内容,现在也都无人知晓了。例如,对于统计分析的研究成果,他谆谆告诫读者:"一要谦虚,二要幽默。"真是掷地有声,非大师莫属。因此我决定撰写一本供研究生用的教材,也算是宝刀不老,发挥余热吧!诚然,完成一本教材绝非易事,没有数年工夫是绝对完不成的。尽管我已是耄耋之年,但感到一种甘为人梯的责任——为后来的教师抛砖引玉,以便完善统计学相关的教材建设。其间,我跑书店,查数据,自费购买、复印相关书籍,以便充实我过去的讲稿,跟上时代的步伐。由于书中公式多、图表多,罗马字母、希腊字母、大写、小写一应俱全,排版很是不易,往往不下四五次改错。在北大出版社同人的努力下,新教材的出版总算完成了。其中,大专教材《社会统计学概要》2016年7月出版;研究生教材《多元社会统计分析基础》2017年7月出版。

对教员来说,教材是教学的文字结晶,同时也是教学生涯的延续。退休后,虽然课堂的学生没有了,但教材使我有了更多未曾谋面的学生,增强了我和更多同学的联系,保持了我对学科的熟悉度和兴趣,延续着我的社会学生命。每每在不同场合,陌生的人遇到我,送上一句:"啊!你就是卢老师,我读过你的书!"我便感到欣慰和自己的价值。

20世纪90年代,研究人员在进行社会调查,中间做笔记者为卢淑华

个人命运和祖国休戚相关

回首往事,我职业的轨迹似乎带有很强的偶然性。例如,当年若不是联合国机构的计算机长期未到货,我也不会去全国妇联做统计分析,也就不会发生后面转行之事。但正如恩格斯所说:"在表面上是偶然性在起作用的地方,这种偶然性始终是受内部的隐蔽着的规律支配的。"① 实际上,支配我生命轨迹的规律就是祖国的命运。套用一句统计学上的术语,个人发展和国家命运一定是强正相关的。回顾我的人生轨迹,和祖国的命运、北大的发展可以说是休戚相关。且不说我从小学、中学、大学、留学苏联都是靠国家的培养,就以我的改行而言,从宏观层面看,无疑是国家改革开放的产物;从微观层面看,则是北大勇于创新、敢于领先的结果。记得当时受苏联

---

① 《马克思恩格斯选集》第4卷,人民出版社1995年版,第247页。

计划经济的影响，将概率统计引入社会科学被看作是资产阶级的玩意儿，是受批判的。而当时北大社会学系领导义无反顾地鼓励和支持我开设社会统计学课程。事实证明，这样的决定是正确的。自从北大首创社会统计学课程以来，各校开设的社会统计学都是以概率论为基础展开的。应该说，创新是要有气魄的，干事业是要有点儿胆量和魄力的。感谢北大，有不怕事业办大、就怕办不大的胆量和魄力。

乐黛云
透过历史的烟尘看人生

乐黛云，1931年生于贵州贵阳，北京大学中文系教授。1948年考入北大中文系，1952年毕业后留校工作，在北大比较文学研究所先后主持建立全国第一个比较文学方向的硕士点、博士点和博士后流动站，从事现代文学和跨文化文学研究。

童年、家乡与文学梦

我出生在一个大家庭，祖父是贵阳山城颇有名气的富绅兼文化人，父亲是20世纪20年代北京大学英文系的旁听生，母亲是当年贵阳女子师范学校的校花。我的父母都是新派人，所以4岁就送我进天主堂，跟一位意大利修女学习钢琴。

全面抗战爆发那年，我刚6岁。大约1939年末，贵阳也受到战乱威胁，下达了学校疏散的命令。父亲所在的贵阳一中奉命迁到离市区40余里的农村——乌当。父亲租了一座农民储粮的仓库，我们

一家四口（还有2岁的弟弟）就在谷仓里住了三年。尽管外面兵荒马乱，但我们还可以沉浸在父亲所极力营造的一片温情之中——我们常常去小山顶上野餐，欣赏夕阳。

住家附近没有小学，父母就亲自教我念书。父亲教英语、算术，母亲教语文。母亲嫌当时的小学课本过于枯燥无味，就挑一些浅显的文言文和好懂的散曲教我阅读和背诵。

1941年，我10岁那年，父亲因接近进步学生而被解聘了，失了业。我们一家凄凄凉凉地回到贵阳。我们真是过了一段非常穷困的日子。我常陪母亲到贵阳专门收破烂的金沙坡去卖东西，家里几乎能卖的东西都卖光了。在这一段时间里，父亲很颓丧，母亲和我却更加坚定了奋发图强、将来要出人头地的决心。

生活的转机有时来得好奇怪，父亲偶然碰到了一个北京大学的老同学，他正在为刚成立不久的贵州大学招兵买马，父亲当即被聘为贵州大学英文系讲师，我们一家高高兴兴地搬到了贵州大学所在地花溪。我快乐地在花溪度过了我的初中时代。母亲也在我就读的贵阳女中找到了一份教书的工作。我们在花溪的生活又恢复到过去的情调：在小溪边野餐，看日落，爬山，做点心，赶集。

我在贵阳女中念完了三年初中。初中一毕业，我就考上了贵州唯一的国立中学——国立第十四中学，可惜我在十四中的时间并不长，高二那年，抗战胜利，十四中迁回南京，我则仍然留在贵阳，进了贵州中学。

高中三年我被文艺所深深地吸引。美国的"文艺哀情巨片"使我如痴如醉。我宁可摸黑走路回家，也要在星期六下午赶场看两三部美国电影。每个星期六我一定会参加唱片音乐会，听著名的音乐史家萧家驹先生介绍古典西洋音乐，然后系统地欣赏从巴赫、贝多芬、舒伯特、德沃夏克、柴可夫斯基到德彪西、肖斯塔科维奇的乐曲。在这一时期，我的业余时间几乎全部用来看外国小说，中文的、英文的，真是无所不看！我也喜欢写散文、念故事，国文课上，总是得到老师热情的夸奖。我就这样走上了我的文学之路。

北大、革命与爱情

1948年,我同时考上了北京大学和位于南京的中央大学。那时局势还很动荡,因为家在贵阳,父亲不想让我北上读书。但是,我对北京大学十分向往,向往去进步的、革命的北京大学,不愿意去中央大学。母亲默许我北上,因此我途经武汉时便私自改道北上,一路奔波,终于到达了我日思夜想的北大。

其实我原本投考的所有大学,报的都是英文系,但是北大把我录进了中文系。后来我听说是因为沈从文先生颇喜欢我那篇入学考试的作文。

那时我最喜欢的课便是沈从文先生的大一国文(兼写作)以及废名先生的现代文学作品选。沈先生用作范本的都是他自己喜欢的散文和短篇小说,从来不用别人选定的课本。他要求我们每两周交一篇作文,长短不拘,主题则有时是"一朵小花",有时是"一阵微雨",有时是"一片浮云"。我们班有27个人,沈先生从来都是亲自一字一句地改我们的文章。让人最盼望的是两三周一次的作文评讲课,要是得到了先生的夸奖,那可真像过节一样,好多天都难以忘怀。

而废名先生的课则与沈先生的风格截然不同,他不大在意我们是在听还是不在听,也不管我们听得懂或听不懂。他常常兀自沉浸在自己的思绪中,他时而眉飞色舞,时而义愤填膺,时而凝视窗外,时而哈哈大笑。上他的课,我总喜欢坐在第一排,盯着他那"古奇"的面容,想起他的"邮筒诗"(出自废名诗作《街头》),想起他的"有身外之海"(出自废名诗作《十二月十九夜》)。于是,自己也失落在遐想之中。

到了1949年1月,正值平津战役期间,我们组织起来巡逻护

校，分头去劝说老师们不要南下。我的劝说对象就是沈从文先生。我去到他家里，印象最深的就是他的妻子非常美丽，家庭气氛柔和而温馨。他平静地倾听了我们的劝说，并回以微笑。后来，国民政府派来的飞机就停在东单广场上，要接走人的名单中有沈从文、汤用彤、钱思亮等先生，机票都是给他们全家人的。但是沈从文先生和许多名教授一样，留了下来。我想他一定是出于对这片土地的热爱才选择了留下来。

那时，我怀着一腔热血，加入了北平城内的地下党。每天深夜，革命工人在北大印刷厂加班印秘密文件和传单，我们就负责校对，有时在印刷厂，有时在月光下。我印象最深的是校对一本小册子《大江流日夜》，扉页上醒目地写着："大江流日夜，中国人民的血日夜在流！"这是一个被国民党通缉的北大学生到解放区后的所见所闻，称得上文情并茂，感人至深。

1949年1月31日，中国人民解放军光荣地进入北平城，我们全校出动，到大街上迎接解放军。我们唱着歌，踩着舞步，向前挤，我终于挤到了最前沿，给半身探出车窗的解放军战士递上一杯早已准备好的热水。解放军战士接过晃动的水杯，对我微微一笑，我从心里感到那么幸福，那么荣耀！

我的生活自此翻开了全新的一页。"新社会"给我的第一个印象就是文工团带来的革命文艺——响彻云霄的西北秧歌锣鼓和震耳欲聋的雄壮腰鼓。文工团派人到我们学校来辅导，并组织了小分队。我们学会之后，就到大街上去演出。有时腰上系一块红绸扭秧歌，有时背着系红绳的腰鼓，把鼓点敲得震天响。我们个个得意非凡，都自以为是宣告旧社会灭亡、新社会来临的天使和英雄。还有什么能比这更伟大、更神圣呢？

也是在这一年，我认识了汤一介。我们是完全不同的两类人，汤一介比较内敛儒雅，而我热情开朗。可能正是性格上的反差才让我们看上了对方。当时我们经常一起去农村义务劳动。有一次刚好是春夏之交,太阳暖融融的,嫩绿的小草很美、很香,我当时穿一条工裤,前面有一个大口袋。汤一介摘了几棵小草放在我的口袋里,他是一个含蓄的人,从来没有说过"我爱你"这类的话,可是这几棵小草已经很感动人了,至少在我看来是定情的那种感觉。我觉得他这个人特别有情趣、特别内敛,又特别有学问,我当时就很崇拜他。

1950年暑假,我参加了第二届世界学生代表大会。我们从满洲里出国门,将近十天,火车一直穿行在莽莽苍苍的西伯利亚原始森林之中,贝加尔湖无边无际地延伸开去。作为社会主义大家庭的新的一员,我们在沿路车站都受到了极其热烈的欢迎。到处是红旗飘扬,鲜花环绕。人们欢呼着,高唱《国际歌》,双方都感动得热泪盈眶!

回国前两天,我突然被问及是否愿意留在苏联的中国全国学联驻外办事处工作,待遇相当优厚,还有机会到莫斯科大学留学。我对此一口回绝,自己也说不清是什么原因。后来,我得知汤一介那时每天都惴惴不安,怕我留在苏联不回去。我想这也算是我们冥冥之中的信念吧。1952年,我嫁给了汤一介。

我从北大毕业后,留校工作,担任北大中文系系秘书一职,协助系主任工作。同时,我也做一些学术研究。我选定现代文学作为我的研究方向,我喜欢这门风云变幻、富于活力和挑战性的学科。我研究鲁迅、茅盾、郭沫若、曹禺,想突破当时盛行的"思想内容加人物性格"的分析方法和"思想意义、教育意义和认识意义"的研究模式。我的长文《现代中国小说发展的一个轮廓》在当时发行量最大的文艺杂志《文艺学习》上多期连载。后来,我开始给大学生授课,教好我的第一次高班课——大学四年级的"中国现代文学史"。

1957年我被迫下乡,被监督劳动。还好,我被分配了一份比较轻松的工作,赶着几只小猪漫山遍野寻食。我每天日出而作,日落而息。一早赶着小猪,迎着太阳,往核桃树成林的深山走去。我喜

欢这种与大自然十分贴近的一个人的孤寂感。不得不承认,还是中国传统文化帮了忙:"达则兼济天下,穷则独善其身。"随遇而安,自得其乐。我似乎想明白了,倒也心安理得,每天赶着小猪,或引吭高歌,长啸于山林,或拿个小字典练英语,背单词于田野。

后来,我们带着儿子,一家三口来到江西鲤鱼洲,种稻、种菜、打砖盖房。我被指定为工农兵草棚大学的教员,后来又随工农兵学员返回北大中文系。这期间我陆续到北京日报社、河北日报社、大兴天堂河等地劳动实习,边教边学,半工半读。

出国、回国与"比较文学"学科在中国的发生

20世纪70年代后期,北京大学招收了一些留学生,开始时是朝鲜和非洲学生,后来,欧美学生逐渐多起来。我承担留学生现代文学课的教学工作,没想到对留学生班的这三年教学全然改变了我后半生的生活道路。

为了给外国学生讲课,我突破了当时教中国现代文学的传统模式。为了让学生较深地理解作品,我进一步去研究西方文学对中国现代文学的影响以及它们在中国传播的情形。这一在学术界多年未曾被研究的问题引起了我的极大兴趣。我开始系统研究20世纪以来,西方文学在中国如何被借鉴和吸收,又如何被误解和发生变形。

我于1981年写成《尼采与中国现代文学》一文,发表于《北京大学学报(哲学社会科学版)》,这篇文章不仅引起了很多人研究尼采的兴趣,而且开拓了西方文学与中国文学关系研究的新空间。研究尼采的同时,我又编译了一本《国外鲁迅研究论集》,这部论集对国内的鲁迅研究起了开阔视野、促进发展的作用。

我的这些工作引起了一些同行的关注,特别是我班上的美国学生舒衡哲,她当时已是很有成就的年轻历史学家,对尼采在中国的影响颇感兴趣。我们在一起谈了很多,成为很亲密的朋友。她回国

后，在美国维思大学（Wesleyan University）教书，这所大学就在波士顿附近。我想很可能是由于她的提及，哈佛-燕京学社的负责人才会在 1981 年 5 月到北京大学来和我见面，哈佛-燕京学社给我提供了到哈佛大学进修访问一年的机会，从此，我的生活又有了一个新转折。

1981 年 8 月，我终于到达了纽约肯尼迪机场。在哈佛大学的一年里，我白天忙于听课，晚上到英语夜校学习，我主要听比较文学系的课，比较文学这门学问深深吸引了我。

比较文学系的主要奠基人白璧德教授（Irving Babbitt）曾大力提倡对孔子的研究。在他的影响下，一批中国的青年学者，如吴宓、梅光迪等，开始在世界文化的背景下重新研究中国文化。当时的系主任克劳迪奥·纪廉（Claudio Guillen）也认为只有当东西两大系统的诗歌互相认识、互相关照时，一般文学中理论的大争端才可以被全面处理。我为这门对我来说是全新的学科着迷，借阅了许多这方面的书，又把所有能积累的钱都买了比较文学书籍，决定把我的后半生献给比较文学这一事业。

在我看来，比较文学在中国并不是最新引进之物，就从现代说起，中国比较文学的源头也可上溯到王国维 1904 年的《叔本华与尼采》，特别是鲁迅 1907 年的《摩罗诗力说》和 1908 年的《文化偏至论》。鲁迅的结论是："首在审己，亦必知人；比较既周，爱生自觉。"也就是说，必须在与世界文学的众多联系和比较中，才能找到发展中国新文学的途径。中国现代文学就是在比较和借鉴中发展起来的，凡此种种都可以说是中国比较文学的先驱。

1982 年夏天，应邀在纽约参加国际比较文学学会第十届年会之后，我更想对这门学科有更深入的了解，因此我决定在美国继续我的学业，恰好加州大学伯克利分校给了我一个访问研究员的位置。在伯克利，我的学术顾问是著名的跨比较文学系和东亚系的西里尔·白之（Cyril Birch）教授，在他的协助下，我写成了一本《中国

小说中的知识分子》，后来，这本书作为伯克利大学"东亚研究丛书"之一用英文出版。

1984年秋天，我和丈夫回到北京。这时，深圳大学正在组建，深圳大学校长邀请我们夫妇和他一起去开创新的事业，他聘请我担任中文系主任，并同意我在那里建立中国第一个比较文学研究所，我的丈夫则负责兴办1949年以来第一家国学研究所。我们并没有辞去北京大学的职务，而是来往于广东和北京，南北各住半年。

那时，深圳大学是一个朝气蓬勃、极富活力、美丽、全新的地方，正是有了深圳大学这个基地，1985年，中国比较文学各路大军才有可能在这里聚集，召开中国比较文学学会成立大会暨国际学术讨论会，举办了首届中国比较文学讲习班。大会由中国比较文学复兴的中流砥柱、著名学者季羡林教授致开幕词，并由他担任学会名誉会长。到会代表130人来自全国60余个高等学校和出版单位，在讲习班学习的130名学员也列席了大会。这些年轻人中，很多成了后来中国比较文学的中坚，这次大会也初步奠定了中国比较文学的国际地位。从首任会长杨周翰教授开始，中国学者一直担任着国际比较文学学会副会长的职务。

以后几年，中国比较文学有了很大的发展。1985年，教育部正式批准在北京大学设立北京大学比较文学研究所，并任命我担任所长。我用尽全力工作，一心想在学术上有所成就，尽我所能为中国培养人才。我潜心读书、教书，认为找到了最适于自己的生活方式。1984—1989年的五年间，我真是夜以继日，埋头读书写作，在北京大学不断开设新课，如"比较文学原理""20世纪西方文艺思潮与中国小说分析""马克思主义文论：东方与西方""比较诗学"等，这些课程都是第一次在北京大学开设，选课的学生都在一二百人左右，遍及中文、英语、西语各系，还有许多从外校赶来听课的学生，教室总因太小一换再换。学生的欢迎促使我更好地准备，同时大量增进了我自己的系统知识积累。

20世纪80年代中后期，中国掀起了空前的"文化热"，这绝不是一种偶然现象，而是中国现代化这一历史进程本身所提出的历史课题。在世界文化语境中对中国传统文化的评价、对中国当代文化的分析和对其未来文化的策划和希求，实在是中国现代化进程中不可或缺的关键环节。1984年，以北大教授为主体发起成立的中国文化书院在北京成立，这是一个兼收并蓄的多元化的学术团体，从一开始就是一个非政府的民间组织，我是首批参加这一组织的积极成员。书院的宗旨是要建设"现代化的、中国式的新文化"，要在"全球意识的观照下"重新认识中国文化。书院于1987年举办了首届"中外文化比较研究班"，一方面讲中国文化，另一方面介绍半个世纪以来西方文化的发展现状。

我做的几次演讲中影响较大的是"从文学的汇合看文化的汇合"和"后现代主义与文化的未来"，前一次演讲直到1993年还由《书摘》杂志重新刊载，引起了一些反响。我想这是因为我当时（1986年）特别强调经过长期的封闭，我们急切地需要了解世界，重新认识自己。我认为我们如果不面向世界，特别是今天的世界，对马克思主义也是不能真正了解的。

在给文化书院的学员面授和函授"比较文学"的过程中，我进一步探索比较文学的一些领域，我把自己出版于20世纪80年代后期的两部学术著作《比较文学与中国现代文学》和《比较文学原理》都看作"文化热"的一种结果。因为在我看来，"文化热"的核心和实质就是酝酿新的观念，追求突破，追求创新。一切变革和更新无不始于新的观念，新观念固然产生于形势的需要，同时也产生于外界的刺激，两者相辅相成。因此，"文化热"偏重于考察世界，研究中国文化与世界文化的接轨，这一点也就毫不足奇；而我的比较文学之路正是与文化书院的发展相吻合，同时参与了当时热火朝天的文化热的继承与创新。

20 世纪 80 年代，正在讲课的乐黛云

20 世纪 90 年代的国学热于不知不觉取代了 80 年代的文化热。我生活在这样的潮流中，当然也不能不受其影响，但有一点，我绝对坚持，那就是在任何情况下，中国不可能再回到拒斥外来文化的封闭状态，我不赞成狭隘的民族主义，不赞成永远保留东方和西方二元对立的旧模式，也不认为中国中心可以代替欧洲中心。

目前，人类已进入前所未有的信息时代，特别是相对论提供的方法使人们认识到，一切体系和中心无非都是在宇宙无限的时间之流中按照人类现有的认识能力而截取的细部。我认为，由于全球信息社会的来临，各种文化体系的接触日益频繁，由于西方发达世界进入后工业社会，急于寻求文化参照系以发现新路和反观自身，也由于东方社会的急剧发展，逐渐摆脱过去的边缘从属地位，急于更新自己的思想文化，特别是在现代语境中，重新发现自己，东西方文化交往将在 21 世纪进入一个繁荣的新阶段。在这种复杂而频繁的交往中，如何对待文化差异和文化互读的问题将是一个会引起更多关注和值得进行深入讨论的重要问题。

（整理：谢蝶、刘文欣、张一夫）

参考资料

乐黛云:《乐黛云散文集》,译林出版社2015年版。

乐黛云:《长天依是旧沙鸥——散文杂感》,东方出版中心2012年版。

乐黛云:《透过历史的烟尘》,北京大学出版社1997年版。

乐黛云:《山野·命运·人生——乐黛云散文精选》,海天出版社2016年版。

乐黛云:《逝水与流光》,长春出版社2012年版。

乐黛云:《何处是归程》,中央编译出版社2015年版。

乐黛云:《四院 沙滩 未名湖:60年北大生涯(1948—2008)》,北京大学出版社2008年版。

乐黛云:《天际月长明》,海天出版社2016年版。

吉利久
七十年的回忆

吉利久,1939年9月出生于北京,北京大学信息科学技术学院教授。1957年进入北大物理系读书,毕业后留校工作,从事集成电路设计的研究与教学工作,2002年10月退休。

我生在北京、长在北京,小的时候一直住崇文门外。上大学后,把户口迁到北大,才成了海淀居民。

少时经历

新中国成立时我刚满10岁。年纪虽小,但已经记事儿了,也应该算是经历了北京解放前后的变化和新旧社会的对比。

1948年,特别是下半年,有些国民党军进驻了北京(当时叫北平),城里又停电,到了晚上一片漆黑。再加上物价飞涨,买粮排队,士兵满街走,真是兵荒马乱,弄得老百姓人心惶惶。学校也停课了，我们只好待在家里。

北京和平解放后，城里的国民党军撤到郊外接受改编，解放军进城。军管会贴了布告，维护社会秩序，安定民心，让老百姓安心过日子。接下来就是粮店有粮了，家里有电了。生活平稳下来，我们又可以去学校了。

恢复上课不久，区里就在学校门前的马路上竖起了两块牌子，上面写着"学校附近，噤声慢行"。老师们对政府关心学校都很感动。有一回上自习，同学们又吵又闹。老师进了教室就说：大家安静点吧，街坊们都"噤声慢行"怕吵了咱们，可咱们要是这么吵，多给学校丢人。

1949年秋季开学，我上五年级。音乐老师教我们唱《义勇军进行曲》；美术老师教我们做五角星灯笼：用细高粱杆做骨架，再贴上红纸。这些都是我们为迎接新中国成立做的准备。

记得10月1日开国大典是下午开始的。我们年纪小，没去天安门，就在学校附近，唱着国歌，提着自己做的五角星灯笼，庆祝新中国成立。

新中国成立没多久，街道就响应政府号召，办起了识字班教大家认字。旧中国留下来的除了贫穷，还有落后，很多人不识字。别看那时我是个小孩，在街上看布告还有人问我上边写的什么，说他自己是"睁眼瞎"，感叹要是能认字该多好。当时收音机里经常广播这首歌："黑咕隆咚天上出呀么出星星，黑板上写字放呀么放光明。"这是在鼓励大家学文化。

离我家不远的区文化馆开设了一间阅览室，里边有报纸、图书，这是为方便大家学文化。阅览室还有儿童读物、小人书，我放学路过这里，经常进去看点课外书。有一次看到一本，书的名字叫《梁山伯与祝英台》，一开始我还以为是印错了。我看过小人书《三打祝家庄》，那是"梁山泊"，不是梁山伯，而且祝家庄也没人叫祝英台。等看了书的内容，才知道原来不是一码事。这也是我第一次知道这

个南方的故事,知道了"蝴蝶双飞"的由来。

再有就是宣传卫生知识,提高老百姓的健康水平。街道组织大家把胡同里的垃圾堆、脏土堆清除掉,每天下午,有车来收垃圾。到了夏天,街道就宣传饮食卫生,让大家改掉"不干不净,吃了没病"的落后习惯;还组织大家在院子里"翻盆倒罐填树洞",清除蚊蝇滋生条件,预防脑炎、痢疾传染。

还有一件就是由妇幼保健站免费给孕妇发豆浆。记得有一次我替婶子去领豆浆,保健站的大妈就说咱们现在还穷,只能发豆浆,等以后富裕了咱就发牛奶,让咱们的孩子生下来就更壮实。

现在想想,所有这些都是在提高全民族的素质。新中国刚成立就开始了这项伟大的工程,很是得民心。

1951年夏天该升初中了,可是我小学书念得不好,没考上市立的中学,只考上私立大同中学(后改为二十四中),需要交学费。到了第二年,我又交了学费。开学没多久,就接到北京市的通知,所有私立中学全部改为市立,已经交的学费全部退还。这件事让我父母既高兴,又感动。因为当时还在抗美援朝,国家也不富裕,还能这么为教育花钱,真是让人感动。过了两年,学校又盖了大楼。我们也从平房教室搬进了楼房,教室不但宽大明亮,而且有暖气,楼道里还有厕所。

初一、初二我的学习还是不怎么好。到了初三,好像开了点"窍",学习主动了一些,成绩也上去了,考高中就不那么费劲了。高中的成绩也一直不错。

1957年春节一过就到了高三下学期,该准备高考了,要填报志愿。那时我想学工科,当然第一个想到的就是清华。在为高中生组织的开放日活动中,我还参观了清华。

参观清华的第一感觉就是真大,学校里边还有铁路(后来铁路改线,移到校外)。中午吃饭的时候,看到食堂门口贴着一副对联:上联"一九五六去矣,人民大米君又吞下多少",下联"一九五七来也，青春力量君将献出几何"。这副对联写得既诙谐风趣，又不落俗套。我真是佩服这些工科学生的文采。

我在高考检查身体的时候出了麻烦，血压的高压为 138 mmHg，按规定工科要在 135 mmHg 以下，我高出了 3 mmHg，不能报考工科了。我们班主任是物理老师，安慰我说：没关系，正好报北大物理，不受影响。

求学北大

我们那年高考的数学题比较难，打蒙了不少同学。我的运气不错，考上了名牌大学名牌系：北大物理系。

1957 年 9 月 16 日，我骑自行车从家里带上行李到北大报到。上午就把学籍注册、食宿手续都办完，还办完了助学金的申请。我大学六年的伙食费和日常生活费都靠的是助学金。

上午办完手续，下午就去逛校园。以前没来过，这是我第一次进北大。一见到未名湖就被吸引住了，真是湖光塔影，垂柳依依，绕湖一圈，全是美景。再往西就是办公楼和大图书馆（现在是档案馆）。在华表的南面是物理北楼（现在是国学研究院，挂的牌子叫"大雅堂"）和物理南楼（现在是"财务部"），也是古典建筑，是当时物理系的所在地，我们的教室、实验室就在里边，太漂亮了。这也正好印证了坊间所传，"北大没有清华大，清华不如北大华"。真为我能在这么好的环境里生活几年而高兴。

回到宿舍，与新同学一接触，又让我大开眼界。他们分别来自广东、湖南、江西、浙江、上海、安徽、陕西、山东，真是四面八方。听他们说说各地的方言（听不懂就让他们写），听他们讲讲家乡的风土人情，使我这个从来没有离开过北京的人增长了不少见识。

与同学一接触，就让我感到了压力。班里有陕西数学竞赛第一名、北京数学竞赛第四名，还有好几位准备留学苏联没去成的高才生。有的同学来自知识分子家庭,父母都是教授、医生、工程师,比较有文化,有两个同学的哥哥也在北大,或者是北大毕业的。

我跟人家没法比,母亲没上过学,父亲也只念过几年私塾。同学们聊起来津津乐道的都是世界名著,我连书名都叫不上来。我读过的长篇就是《三国演义》《水浒传》。外国的长篇只读过苏联小说《钢铁是怎样炼成的》,那还是因为高中时我们班要命名为"保尔班",要求每人必读。可是书里的人名那么长,句子又拗口,看着真费劲,用了一个多月才算读完。在这种环境里,我有压力是必然的。

系里给我们开了迎新会,黄昆先生也讲了话。我旁边来迎新的高年级同学向我介绍说,黄先生是国际知名教授。后来我才知道黄先生在半导体界的威望,以及对北大物理系基础课教学的贡献。1956年黄先生主持的五校联合半导体专门化班已经成了培养全国半导体骨干的摇篮。

黄昆先生1951年回国,到了北大就给物理系开设本科生的普通物理课,而且还是连讲两年,每周上三次课,可惜我没有赶上。不过教我们普通物理的老师也非常棒,听说当年给黄先生做过助教,概念清楚、功底深厚,我们也受益不少。

1998年,北大百年校庆,1957级半导体班同学看望黄昆先生时合影,前排左四为黄昆先生,后排右二为吉利久

迎新之后一开始上课，我就感到有好多不习惯、不适应的地方。一是没有固定教室，成天背着书包跑图书馆、跑教室，找座位上自习。二是同学之间很少聊天，各忙各的事，宿舍就是个睡觉的地方，没有中学同学那么亲热。三是读翻译教材费劲，这是因为我以前读外国书太少的缘故。我们的两大主课——普通物理、高等数学，用的又都是从俄文翻译来的教材，读着真费劲。比如普通物理的课本中有："一种和用毛皮摩擦过的玻璃底带电性质相同（叫作正的），另一种和用玻璃摩擦过的毛皮底带电性质相同（叫作负的）。"其中"玻璃底带电""毛皮底带电"的"底"字，怎么看怎么别扭，查了字典才知道相当于"的"，可是到现在我也没弄明白为什么要用"底"字。

再有就是睡不好觉。我们年级的男生有一半住在13斋宿舍（已改建）。这是一座二层小楼，楼梯在中间，正对着水房和厕所，东西各有一大间住房，是"筒仓"式的结构。每大间用两个半高隔断分出三小间，每小间住9个同学，总共住27人。我没住过校，不懂得挑床位，一进门就把行李放在了最靠门口的下铺。好家伙，其他26个同学出出进进都要从我床头过。当时还没有塑料拖鞋，都是木板的，声音很大，弄得我整个晚上都睡不好。

各种原因导致我书没念好。出师不利，第一次物理测验得了个3-，算是勉强及格。我像是挨了一闷棍。拿过卷子仔细一看，有一道题老师判错了，不然我可以得3分。我当即决定马上就去找老师，走了一半又回来了，觉得太没劲了，找完了才3分，还是好好总结一下吧。

回想一下，这一闷棍对我挺有好处，把我从中学打进了大学。身边有那么多高才牛干吗不向人家学习：人家有很强的适应能力，到哪儿都能活得挺好；人家会安排时间，学习效率那么高；都有很好的学习方法，而且善于总结。经过一个多月的调整，我渐渐地缓过劲来。到了期末，就有点进入状态了，学习好像也不那么被动了。

三年级我们分专业,当时叫专门化。物理系有物理学和气象学两个专业,物理学专业里有理论、光学、金属、磁学和半导体5个专门化。我报的志愿是半导体专门化,原因有二:一是黄昆先生是半导体教研室主任,慕名而去;二是1956年国家制定了《十二年科学技术发展规划》,半导体、计算机列在其中,还是重点。现在看来这个规划真是很有远见。我很幸运,成了半导体班的学生。

物理系的教学是很认真的。五年级时,黄昆先生给我们上固体物理课,期末复习那节课给我留下了深刻印象。记得那是一个晚上,在哲学楼阶梯教室,两个小时的课,非常精彩,结束时大家纷纷鼓掌。一门理科课能讲到让学生鼓掌是很不容易的。后来听说黄先生为这次复习课备课一个星期。

我们上学那会儿,获取信息的途径虽然不多,但利用得很充分。一日三餐,食堂都有广播,可以知道国内外大事。图书馆有各种报刊,看书的间隙就可以去看。到处都有读报栏,宿舍楼道的墙上也有。我回宿舍常在楼道里看看报,遇到精彩的文章,就一直看完,也学了不少知识。有一次在读报栏,我看到一篇关于数学的文章,开头就是"数来源于数,量来源于量",我没弄懂什么意思。再仔细一看,上面标有读音:"数(shù)来源于数(shǔ),量(liàng)来源于量(liáng)。"终于看明白了,原来一个是名词,一个是动词。字用得那么巧,一下子就把我吸引住了,没想到数学文章也能写得这么活泼。

我们大学本科六年,最后一年是毕业论文及答辩。我的论文题目是《光电导衰退测量载流子寿命》,除了物理推导、公式计算之外,还要搭建设备、制备样品、测量数据,工作量比较大,成天泡在实验室里。那几年物理楼有规定:星期六下午6点至晚上12点、星期日中午12点至下午6点锁门。我就在大楼锁门之前把自己锁进去,等开了门再出来,争取了不少做论文的时间。

在职四十年

大学毕业了，我很高兴留在物理系工作。去农村劳动锻炼一年之后，我被分配在黄昆先生领导的固体能谱研究室。

我在固体能谱研究室工作虽然不到两年，但感受到这里的严谨学风："分析问题从第一原理出发，注重概念准确"，这使我受益不少。当时每周有一次例会，分别报告自己的工作，或者报告阅读的文献。文献多数是英文的，可我们学的是俄文，只在大学五年级才上了一年的英文课。没办法，只有硬啃了。单词卡记了一摞又一摞，连走路都拿出来背，那两年真是比上学的时候还用功。

1969 年，学校在昌平校区（当时叫 200 号）成立电子仪器厂，从数学系计算数学专业、电子系（当时叫无线电电子学系）计算机专业、物理系半导体专业抽调教员，研制百万次通用数字计算机及其集成电路。我们是学半导体的，就参加建立半导体工艺线的工作。

用了一年多的时间，工艺线建成了，并且成功制作了双极型晶体管和小规模集成电路，真是不容易。

这是一条小而全的工艺线，从拉单晶硅、切片抛光、制光刻版、外延、封装、测试、老化等外围工艺，到薄膜生长、图形光刻、掺杂扩散等核心工艺，几乎包括了全套的半导体工艺。虽然精度和效率都不高，但对工艺研究和工艺教学还是有用的。我就是在建线过程中，熟悉了集成电路的工艺，到现在一闭眼还能想得出它是什么样子。

记得是在 1972 年，工艺线成功制作了 50 位 PMOS 动态移位寄存器集成电路。其中的器件是 P 沟道 MOSFET（金属-氧化物半导体场效应晶体管）。MOSFET 与以前的双极型不同，是单极型器件，分 PMOS 和 NMOS。关于这种器件的构想，早在 20 世纪 30 年代就有了，可是直到 60 年代，国际上才把比较容易的 PMOS 制作出来。

大概又过了四年，我们的工艺线成功实现了难度比较大的 N 沟

道硅栅MOSFET工艺，这在当时是比较先进的，对国内的集成电路工艺起到了推动作用。记得上海的上无十四厂等集成电路大单位都派人来交流学习。

1978年，学校成立了计算机科学技术系，系里有计算机专业和我们的微电子学专业，这好像是国内第一个以"微电子学"命名的专业。

1981年我得到一个去加拿大不列颠哥伦比亚大学（UBC）进修两年的机会，方向是半导体器件物理。去了一段时间，我了解到那里的IC（集成电路）设计，包括电路计算、芯片布图，都用上了计算机，技术水平虽然比不上硅谷，但还是比国内先进。在去UBC之前，我也做过一点IC设计，都是手工的，手工计算、手工画图，不仅效率低，而且容易出错。因此，我就想把进修方向由器件物理改为IC设计，不过这需要经领导同意。我就给王阳元老师写信，说了这个想法。王老师回信表示支持我改为IC设计方向，因为正缺少做IC设计的人手。

1983年回国后，我就参加到IC设计组的工作中，主要任务是确定项目和开设课程。开课比较好办，自己能开的就自己开，开不了的就到外边请人。第一年的IC逻辑仿真与验证课，就是请中科院计算所的老师讲的。学校里能上机练习的就在学校上，学校里上不了的，就用外单位的设备。第一年的IC版图编辑和验证，就是在中科院微电子所（当时是109厂）做的上机练习。然而，确定项目的任务，就比较困难了，因为我们IC设计的基础比较薄弱，也没有相应的设备，很难申请到项目，所以没能赶上"七五"计划的"班车"。

1987年北京市科委实施高技术实验室计划，我们的申请获准，在北大成立了"北京市软件固化高科技重点实验室"，研究软硬件协同设计方面的课题，并且得到了经费支持。这是IC设计得到的第一笔经费，添置了ICCAD（集成电路计算机辅助设计）等设备，总算有了IC设计的基本条件。我们非常感谢北京市科委给予的大力支持。

根据当时的工艺水平和ICCAD系统的功能，IC设计组选定ASIC（专用集成电路）设计方法研究为课题，并开展单元电路建库的设计研究，为国内IC厂家建立支撑条件。后来这个课题得到"八五"科技计划的支持，成为"八五"项目。为了更好地发挥我们的物理基础，我们把IC设计由纯数字电路向数模混合方向调整了一下，到了90年代中期，就开始承担数模混合IC设计方面的任务。

经过差不多10年的时间，IC设计组逐渐形成了一些特色。到了21世纪，在"十五"计划期间，所承担的任务就比较饱满了，有些项目还比较重要。但我心里也更不踏实了。那年我61岁，退休在即。承担重点项目的主力是博士生，再过两年就要毕业，社会上有那么多IC设计公司拿着高薪到学校来招人，我能把这些骨干留下来吗？项目能完成吗？我实在没有把握，只有请领导帮忙了。

我非常感谢微电子所领导的鼎力支持，不仅留下了骨干，还让我在退休后（2003年）又招收了一届博士生，使得IC设计团队得以壮大。有了这样的团队，完成任务就有了保障，而且还有了"后劲"，得以继续发展。2002年我安心地退休，把挂在我名下的项目转给年轻人，让他们站到前台唱主角。

之后，又从国内、国外引进人才，把IC设计向SoC（系统集成芯片）设计发展，充分利用纳米级工艺条件的优势，使得所设计系统的水平再提升一步。

2012年，学校支持建设的微纳电子大厦落成，为集成电路的器件研究、工艺研究、设计研究提供了更好的条件，也取得了更多高水平的研究成果。每当有老同学、老朋友来访，我都要带他们看一看我们的新楼，看一看微电子研究院各研究团队的介绍。他们纷纷称赞我们的师资力量、实验条件和研究成果。

十几年的业绩表明，这些年轻人干得比我们好。当年我们写的文章，能在国际顶级会议、顶级杂志上发表的只是凤毛麟角；设计

的电路,也很少能形成批量应用。既没能"顶天",也没有"立地",这一直是我的遗憾。现在,"顶天""立地"这两个目标,学生们都替我们实现了,不仅发表了很多高水平的文章,而且所设计的芯片也得到了大批量的应用。这让我感到非常欣慰。

我国的芯片水平与国际相比还有一定的差距,缩小这个差距的使命落在年轻人的身上。我相信,新一代的微电子人凭借他们的聪明才智和踏实努力,一定能取得更多成果,为我国的芯片事业做出更大的贡献。

今年是新中国成立70年,我衷心祝愿祖国繁荣昌盛、人民幸福安康;祝新一代微电子人事业有成,取得更大的进步。

李伯谦
手铲释天书，拂尘觅古幽

李伯谦，1937年生，籍贯河南郑州，北京大学考古文博学院教授。1956年进入北京大学历史系，1961年毕业后留校任教，出任"夏商周断代工程"项目首席科学家、专家组副组长，参与主持"中华文明探源工程预研究"项目。

偶遇考古，钟情一生

我出生在1937年，正是抗日战争时期，新中国成立前的那段时光是比较动荡的。我五六岁的时候，日军在邙山扫荡，整个村的人都躲在村南边的深沟洞里。我至今还记得有一年在杏子熟了的季节，我淘气爬树摘杏子时，还遇到日本飞机飞过天空四处扫射，至今想来也觉得很可怕。日本人被赶走后，治安非常混乱，到处闹土匪，直到新中国成立后才稳定下来。回忆起来，可以说，我见证了抗日战争以来天翻地覆的时代变迁。

今年我82岁，可以说这几十年围绕着我的就是两个字："考

古",但是说起来,我和考古结缘却很偶然。

我少年时学习勤勉,历史、地理都名列前茅,课余时间便一头扎进文学里,从当时赫赫有名的鲁迅、郭沫若等人的作品到一些还不太出名的小说,我都读得兴致盎然。我那时候的梦想是做文学家,向纸墨间谋一处安身立命,所以升大学时便填报了北大中文系。不料命运捉弄,可能是中文系太热门,也可能是我历史考得过好了些,录取通知出来时,我发现我被历史系录取了。

那时候,北大历史系有三个专业:中国史、世界史、考古学。考古学究竟是什么,我脑子里全然没有概念。到了一年级的下学期,要分专业了,各个教研室的老师纷纷开始"拉拢"学生,当时著名的旧石器考古学者吕遵谔先生便向我们"推销"考古:"考古哪里好?第一,可以'游山玩水',考古要实习,那自然就能游历名山大川了;第二,考古可以学照相,我们有特别好的照相机;第三,历史系有中国史、世界史、考古学三个方向,考古专业的学生要学中国史,世界史也要学,但是另外两个专业,中国史也好,世界史也好,它们就不一定要学考古学,你要想多学点知识,就要来考古专业。"当时摄影还是件稀罕事儿,少年人又怀着一种要吞天吐地、将天下知识皆纳于怀中的气概,我便被吕先生这番讲说俘获,阴差阳错入了考古门。

一入考古门,我便为考古的魅力所折服。1958 年的暑假,那个热火朝天的年代,吕遵谔先生说我们要去周口店过一个"共产主义的暑假",考古专业喊出口号:"挖出猿人头,向国庆献礼。"于是我便同一群满怀热忱的同学住在周口店,开始第一次发掘实习。

第一次田野考古我至今印象都很深刻,那是一段非常愉快的经历。那里地层极为牢固,学生们干劲十足,用大铁锤凿出个大洞,塞进炸药,硬是把它给炸开了。尽管没有挖出猿人头,我们也收获颇丰,挖出了不少动物化石和石器,排成一列,老师们便现场开始教学,这是什么东西,有什么意义。其间,还有很多名人来到我们的工地，比如郭沫若先生、裴文中先生、贾兰坡先生，都是我们很崇敬的大学者。郭沫若先生勉励我们说："你看你们多幸福啊，工具一扒拉就能扒拉出一块骨头。"工地旁边还驻扎着一支部队，发掘间隙我们还与部队举行篮球比赛，生活是非常愉快的。自那时起，我便像是揭开了考古那神秘面纱的一角，得以一睹真容、初窥门径了。

1959年，按照教学计划，我们开始了一个学期的正规实习。时间大概是1959年的3月到8月，分为两个阶段：一个是发掘实习，一个是调查实习。我们到了陕西的华县，在那里发现了一个新石器时代的遗址，包括生活场所和墓葬遗址。我被分在墓葬区发掘，老师手把手教我们怎样划出探方，怎样识别地层，出土器物后根据类型学进行整理。地层学和类型学的训练，为我打下了考古学最重要的基础。发掘过程中，老师也不断启发我们思考。比如一座墓葬中埋藏多人，他们是什么关系？是夫妻还是兄弟姐妹？为什么有的小女孩随葬很多比较奢侈的器物？是不是在氏族有特殊的地位？老师启发我们思考这些谜题，告诉我们应该看什么书，读什么文章。这些谜题的解答，需要我们把材料发掘出来，整理好，然后循着这些线索，抽丝剥茧，才能将那笼罩了数千年的迷雾轻轻吹开，古人生活的一角便宛在目前。

之后的调查实习其实就是到附近的古代遗址参观。我们去了西安，参观了很多博物馆，和西北大学考古专业的同学一起联欢；又去了宝鸡，参观了苏秉琦先生当年发掘的斗鸡台遗址。那些沉默地将一段段漫长时代藏于腹内的文物，让我们的眼界陡然开阔，在我们的心里搭起了学术的稳固框架，也埋下了对考古敬畏与热爱的火种。

我的五年入学生活尽管也有曲折，但是总休而言受益匪浅，没有荒废。经过训练，我逐渐培养了考古的专业思维，学习了地层学和类型学，结识了考古界很多长辈大师，更是开启了我与考古、与田野发掘一生的情缘。

扎根田野里，甘坐板凳冷

1961年，我毕业后留校工作。虽然说是留校，但是之后近二十年，我其实也没有登上北大的讲台教书，大部分时间是根据系里安排，带学生去田野实习，奔走在天南地北的田野遗址中，枕着黄土入眠。1961年刚毕业，我去发掘了昌平雪山遗址；1963年参与了偃师二里头遗址发掘；1964—1965年又去了安阳殷墟。恢复招生以后，1972年去发掘了房山琉璃河西周燕都遗址；1975年去青海柳湾遗址，发掘精美绝伦的彩陶；1978年去承德参与夏家店下层文化墓地的整理；后来，又参与发掘了江西清江吴城、湖北黄陂盘龙城及山西曲沃晋侯墓地等。

现在回头看，这一段经历非常宝贵。考古不是一门闭门造车的学科，不接触实际，不扎根田野，就没有发言权，唯有在鲜活的遗址和出土的遗迹、遗物中才能谋得知识的纯熟。

自毕业后东奔西走，十年辛苦，想来也够磨成一剑。毕业十年后，20世纪70年代我才发表了第一篇文章。这篇文章是我从田野发掘的材料整理中萌发出来的，是参与江西吴城商代遗址的发掘时思考的。那是1973年，我突然接到苏秉琦先生的电话，把我叫到考古所，说我的老同学李家和自江西扛了一麻袋陶片到这里，苏秉琦先生看过后觉得很有发掘的价值，便把这个任务交给了我。

吴城遗址非常重要，它是中国长江以南地区最早发现的商代遗址。那时候我已经久经田野发掘的训练，对地层发掘、类型分析，早已得心应手。我们将出土器物按类排列，进行文化对比，分成了两堆，一堆与郑州商城、安阳殷墟商文化出土的器物形貌酷似，另一堆却是在北方十分眼生的"土著"器物。这个文化该怎么命名？当时大家众说纷纭。我就说，这个新的文化，尽管其中有商文化的影响，但是分量不占主要地位，而大部分是我们过去没碰到过的、本地的器物，毛主席说主要矛盾和矛盾的主要方面决定事物的性质，我们就叫它"吴城文化"吧。

这件事酝酿出了我在学术上的一个新思考——文化因素分析。我常常说：我们搞考古的人如何把冰冷的出土文物与热腾腾、活生生的历史联系起来，变成历史研究有用的素材？这套方法便是在中间架一座过渡的桥梁。对于文物，你要先体察它的"内心"，确定它的性质，再考证一下它的种种成分和外界有什么关系，这一块儿是受哪里的影响，那一块儿又能溯源到哪里。如此这般，就把一个扁平的物塑造成了一群立体的人，这样你就能看到，原来这堆不起眼的文物承载了许多不同部族的文化，再拿出传世文献一比对，与种种部族名便神奇地吻合上，或者你会惊讶地发现，自己踏入了一片尚未被传世文献记载的历史的处女地。这套方法成了我做学问的利器，我在出版的第一本书《中国青铜文化结构体系研究》中就谈到了这个方法。我自己体会到，没有文化因素分析，我都不会写文章了。正是因为掌握了这个方法，才能通过"物"，看到背后的"人"、背后的"族"，架起一座从考古学研究过渡上升到历史学研究的桥梁。

田野发掘虽然辛苦，但是也有很多乐趣。每一次发掘，都充满了期待；发现新东西的时候，就特别兴奋；如果能有铭文和传世文献对应上，那就更是高兴得不得了。我最满意的是晋侯墓地的发掘。这是北大多年的实习基地，我也参与其中。一直到2001年，一共发掘出了9组19座晋侯及其夫人的墓葬，我们对每一组的墓葬都考证了墓主人。晋侯墓地的发现无疑是20世纪西周考古最重要的发现之一，它为确认西周时期晋国的始封地以及晋国历史研究提供了重要的实物资料，迄今为止这还是研究西周时期封国最重要的材料。发掘和研究的过程不仅对我自己的研究帮助很大，而且提高了我国整体考古研究的水平。

经过数十年的田野发掘和研究，我深刻地感受到，做学问一定

1979年，李伯谦在山西侯马工作站整理调查资料

要扎扎实实，要甘坐板凳十年冷，要扎扎实实积累材料，所谓厚积才能薄发，这是北大传统。

寻根问祖，追溯源头

我在上学和工作期间大部分的研究都是围绕商周考古展开的。1996年，"夏商周断代工程"启动，我作为首席科学家参与其中。"夏商周断代工程"最早是宋健院士和李铁映国务委员提出的，宋健说："我到国外访问，参观许多文明古国的博物馆，展板上都写得很清楚这是什么年代、什么王朝，可是咱们的博物馆上古的很多都说不清楚，比如夏朝的开始，有的说是公元前20世纪，有的说是公元前21世纪或公元前22世纪，究竟哪个对？"他决定找一些专家听取意见，经过讨论后，我们觉得对夏商周的断代研究比较可行，于是1996年启动了"夏商周断代工程"。通过参与"夏商周断代工程"，我有一个很大的体会就是，任何科研攻关都不是一个孤立的学科能完成的，必须跨学科、多学科联合，发挥各自优势。"夏商周断代工程"对我自己的研究也很有启发作用，一定要走多学科融合发展的路子才行。

"夏商周断代工程"确定了夏代的存在，这是一个很大的功劳，过去很多人认为夏代只是个传说。回顾中国考古学的历程，殷墟和郑州商城的发现确定了商的存在。按照文献记载，夏在商的前头。怎么证明呢？考古学上找到了比商更早的遗存，这是其一；再一个，根据文献，夏的活动范围和考古发现的地点是一致的；最后，我们对出土文物的特点进行分析，并且用碳十四测定它的年代。最终我们证实了，以公元前 21 世纪至公元前 16 世纪河南登封王城岗、新密新砦、偃师二里头遗址为代表的文化就是夏文化，夏代是确实存在的。

在"夏商周断代工程"之后，我的研究思路进一步开阔，我觉得不能仅仅局限在夏商周这里，应该继续往前追，进一步追溯中华文明的源头。确定夏代存在以后，那么夏以前呢？按照司马迁讲的，上古有五帝，黄帝、颛顼、帝喾、尧、舜，之后大禹建立夏朝，进入三代。那么，以夏为基础再往前追，可能能追到文明更早的源头。

在"夏商周断代工程"以后，我们又开始了"中华文明探源工程"，希望在此前的基础上进一步深入开展中国古代文明的研究。往夏以前追溯，我们运用同样的研究方法，推定山西襄汾陶寺遗址就是文献记载的"尧都平阳"所在地，尧也被证实是存在的。陶寺遗址发现了一座 280 万平方米的古城，有两重城垣，还有古观象台，测定的年代是 4100 多年前，文献中尧部族活动的地方就在这一块。把这几个对起来，推测这里是尧都所在地，我觉得是合理的。

再往前还有没有源头？有没有比尧更早的文明？上古文明是如何演变的？在不断追溯中，我们对中华文明的认识也在不断深化。后来发掘河南三门峡灵宝县（今灵宝市）的西坡遗址，有大房子，有比较大的墓葬，但是出土的玉器只有一件玉钺。同一时期的良渚文化玉器十分发达，且大多是祭祀用，西坡遗址在规模上和良渚相当的大墓比就显得很寒酸。过去认为这是落后的表现，但我认为，这可能是反映了二者在文明的演进过程中走的道路不同。红山文化、良渚文化中神权占主导地位，而在中原地区，祖先崇拜是第一位的，要传宗接代、要考虑本族的长治久安，因此才会出现比较简约的情况。正是因为道路不一样，最后崇尚神权的红山文化、良渚文化都灭绝了，只有崇尚祖先崇拜的中原地区的仰韶文化一直存续下去，没有断过，到了夏代以后逐步扩展，形成了以华夏文明为基础和核心的中华文明一统的格局，敬天法祖的祖先崇拜也构成了中国人骨

子里最深的信仰。这也充分证明了道路决定命运,不同的道路选择,决定了文明的不同演变模式。当然,以后可能也会有新的材料来证明它或者推翻它,但至少这种可能性是完全存在的。

总之,在我"安身立命"的商周考古之后,我的研究就这样逐步地往前推进,不断追溯中华文明的起源,寻找中国人的根源,这是我研究上古文明的一个重要动力。

筚路蓝缕,以启山林

考古学最早在欧洲兴起。19世纪末20世纪初,许多国外的探险家和学者在中国进行考古、探险甚至是盗掘,国人的爱国热情被激发,一些爱国知识分子就去国外学习考古学,比如梁思永。这批人回国以后,中国的考古学逐步建立和发展起来。1921年北大成立了考古学研究室,马衡担任研究室主任,这是中国第一个考古学科。

新中国成立以后,1952年,在文化部和中国科学院的支持下,北京大学历史系考古专业正式成立,这是我国高等院校的第一个考古学专业。新中国成立初期,懂考古的人数量少,跟不上实际的需要,北大就联合文化部、中国科学院举办了四期考古工作人员训练班,短短几个月时间,对怎么发掘、怎么测量、怎么绘图、怎么照相,进行集中训练,学完以后就分到工地上去。20世纪80年代以前,各省考古的领头人,包括学术上和行政管理上,都是这些人。这几期训练班也被称为考古的"黄埔"。

北大考古教研室人不多,也就十几个,但是名家荟萃,人才济济,苏秉琦、阎文儒、宿白、邹衡等先生都是一代大师。正是在他们筚路蓝缕的开创下,北大考古学专业慢慢壮大起来。1983年,考古专业从历史系分出,独立建成考古系,宿白先生是第一任系主任,北大考古进入了新的发展阶段。1998年,我向学校申请将考古系改为考古文博学院。但因为考古系比较小,所以就先去掉了"学"字,称之为"考古文博院"，更强调它的研究性质，由我出任第一任院长。到了 2002 年，正式成立了"北京大学考古文博学院"。

在北大，从考古教研室到历史系考古专业，再到考古文博院，最后到今天的考古文博学院，考古学经历了长足的发展历程，这不单是北大考古学的发展，也是中国考古学发展的一个缩影，背后正是一代代中国考古人的探索和奋斗，我非常有幸能够参与并见证这一历程。

肩担道义，心系家国

2019 年 1 月 3 日，中国社会科学院中国历史研究院成立，下设考古研究所、古代史研究所等。这是中国社会科学领域的一个重大举措，也是考古学进一步发展的又一重要契机。习近平总书记专门致以贺信，贺信中指出："历史研究是一切社会科学的基础。"历史科学是通过包括考古学在内的研究来丰富的，这一切更让我坚定，选择考古学是很幸运的，我不后悔选择考古专业，这条路走得还是对的。

习近平总书记还特别指出："历史是一面镜子，鉴古知今，学史明智。重视历史、研究历史、借鉴历史是中华民族 5000 多年文明史的一个优良传统。当代中国是历史中国的延续和发展。新时代坚持和发展中国特色社会主义，更加需要系统研究中国历史和文化，更加需要深刻把握人类发展历史规律，在对历史的深入思考中汲取智慧、走向未来。"作为考古工作者，在祖国发展和进步的过程中，我们也绝不能坐而论道、孤芳自赏，而是要通过研究历史、总结经验教训，为当下和未来服务。

我是研究上古文明的，在研究中国文明演进历程中，我总结了八点启示：第一，文明模式的不同选择导致了不同的发展结果。道路决定命运，考古学的事实告诉我们，一个民族、一个国家，选择怎样的道路是决定其能否继续生存发展的关键。第二，道路选定以后并不一定是一帆风顺的，也可能发生改变。良渚文化前身是以军

权、王权为主的崧泽文化,到了良渚文化阶段,开始接受红山文化,崇尚神权,因此垮了下去。第三,我国古代文明演进的历程是不断实现民族文化融合、不断吸收异族文化先进因素的历程。对异族文化因素不能全盘照搬,而是要根据自身发展的需要加以选择。第四,血缘关系和由此产生的祖先崇拜是中国古代文明保持延绵不绝、持续发展的重要原因。第五,中国古代文明演进过程中,共同的信仰和共同文字体系的使用与推广,是维护统一的重要纽带。第六,中国古代文明演进过程中形成的"天人合一""和而不同""和谐共存"等理念,以及在其指导下正确处理人与自然、人与人、国与国等关系的实践,是文明自身顺利发展的保证。第七,中国古代文明演进过程中,中央集权的政治制度对保证大型工程的兴建和国家的统一,发挥了重大的不可替代的作用,但是过度运用也在一定程度上束缚了人们的思想和创造性。第八,中国古代文明演进的过程,也是阶级形成、统治阶级与被统治阶级不断斗争—妥协—斗争的过程,统治者推行的政策,即使符合社会发展的要求,也需要得到广大人民群众的理解,不可超过其所能够忍受的限度。"水能载舟,亦能覆舟",这是历史经验的总结。回顾中国历史的历程,发扬优秀传统,总结经验教训,这对中华民族今天的建设和未来的发展都具有重要的借鉴和参考意义。

我八十多岁了,从小时候到现在,我见证了时代的剧变。在我小时候,处处是现在难以想象的贫穷破败。抗日战争时期,河南的"水、旱、蝗、汤"(水灾、旱灾、蝗灾,还有"汤灾",即驻扎在河南的国民党军官汤恩伯)我都经历过。如今,新中国成立70年了,70年砥砺奋进,我们国家发生了天翻地覆的变化。从当年的艰苦、破败、混乱,到现在的富强、发达、和谐,我国经济、科技、军事、文化等各方面的实力都有了巨大的增长,未来还有更加光辉灿烂的征程。作为北大人,为祖国做出更大的贡献是我们应当牢记的责任和担当。眼底映着未名水,胸中长系黄河月,这是北大人该有的襟怀。

(采访、整理:吴星潼、宁传韵、孙治宇、矫静浩)

杨　辛

登泰山而悟生，赏荷花而好洁

杨辛，1922年5月生于重庆，当代美学家、书法家，北京大学哲学系教授。1944年参加印缅远征军，1946年就读于国立北平艺术专科学校，1956年调至北京大学哲学系，长期从事美学教学和研究工作。

少年意气，于动荡处安身

人的品质、气质和经历是分不开的，一个人的根都在他的童年时代。

1922年，我在山城重庆出生。然而少年失怙，我只得四处漂泊，在茶馆、寺庙寄宿为家。为了谋生，小学毕业后我就去职业学校读会计，16岁时到了民生轮船公司做学徒工。正是在那个时候，我常常能看见日寇执行"疲劳轰炸"，上千人被活活闷死在防空洞中，我几度难掩悲愤。但与此同时，民族企业都充盈着一种强烈的民族自

尊心与责任感，我亦深深为之感染。后来我的科长觉得我是一个可以被培养的孩子，便介绍我到南开中学读书，先是旁听，一年后转为正式生。

然而随着中日战事的变化，我和我的一些同学决定投笔从戎，以身许国。1944年，抗战形势已经很紧张了，日寇进攻中缅公路，想打到内地，我们南开中学有二十多人报名参加印缅远征军，一同前往印度、缅甸训练了一段日子。这时的日本军国主义已是强弩之末。在远征军回国途中，我们临时接到指令，被调往国共东北战区去参与内战。我向来是排斥同胞相残的，古人也说过"兄弟阋于墙，外御其侮"的话，都是一家人，外敌未退，哪来的工夫去自相残杀呢？所以我在到达曲靖的当夜，就和同学坐火车去了昆明，一番辗转来到了这个号称民族堡垒的城市。这是一个国家前途未卜、个人无所依靠的时刻，我就在这样的未知中开启了下一段人生旅程。

为了躲避国民党的追捕，我只得去找我在南开时的好友汤一介寻求帮助，他的父亲也是我的恩师汤用彤先生收留了我。这几乎是我人生最困难的时刻，我一度靠在街头卖报纸维持生活，好在汤先生对我照料有加。在昆明的这两年，也是我格外青春洋溢、意气风发的两年。在卖报为生之外，我也积极参加学生运动，得以接受先进思想的洗礼，并且想到用画漫画的方式去抨击我所看到的黑暗现实。

1946年，汤用彤先生举家迁往北京，我也同时以第一名的成绩考入北平艺术专科学校，师从徐悲鸿、董希文，聆听齐白石等大家的课程。课业之外，我还常常担任学生运动负责人，参与和领导了一些爱国运动。

后来，我被地下党通知自己已经上了国民党黑名单，不得不选择离开北京。我仍记得当初逃亡到一片高粱地时，突然冒出来一些背着枪的人——那时我还不知道是什么人，后来才知晓是解放军派来保护我们的武装人员。那份心头涌起的感动我至今仍难忘却。从冀东到热河，我坚决地投奔了解放军，参加了辽沈战役。

纵观我的少年时代，总是与学生运动紧密相连的。想来也是，在国家动荡的关头，在那样一个满腔意气的年纪，我如何能独善其身？投身国家民族事业的热血贯穿我的前半生，此后也一脉相承。

筚路蓝缕，以启美学之林

中华人民共和国成立后，汤用彤先生任北京大学校务委员会主席，他特地把我从吉林省委党校调到北京大学工作，在汤先生的指导下，我走上了学术之路。

起先，我是汤先生的助手，后来汤先生病重，无法正常工作。由于我从前学过艺术，美学和艺术关系很密切，我便从辩证唯物主义教研室转到了美学组。从此，我就在北京大学扎根美学教育，这一做就是半辈子。

我在燕园治学数十年，回首过往，也是颇为感慨。中华人民共和国刚成立时，美学研究与美学教育停留在旧唯物主义时代，认为美主要是一种形式上的特征，或是一种精神上的外化。在新中国美学研究一片空白的情况下，我和我的同事们决定将马克思主义思想带入美学研究，率先在中国成立了第一个美学研究室，也由此走上了"筚路蓝缕，以启山林"的新中国美学教研之路。

中国传统文化是我开展美学原理教研的深厚土壤，马克思主义实践观则是美学基本理论的哲学基础。我一直强调从理解人和生活的本质出发，结合人类文化发展的历史探索美学理论。美的本质离不开人的本质，美的根源来自人的自由创造，人的自由创造是在实践基础上的目的性与和规律性的统一；人在其创造的世界中直观自身，在对象世界中看到人类目的、理想、力量、智慧、才能的实现，因而产生美感。一个形象之所以能称为美，之所以能引起人们的喜悦，我认为就是因为其中包含了人类一种最珍贵的特性——人不仅

能适应自然环境，还能改造自然环境。在生活中，什么地方有人的自由创造，什么地方就有美。

过去大半生，我一直从事美学专业研究。退休以后，我一方面继续学习我们的传统文化，另一方面在思考怎样将传统文化与时代精神、社会发展结合在一起。我的精力主要集中在两件事情上：一件是学习泰山文化，另一件是学习荷花文化。在学习中，我切身感受到中国优秀传统文化对自己的生命产生了很大的影响。

登临泰山，悟吾生之坚毅

泰山犹如我的第二故乡。登泰山，我登了四十多次；学习泰山文化之后，真正体会到"天行健，君子以自强不息"，激发了自己的生命力。所以，我虽然 97 岁了，在精神上还是很振奋。

要说到我和泰山的初遇，还要追溯到 20 世纪 80 年代，当时中华美学学会在山东济南召开工作会议，会议期间，我和武汉大学的刘纲纪教授同游泰山。在岱顶，我们晚上住在 2 元钱一宿的简陋棚子里，但是第二天清晨，我们看到了一生中最为壮丽辉煌的泰山日出，激动不已。从那以后，我被泰山的雄伟深深折服。1986 年，泰山准备申请联合国的世界文化遗产，北大受命进行学术论证，成立了一个专家小组，我负责美学方面。1987 年泰山申遗成功，我们的报告被联合国专家认为是第三世界国家中最好的一份。正是在准备报告期间，我有幸从不同路径、不同视角，全方位地审视和体会泰山，我对泰山的认识超越了个人的心志体验而进入对学术文化的梳理、鉴赏和阐发。

我的人生也确实像艰难而历险的攀登过程一样，虽历尽坎坷，却始终追求进步和光明。当我以超脱的心境在泰山的怀抱中攀登的时候，当我到达岱顶欣赏人间的无边景色的时候，我的生命也更加昂扬和激越。

泰山本身的特质成为我美学研究取之不尽、用之不竭的源泉，对泰山美学意义的认识更是为我的美学研究开辟了一条新的道路。泰山文化是自然和人文景观的完美结合，它本身承载着厚重的华夏文明符码。在我看来，对泰山的美学分析是不能绕开它所蕴含的人文价值的。从人文方面来看泰山，泰山的文化内容含义丰富、意蕴深刻，至少有四个方面的人文价值可以探究。第一，从政治角度来说，泰山通天接地，是国家统一、天下安定的象征，是政治清明、国运昌盛的表现。第二，从哲学上讲，泰山构筑了天人交契的博大时空，体现了"天行健，君子以自强不息"的精神，是民族生命力的象征。第三，从伦理学上讲，泰山包容万物，厚德载物，体现了中华民族厚重、宽容的人格精神。第四，从美学上讲，泰山的自然和人文景观整体呈现了一种阳刚之美，具有宏伟远大的气魄。这几方面的考察表明，泰山是我们民族精神的象征。泰山和黄河一样，象征着中国人民的伟大、质朴、刚健、进取、智慧和坚韧。

我曾为它作《泰山颂》一诗：

高而可登，雄而可亲，
松石为骨，清泉为心，
呼吸宇宙，吐纳风云，
海天之怀，华夏之魂。

如今我们已经进入了 21 世纪，实现了中华民族伟大复兴的梦想，如洪钟大吕，激荡人心。就像抗日战争时期《黄河大合唱》用雷霆万钧、奔腾前进的黄河来激励人们的斗志一样，我们现在也需要一种大气磅礴、充满阳刚之气的精神文化坐标，来激浊扬清、提振人心、充实魂魄，弘扬主旋律。泰山显造化之神力，聚自然之精华，续古今之文脉，历万古而弥新，其厚重、包容、和谐、坚韧和自强不息，都是当代中国人需要不断砥砺和发扬的民族精神的重要内容，是当代中国需要不断补充的正能量。

赏慕荷花,好品德之高洁

　　我的另一个精神伴侣是"荷花"。如果说泰山是阳刚之美,那荷花就是阴柔之美。

　　荷花之美,就在于它的风神,可以"出淤泥而不染,濯清涟而不妖"。我们中国人总把荷花比作君子。因为荷花精神其一是高洁,孟浩然曾经说过:"看取莲花净,应知不染心。"君子修身律己,就是需要在熙攘的世界中保持自己的本心,修养自己的品德。其二是奉献。"君子之为利,利人;小人之为利,利己。"君子不在乎自己个人的得失,而关照天下的兴亡。荷花也一样,它的藕和莲子可食用,它从根到茎、叶、花、籽,都可以作为良药,它是可以把全部都奉献给他人的。如果每个人都学会奉献自己,并从别人的奉献中受益,这样一个"人人为我,我为人人"的社会,会更加美好。而且在我们的荷花艺术中,"荷花"的"荷"与"和谐"的"和"谐音,在对荷花的赞美中,寄托了我们对和谐、和美生活的追求。

　　因此在欣赏荷花之美的同时,我们的精神世界也不断被塑造。我爱画荷花、写"荷"字,也爱收藏各类有关荷花的艺术品:雕刻、瓷器、剪纸、刺绣……这些优秀的艺术品无一不精,无一不珍。但它们承载的意义远超于艺术本身,更多的是对荷花所代表的人生境界的追求。

　　2013年,我在北大捐款设立了"杨辛荷花品德奖",奖励那些品德优秀的学生。大学是国之重器,教书育人要以立德树人为先。我想通过设立这个奖项,弘扬荷花精神,引导和激励我们北大的青年学习崇德向善,修身立行。后来,我也将珍藏的书法作品、荷花艺术藏品捐赠给了北大——这远比留给子孙的作用大,我更没想过拿它们来换钱享乐,这是因为我的成长经历让我愿做物质的平民、精神的富翁。北大接受了这些藏品,并建成了"北京大学荷花艺术藏品展馆"。我想，我收集的这些藏品留在学校，从教育的角度来说，通过艺术品来进行教育，就是把美育和德育结合在一起，使得人们在欣赏这些艺术作品的同时，人生的境界也变得更加高尚。我长期以来一直收集这些作品，而且以后还要不断地收集，我觉得自己在这方面得做一些力所能及的事情，希望我能在我的能力范围内，影响、帮助到更多的人。

事实上，我捐赠这些艺术品也是想向北大报恩。我到了晚年，始终有一种感恩的心情。

幼年时我的父母相继离世，我一度过得十分窘迫，也做了许多营生。16岁时，有好心人资助我到南开中学读书，在那里我认识了我的朋友汤一介。也正因如此，我有幸结识了汤用彤先生。我当时生活无着，晚上只能睡在茶馆，而汤先生又是个极其仁爱之人，他对我们这些学生就像对自己的孩子一样。我曾经吃住都在他家，后来才能进入北平艺专学习，接着又来到北大，由此改变了我一生的命运。我到北京大学，已经有六十多年了，这片园子就是我成长的摇篮。如果没有校系领导的关怀，没有恩师的培养，没有挚友的扶持，我不可能有今天，他们都是我学习的榜样。北大是改变我一生的地方，在这里我遇到过许多帮助我的贵人，特别是汤用彤先生，资助我读书，教育我成人。汤先生深厚的学问、正直的品格以及他对教育的热忱，深深地影响着我。我写过一首诗来表达我对他们的感情："春风化雨，绿草如茵，燕南庭院，有我双亲。"在我的人生中，受过这些良师益友的恩惠与帮助，我也想把这份情谊传递下去。如果这样的精神能一代代地传递，那我们国家的美育事业、慈善事业，就会得到长足的发展。我一个人的力量也许是微小的，但它确乎存在着。

我这辈子承受了太多恩情，到了晚年，在这种感恩的心情之下，我所做的一些事情都是为了回报。我把我积累的一些书法、绘画等作品捐赠给北大，其中倾注了我丰富的感情，这些作品大多是中国传统文化与时代精神的结合，我希望能让更多的青年从中感受到真、善、美，也希望自强不息和无私奉献的精神能够绵延长久。

杨辛先生正在进行书法创作

我是一个拿退休工资的老人，钱财积累得不多，但求学时期受到资助的那些恩德我毕生难忘，所以我也希望用自己的绵薄之力，多帮助一些年轻人。于是趁着前几年北大哲学系百年系庆之际，我用自己卖了多年来收藏的艺术品而筹得的积蓄，在学校设立了"汤用彤奖学金""杨辛助学金"，我的家人也都十分支持我。人们常说"滴水之恩，当涌泉相报"，但我却觉得，北大于我，是"涌泉之恩"，而我做的这一点事情，却非常轻微。回报社会，回报北大，回报恩师，这是我晚年最大的心愿。

无限人生，待期颐又迎春

说来有趣，我今年已是将近百岁的老年人了，却经常被人误认为只有六七十岁。由于时常怀着感恩的心情，我自己反而因此获得了更大的幸福。

"良田万顷，日食一升；大厦千间，夜眠八尺。"我的快乐不在于物质和金钱的满足，而在于精神的富有充实。关心、帮助别人，自己才会获得真正的幸福，这幸福比什么都好。我始终觉得，越关心别人，自己的心就会越开阔，相反，越自私自利，苦恼越多。

其实，生活中难免遇到烦心事，尤其是老年人的烦恼常常更多，可我们都应该想办法开解自己，把烦恼放下。我开导自己的方法倒是有几个。

第一，思考问题时多从大处着想，比如在对待生命的看法上，我就从天文学里悟到了很多。我有时想，地球只是太阳系中的一粒微尘，太阳系只是银河系的一粒微尘，而银河系在整个宇宙中只是很小的一部分。这样看，个人生活中实在没什么大不了的事情。

第二，经常关心和帮助别人，尽力为整个社会做贡献，多做公益，心情自然就很愉快。这一点，我也身体力行，尽自己最大的努力做了几十年。有时国家遭逢灾难，或者我在报纸上、校园里看到需要援助的人，我都愿意伸出援手。凡"仁"一字，对人的生命质量实在有很大的影响。

第三，知足常乐，不要欲求过度。人可以在学问、艺术上精益求精，然而在生活上则要知足常乐，不攀比、不贪婪，因为物质享受是有局限的，但精神享受却是无限的，帮助别人所带来的幸福感，能使我的身心得到极大的舒畅和愉悦。多关心他人和社会，怀有一颗仁爱之心，追求真善美，能让人更长寿。

第四，遇到不顺心的事时，不要总想着去分析，应该放下。人到晚年，用来享受生命的时间已经很有限了，所以不应让任何不愉快的事情来干扰我们，不愉快的事过去了就不要想了，要懂得珍惜和享受晚年的时光。

第五，老年人不要给自己的生命设立终点，这一点我的许多老友亦深以为然。我多年前便离休了，但这不应是我奉献的终点。

我在书房里摆着自己改写的一句诗:"夕阳无限好,妙在近黄昏。"人不应为进入晚年而伤感,因为人老之后,才能对天地人生有更深的感悟,才能逐渐超脱名利、自私所带来的烦恼。我如今的晚年生活是很自足,也很快乐的。每天坚持着写字和打太极拳的习惯,不过这两件事倒是融会的——写字是纸上的太极拳,而太极拳是用四肢在写字。

人到晚年,我想把所有的时间都用来享受生命,保持乐观,坚持奉献。我觉得,80岁、90岁乃至100岁,都不是人生的终点。我曾经写过一首诗:

人生七十已寻常,八十逢秋叶未黄。
九十枫林红如染,期颐迎春雪飘扬。

我最爱尾句,即使到了100岁,人还会有新的春天。老年人不应给自己的生命设立终点,生命不似一条直线那样有始有终,而是一个圆,终点又是起点,人从自然中来,又会回到自然中去,放开自己的心胸,融入宇宙和世界的大生命中去——大生命是无限的,人融入其中,是与日月同光、与天地同寿的。

(整理:赖钰、朱家碧、马骁)

参考资料

杨晓华:《我以泰山喻中华——访著名美学家杨辛》,《中国文化报》2013年5月29日。

北京大学关工委立德树人教育基地、北京大学电视台:《杨辛先生先进事迹》纪录片,2017年9月。

杨芙清

七十年，我始终和祖国在一起

杨芙清，1932年11月生于江苏无锡，北京大学信息科学技术学院教授。1951年就读于清华大学数学系，1958年从北京大学数学力学系研究生毕业后留校任教，1991年当选为中国科学院院士（学部委员）。长期从事系统软件、软件工程、软件工业化生产技术和系统等方面的教学与研究工作。

"党外布尔什维克"与"小先生"

我的家在无锡算是一个大的家族，可以说是书香门第。小时候家里规矩比较严，放假父母不让我们出门，一到寒暑假我只好窝在家里看书，主要是看武侠小说。

解放的场景我记得很清楚，那时我正读高一，那是1949年4月23日晚上，我听到外边的脚步声响了一夜。第二天一早，我的同学就来敲门了，说："杨芙清，解放军来了，咱们赶快去欢迎解放军吧！"我看看父母，他们说去吧，我就像鸟儿飞出笼子一样飞向外

面。现在想来应该是过去在日寇占领、国民党统治时父母不放心，感到不安全；解放军来了，父母也放心了。

我对"解放"的第一感觉是天特别蓝，阳光灿烂，小鸟可以在天地里任意地翱翔。我积极参加了很多庆祝活动。腰鼓、乐鼓传到无锡来了，学校先后各买了一套，我们是第一批学的人。老师们参加庆典游行，我们在前面打鼓，给老师们开道，特别热闹。

让我印象最深的是组织"救济清寒同学"的义演，"清寒同学"就是我们现在说的经济上有困难的学生。那么演什么呢？我出主意说去找军区文工团，请他们帮忙，文工团就教我们跳红旗舞。在人民剧场演出，解放军乐队来给我们伴奏，我们跳舞的只有九个人，解放军乐队就有二十多个人，这是多么壮观的场面啊！我深刻感受到"军爱民、民拥军，军民团结如一人"。

说实话，当时我就是一个高一的孩子，对政治还没有深刻的认识，就是参加这些活动觉得心情特别好。一首歌曲《解放区的天是明朗的天》，特别能反映我当时的心情。我特别喜欢这首歌，现在还是我的手机铃声。

我的中学是无锡市第一女子中学，是无锡三大名校之一。中学时，我的各科成绩都很优秀，而且兴趣广泛，既被选入篮球队、排球队，又是舞蹈队、宣传队成员。学校成立学生会，我还被选为学生会副主席，参加了校务委员会。国文老师冯其庸先生是我们的教导主任，也在校务委员会，后来是著名的红学家。当时我参加这些活动很积极，由于我一心想当科学家，所以没有想入团入党，为此我得了一个"党外布尔什维克"的称号。

我中学学习成绩很优秀，其中最突出的是数学。这得益于我的三位数学老师，他们都非常好。第一位数学老师是南京大学数学系毕业的，这位老师不苟言笑，特别严格，经常出题考试，题目特别难。有一次大家都考得不好，他给了我 120 分，还在课堂上表扬了我，因为我用两种方法去解决一个问题。得到了表扬，我就觉得数学很有意思，对数学产生了兴趣。后来的两位数学老师，一位教代数，一位教几何，都是上海交通大学机械系两届毕业生的第一名，他们教书是启发式的，更注重推理思路的传授。

这几位老师对我数学上的影响是很深的。他们不仅教会我学习的方法，更启发了我对数学的兴趣，使我领悟到老师的责任不仅是教好知识，更要去发现一个学生的潜质，去启发他、鼓励他，使他产生兴趣。有了兴趣，就会加倍努力，就愿意去钻研，钻研就会使理解更深刻。

每到学期考试前，同学们就要我给大家讲课、复习，我由此得了一个"小先生"的称号。大家坐在教室里，我上台去讲，重点在哪儿、应该怎么去理解。

良好的中学教育使我受益匪浅，深厚的师生情谊让我永生难忘，要当一个好老师的想法在我心中扎下了根。我对母校一直有感恩之情。"文化大革命"中，原来是无锡市三大名校之一的无锡市第一女子中学被改了校名，失去了女校的特色，办学质量也下降了。"文化大革命"后，我有机会为恢复女校建制而努力，并捐赠了我们的积蓄。在母校百年校庆时，我们累计捐赠了 100 万元教奖学基金，为默默无闻在学校耕耘几十年的老师和勤奋学习的同学们略尽微薄之力。更有幸的是，我看到年过八旬的老师们仍是那么康健，对我还是那么亲切、关爱。

从清华园到燕园

1951 年，我高中毕业。那时还没有全国统考，报哪个学校就参加哪个学校片区的考试。我报了清华大学数学系。为什么呢？一是我想到毛主席身边去，到首都北京去，这是我报考北京学校的一个最大的动力；二是我立志要做一名华罗庚式的数学家、科学家。刚上学我是在清华园，到第二学年院系调整，从清华转到北大。

　　大学和中学的学习方法是不一样的,学习思维也不同,开始我未转过思路来,第一次考微积分就没考好。一个学数学的,微积分都考不好,还能不能学数学?我在中学里,用现在的话来说是"学霸",是同学们心中的"小先生",现在居然考不好,成绩一落千丈,心情很低落,甚至想打退堂鼓,就给冯其庸老师写了一封信,说了我的心情。他给我回信说:"人的一生不可能都是顺利的,都会碰到沟沟坎坎。碰到沟坎的时候,你是勇往直前地跨越过去,还是倒退?跨过去就前途无量。"这封信对我触动和鼓励很大,使我坚定了信心,主动向同学们学习,慢慢地也掌握了学习方法,知道怎么学了。后来,学实变函数,特别难,但在一次考试中我考得最好,这使我重拾信心,学习成绩也从此"翻身"了。成绩越好我越有信心,积极学习同学们的长处,加强提高分析问题、解决问题的能力。

　　大学的生活是丰富多彩的,社团活动特别活跃。我在清华就参加了舞蹈队,到了北大,也参加了北大的舞蹈队。我们舞蹈队经常在大饭厅和未名湖畔均斋前的草坪上排练各种民族舞蹈,邀请专业文艺团体作指导。参加社团活动,接触到了不同学科的同学,开阔了我的视野和思路,我感受到了北大综合学科的魅力。

　　我对一件事印象很深。1954年,作为北大学生会文化部部长,我参与组织了一次迎新晚会,地点就选择在未名湖畔。沿着未名湖北岸的曲折小径,设计了灯谜带;在花神庙对面山坡的小平地上,开设了音乐欣赏;湖中岛亭上灯光通明,棋战正酣;湖右畔均斋前面的草坪上则是翩翩起舞的学生;再往右的办公楼礼堂,正在上演着各社团精心排练的节目,有歌舞、戏曲选段、独幕话剧和相声等,掌声连连;湖左畔的东操场放映着露天电影;湖中漂浮着盏盏荷灯,与天上的星星相辉映。我站在备斋二楼的凉台上,那一刻深深感受到未名湖的魅力。

　　1955年,我大学毕业。那时大学对毕业生要求很严格,淘汰率很高,1952年院系调整时,三校合并,北大数力系共有学生50名,但只有36人顺利毕业。国家需要师资，同学们大部分被分到各个学校当老师，最后剩下三人留下来攻读研究生。我是其中之一，成为计算数学专业的第一个研究生，参与组建中国第一个计算数学专业。1955年12月我宣誓加入了中国共产党，成为一名光荣的共产党员。我长大了，从一棵"小草"长成了一棵"小树苗"。

1956年周总理领导制定《十二年科学技术发展规划》，提出要重点发展半导体、计算机、自动化和电子学。北大具有前瞻性，1955年率先组建了计算数学专业，为计算机技术研究打好理论基础，徐献瑜先生为专业主任、教研室主任，我师从徐献瑜先生攻读计算方法。

当时只有我一个学生，也未像现在这样开设研究生课程，老师只给我指定读一本苏联教材《线性代数计算方法》，并要求我每周在教研室讨论班上报告。我就到北阁数力系图书馆，找一个角落，在那儿学习。当时只有机械式的手摇计算器，声音很大，晚上我怕影响同宿舍的研究生休息，就到红三楼留校任教的戴中维同学处开夜车，用报纸把灯罩起来摇计算器进行计算。每周一要见导师，在此前要把计算的数据组成表格，并把其画成各条曲线，用各种颜色标好，向导师汇报时必须要把准备工作做到最好。

杨芙清在研究生宿舍里看书

我们数力系培养学生的方法是非常好的,用讨论班的方式培养学生读书的能力,特别是提炼、分析和解决问题的能力。我当教师后,这也成了我培养学生的一种方式。我常对同学们说,读书不仅要勤奋,还要学会抓住要点,弄清概念和思路,更要动手"做"。什么叫读懂了?就是先要将一本厚的书读"薄"了,变成几页纸,然后由几页纸慢慢再把它用"自己的语言"恢复成一本书,还要能够清晰、简洁地表达出来。这些都是我在研究生阶段得到的训练。

紧张活泼的留苏岁月

计算技术是《十二年科学技术发展规划》的重点之一,国内在此领域基本上一片空白,因此,1956年国家派代表团赴苏联考察并实践一个月,我导师徐献瑜教授就在那个考察团里。代表团回来后,成立了中科院计算技术研究所,所里决定派一个代表团到苏联科学院计算技术研究所和计算中心去学习计算技术、程序设计,为自主研发自己国家的计算机储备技术和人才。徐先生跟我说:"国内没有计算数学这方面的学习环境,你是不是也跟着这个代表团出去,去学习有关计算机和程序设计方面的新知识?"这样,我就作为一名研究生参加了这个团队。

1957年1月,经过八天七夜火车的颠簸,我们到了莫斯科。当时的团队是19人,其中13人到苏联科学院的计算技术研究所,其余6人去苏联科学院的计算中心学计算方法、程序设计。我去了计算中心。

我们6人有个导师,叫梅格列夫斯基。那时还只有手编程序,他给我们出了一个题目是解线性代数方程组。现在大家都会觉得很简单,但是对我们这些从未见过计算机的人来说还是比较难的。我们从机器指令学起,再学编程;将程序打在卡片上,学习检查其正确性;上机时先学习控制面板的操作方式,然后调试程序。我的程序是一次通过，老师觉得很惊讶，他说一般第一次编程上机很少有一次通过的，都要有几次修改反复才可能通过。老师的鼓励使我又一次坚定了学习的信心，我想细致、严谨是做学问的关键之一。

我去苏联的任务是学计算方法，但要在计算机上完成计算任务，编程能力更为重要，所以我就把比较多的精力花在学习程序设计上，研究程序设计的原理和方法。

在计算中心的学习过程中，我收获很大，不仅见到了当时的先进技术、先进设备，学到了程序设计的方法和技术，而且使我对做科研的感悟更深刻。后来我常说，搞软件的人要"动静结合"：编程时就要"静如处子"，能够坐得住，甘坐板凳十年冷，才能不出错；设计时要"动如脱兔"，思想要活跃，想得比较宽阔长远，要从生活中去寻找感悟、触动灵感，然后运用到要解决的问题里去。

这期间最令我难忘的是毛主席的接见。1957年11月17日，毛主席率团访苏，抽出宝贵的时间到莫斯科大学接见留学生，这真是天大的喜讯。那时在莫斯科的中国留学生大约有3000人，莫斯科大学礼堂坐不下，把剧场小礼堂都挤满了。我们早早就去占位置，大概坐在七八排。就是在这次接见中，毛主席发表了著名的"希望寄托在你们身上"的演讲。他在演讲中说："世界是你们的，也是我们的，但归根结底是你们的。你们青年人朝气蓬勃，正在兴旺时期，好像早晨八九点钟的太阳。希望寄托在你们身上。"听了毛主席的讲话，我们非常振奋。在以后的几十年中，这几句话不断激励着我为实现民族复兴、国家富强而奋斗。

1958年4月学习团回国时，周培源校长安排我从计算中心转到了莫斯科大学数力系，师从苏联著名计算科学家米哈依尔·罗蒙诺维奇·舒拉勃纳学习程序设计自动化。导师对我很好，他知道放手，给我创造了很好的条件和环境，鼓励我发挥自己的想象力。在他的鼓励下，我读了很多源程序，有了一些新的设想。我把想法给导师说了，他非常赞同，鼓励我进一步研究和实践。我经常泡在机房里，

泡在计算机上,针对由编译程序编出的目标程序正确性检查的复杂性问题,研制了一个"分析程序"(逆编译程序)以降低程序正确性检查的复杂度,得到了导师的肯定。导师很认真地修改我写的论文,甚至连语法、文字表达等均精益求精。我感受到了导师对学生的严格,特别是对中国学生的厚爱。离开多年后,我还听到去莫大学习的师弟们告诉我,我的导师常会提到我,真是师恩如山啊!我感恩国家的培养,感谢导师的教导。

我在计算中心的苏联同事们建议我申请副博士学位,但我想按规定申请学位就需要通过资格考试,就要再花一年到一年半时间。当时,我的想法很简单,我说这次派我来学习没有拿学位的任务,何况国内亟须这方面的人才,我必须尽快回国,报效祖国。

回国后,我在北大数力系工作。当时分配给我两个任务:一是给我的导师徐献瑜先生当助教,辅导程序设计自动化课程;二是当数力系的科研秘书。

当时,12个社会主义国家在苏联杜勃纳成立联合核子物理研究所,由参与国派出专家团队在研究所工作。1962年团队需要有一个学程序设计的人去,学校就考虑到我。那时候中苏关系已经恶化,形势比较严峻,学校人事处处长找我们谈话,征求我们的意见,我毫不犹豫地说我是共产党员,党要我到哪儿我就到哪儿。就这样,我暑假回老家无锡看望了父母和刚满周岁尚在牙牙学语的儿子,于1962年11月21日再次随团去苏联,到杜勃纳核子物理研究所计算中心工作。联合核子物理研究所是研究核物理的,计算中心的工作就是用计算机解决核子物理实验中的科学计算问题。我是学数学的,对核物理一窍不通,但团队里有的是老师,我从核物理的基本概念学起,利用春节初步弄懂了一些基本概念,并承接了一位苏联核物理专家的计算课题,运用数学、计算方法和程序设计知识和方法,顺利地计算出了相应的曲线。

两次留苏,使我进入了一个崭新的学科领域,学习到了应用计算机和计算机软件的一些基础知识和方法,为我回国后从事计算机软件教学、科研和产业建设奠定了一定的基础。特别是在西方技术封锁时期,我见到了计算机、操作了计算机,学习了程序设计和程序设计自动化。我感谢导师徐献瑜先生为我打开了走向新领域的门,我感谢周培源校长为我铺设了一条从事新领域研究的路,我更感谢祖国在百废待兴、经济不富裕的时期送我们出国深造,这一切我将永远铭刻在心。我立志要为祖国计算机软件事业的发展奋斗,奉献终身。

软海拾贝之点滴

知识似大海,科学是发现。我喜欢大海的辽阔,爱看海浪之奔腾。阵阵海浪冲刷着沙滩,来时潮涌,退时留下各种奇异的贝壳,那样清新,那样"鲜活而有灵气",好像有很多秘密等待你去探索。

1969年12月,国务院向北京大学下达了研制每秒百万次集成电路大型计算机——150机的任务,这在被西方封锁的环境下是一项艰巨而又困难的事,但也是一个自力更生、自主创新的好机会,我有幸被选参加了这个项目。我先被分配参与指令系统设计,并编写指令系统文本。写文本涉及上百条指令,是一项十分精细、烦琐的工作。我在反复修改中设计出一版、二版、三版,直至最后定稿,在朗润园九公寓201-1室中,不知熬过了多少不眠之夜。写出了指令文本后,我又被任命为操作系统组组长,负责150机多道运行操作系统的研制。组中有青年教师,还有来自不同专业的留校学生,以及工厂和用户单位派出的人员。他们都没有见过计算机,也不知什么是操作系统,在无资料更无经验的情况下,我们硬是凭着为党争光、为国争气的一腔爱国热情,凭着掌握的基础知识,探索、创新,经过一年多的艰苦奋战,终于设计出150机整套操作系统软件。

此时,150机的硬件尚未调试完成,为了争取时间,我们和编译

系统组一起，奔赴大庆油田，在大庆油田的 108 乙机上编写了一套仿真 150 机指令系统的程序，模拟 150 机的硬件，并在模拟得到的"虚拟机"上调试 150 机操作系统和编译系统。我们十几个人干劲十足，昼夜倒班，每天只睡两三个小时，除去吃饭、睡觉外都在工作，用了 23 天就在大庆的 108 乙机上把"百万次"多道运行操作系统调试成功，并完成了与编译系统的联调，当时我们感觉特别豪气。

回来之后我们再用软件帮助硬件调试，并成功地进行了科学计算。用什么方式宣告我们国家已自主研制成功百万次集成电路计算机呢？我们就想让它唱《东方红》吧。指令是通过微程序运行来实现其功能的，每条指令的微程序均不同，若以其执行为频率，并安上喇叭发声，不就可以选择相应的指令频率组成音谱了吗？再用音谱谱成曲，让计算机唱歌是完全有可能的了。利用这个思路我们完成了音谱程序和《东方红》曲谱程序。在 1973 年的一个晚上，软硬结合在机房里工作了一夜，到第二天早晨《东方红》的乐曲被放出来了，整个昌平 200 号都沸腾起来了，这首《东方红》宣告我国第一台百万次集成电路计算机研制成功。一群年轻人在"文化大革命"的环境下，缺乏资料和基础，就凭着一股为毛主席争光的志气和一颗火热的爱国之心，完成了这样一项任务，我们的激动之情难以形容。150 机的研制成功是在党的领导下，产学研用相结合的成果，也是我们国家在这一方面的初步尝试。

在 150 机之后，我被抽调参与国家第一个大型系列计算机 200 系列机软件的总体设计，负责系列机操作系统文本编写和 240 机操作系统设计。这又是一种产学研结合的模式，历经波折，经过长期苦战，克服重重困难，终于在 1981 年完成了采用层次管程结构、PCM 方法设计的新型操作系统，包含批处理系统和实时系统二个版本，为军工服务做出了贡献。这也是我国第一个用高级语言书写的大型操作系统，被专家们称为"具有开拓性和首创性，在国际上也无先例"。

1983年国家计委开始启动"六五"科技攻关项目。为解决软件开发的"高、长、难"问题，我们申请了"软件工程核心支撑环境"课题，目标是开展结构、方法、工具的研究，研发一个软件开发环境的核心部分。至"七五"扩大到由11个单位100多位科技人员联合攻关，完成了支持大型软件开发的软件开发环境。在参加"七五"科技成果展出时，起名为"青鸟"，从此展开了变革软件生产方式的青鸟工程。至"八五"期间，发展成有22个单位338位科技人员参加、具有三个层次的大型科技创新团队。青鸟工程是先后历经四个五年计划的国家重点科技攻关项目，主要目的是推进软件生产手段的变革，通过工程化开发方法、工业化生产技术，建立标准规范，提供支撑工具和环境，让软件开发从手工作坊式变革为工业化生产方式，被誉为软件产业发展的里程碑。1993年比尔·盖茨首次访问中国，他提出要见两个人，一个是中国科学院的院长周光召，另一个是我。比尔·盖茨来的时候，我们的青鸟Ⅱ型系统已经基本成功，他不仅看了演示，还自己动手操作，承认"中国的软件开发已达到很高的水平"。

青鸟工程是全国大联合、大会战的成果。产学研、老中青结合，许多年轻人自称为小青鸟，把他们的孩子称为小小青鸟。现在，当时的小青鸟很多已成为软件界的骨干和学术带头人。

青鸟工程三十多年的创新实践，也集中体现了我国软件工程研究从跟踪、跨越到进入国际先进行列的过程。

从教60年

1978年在北京大学建校80周年之际，北京大学计算机科技系应需而生，一批年轻的教师从昌平200号回到燕园，迎来了首届生龙活虎的莘莘学子，计算机系成为当时北大最年轻的系，也是北大首个"年轻的老系"。

首届学生中，有的来自农业生产第一线，有的来自工矿企业，有的刚出校门，还是稚嫩的高中毕业生。他们满怀激情和追求，憧憬着未来的报国理想，走进北京大学这个梦寐以求的高等学府，和一批刚从教学科研第一线下来的年轻教师们一起，在一无办公之地、二无图书资料、三无计算机的情况下，义无反顾地走上了创业之路。

1983年，我被任命为计算机系主任，是当时北大最年轻的系主任。在全系师生的共同努力下，1979年系里招收了第一批硕士研究生，1984年获得了计算机软件博士学位授权点，开始招收博士研究生。一批批新生力量加入，一批批优秀人才奔赴国内外各个岗位。至1998年北京大学百年校庆时，计算机系已成为国内领先、国际著名的计算机软硬件和集成电路微电子人才培养基地。我也辞去了系主任的职务，专心从事教学科研工作。

教育者先受教育，育人者先育己，身教重于言教，教学相长共同成长，我从教60年对此深有体会。我喜欢通过讨论班的形式，和同学们研讨；我鼓励大家创新，从不预设框框。其实，在与同学的讨论中，我得到了很多启发，发现了我未曾思考的问题，促使我去研究探索，真是得益匪浅，我们的一些成果，也是以教学相长这种方式获得的。

2001年，教育部和国家计委发布了试办示范性软件学院的通知。这是一个培养产业发展急需人才的"特区"，提出两条要求：探索高校体制改革和教育公平问题；而考核的标准只有一条，就是培养出来的学生受社会和企业欢迎。国家对此也出台了配套政策。这令我眼前一亮、振奋异常。我意识到这又是一个崭新的创新平台，它既是解决产业发展中软件人才匮乏的重要举措，又能实现对人才培养的新模式和创办高质量学院的探索。2002年，经教育部批准，在校领导的支持下，我负责北京大学示范性软件学院（2004年后更名为"北京大学软件和微电子学院"）的筹建工作。那年我已经快70岁了，有道是："人生七十古来稀。"许多人劝我："都70岁了，该颐养天年了，还挑起这副又苦又累又难的担子，你真是不服老啊！"想想我也确实是乐于迎接挑战，还只为那句话："国家需要就是我的志愿。"越困难我越有斗志。

为建设和完善软件工程教育体系，2005年，我与孙家广、李未、周兴铭等院士联名建议国务院学位委员会设置软件工程学科并试点培养工程博士；2009年，北大和清华、北航等28所高校论证并联合上报了"增设软件工程一级学科调整建议书"；2011年，国务院学位委员会第28次会议讨论通过软件工程作为一级学科列入学科目录，工程博士列入专业学位目录，我国软件工程学科建设进入了新阶段。

从2002年首届学生入学到今天，北京大学软件与微电子学院已走过17个年头，培养出了一批深受企业欢迎的工程硕士和工程博士人才，每年都有众多的软微毕业生加入如华为、腾讯、中芯国际、微软、IBM等国内外著名企业。例如，近几年单是加入华为的毕业生每年均超过30人，加入腾讯的毕业生每年超过20人。至今，在华为工作的软微学院校友约300人。他们为中国的软件和集成电路产业的发展做出了贡献。作为老师，我为"软微人"感到自豪。

2018年10月，在从教60年的师生座谈会上，我以"亦友亦师、亦师亦友、教学相长、共同成长"为题，历数60年来和同学们一起学习、奋斗、进取的桩桩件件，回顾从教60年的历程，回顾我们在党的领导下、在祖国的阳光雨露下，成长的点点滴滴，深刻地感受到"师生情、同窗谊"的宝贵，深刻领会到祖国之爱，这激发了我的爱国奋斗之情，永远走下去！

未名湖的灵气

我是一名北大培育的学生，也是一名在北大工作了60年的教师，我感恩北大的培养，也得益于北大的优良传统和"常为新"精神的熏陶、得益于未名湖灵气的孕育。2019年4月14日，在未名湖

畔拍摄完《歌唱祖国》快闪后,走在未名湖畔,我又想起"什么是未名湖的灵气"这个问题。探索未名湖的灵气,可以从各个角度、各种层面,我理解未名湖的灵气集中体现了历代北大人的爱国情怀。我先说三条:第一,祖国的阳光雨露;第二,老一辈的爱国情怀、勤奋探索和卓越成就;第三,年轻学子的理想追求、青春活力和薪火相传。

爱国、进步、民主、科学是北大的优良传统,其中首要的是爱国。我一直认为,爱国是"基"、是本分、是根本,坚守这个根,就会有担当,有责任感,就会有奋斗的勇气,奋斗是幸福,奋斗就有未来。正是有了老一辈爱国精神的家国情怀,才烘托起了未名湖的灵气之魂。

年轻学子追求理想、奋发有为的青春活力也是未名湖灵气之源。2014年,五四运动95周年,我参加了"青春中国梦,赤忱五四情——北京大学纪念五四运动95周年青春诗会",习近平总书记来到了诗会,并亲切接见了我们。回忆1957年,毛主席在莫斯科大学接见我们;57年后,我又有幸获得习近平总书记接见。毛主席说希望寄托在年轻人身上;习近平总书记也对青年人说:"无论过去、现在还是未来,中国青年始终是实现中华民族伟大复兴的先锋力量!"一代人有一代人的任务,我希望每个年轻人要承担起历史的责任,接过历史的接力棒,努力成长为有理想、有信念、勤奋坚韧、服务社会、奉献国家的优秀一代,把个人的理想融入国家事业之中,在民族复兴的时代洪流中建功立业。

70年,我随祖国的发展而成长。从一个十六七岁的少年,在祖国的培育下成长为一名共产党员、一名人民教师。

70年,在历史长河中不过是一个瞬间,但在人的一生中却是一段宝贵的历程,是值得细细品味、认真回顾的人生。

党的教导,祖国的培养,桩桩件件,都充彻我的心扉,我只有以爱国奋斗奉献的行动来表达我的感恩之情。

作为一名教师，我将牢记并践行习总书记的要求："时刻铭记教书育人的使命……以人格魅力引导学生心灵，以学术造诣开启学生的智慧之门。"担负起立德树人、教书育人的重任。

我现在虽已是"80后"，但年轻学子们的青春活力感染着我，使我仍然有一颗年轻的心和一腔爱国奋斗的热情。

"不忘初心，牢记使命"，始终和祖国在一起，为实现中华民族复兴的伟大事业，生命不息，奋斗不止！

杨承运
耄耋阅世享新曲

杨承运，1936年生于天津，北京大学地球与空间科学学院教授。1958年考取北京大学化学系，入学后，转地质地理系学习，1964年毕业后留校任教。曾任北京大学地质学系副主任，元培学院导师暨元培计划学生学习指导委员会委员，北京大学教务处副处长。主要从事地质学研究。

懵懂少年情

我出生后不久，全面抗战爆发，天津也被日军占领。回想起那个屈辱的年代，我不禁想到了那些闯到家里的宪兵，想到那些冰雪路上的饿殍……

在我的记忆中，那时似乎总是生活在阴霾的雪暴寒冬，从来就不见那春天的暖笑，也从没有那丽日的光照……大家闷着，气着，憋着，盼着。

1942—1947年，我在天津培植小学学习。培植小学是当时天津小学中的名校，据说梁启超的孙辈们也曾在此就学。这个小学是个信奉天主教的美国人创办的。学校的校长是王云章。他是太平洋战争爆发、美国撤出天津以后被委任的代理校长。

记得我还在培植上预备班幼稚园的时候，有一天晚上，日本宪兵突然到我们家清查户口、翻查信件，还把全家集中在一个大屋子里。一个挎着大洋刀的宪兵头子问我："小孩，学日语了吗？""我是中国人，干吗要学日语？"我毫不思索地大声回答，吓得我婶娘赶忙捂着我的嘴，把我带到了一旁。这事我还记得很清楚，因为培植小学一直是有英语课的。后来日本人命令改学日语，王校长一直顶着没干。

不久，日本投降。我们个个快乐地蹦跳着，充分感受到了"有国才能有家"。

抗战胜利后，美国军队进驻天津。对于美国兵的到来，王校长的态度是有很大变化的。起初他很兴奋，真情地欢迎"盟军"的到来。可是没有多久，美国大兵就现了原形：他们在大街上横冲直撞、在胡同里欺凌妇幼……种种恶行激起人们的不满。

最使我们气愤的是，他们还常常耍弄小孩子，用一些小玩意儿、口香糖或是小块巧克力逗弄他们取乐。这些事真是惹怒了王校长。他召开了全校大会，大声说："别忘了我们是中国人！我们要有自己的尊严！"说着，他还伸出手，做出那种乞讨的样子模仿着："Hello! Hello!"随后他愤慨地说："如果我们学校有人这样，就请他再也不要来了！他丢尽我们中国人的脸，培植不要他！"

师长的授教，使我懂得了何谓"国家"、何谓"尊严"。

后来，我考进天津津沽大学附属中学（原为教会学校，现为天津市实验中学）。在此我曾两次病休，故前后在校10年。在我们走出那腐败的旧社会、走进光明的新社会的时期，恰是我从童蒙受教进入启思明智的阶段，是我人生悟学的十年。

在这里，我们看到了马场道津沽大学的钟楼——那时我们天天都注目仰望，不光是看钟点，还能从中感受到一种气势，它和旁侧的附属中学教学楼边墙上竖写的恭楷大字"为祖国而学习"相互托衬，一直铸就在我们的心田。

1949年新中国成立，百废待兴。记得新中国成立不久，我们中学经历了一次震惊全市的"盖斯杰事件"——盖斯杰是在校的法国神父、学生教导处的教师。他从集体宿舍里三个学生的衣箱里翻查到被认为是"禁书"的巴金的小说，于是就把他们关锁在学校北疆博物馆的一间房子里，不给饭吃，门口还拴了大狼狗看守。这件事轰动全校，广大师生群情激愤，在学校挂出了要求惩办盖斯杰的大标语，继而引起了全市各界的关注，引发了抗议盖斯杰迫害学生的示威行动。后来，天津市政府对盖斯杰进行了严肃处理——拘禁7天，遣送出境。这可是大快人心的事呀！我们不由得想起了义和团庚子拳乱，想起了火烧望海楼事件，还想起了此前日本兵在天津的暴虐和美国大兵的骄横。在饱受列强欺侮的天津，这回可真是扬眉吐气、大快人心呐！由此，我们极大地加深了对党和国家的信任感、归属感，增强了民族自豪感。

北大情义深

1956年，我考入中国人民大学哲学系；入学后患病辍学返津，医病疗养。1958年，我跨类考学：先被录取在中央音乐学院民乐系（古琴专业），随后接到北京大学化学系录取通知。在北大报到时，我当即被通知：根据国家需要，转系到地质地理系地球化学专业（六年制）学习。我一走进北大，就燃起"国家兴亡，匹夫有责"的热情，服从需要，理所当然！

我入学第一年就进入北大学生文工团，这是缘分，也是我终生的幸运。1958年建立的北京大学学生文工团，当时经常活动的有

300来人。文工团下设3个分团,10个分队:戏剧分团有话剧队、京剧队、地方戏曲队、朗诵队;器乐分团有钢琴队、管弦乐队、民乐队、手风琴队;歌舞分团有合唱队、舞蹈队。文工团编演、创作排练节目,都是紧密结合当时的形势,有针对性地反映广大同学的思想动态,或是歌颂伟大祖国、支持全世界劳苦大众进行解放斗争的。

青年时期的杨承运

比如,1958—1959年,话剧队编写和排演了四幕话剧《时代的芳香》,描写的是化学系师生研究提取"香豆素"的动人故事。当时在北京部分高校巡演,引起了广泛的好评。第三次全国文艺工作者代表大会的戏剧分会上,田汉主席专门提到《时代的芳香》,将其作为业余剧作的代表予以表彰。话剧队还编演了我校中文系同学集体撰写《中国文学史》的创举(陆平校长题名《新兵新史》)。

合唱队排演了全场《洪湖赤卫队》,著名电影导演谢添对此给予肯定和鼓励,还盛情邀请我们参加电影《洪湖赤卫队》部分歌曲的合唱配音。合唱队还和部分系级同学联合排演了《毛主席诗词大合唱》,中央乐团总指挥严良堃亲临指导。

应该说,当时北大同学有不少破先例的创新之举,体现出我们北大学生热诚、忠贞、开拓的青春情怀,也显示出社会各界的广泛支持。

那时我们参加文工团的活动,不光是业余爱好,还认识到这是一种应尽的责任,因此在排演过程中都不辞辛劳、力臻完美,而且互相学习、取长补短。我们今天常说的"追求卓越""团队精神"在那时似乎都自然地在活动中体现了出来。这就是"北大有责任",而

且这种精神真的能够延亘终生。

其中，令我印象最为深刻的是1964年学生文工团合唱队作为高校的代表之一，参加了3000人合演的大型歌舞《东方红》的排练和演出。参加大歌舞排演的以专业演员为主体，业余演员队伍主要是北大、清华、北师大、北航等几所高校的合唱队。

在排练过程中，大家尊称"总导演"的周总理接见了全体演职人员八次，还在人民大会堂专门给大家做了长达五小时的报告，报告讲到长征，讲到艰难的革命历程，还讲到新中国成立15周年之际《东方红》演出的意义并做了思想动员。

1964年10月6日，毛泽东观看了《东方红》。10月16日中午，我们全体集合准备主席接见，下午1点准时到达人民大会堂。过了一会儿，毛主席就到了，他从我们站队后侧的门走进，走得很稳、很慢，微微地弓着腰，还不时招招手。我们都转过身，对着他鼓掌。

毛主席身后是刘少奇、周恩来、朱德等中央领导。他居中落座，两边是其他中央领导。他的身后是我们大家熟悉的郭兰英、王昆、崔美善、才旦卓玛；少先队员们在前边簇拥两排。

照完相，只见毛主席侧身对周总理说了什么话，周总理摆了摆手，笑着回答，他认真地听着，随之也笑了起来，坐在旁边的领导们也都笑了。"他们说的什么呢？"我们大家都在想。

合影完毕，毛主席站了起来，离座、挥手，步出了大厅。其他中央领导也依次有序地随同走出。

没过一会儿，周总理就回到了大厅。他说："主席让我把两个好消息告诉大家，大家听了可不要太激动，一定不要跳，那可会把这大厅跳塌的呀！"大家都笑了起来。总理摆了摆手，大声地说："我要告诉大家的第一个好消息是——苏联的赫鲁晓夫下台啦！"大家随之热烈鼓掌，不过这个消息昨天就已经在报纸上公布了，掌声持续时间不长，大家就急切地等着听第二个好消息。

"第二个好消息就是——"周总理拉长了语句，提高了声调，还有力地挥了一下手，"今天下午，我们的原子弹爆炸成功啦！"全场一下子热闹起来，大家喊呀，跳呀，拍手呀！嗓子喊哑了，手拍红了、拍疼了，想到祖国的强大、民族的复兴，大家激动地流下了眼泪。我们真是扬眉吐气啦，再也不用受帝国主义和修正主义的欺侮了！

回校的车上，大家兴奋、激动不已，说不出话，眼泪还是流淌个不停，有人的脸都成了小花脸儿也来不及擦一擦。

我们到校之后不过20多分钟，全校就都沸腾起来了——北大学生文工团的管弦乐队自发地在校园里奏乐，并向全校师生广播，报告这一好消息。一向以国家、天下为己任的北大人振奋起来了！我们要壮大，要自强，要奋进！那鼓声、那号声，仿佛就想把这发自燕园的心声迅速地传向全中国，传向全世界！

决断以辟新

1981年我被提名赴美访学的时候，已经是第二批（第一批1978年12月），但是仍有非议。后来我听说，出国访学之事自打提出，在中央就有"不回来"的担心，是小平同志力排众议，一语决断定音："回来10%就要得！"

这让我立刻想起1978年小平同志恢复高考招生、召开全国科学大会等一系列活动。至今回想起小平同志"四个现代化，关键是科学技术的现代化""科学技术是生产力"的箴言，也是印象深刻。可称：

岁月四十载，心暖寰宇清。

民富国强梦，转瞬喜天矇！

我出国前，暗自告诫自己："我一定要做那10%！"

1981—1983年，我在美国伊利诺伊大学访学和学术交流，同国际著名沉积岩石学家卡罗兹（Albert V. Carozzi）教授合作进行碳酸

盐岩的系列研究。

卡罗兹在碳酸盐岩的研究方面是有世界级突出贡献的,著述和译作甚丰。最使我感动的是,他汇集了葛利普教授(A. W. Grabau, 1870—1946)在北京大学的讲课文作——*The Rhythm of the Ages*(《时代的韵律》),于1978年在美国出版,并特撰长序。我感觉,在学术研究的宽广深厚方面,老卡和葛利普是很相近、很相通的。

我在此学习交流的第一个项目是听课;第二个项目是参加研究生的高等沉积岩石学实验课教学;第三个项目是协同合作进行科学研究。岩石的薄片观察和分析是老卡的研究强项,他建议我们结合微相分析进行碳酸盐岩的分类研究。我想:相对于碎屑岩类的砂岩油气储层,碳酸盐岩的油气储层研究将是大有前景的,老卡此议很有分量。我还考虑,结合研究编写一部图文并茂的新作,这在沉积微相以及油气储层的学术研究和生产实践中,也是当时急需的……我们俩对这三项安排一拍即合,当即说定。我在伊大的学习考察就此开始了。

在履行"三项"的过程中,我们的研究工作相当默契,进展也不慢;偶尔也有异议,但互相总是先沉默,再琢磨,后磨合。他还安排我们一起进行野外考察。这些使我进一步理解了碳酸盐岩微相分析在追溯海域古地貌演进、确查储层层位及其分布方面的价值。因此,在碳酸盐岩微相分析方面,我们的成果不少。

1982年冬某一天,伊大的中国办事处主任邀我在学校附近的中餐馆会面,主谈留美长驻问题,我以北大的教学安排——开学有课予以婉拒。

1983年春末,我返京回校。数年后,《碳酸盐岩实用分类及微相分析》由北京大学出版社出版,美国国家图书馆及美国联邦地调所图书馆专函求索收藏。

后来,我多年为长庆油田做过较多的基础地质研究工作(1983—1998)。最早参加过定边地区的定探1号井剖面的标例分析,还根据勘探开发进程开展专题研究,如"陕甘宁盆地中部气田马家沟组五段碳酸盐岩沉积—成岩微相研究""鄂尔多斯盆地西缘巨厚层白云岩的成因及其油气储集潜能研究"等。30余年来,长庆油田(海相碳酸盐岩)年产油气当量跨越式增长。2012年,长庆油田年产油气当量跨上了历史新高点,达到4500万吨,成为中国内陆第一大油气田。在当前我国的油气还有相当比例依赖进口的情况下,长庆油田的跨越式发展是有战略意义的。

挚情在未名

1992年5月,我在学校教务处兼职,参与了学校教学的部分管理工作,其中印象最深的有两点。

一是加强文化素质教育。加强素质教育是20世纪90年代初由国家教委副主任周远清(后为教育部副部长)提出并倡导的。由此我们在学校的领导与支持下于1992年相继开设了素质教育通选课"名著名篇导读""自然科学专题选讲""人文社会科学专题选讲"。

"名著名篇导读"是1992年作为全校的文化素质教育通选课程首先开设的,在北大学生中引起了强烈的反响。他们发自肺腑地说:读了《共产党宣言》之后,深感"理性的光辉不灭";读了《孟子》之后,认为"应为崇高的理想不懈追求";读了《史记》之后,懂得要"以史明智,以史鉴今";读了《海陆的起源》之后,深刻地理解了"创新—求实—探索"的含义。他们说:这门课"有助于文明修身,报效祖国""指导人生,启发思想""教给了我做人的道理""将影响我一生"……课程有全程录像,之后对照讲稿整理成文。1998年,由华夏出版社正式出版了《智慧的感悟——北京大学〈名著名篇导读〉》。

"自然科学专题选讲"从1993年起办了3期,共30余讲。讲座特请侯仁之教授做开篇首讲;王义遒副校长讲"没有规矩,不能成

方圆——当代量子学介绍"……讲座听众累计3万人次,不仅有本科生、研究生、进修教师,也有校外人士,甚至还有科学院院士(自称"是来补课的"),还有附中老师停课、带着全班学生来听课学习的。根据录像整理成文,1997年由北京大学出版社编印出版。

"人文社会科学专题选讲"起步稍晚,主讲人有白化文教授、肖东发教授等名家,因故未能继续,也未能整理成文。

二是校园文化建设。我曾经把校园文化建设比作"第二课堂",得到高校同人的认同,《中国高等教育》和一些报刊对此也曾有报道。

燕园校区的文化景点建设始于1996年,最先我们分别请地质系和生物系给校园里的岩石和大树做上标牌。现在岩石嵌上的标牌尚有可见,大树挂的标牌有增无减。我们拟定了校园文化景点介绍的文字材料,恳请校党委宣传部协助把它登载在《北大校刊》的夹缝页处,广泛征求学校各方意见,得到赞许。再后,在各景点立上书写的木牌,进一步征询意见。1997年找专业的施工队刻字立碑,最开始立了22处,后来有部分拆除了。

我们组织录制了《北京大学校园文化景观》,请侯仁之教授导引主讲,沈石岩等教授分别巡回参讲,由电教中心全程录像制作数十盘,1998年百年校庆赠发给校友。

我们组织编印了《古园纵横:北京大学校园文化景观》,1998年由华夏出版社出版。在恩师侯仁之教授撰写《燕园史话》和编印校园图的启示下,我们摄影、集照、索图、文录、撰文,绘编"北京大学校园文化景点略图"附于书末。这本书自始至终得到了众老的支持和托衬:侯老提供米万钟《勺园修葺图》的复制件和他分别同夏仁德、赖普吾合影的珍贵照片,师母张玮瑛给书中部分照片写注;季羡林先生慨然为本书题名;张中行先生对本书精心审改;谢冕先生允准以《永远的校园》为本书序……书末,我以《献上我对校园永远的心》为结,因为我认识到:古园400年,积存和凝聚着几代人的心智，它是中华民族灿烂文化精神的绵延和继承，是中国近现代史的缩影和无言的诉说，是课堂外的课堂，也是鲜活可及的历史！这本书被任教于美国的维思大学著名汉学家舒衡哲在所作《鸣鹤园》中引用；侯仁之先生寄赠了 10 册给美国哈佛大学暨其他院校的朋友们。

耄耋近米，思忆愈久。在北大 60 年的学习工作让我不断追忆起我感悟受教的历程和故事，70 载的风雨奋斗让我懂得了一定要开放、发展、自强。经过几十年的奋斗，今天我们已经有了巡天的"北斗"、卫海的巨舰，使我们真正体验到了强军富民的国策所带来的欣慰和快乐！

我已是走在人生终局途中的耄耋老叟，已无智无力多做，只能衷心祈望国家大步前行，日渐兴旺，人民团结紧密，幸福安康！

谢谢众多倾心授教、深爱扶掖于我的师长；谢谢多年远志图强、互济互助的同人；谢谢各届专注求学、学思不止的同学们。

祝福北大！祝福中国！

吴慰慈

矧惟君子学，吾道深而宏

吴慰慈，1937年生于安徽安庆，北京大学信息管理系教授。1957年考入北京大学图书馆学系，1961年毕业后分配到天津图书馆工作，1973年回到北京大学任教，2005年被聘为北京大学哲学社会科学资深教授。长期从事图书馆学基础理论的教学和研究工作，是全国高校图书馆学基础课程的主要设计者之一。

求学之路：至乐无乐，至誉无誉

我的学术生涯要从中学时代说起，在一个人的求学道路上，中学是积累文化知识、养成好的学习习惯的重要阶段。我是20世纪50年代初考入安徽省枞阳县浮山中学的，该校坐落在安徽省五大名山之一的浮山东麓，环境清幽，风景宜人，是我们那里的名校。学校不但拥有极好的师资力量，还拥有十分浓厚的学习风气，是读书治学的好地方。中学时代的我在此环境下，自然也养成了刻苦求学、发愤读书的好习惯。当年的我坚持早起，每天早上都要读两个小时的英语，上课、写作业、看书，整天忙个不停，但过得很充实。

1957年我从浮山中学毕业，通过高考被北京大学录取。因为考虑到自己从小就爱看书，认为将来要是能在图书馆工作，看书会很方便，便毫不犹豫选了图书馆学系。没有想到，自己当初的简单选择竟决定了我和图书馆学这么多年来的缘分。记得初到学校时，我还不到20岁，心里只想着既然选择了这个专业就应该好好钻研，用心用力做点事情。对于每一门课程、每一个教学环节，我都会尽力学扎实。然而课内有限的讲授还是无法满足我，因此课下我就选择在图书馆里阅读书籍和一些期刊论文。当然除了读书，我还会尝试着去独立思考学科发展方面的一些问题。"看书"与"思考"两相结合，再加上恩师们的指导，这些都使我对图书馆学专业经历了从不认识到认识，从不自觉学习到自觉学习，从初步有一些感性认识再到产生了理性认识这样一个过程，同时也让我更加坚定了学习和研究图书馆学的志向。现在回想起来，倘若让我说在北大做过最有意义的事，那便是读书。人在青年时期应博览群书，不仅要阅读专业方面的历史经典，还应当涉猎与此有关的其他学科知识，避免学识单一，视野狭窄；每研究一个问题，就必须广泛搜集已有资料，学会缜密考校，去伪留真，精深分析，博于征引而慎下论断；做学问要十分注意从具体史实的考证分析入手，溯其根源，以把握所研究问题演进的大势，探求其发展的规律。

北大是哺育我的摇篮，它以其厚重的学术传统与科学精神，为我提供了一个优越的学术环境，就是在这享誉国内外的学术环境中，我得到了广博的科学文化知识上的积累，受到了严谨的科学精神的熏陶，为后来实现自己的学术抱负打下了坚实的基础。

天津任职：在实践中汲取营养

1961年8月我从北大毕业后，被分配到天津图书馆研究辅导部。

当时的中国,一切都刚刚起步,图书馆领域的专业人才更是稀缺。所以我当时的主要任务就是在全市范围内授课,培训图书馆领域的专业人才。

我依稀记得,那时候我为了准备一份充实的讲稿,常常会骑着自行车跑遍天津大大小小的图书馆收集案例,与那里的工作人员进行交流。我的另一个工作是研究,主要的方向是在辅导的基础上研究图书馆学的一些理论上的问题,或者从实践当中抽象出来的一些问题,而且是共性问题,大家都很关心的问题。那时候我们的热情都挺高,我特别有干劲,也特别用心,人们当时都叫我"小专家"。刚毕业工作的我也挺开心,心想这也算是给母校增光添彩了。

就这样,我在天津图书馆干了12年,这段经历是十分宝贵的。今天回想起来,无论是当时遇到的困难还是自己获取的知识、经验等,都为我之后的教学提供了营养,为我进一步从事图书馆学教学和研究奠定了认识论和方法论的基础。

虽然我在天津的工作非常顺利,也得到了领导的赏识和重用,但我心里终究还是清楚自己到底想干什么。一方面,我十分热爱教学工作,虽然在天津工作时也可以时常出去讲课,但毕竟不同于学校教学;另一方面,我的爱人一直在北京工作,我们俩从结婚起就异地分居,这对于一个上有老、下有小的家庭来说是不小的困难。

北大任教:高标准,严要求

如果说人一辈子都有个转折点,那么毫无疑问,1973年回归北大,就是我人生的转折点。

1973年9月,我回到了阔别已久的燕园。回到母校后的我精神很振奋,因为在我看来,在天津工作时自己实际上一直处于输出状态，到了北大我才真正有了大的提升，北大厚重的学术传统与科学精神哺育了我，让我有机会去做自己感兴趣的学术研究。一进校园，我就给自己规定了"两个认真"：一是认真搞教学，二是认真搞研究。为了更好地摸清教学的方向，我花了大概两年多的时间去研究西方哲学社会科学的书籍。这些书对发散我的研究性思维起到了至关重要的作用，书里面的理论观点时至今日仍在影响着我。

1977年，我开始主讲"图书馆学概论"这门课，当时是作为图书馆学专业的入门课程开设的，目的是使初学者对图书馆学的全貌有一个基本的了解。图书馆学基础理论研究的目的，在于正确诠释图书馆这一社会现象，揭示图书馆事业发展的内在规律，指导图书馆工作和图书馆事业的发展。

当时的图书馆学不断由技术方法描述逐步向理论思维升华。国外一些图书馆学理论著作也相继传入。经过数次全国性的图书馆学基础课研讨会，提高图书馆学基础课理论教学层次的共识也逐步达成。在这样的学术环境和学科背景下，从1984年开始，我在"图书馆学概论"教学大纲中明确规定：本课程不仅承担专业启蒙教育的任务，其教学目的还在于帮助学生运用正确的观点和方法，系统地掌握图书馆学基础理论和基本知识，弄清楚图书馆学研究范畴的过去、现在和未来趋势，为学习其他专业课奠定初步的理论基础。这是教学指导思想、教学内容和教学方法的重要转变。

但是这种转变不是轻而易举的，我在教学小组的帮助下彻底改造了这门课，做了很多开创性的改变：我依据图书馆学发展的情况重新编写了教材和教学参考书；坚持教学内容的改革，试着用现代观念重新审视图书馆学教学内容，注意把握基础研究和应用研究的联系和区别，正确解释了基本概念的延伸和更新，更加注重视野的拓宽和新研究领域的开辟；另外，努力引进国外图书馆学的先进成果，为我国图书馆学教学提供高水平发展的参照系。年轻教师的思想比较活跃，接受新思想也比我们快，所以我在教学的过程中试着

通过多种途径激励年轻教师投入到本科教学的工作中去。"授人以鱼,不如授人以渔",我一般不怎么向他们讲"大道理",相反,我更希望他们通过阅读书籍或是与人交流,自己去发现一些东西。

在教学方面,我注重常改常新。授课40年来,我时常会把一些抽象的问题和实际案例结合起来。"图书馆学概论"这门基础课我讲过40个轮次,也撰写了40本教学讲稿。2006年,我所讲授的"图书馆学概论"有幸被评为国家级精品课程,这要归功于系里有关老师的努力和智慧。

认真做研究,这是我回到北大后对自己提出的第二个要求。自20世纪80年代开始,我一直关注和跟踪国内外图书馆学基础理论研究的进展,思考图书馆学研究中具有方向性和趋势性的问题,对80年代图书馆学基础理论进行了全面细致的总结。进入90年代以后,我认识到信息环境的变化带来了图书馆学研究范畴和研究方法的深刻变化。我开始关注网络环境下图书馆学新的知识生长点,撰写了图书馆自动化与网络化系列文章,明确提出了网络化成为图书馆自动化发展的突破口和关键的观点,对联合采购、联合存储、联机编目、联机检索、馆际互借、联合建库等都做了新的阐释和解读。进入21世纪以来,我积极倡导将信息资源建设和网络传输的版权问题纳入图书馆学的研究范畴,从而拓展了图书馆学的研究领域,适应了学科不断发展和超越的需要。

为师之道:亦师亦友

我从1983年起开始招收硕士研究生,1994年取得了博士生导师的资格,至今我已经培养了60多位硕士研究生和博士研究生。在对博士生的培养过程中,我始终坚持"从严要求",在做学问和做人方面提出了标准和底线。面对一群昂扬向上、充满活力的年轻人,我深感责任重大,一点儿也不敢懈怠。开学之初,我就教导他们要学会严谨治学，勇于探索，多读书多思考，帮助他们制订学习计划，确定研究方向，在打好专业基础的前提下进行相应的科研工作。对于博士生来讲，增强科研能力是至关重要的，我认为博士研究生的培养制度和培养模式要革新，应根据不同类型博士生的特质，合理设计培养过程，建立和完善灵活多样的博士生培养模式，逐步摆脱统一教学计划、统一学习与考核方式的"大一统"模式。博士生的培养，既要把握好普遍性与特殊性之间的关系，又要因材施教、因势利导，为他们的发展留下足够的空间。

"求精专""求实用""求广博"是我经常向学生们提的要求。学无止境，写作的水平也是没有止境的。只要反复琢磨，不厌其烦，就可以逐步提高论文的写作水平。我很重视学生的论文，在审核过程中，我要求他们既要注重论文的严谨性与学术价值，又要敢于突破旧有模式，学会创新与跨学科融合。或许是这种严要求、高标准培养了他们良好的学习习惯，时至今日，不少博士生已晋升为高校教授。我为他们所取得的进步和成就感到喜悦和欣慰。

我对于自己的学生，要求十分严格，每隔一段时间，就与学生一起探讨他们各自的研究，分析国内外最新的研究方向，明确指出他们研究中存在的问题。培养新一代的年轻人，最关键的就是要锻炼他们独立思考和解决问题的能力。我经常与学生讨论交流，告诉他们要勇于发表不同的见解。老师不仅要把前人的思想和成果传授给学生，更重要的是要通过言传身教教会他们做学问的态度和方法。

数十年来，我关心学生的学术，也关心学生的事业和生活。一名来自香港的博士生说过："我经历过的师生关系是比较平面的，一对一的关系，就是和某一位老师非常熟悉，也不等于认识老师的其他弟子，每一个学生似乎都是孤立的个体，和其他人不发生联系，但在吴老师师门中，人际关系是立体的、实在的和生动的，老师和所有学生就像生活在一个家庭中一样，互相关怀、互相扶持。"除了

关爱自己的学生,我也十分注重提携别的青年才俊。我特别希望年轻人能够有展示自我的机会。

发展之路:道阻且长

改革开放40年来,我们国家的图书馆事业得到了很大发展。近些年来修建的许多图书馆硬件水平比很多发达国家还要好,一定程度上使广大读者的权益得到了更好的保障。但是,在软件方面可能还有一些发展空间。从公共图书馆的角度来看,其读者面很宽泛,各个学科的读者都可以利用图书馆资源,所以公共图书馆的服务应该更细一些,服务质量应该进一步提高。因此,我想在服务方面提出三点建议:第一,图书馆的服务要走向个性化;第二,图书馆的服务要走向规范化;第三,图书馆员要有合作意识,要帮助读者解决他们需要解决的问题。图书馆间的共建共享、馆际互借,乃至开馆的时间、服务的标准,都要进一步规范化。

除此之外,我还希望新一代的图书馆学学子要意识到工作实践的重要性。在我看来,图书馆学其实是一门实践性、应用性很强的学科。它的理论、基础和方法都来源于图书馆工作实践,是图书馆工作实践经验的概括和总结。理论与实践结合是图书馆研究人员的指导思想,创造性的想象力不是凭空产生的,也不仅仅是从书本上得到的,其源泉是社会实践。21世纪图书馆学理论研究有必要,也有责任将实践中出现的具有普遍意义的宏观性问题及时纳入理论思维的视野,在深化理论研究、推进学科建设的同时,为处于变革时代的中外图书馆事业提供理论支持。我希望年轻一代图书馆学学者踏踏实实地从图书馆和用户的需求出发研究问题,对图书馆形态的认识、服务理念、服务方式、体制机制等,要敢于突破传统图书馆学发展的范式,在理论上做出新的总结和概括,并在这一研究的基础上建立现代图书馆学。在这方面,我们还有很长的路要走，我希望年轻一代图书馆学人沿着这条路走下去，走向胜利的彼岸！

为学之道：据于德，依于仁

1996年，我开始担任北京大学信息管理系主任，在工作中感受最深的就是同事们的理解、支持和帮助。我一生珍重和谐的环境，努力在我所能影响到的范围内，创造一个和谐的人际环境与友善的氛围。十几年来，我都在努力为老师们营造一个良好的教学环境：系里的年轻老师出国时我都会提出建议并给予帮助，帮助他们选择老师和课程。学成回国后，我会组织全系的老师听他们的访学汇报，给予这些老师充分的尊重和重视。这样的安排不仅让老师们之间形成了一种紧密的联系，也有助于我们信息管理系学科的建设。

除了在学校里任职外，我还有幸担任了国务院学位委员会"图书馆、情报与档案管理"学科评议组召集人，教育部图书馆学科教学指导委员会主任委员，中国图书馆学会副理事长兼学术委员会主任委员等职务。对于我个人来说，虽然花了很多时间和精力做这些学术兼职工作，但只要是为社会服务，有助于推动图书馆学学科建设和图书馆事业的发展，我就认为是非常有意义的。当然，我也在其中收获颇丰。组织一次次重大的全国性和国际学术会议，一次次与来自全国各地图书馆学的精英人才接触，不但增强了我独立处理复杂问题的能力，也让我学会了脚踏实地去工作。作为学者，也不能过于书生气，面对难题，学会解决问题而不是逃避，是我工作这么多年来得到的重要的认识。

新中国成立70年了，国家在各个方面都发生了翻天覆地的变化，而北大作为一所与国家命运息息相关的高校，其变化和发展之大也令无数北大人为之自豪和骄傲。

吴慰慈夫妇

我已至耄耋之年，人生近三分之二的时光都在北大度过，这其中的感情是无法用语言表达出来的。我希望未来的北大继承和发扬真正的北大精神，继续向着更好的方向发展，培养出能担负时代重任的各方面的大师。我也会在未来的岁月里继续为母校尽一份绵薄之力！

（采访、整理：苏洋、张涵、姜雪、张澳翔）

邹积清
抬头仰望星空，埋首钻研技术

邹积清，1940年12月出生，四川三台人，北京大学地球与空间科学学院工程师、高级实验师。1964年到北京大学地球物理系从事实验室工作，先后参与了电离层探测设备、星内粒子探测器等仪器设备的研制工作。

初到燕园

1940年，我出生在四川的一个农民家庭。少时家境贫困，上不起学，直到1952年，我12岁才开始上小学二年级，因此也格外珍惜这来之不易的学习机会。1957年，小学毕业后我考入三台县第四中学。1960年我初中毕业，被保送到中国人民解放军成都通信兵技术学校。该校后来迁到江西省上饶市，更名为中国人民解放军上饶通信兵学校。那些年，我全部精力都放在了学习上，对外边的世界很少关心，对北京大学一无所知。直到部队上党史课，才知道有个北京大学，是李大钊、毛主席工作过的地方。

  1964年,当上级通知我要转业到北大工作时,我心情十分激动,做梦也没有想到我一个出身农民家庭的穷孩子能到首都北京,能到北大工作。我怀着兴奋无比的心情于当年8月来到了北大。

  来到北大地球物理系后,关于我的工作,有两个岗位可供选择:一是系器材室,二是空间物理实验室。我根据自己的爱好,选择了实验室,做一名实验员,与实验室主任霍宏逞合作上无线电实验课。此后,我一直从事无线电实验教学工作。20世纪70年代,教学秩序恢复后,为了进行无线电和电子线路的教学,我花了几个月时间,制作了10套中波段晶体管收音机电路板套件、10套晶体管黑白电视机装配套件,并与霍老师研制单极质谱仪和四极质谱仪。

  1964年的10月,陆平校长召开全校师生员工大会,讲了北大的远景规划,说北大要扩大规模、扩大招生,还要引进更多的专家、教授、讲师、工程师,希望全体师生员工共同努力,把北大建设得更好……我听了这个报告非常振奋,决心一定要努力成为一个合格的工程师。从那以后我开始了北京电视大学课程的学习,1965年的春天,我经过考试插班上电视大学,直到当年9月;1973年我在担任空间专业1973级班主任期间进行了在职进修;1972年到1978年间我参加了北京大学校工会办的业余英语班,从初级班、中级班到提高班,我都坚持下来。这些学习为我后来的科研工作打下了坚实的基础。

研制电离层探测设备

  20世纪70年代中期,肖佐老师想从事电离层方面的研究,大约在1977年,他希望我协助研制电离层探测设备,但由于无线电实验教学任务忙,我没有投入这项工作。到1982年,我终于有了时间,接受了这个项目,开始从事电离层探测设备研究。

  我决定先去电离层观测站了解仪器设备状况,站内全是电子管的老式设备，但性能非常稳定可靠。通过对 56 型接收机的创造性改造，我研制出了电离层 SID 连续监测仪，实现了 24 小时对电离层的连续监测，这也是北京大学研制的第一台电离层观测设备，对于空间物理专业的发展具有重要的意义。经过两年的连续监测，数据记录很理想，只要发生太阳耀斑，都能做到适时、直观的观测。

从 1984 年开始，我投入了电离层高频多普勒效应探测设备的研制。为了尽快取得研究成果、减少研制成本，只能充分利用旧设备、改造旧设备。经过充分调研，我决定利用中科院蒲城天文台发送的授时信号，通过在北京接收该信号，然后与本地晶体钟的频率进行差频处理，来检测电离层对高频信号产生的多普勒效应。

研究过程充满艰辛。我使用的两台具有二次变频的超外差接收机都是从北大废旧物资回收库里挑选来的，每台重量近 200 斤，我用三轮车运到实验室，经修理改造重新使用。为了架设接收机用的偶极子天线，我一个人爬到近 15 米高的树上进行绑定。

经过探索与尝试，我成功制作了平衡混频器，获得了本地晶体钟的频率与蒲城天文台的授时信号频率之差的极低频信号。该信号经放大器放大后输入低通滤波器、放大器、F/V 转换器，所得信号再输入电子电位差计记录下来，从而实现了对电离层高频多普勒信号的自动化连续监测。设备研制出后，实际监测效果很好，太阳耀斑引起的电离层扰动，日出、日落引发声重力波在电离层中传播的效应都能被很好地观测到，这是我国第一台电离层高频多普勒测试仪。后来肖佐老师将我制作的 F/V 转换器改用计算机的 AD 转换卡，就实现了计算机的连续观察记录。

每天早上太阳出来前我打开机器，晚上 10 点以后关机，从 1985 年开始连续观测记录了近 10 年，积累了大量科学数据资料，基于这项数据进行了多项研究，发表了不少论文。在此之前，我们大都是利用天文台或国外的数据做研究，这项研究开创了空间物理专业利用自己的长期记录数据进行研究的先河，可以说是"筚路蓝缕，以

启山林"，在国内具有较大影响，获得了1993年北京大学第四届科学技术成果奖二等奖。

艰难的星内粒子探测器研制历程

1987年，北大与中国空间技术研究院501总体设计部签订合同，共同研制卫星内部环境监测设备。北大承担的项目有：高能粒子辐射探测器、单粒子翻转效应监测器、卫星内表面带电监测仪。当时规划这些仪器要上CBERS-1号卫星、东方红3号卫星。501总体设计部与学校希望我参加这个项目，当时我刚刚做完手术，正在休息中，临危受命，集中精力完成CBERS-1号卫星上的仪器研制工作。

参加项目后，我就向CBERS-1号卫星总工程师了解情况，据介绍，CBERS-1号卫星的星内粒子探测器研制工作分三大阶段：模样、初样、正样。模样机只要求电信连通，接口连通，不做地面环境模拟实验；初样机要做全部地面环境模拟实验，性能指标达到要求；正样机是用于真正上天的仪器。1992年8月，CBERS-1号卫星的进度是：绝大多数单位的模样机与卫星已经完成了联试，有的初样机已经研制完成，但是北大掉队很远。

首先是完成模样机。

在技术层面上，我重新规划，把模样机分成了五大部分：DPU、高压电源、探头及放大器、符合与反符合电路、总体（包括机壳、接插件、探头屏蔽、总装、总调）。各部分的承担者分配到人，我抓整机各部分的质量控制及进度，整机的总装、总调及测试，以及对501总体设计部的上下协调沟通。

DPU部分即数据处理单元，它是该仪器的基础，仪器的功能项目控制、数据传送与上级机的连通都得靠它，由赵卫负责，他对单板机有一定了解和掌握，也有一定的汇编语言经验。数据的传送前期采用并行传输方式，实践后我们感到很不方便，经过不断总结经验,整个分系统改为串行方式,这样各单机的检测和分系统的数据传输都实现了自动化。

高压电源板部分功能相对单一、电路相对简单,很快就能投入工作。探头及放大器部分分为电子探头和质子探头,分别对应一块放大器电路板——符合与反符合电路板。一开始,在不接探头的情况下,三块电路板的功能信号均不正常,电路还存在寄生震荡问题。请了人来帮忙调试,经过三天三夜的工作,还是没有调试出来。501部派人来查看情况,甚至给放大器宣判了"死刑",认为工作无法继续进行。我不相信这个难关过不了,决定再试试。我们仔细查看了调试电子放大器那块印刷电路板,经过一番艰苦的调试检测过程,终于解决了电路中的寄生震荡问题。这在501部引起了很大反响:已宣布了它的"死刑",居然又有人把它给救活了!从此,501部九室和CBERS-1号卫星总体部对我更加信任了。

经过努力奋战,到1992年12月,仅半年时间,DPU板、高压电源板相继完成了调试和验收,在此基础上我立即进行了整机装配和测试。在1993年1月底完成了CBERS-1号卫星星内粒子探测器的整机测试,各项功能达到要求。1993年2月在整星上进行了联试,并获得通过。

完成模样机后,开始初样机的研制。

从1993年5月开始,我们总结模样机调试过程中的经验教训后,对初样机的总体结构、印刷线路板进行了仔细研究和规划。探头放大器由徐萍芳负责;高压电源板、DPU板由我和仲维英、赵卫负责。重离子所把制作好的印刷电路板图送到529厂,完成印刷电路板生产和元器件电装。元器件电装由我负责。1993年9月,开始陆续进行电装;10月中旬,开始单板调试;12月初,开始整机组装调试。1994年1月中旬,共完成了两台初样机的研制,一台做鉴定级环模实验,另一台做验收级环模实验。由于我们在整个初样机的研制过程中,工作细致认真,质量层层把关,1994年8月完成了两台初样机的环模实验后,向 CBERS-1 号卫星总体部进行了交付。相关各方对我们的工作很满意,给予了好评。

最后是正样机的研制。

任务下达方要求研制 CBERS-1 号卫星星内粒子探测器正样机两套。其中正样一机两台(SN1 和 SN2),完成任务时间是 1997 年 12 月;正样二机一台,完成任务时间是 1998 年 10 月。

正样一机两台仪器的探头放大器板、DPU 板,调试进行得很顺利。但之后颇有波折,1997 年 4 月 16 日,调试第二块高压电源板时,加电后输出高压不稳定,几分钟后输出直流高压变为 0 伏。经检查是 ICM7555MTV 时基电路(时钟计时芯片)出了问题。换上一片新的 ICM7555MTV 电路,电源板的功能完全恢复正常。1997 年 4 月 21 日,在调试质子板放大器过程中,由于工作人员不小心,前置放大器的场效应管 2N4393 的栅极受到静电感应击穿损坏,换上好的后电路恢复正常。1997 年 7 月 19 日,进行第一台正样机 SN1 通电时,发现电子(加放射源)的计数大大减少,经过各种实验检查验证认为是锂漂移探测器出了问题,换上新的锂飘移探测器后,各项功能恢复正常。经过一波三折,正样一机的交付工作在 1998 年 10 月底完成。

研制正样二机也经历了曲折,1998 年 10 月以前我们就完成了电装,10 月进行了单板调试。但紧接着的质子板调试费了大劲,用了近 7 个月的时间才解决了问题,最终于 2000 年 4 月进行了评审和交付。

从正样机的研制过程可以看到,航天载荷的研制是非常严格的,出现问题不可怕,但必须要有克服问题的决心、勇气和毅力。

CBERS-1(01)卫星成功发射

1999 年 8 月 7 日,CBERS-1 号卫星 01 星的总指挥、副总指挥、总工程师、副总工程师及相关组织人员，所有参试设备的相关人员及设备，从北京南口火车站乘专列出发前往太原卫星发射中心的发射基地。

这些仪器在发射前需要经过四个阶段的测试：一是按规定和要求将仪器分放入两个舱内，分别测试仪器的工作状态是否符合要求，称为 A 阶段测试；二是将两舱组装在一起，用星上电缆互相连通，用检测信号测试各仪器的工作是否正常，称为 B 阶段；三是对卫星整体加盖，分别用有线测试、无线测试均无问题时，去掉自检信号，去掉探头保护罩等，并对信号插座进行屏蔽、固定，称为 C 阶段；四是给卫星外壳贴上保护层，然后将整星运往发射场，将卫星固定在火箭上部，再进行各项发射前的测试，还要进行飞行模式测试，均无问题后，等待发射，称为 D 阶段。

经过多重检查测试和精心准备，中国和巴西合作研制的 CBERS-1 号卫星 01 星于 1999 年 10 月 14 日上午 9：30 发射，发射成功。我们在距离发射场大约 5 公里的北边山上观看。

1999 年 10 月 16 日，我们从基地返回北京，在火车站受到航天部五院的热烈欢迎，我们每个人都被献上鲜花，那一刻我深感荣幸。这是我有生以来第一次享受这种待遇。

这些仪器在太空检测的数据，经卫星下传，由 26 基地负责接受，汇总数据用光盘送达北京。数据处理由邹鸿负责。CBERS-1 号卫星 01 星在轨运行近四年，保证了长期稳定数据源的提供，邹鸿利用自己所处理的数据和我、肖佐等人一起发表了若干篇学术论文，进一步认识了卫星内部辐射环境与空间粒子辐射环境之间的关系。

至此，经过种种艰辛和磨难，CBERS-1（01）星星内粒子辐射探测器的研制工作圆满成功，这个项目从立项、研制仪器、发射成功，到取得数据、处理数据并进行科学研究，耗时十多年，终于取得了成功。2004 年 3 月，该项目获得北京市科学技术奖二等奖，这是我们整个研究团队共同努力的结果。

　　CBERS-1（01）星星内粒子辐射探测器项目在北京大学参与中国航天工程的历史上具有重大的历史意义。星内粒子探测器的成功发射和运行，使北京大学成为中国首个成功研制空间粒子辐射探测类航天载荷的高校，也为本专业后续的航天工程载荷项目的顺利实施奠定了坚实的基础。从这个意义上讲，CBERS-1号卫星01星星内粒子探测器的成功研制是北京大学在中国航天载荷研制道路上的重要里程碑！

　　我于2001年1月退休后，继续完成CBERS-1号卫星与我们相关的后续工作，还参加了中能电子探测器的研制。现在年近80岁的我仍然在为我国新一代空间环境探测载荷研制发挥余热。

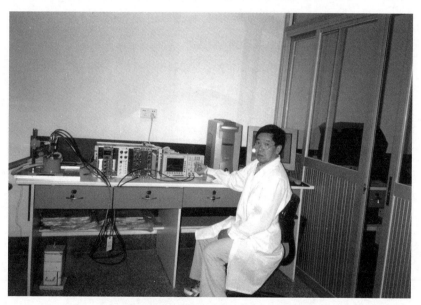

邹积清退休后在实验室继续科研

　　今年是新中国成立70周年，回顾70年来我国的太空探索事业，从一无所有到跟随别人，再到如今在某些领域已经引领世界，可以说走过了一段波澜壮阔的征程。我非常有幸能够参与到空间环境探测载荷研制事业中，尽了自己的绵薄之力。

　　空间环境探测载荷的研制是一项十分艰巨的工作，在前进的路上总是会遇到许许多多预想不到的困难。习近平总书记强调:"太空探索永无止境。"他勉励我国广大科技工作者、航天工作者"为推动世界航天事业发展继续努力,为人类和平利用太空、推动构建人类命运共同体贡献更多中国智慧、中国方案、中国力量"。我希望新一代的空间环境探测载荷研制组勇于战胜困难,不断取得新成果,开创新的未来;也希望在未来迈向星辰大海的征程中,北大能发挥更大的作用,做出更大的贡献!

汪劲武
我与植物分类学的不解之缘

汪劲武，1928年5月生于湖南长沙，北京大学生命科学学院教授。1951年进入北京大学生物学系，1954年毕业留校任教至今。长期从事植物分类学的教学、科研与科普工作。

2019年我已经91岁了，我的一生中尤其在北京大学的68年中，与植物分类学结下了不解之缘。本文挑选了我从童年时代至90岁中间的重要事件进行叙述，也是对我在北京大学近70年的回顾。

与植物结缘

我的童年是幸福的。12岁以前我在长沙农村念小学，除了上学以外，几乎天天接触自然界的植物。春天，映山红（杜鹃花）开了，好似把满山坡都染成了红色，我常去采几枝映山红拿回家插在瓶子中欣赏。有一年忽然在一片红色杜鹃花中发现一株开黄花的植物，花朵大一点,我便摘了一枝带回家,家里人却告诉我那是"老虎花",有毒。后来我知道它也是杜鹃花的一种,但植物的相似性与差异性给我留下了深刻的印象。

到了秋天,山上的毛栗熟了,这栗子与北方的板栗极像,外面的壳也是有硬刺的,手不可碰。里面的栗子比板栗小多了,只有手指头大,但果肉十分嫩甜好吃。秋天的山上还有苦槠,它无尖刺,也是一种坚果,圆圆的,比较小,放火中煨一下,去了皮就可以吃,味道还不错。那时年幼,我觉得在山上有看的有吃的,心里十分高兴,对大自然界的植物产生了美好的感情。小学毕业时,我已认识了几十种野生植物,虽只能说地方名,完全没有植物分类学的概念,但心中仍十分高兴,我对自然界的植物产生好感就是从这里开始的。

由于日本的侵略,我们全家从长沙逃难到桂林,住在桂林东郊瑶山,生活苦不堪言。在瑶山荒野,我见到了一种奇怪的植物,这是一种灌木,有1—2米高,秋天枝头上结了好多深紫色的小果子,有手指那么大,果汁特多,放到嘴中尝一尝有甜味。当地老百姓说这种果子叫"逃军粮",当兵的无粮时可吃,老百姓逃难时也可充饥。后来我才知道这种植物的学名叫"桃金娘"。这种甜甜的小果子点缀了当时辛苦的生活,也让我相信多认识植物是有用的,这是我逃难中的最大收获。

学习植物分类学

抗战时家里没钱供我上学,我只好失学在家,但我心中从没放弃升学。1945年抗日战争胜利了,第二年我跟着父亲回到长沙,考入当地有名的长郡中学念高中。为了能够顺利考上大学,高中三年,我刻苦学习。因为当时数学对考大学影响较大,我对高等代数和几何学的学习尤其认真,花了许多时间做数学题。这一时期只能将植

物分类置之脑外了,但我对它的热爱却一点儿没有减少。

为实现理想,1950年我报考了武汉大学和清华大学生物学系。报生物学,就是为了继续学习植物分类学。功夫不负有心人,两所学校都录取了我。当时听说清华名教授多,我想生物学系应该也不例外,我便决定进入清华大学生物学系学习。念了一年,学校告诉我植物学教授仅一人,而且不是植物分类学专业的。为了学习自己喜欢的植物分类学,1951年我转学到北京大学。

新中国成立初期,百废待兴又困难重重。由于美国控制橡胶不让中国进口,我国决定自力更生种植橡胶树。根据气候条件,只有在海南岛和广东近海处才可种橡胶,于是在1952年春,林业部选调北大植物学系二年级以上的学生参加广东南部沿海地带和海南岛的生荒地调查,做橡胶树种植的前期工作。我参加了这项工作,负责记录荒地上的野生植物。可我到了那里,方知认识的南方植物太少,只好将采集到的样本编上号,再待查考。当时我想:如果认识足够多的植物,随手能写出名字,就省时多了。这在我脑海里打上了深深的印记。

1953年暑假,为了抓紧时间学习,我没有回家。那年北京医学院学生选北大为暑假休息地,住在北大一教的楼上。饭后学生们逛校园,请生物学系派老师指导一下。正值假期无人,系里要我去当老师,我去了花房,带这批学生认识盆景。当我介绍到芦荟时,引起了医学生们极大的兴趣。一个学生说他们在学校听老师讲苏联先进经验"组织疗法"时,要用上芦荟这种植物,可是老师光讲道理,芦荟什么样子,也没个标本看看,今天见到了植物芦荟高兴极了。这件事对我是一个很大的鼓励,我认识植物,并且能将植物知识教给更多的人,这是一件非常有意义的事情。从那以后,我更加下定决心好好学习植物分类学。

四年级有一门分类学课,由中科院植物研究所的专家讲授,我暗下决心争取考满分。有了这个决心,就得想办法克服植物种类难记的困难。老师说,要重视所学的"植物科",记科的重要特征就可以了。我便用一扎白纸条,每条正面写科名,背面写几条该科的重要特征。如豆科:"莫忘豆科有荚果,好看花冠为蝶形,两体雄蕊最突出,豌豆槐树是代表。"我将纸条每科一条扎成一捆,放在自己的口袋中,以便随时掏出来看和记忆。中午12点午饭,如果去饭厅门尚未开,我就在外面拿出纸条看、念、记,开大会前人员入场时段也掏出纸条来看,甚至上厕所时也会念,总之利用一切空闲时间记忆。去校园看活植物也是我的记忆方法。到了期末,考试采用苏联5分制(满分为5分即优秀),考生抽签抽到什么题目就先做一小时,再到台前对老师陈述答案。我由于记得熟,回答自如且正确,主考老师给了我5分,我内心十分满意。

走上植物分类学的讲台

1954年9月我毕业后留在生物学系植物专业,专门从事植物分类学的教学工作。那时植物学为全系必修,有为期半年的种子植物分类学课由我任教,我心中虽高兴,但仍有些紧张。教研室安排了我第一次试讲,教研室老师都来听,提了些意见,增强了我的信心。

我记得讲了几次课后,自己渐渐自然些了,不那么紧张了。但学生仍不断反映,此课需要记忆大量内容,不好学。我又想了办法,不照以前传统的只讲植物特征,而是用生动活泼的形式激发起学生听课的兴趣。记得一次讲课时,讲到香椿和臭椿属于两个不同科的树木,我找了个故事穿插其中。故事说,有一个皇帝在宫中住久了想去农村散散心,到了一个农家,老大娘想:皇上来了怎么接待啊?就从屋后香椿树上摘了些嫩芽叶,洗净后用来和鸡蛋一起炒着给皇上吃,皇上吃了赞不绝口,就问怎么做的菜。老大娘告知是香椿树的嫩芽叶和鸡蛋炒的,香椿幼叶有浓香。皇帝听了很高兴,要给香椿树挂个树牌名为"树王"。皇帝拿了树牌,见一株挺拔的树似为香椿,就将牌子挂在树干上了。原来皇帝分不清香椿、臭椿,把牌子错挂在臭椿树干上了。臭椿有了树王牌子,树干挺直,显得英俊,而不远处的香椿树生了气,气得树干条裂了。就这样,我们今天可见香椿树干是条裂的,而臭椿树干不条裂且很硬实。这个故事生动地说明了两树的不同。

多年以后,大约是20世纪50年代末就读的一班学生在90年代回校聚会时,邀请我参加。我一到场,两个学生立即走到我面前说:"老师,您当年教我们香椿、臭椿的区别时特意讲了个故事。"他们至今还记得其区别。从此我也受到启发,讲课要生动,学生才易接受。

我知道,要想讲好课,基本功一定要扎实,要认识更多的植物,因此我也常去野外。1956年夏教研室来了四位南开大学的同行,我们一起去北京远郊的百花山看山地植物。当达到1300米的地带时,一种奇异盛开的花吸引了我们。这花是蓝色的,有4个如锚状的尖角,尾部有龙胆科的花锚,引来大家一阵赞叹,南开大学一位老师说:"百花山真是名不虚传啊。"这一次我们采集了不少标本回学校。

后来在野外实习时,我又带学生去了北京郊区的另一高山——东灵山。一直爬到2000米高的一个长满草木的山坡,见到一个多刺硬落木,属于豆科,名叫"鬼见愁",人也不敢碰;又见到很多属于毛茛科的金莲花,花是黄色的,很美丽;还有其他很多花草,让人感到目不暇接。我深感多去山区才会认识更多的植物,自此一有机会我就入山。

植物分类学科普

我喜欢植物分类,也想要广泛传播植物分类学的知识,但单单靠课堂讲授,影响有限,于是就想写些植物科普文章,刊载在报纸上或者编成图书。最开始,我在《北京日报》上发表《北京的树木花草》一文。后来大约是 1962—1964 年间,我陆续在《北京晚报》的《五色土》副刊上,写了不少的短文介绍植物,如《北京春天的花木》《树木中的四大金刚》《榴梿和它的传说》等。由于短文写得不少,《北京晚报》有个编辑来北大找到了我,他说:"你的文章很好,符合我们副刊的要求。"这话给了我鼓舞,后来又写了不少篇。但是一写科普文章,我就深感自己的文学功底不足,于是又花时间去学习名家的文章和科普作品。

1964 年,我出版了第一本书,此书篇幅不长,不到 4 万字,书名叫《树木花草的识别》,初版印刷 4 万多册。关于这本书的写作,我下了不少功夫。特别是标题要生动,文字也要生动活泼。比如我在书中写稗草,这种杂草混入稻田,我就起了标题"鱼目混珠的稗草";又写了与谷子相混的植物谷莠子(狗尾草),用的标题是"谷莠子——稻田里的隐身人"。后来有一次我去新街口的新华书店打听此书时,店员说已卖光了。这才知此书受到了读者欢迎,自己感觉受到了很大鼓励。后来我又陆续写了几本书,读者反馈都不错。

我写书时还注意不写读者不懂的生僻字,不写难懂的古文句子,既让读者较顺畅地读懂书中的意思,又不降低书的水平。随后我又写了《少年趣味植物学》《常见野花》《常见树木》,其中《常见野花》的读者数量最多。

我在教和学的过程中,一直朝一个方向努力,深深体会到学无止境,植物分类知识无尽,自己要多学多用,不可懈怠。我在努力写书时,一直未停止思考。由于不断构思,我又想到写本《植物的识别》。《植物的识别》一书,我花了不少时间写了很多前人的故事,不少人为该书提供了扫描图片。书出版以后,很多人都喜欢读。2012 年,该书被中国科普作家协会评为优秀图书,后来还被湖北科学技术出版社纳入了"中国科普大奖图书典藏书系"之中。

2015 年我写了《草木伴人生》一书,从衣食住行各方面谈植物与人生的关系,这与写植物分类的书有所不同,由中国大百科全书

出版社出版。

耄耋之年再登植物分类学讲台

2018 年，中国科学技术出版社找我，说想请我讲一门公开课，叫作"中国草木植物讲堂"。但是这门课又不能像大学那样采取传统的讲法，而要用通俗的语言讲出来，还要把植物讲活，内容里有故事、古诗或者传说，让观看者有兴趣。课程随讲随录，共有 50 个学时。由于怕我身体支持不了，最初考虑每次讲 1 小时，每周讲 1 次。我一想：如果要讲 50 次，那就差不多需要一整年的时间，到时我已经 90 岁了，能行吗？考虑再三，我下定决心开讲，但是我希望不要拖太久，每周讲 2 次，每次 2 个小时，这样一共 25 次，半年之内就能搞定。幸好我的身体争气，不到半年就完成工作，每周讲了 2 次或者 3 次，身体居然也平安无事。

50 个学时的课程中，我讲了一些重要的科和一部分重要的植物品种，知识点甚至比大学专业课还多，后来录像经过出版社同志的细心修改整理，得以公开播放，我觉得这对植物分类学的科普化来说，是一项有意义的工作。

我参加这些工作的同时，并没有忘记写书：2018 年 10 月我的又一本书《常见植物识别与鉴赏》出版了，全书共 30 万字。在写法上有所改进：植物的名字放在一句话中，这句话说明该植物的一个重要特征；第一小段的几句话介绍该植物的重要特征，再下一段才是全部的特征。这本书介绍植物是从乔木到落木，草本植物是从单叶到复叶，接着是对生、轮生或互生，再说叶片全缘或者有锯齿，然后写花序是什么花序，花的形态、颜色，最后写花结什么果实，果的性质、结构、种子等特点。另外，选择部分重点植物，加入传说故事、诗歌等，力求合情合理。这种写法也是我第一次尝试。

| 汪劲武：我与植物分类学的不解之缘 |

1989年，汪劲武在河南省伏牛山收集标本

我手上尚未出版但已经交稿的书还有两本，一本是写北大校园植物的书《燕园植物记》，另一本暂定名为《汪先生的植物笔记》，应该很快就会出版。还有一本字数较多的书，也在进行中。目前，我出版的书已经有10余种了。我现在还在整理资料，多看书，希望在身体许可的情况下可以一直学习下去。

谢谢你，北京大学

今年是新中国成立70周年，我进北大也有68年了。回首往事，感想很多，最重要的一点是："没有北京大学，我将一事无成。"是北京大学培育了我68年，给我创造了学习的环境和好风气，使我在业务上有了较满意的成长。没有北大，我不会取得今天的成绩。

北大浓厚的学术氛围，让你意识到学无止境，必须努力学习，努力工作；只要你自觉学习，北大也会帮助你快速成长。这是多么好的学习环境，我庆幸自己进了北大。

我现在已经91岁了，还是十分愿意在这里刻苦学习下去。我要奋斗到生命的最后一天，才对得起北京大学对我的培养和希望！

谢谢你，北京大学！

沈 政
执着的追求，妙了的心愿

沈政，1936年出生于吉林长春，北京大学心理与认知科学学院教授。1957年考入北大生物学系人体及动物生理学专业，1963年考入中国科学院心理研究所研究生部，1978年进入北大心理学系任教。主要研究方向为生理心理学。

1949年10月1日下午，我作为小学五年级的学生，列队肃立在辽宁抚顺第一完小的操场上，聆听着广播中毛泽东主席在北京天安门城楼上向全世界发出的庄严宣告："中华人民共和国中央人民政府，今天成立了！"这声音在我那幼小的心灵中，久久地振荡着，也将我带入对自己痛苦童年的回忆中。

1945年我9岁时，父亲带着我和双目失明的奶奶，在从吉林省抚松县回原籍沈阳郊区的途中遭劫，我们变得身无分文。为了生存，父亲不得不到抚顺煤矿矿警队工作。不久，矿警队被改编为国民党207师新兵队，开赴沈北前线。我这个十几岁的男孩不得不为自己和奶奶的生存而挣扎，靠挖野菜、卖菜、背煤等过着食不果腹的日子。1948年盛夏，我身穿背心短裤，去大山坑（露天矿）背煤，因饥饿导致体力不支，在通过由工业动力热气管形成的过沟桥时摔倒，险些坠落到深沟之中。虽然命保住了，但却造成身体多处严重烫伤，在我身上留下了比碗口还大的伤疤，这是旧中国给我的永久记忆。同年10月31日凌晨，枪声把我惊醒，起床后，才知道解放军进城了！几个月后，我收到父亲从北平寄来的信，告诉我拿着信中所附的"中国人民解放军革命军人家属证明"到市民政局登记。优抚科的赵沛然干事见到我是个学龄儿童，不但发给我和奶奶生活费，还把我送到小学插班念书。1950年8月1日，我刚过完14周岁的生日，就宣誓加入了新民主主义青年团。当年12月底我小学毕业时，正值42军军医卫校在小学毕业生中招收新战士，我这个新团员当然积极响应抗美援朝的号召，报名参军了。由于我长期没有父母照料，营养不良，在卫校男生中个子最小，还有在长白山脚下抚松县大骨节病生态环境中长大的体征，很不适应军训科目，患感冒和肺炎，大病一场。1951年夏，指导员鲁布派人把我送回抚顺市民政局，安排在市二中读书。从那时起，我才连续17年读完了中学、本科和研究生。如果加上小学6年和工作后进修2年，以及赴美做访问学者2年，党和国家花费了27年的教育资源，才把我培养成北大的教授！

执着的追求

1956年，党中央提出的"向科学进军"口号激励了我。在《哲学研究》杂志1956年5月号上，于光远先生的论文《外间世界、高级神经活动与心理现象》成为我中学毕业升学的航标。同年秋天，我在《人民日报》看到了一则短讯：我国第一座高级神经活动实验馆在北京大学建成。这成为引导我报考北京大学的一个契机。1957年我如愿以偿地考入北大生物学系人体及动物生理学专业。

北大六年的本科教育，教给了我科学知识、辩证唯物主义世界观和方法论。化学系教授们的课程门类俱全；物理学和无线电电子学的课程使我在日后的研究中，具有宽阔的视野和较强的动手能力；生物学系陈阅增教授的"普通生物学"和"无脊椎动物学"，赵以炳教授的"人体和动物生理学"和"高级神经活动学说"，还有蔡益鹏教授的"中枢神经系统生理学"，为我日后精神医学和心理学的职业生涯，打下了坚实的基础。

1963年，北大生物学系实验西馆门前，
赵以炳教授（中）和学生沈政（左）、蔡浩然（右）

正当我全身心地投入学业时，我的父亲突然离世，我面临着退学谋生的可能。可是，我太热爱自己选择的专业了，最终决心靠国家提供的助学金，将学业坚持到底。我充分利用课余时间，如饥似渴地吸收各种知识。那时，北大图书馆面积很小，几个阅览室分散在燕园之中，座位十分紧张。每当上午没有课或节假日时，我都格外早起，在图书馆一坐就是一个上午甚至一整天。大四那年，全国闹灾荒，学校的各个阅览室都关闭了，要求学生绝对卧床，以防止身体浮肿。我只好在图书馆借书，拿回宿舍躺在床上阅读。晚上宿舍熄灯，我就站在外面的路灯下继续看。

1963年元旦，得知中国科学院心理研究所的研究生招收目录中有"生理心理学"的名额，我特别激动，提起笔给妻子写道："似乎苍天有眼，不辜负我废寝忘食的六年苦读，科学院竟有'生理心理学'研究生的招生名额，简直就是上苍为我所设！我能辜负上苍的安排吗？可是这不还得让你继续带着孩子苦熬吗？"妻子知道，丈夫对专业知识的渴求和对专业的热爱，已经达到如醉如痴的地步，她怎能不支持！那年春节，我留在北京准备考研。妻子带着两个孩子在除夕之夜，喝着玉米粥，祝福着北京的亲人如愿以偿！

是的，我如愿以偿，考入心理研究所，成了生理心理学的研究生。我十分珍惜这个深造的机会。我的老师一方面从医学院毕业生中选拔年轻人，进行人类脑电图研究；另一方面，从综合大学生物学系毕业的学生中，选拔年轻人进行猴脑细胞电生理和行为的研究。这个研究所的其他研究室还进行着工程心理学的研究，为解放军歼-7型战斗机的仪表分布，进行功效学实验研究。但1966年，这一切都停下来了，1968年全部研究生统一被分配走了，1970年这个研究所被撤销。

北大人的后劲儿

我在北京念了11年书之后，于1968年7月，拿着高等学校毕业生统一分配工作报到证，又回到念中学的城市。市分配办公室让我先自己提出想去的单位，他们会尽量达成我的愿望。在这个城市中，只有精神病医院与我的专业有些关系，而且听说将有一部进口的脑电仪调给这个单位，我决定去那里工作。这个单位坐落在偏僻

的浑河北河滩上,在一片孤零零的废旧炼钢厂房里,八年前的困难时期,为收容盲目流入市内的疯、呆和傻者,将此处改建成民政局收容所。1965年,这里发生了一起严重的人身伤害事件,一位被收容者用斧头将唯一一位男医生砍得血肉模糊。事后,市政府决定该单位由市卫生局接管,选择新址改建为市精神病医院。在1966年市卫校毕业生中,分配6名护士到此工作,但她们都哭着离开,拒绝上班。因为那里不仅脏乱,还有危险。不到30人的单位,没有一人具备大学学历。院长曾是赴朝志愿军的营长,副院长曾在解放战争中任连长,其他护工和勤杂工都由民政局调入。只有一对夫妇是1960年医专毕业的医士。我报到后,成为这个单位第一个有大学学历的知识分子。收容所收容的20多个对象,都说不出自己的身份、姓名和家庭地址,他们居住的"病房"卫生状况极差。我报到后,立即建议领导组织人力,彻底改善卫生条件,并带头清理最脏最差的地方。20多天后,我又被调往食堂做炊事员。为早起点火做饭,我索性搬到厨房去住,这些苦对我都不在话下。

1969年终于找到新址,这个收容所迁居后,市卫生局派来一批医生和护士,真的有了医院的模样。我为期一年的劳动锻炼也到时间了。后来医院领导分配我做专业工作:安装和使用脑电图仪,并做医务处干事,协助院长管理医务工作。

那部丹麦产八通道临床脑电仪,由已被撤销的市第一医院在五年前购入,没有开箱验收过。这类精密电子仪器经过暑热潮湿的季节,很容易发生一些焊点和器件性能故障。我打开包装箱,按说明书顺利组装好仪器。遗憾的是,通电之后,仪器不能正常工作。我在北大生物学系念书时学过一门无线电电子学的课程,这时派上了大用场。我设法借来万用表、信号发生器和直流电源以及自耦调压变压器等工具,按着精密电子仪器的检修步骤进行检查,结果发现故障发生于电源部分。可是仅就电源部分,包括变压、整流、滤波、稳压等不同功能的电路,数以百计的分离器件,问题到底出在何处?

我住进实验室,日夜监测,终于找到发生故障的焊接点,只用电烙铁重新焊过,没花一分钱,仪器就正常工作了。

1971年春节后,抚顺市卫生局主办西医学习中医实验班,要求三区三县的医院派医师参加,我被市精神病医院派去学习,正好利用这一年时间,补上临床医学知识。因为吃住在一起的人都是我的老师,我勤学好问得到了大家的好评。第二年市卫生局又组织高级体检组为全市抗日老干部和老红军全面体检。我带着这台脑电仪,加入了体检组。虽然仪器在搬动和重新安装过程中出现了故障,但都被我及时排除。我的工作能力和服务态度得到了普遍好评。1972年11月我被吸收为中共党员。

1973年,医院又给我一整年外出进修精神科临床工作的机会,我自己联系到上海市精神卫生中心,在那里不但完成了内容丰富、种类多样的进修任务,还查阅了许多科学资料,正式发表了我的第一篇科学论文,并成为《国外医学:精神病学分册》杂志的特邀编辑。

妙捉"幽灵"

1974年年初,我完成进修任务,从上海回院,被分配在一病房做临床医生,兼管临床脑电图室。因为我具有神经生理学和心理学的背景,所以比一般临床医生更想捕捉到精神疾病的"幽灵"。我并不满足于对疾病的常规治疗,试图从新的疗法中发现更多的病理机制。那么,精神疾病的常规诊断和治疗方法有什么不足呢?

以19世纪德国古典精神医学理论为基础,现代精神医学将精神障碍分为性质不同的三大类疾病:躯体器质性、外因性(心因性或反应性)和内生机能性疾病。其中内生机能性精神病是一大类重症精神障碍,包括精神分裂症、内生情感精神病等,往往会对病人、家属或社会造成灾难性后果。现在,医学上认为这类疾病是因为脑

内神经信息传递或加工异常，或神经内分泌代谢异常，也可能是多个遗传基因或染色体突变的结果。强安神剂用于治疗内生机能性重症疾病，主要作用是调节单胺类神经系统的功能；而弱安神剂主要用于神经症。对强安神剂 60 多年的应用和研究，进展并不理想。至今仍有 30% 的病人症状没有改善，只有 60% 的病人症状有部分改善，且有残存症状。对精神分裂症阴性症候群和认知缺陷，基本疗效不佳。为此，当时各国精神科医生又不得不把电休克的老方法拿出来加以改进，称之为"无抽搐电休克治疗"，用于对抗药性内生精神病的治疗。这不仅提示精神病治疗药物亟待突破性发展，更有可能提示当代精神医学的各种治疗方法根本还没有触及这类疾病的"幽灵"。

1974—1978 年，我先对锂盐治疗进行了临床观察和临床生化研究。随后，对神经递质的分析方法进行研究，为精神疾病的神经机理研究做好了方法学准备。还没来得及开展正式临床研究，我就收到北大重建心理学系的信函，商调我回北大任教。1978 年我离开时，觉得没有为医院做出成果，枉费了医院党组织对我的培养。2018 年 6 月 9 日，我回到那块 40 多年前奋斗过的土地上，发现不仅浑河北河滩上的那堆废旧厂房不见了，就连新屯公园里那两座日本式小楼也不见了。在那块土地上，出现了一大片连体楼群。抚顺市精神病医院今非昔比啊！我产生了一种想法，计划在有生之年，用科普和科幻故事回报吸收我入党的医院党组织。2018 年 10 月我开始动笔写作，现已经完成 15 万字文稿，争取早日完成后面的科幻文稿。我想用这种巧妙的方式了却我那捕捉"幽灵"的心愿。

钻研脑科学

1978 年 8 月，我和妻子来北大报到，一起参加心理学系的重建。由于我在抚顺市精神病医院已经做好了神经递质及其代谢物分析方法学的准备,很快就开始了生理心理学实验。首先,实验测定了锂盐对大白鼠脑内神经递质含量的影响,其结果于 1981 年发表在《心理学报》。随后利用北大物理系和化学系的条件,实施了独出心裁的心理学研究方案:先从物理系借来他们自己生产的氦氖激光器,又从光纤通信组要来一段光导纤维,把激光耦合到光纤,再经手术把光纤另一端植入大白鼠脑内纹状体,同时训练大白鼠声-电击的防御性缩腿条件反射,对比激光照射是否具有加速这种学习行为的效应;行为实验结束,立即对动物脑内单胺类神经递质的含量进行生化测定,这时又使用了化学系的荧光分光光度计。这些结果发表于 1982 年的《神经科学通信》(*Neuroscience Letters*)和 1983 年的《激光在外科和医学上的应用》(*Lasers in Surgery and Medicine*)以及 1982 年和 1983 年的《心理学报》。

1980 年通过北大外语考试后,我去美国做了两年访问学者,进一步从理论和方法学上明确了生物光学的研究方案。充分运用激光的特点,使之既能选择性刺激脑内特定生物活性分子,干扰脑功能,又能作为测量特定生物活性分子含量的手段。回国后我向科学院基金会提出课题申请,1985 年第一次课题资助到位。1992 年获得学校的奖励,因为我们成功地将石英光导纤维外周真空溅射上金属离子,能够同时记录脑内神经脉冲和激光-荧光脉冲信号,为测定脑细胞能量效率打下了方法学基础。这些研究对揭示脑功能有何新意呢?

20 世纪 30 年代,神经生理学研究开始使用细胞微电极技术,20 多年后发现脑干网状结构对睡眠和觉醒的调节机制。此后,微电极方法成为脑研究的重要手段,但是电刺激所引起的生物效应是无选择性的。与之相比,激光的单色性决定着它作用于特定的生物活性分子。所以,激光的生物效应机理比较清晰。我在美国访问期间,查阅了许多脑内生物活性分子的光谱特性,从中选择脑能量代谢中具有重要作用的还原性辅酶,作为实验工作的切入点。还原性辅酶受到 340 nm 单色紫外光的照射,会发出 460—480 nm 的蓝绿色荧

光。生物化学正是利用这种光学特性,测定这种辅酶的活性。我之所以选定它,是因为80年代初,第一个无创性脑成像技术即正电子发射型计算机断层显像(PET)刚刚问世。它通过对脑内葡萄糖代谢率的检测给出脑功能影像,是脑整体功能的测试技术。我通过光导纤维将激光导入动物脑内的细胞团,所得到的数据与PET整体人脑测定的数据相互比较,其科学意义更大些。

1987年,第一届人工神经网络国际会议在美国召开。当时,我已是北京大学第一个国家重点实验室的兼职副教授,正在做相关课题的计划,所以十分认真地学习了1986年出版的《平行分布加工:认知结构的微观探索》一书。Hopfield人工神经网络模型采用能量函数作为网络的基础,这引起我的思索。近代人类文明确实是从能量利用开始的,从蒸汽机到内燃机,再到核动力的使用;现代科学技术却是从信息的概念开始的,从信息论、控制论到人工智能的发展,都与人脑作为信息加工的器官有关。所以,我认为人工智能或人工神经网络不应只建立在能量参数的基础之上,应该建立在能量与信息两类数据的基础之上。所以,1989—1991年,我把激光-荧光脉冲的记录技术发展为神经脉冲和激光-荧光脉冲同时记录的技术,两个参数变化的比例就是所记录细胞团的能量效率。我的相关研究结果发表在国际光学和光学工程学会的多次会议文集、国内生物类期刊以及国内专著中,如《脑模拟与神经计算机》《认知神经科学导论》等。

1992—1993年,在用激光-光纤同时测定神经脉冲和激光-荧光脉冲的实验中,我发现了一个重大瓶颈问题,表现为对每个成功记录出神经脉冲和激光-荧光脉冲的动物脑部位上,只能记录2—3分钟,随后记不出神经脉冲,激光-荧光脉冲的幅值降低到一个固定值。通过反复验证,确定该现象是紫外激光所致脑细胞死亡的结果。我不断查阅文献,几年后终于发现了双光子吸收效应(Two-Photon Absorpbion)是解决这个瓶颈问题的出路。但是,能出现双光子吸收效应的脉冲激光必须是飞秒级的,也就是每个激光脉冲宽度是一秒的15次方分之一。直到21世纪初,才看到德国蔡司公司有双光子显微镜和超短脉冲激光器的商品出售。正是因此，我的那批研究数据没有再向国际学术期刊投稿。

妙了的心愿

2004年9月，68周岁的我退休了，心里感到有些失落。虽然我一直全力投入教学和科研工作，发表了百余篇论文，出版了十余本专著，但却没有在科学上做出突破性的成果。我觉得对不起国家对我27年的教育投入，于是写了一篇总结。最初的题目是：《成也激光，败也激光，20多年艰辛付之东流》。后来觉得这个题目未免太悲观，就改成：《终生的追求，不了的心愿》。2015年，《中国科学报》记者胡珉琦改写了她对我的一篇报道，题目是《执着半世纪，心愿尚未了》。现在我把后五个字更改为"妙了的心愿"，因为我有了弥补的办法。

虽然我不可能再用实验数据证明我的专业设想和心愿，但我可以利用多年苦读的知识积累，用科普和科幻的巧妙方式，了却我的专业心愿。在多年的退休生活中，我仍然在探索研究新的问题。我发现年轻人对同性恋问题研究较有兴趣，于是，2015年和2016年在《科学通报》上，我发表了几篇相关研究的论文。我又注意到社会上有一种观点认为人类将被机器人毁灭，于是2017年在《科学通报》上发表了关于正确比较人脑、动物脑和人工智能的理论文章。这些文章的发表将我的失落感一扫而空，国家对我的培养和自己所下的苦功，没有付之东流！

专业心愿已经妙了，而我人生最大的心愿则是实现共产主义。我14岁加入新民主主义青年团，36岁加入中国共产党，信仰共产主义，对党的信任和爱国精神是我的双重精神支柱。如今在我有生之年，看到国家日益富强、社会持久稳定、人民更加幸福，这就是实现共产主义的曙光。我人生最大的心愿，也美妙地了却了！

沈正华
用初心铭记岁月
——我与北大图书馆一起成长

沈正华，1950年12月出生于江苏常州，北京大学图书馆研究馆员。1983年3月入职北大，历任图书馆编目部、文科文献信息中心、信息咨询部和分馆办公室主任，2011年1月退休。主要从事图书编目研究与管理工作。

出生在红楼，成长在燕园，未名湖的柔波里荡漾着我童年的笑靥，博雅塔的晨曦里掩映着我的青葱岁月。如今图书馆所在之处，60年前是我启蒙的殿堂——北大附小，这里曾留下我们的琅琅书声和欢歌笑语。我与北大的这一生情缘浓香似墨，温婉绵长。

1983年3月，我从北大第一分校图书馆学系毕业，迎着灿烂的阳光，进入北大图书馆，开启了我的职业生涯。之所以选择北大图书馆，一是渴望在国内首屈一指的高校书城中感受文化的熏陶、实现人生的价值；二是追寻自己心中挥之不去的北大情结，循着从幼儿园、附小、附中到大学的脚印一路走下去。至2011年1月办理退休手续，我在北大图书馆工作了28个年头，在奉献青春、智慧和汗水的同时，也收获了知识、技能和友情。退休后，我一直被中国高等教育文献保障系统（CALIS）返聘，为高校联机合作编目事业发挥余热的同时，仍与图书馆有着割舍不断的联系。

作为北大图书馆人，亲历图书馆从传统向现代的转型、参与其中并贡献自己的智慧和力量是我一生值得骄傲和自豪的事情，这也为我留下许多美好的回忆。在120周年馆庆的历史节点，在即将迎来新中国70周年华诞之际，我愿以一段厚重的回忆献给北大图书馆，这不仅是我个人成长和奋斗的经历，也是北大图书馆砥砺前行的一个缩影。

拜师学技苦钻研，人才梯队显优势

到北大图书馆后，我被分配到编目部西文编目组。当时，北大图书馆面临着人才青黄不接的局面，老同志对我们这些具有专业背景的毕业生寄予厚望。

要想成为一名合格的西文编目员，打字是必须熟练掌握的基本功。入职的第一个月，我们每天都要抽出一小时练习打字。那时的打字机是个笨重的铁家伙，远不及计算机键盘轻便灵活，不仅手指击键需要力度，左右手配合也十分重要。经过一个月总计20多个小时的练习，我终于可以做到盲打了。这只是掌握基本技能的入门小插曲，更系统的学习很快就开始了。

在手工作业阶段，每周有半天时间部门全体人员要排读者目录卡片。排卡片不仅需要位置摆放精确，同时还要在排片过程中发现编目中出现的错误。这项工作不仅需要动脑，还需要手劲儿大。因为不少目录柜的铁穿条已经变形，扭动它往往要借助老虎钳，全凭手指的话半天不到就会磨出血泡来。如果一不小心弄翻了抽屉，抽

屉中的所有卡片都要重新排序。

1983年8月,全国高等学校图书馆工作委员会秘书处和全国文献工作标准化技术委员会第六分会共同举办了"西文图书编目标准化和自动化研讨会",经过认真讨论,与会者达成以下共识:在西文文献著录工作中应积极采用《英美编目条例(第2版)》(简称AACR2)等相关的国际标准,尽快编制我国的西文文献著录规则。

西文编目组的韩荣宇先生参加了研讨会,他对我国西文编目的发展趋势有清醒的认识。在他的带领下,我们开始逐章通读《英美编目条例(第2版)》的原文,韩先生利用每周半天的业务学习时间为我们耐心讲解。韩先生不仅参与编写《西文文献著录条例》,为AACR2的本土化做出了贡献,而且率先在北大图书馆推广采用AACR2标准,让我们入馆不久就跟上了国际编目界发展的步伐。后来韩先生和林明还参与了《国际标准书目著录》(*International Standard of Bibliographic Description*,简称ISBD)第2版的翻译工作。该标准刚刚出版,我们就开始系统学习,并且在卡片目录环境下通过编制个人、团体及丛编名称规范卡片,探索西文编目的"规范控制"。

记得有一次韩先生带我们去书库参观,特地让我们看了中德学会、中法大学以及美国新闻处遗留的大批西文书。那些书大多都未上架,东一堆西一堆地散放在书库的水泥地上。韩先生说这里有不少宝贝,希望我们日后能把这批书尽快编目上架①。当时韩先生来北大图书馆工作时间不长,但他熟悉图书馆工作(曾在清华大学图书馆工作),有过硬的外语功底,加上勤勉好学,短短几年就从梁思庄副馆长那里取到了"真经",把西文编目传统继承下来,并继续发扬光大。

我们进馆不久,韩先生亲自为每位编目员制定了业务主攻方向,覆盖了从著录规则、分类标引、主题标引到规范控制的各个方面。数年之后,这种安排的成效得以显现,图书馆形成了一支由老中青

---

① 可以告慰韩先生的是这些在库中积压了几十年的图书现在均已被编目上架,并被作为特藏妥善保管。——作者注

三代人组成的西文编目人才梯队。1992年我馆首次举办"国家教委文科文献情报中心西文编目标准化研讨班"时，不仅拿出了由北大图书馆编目部编写的教材①，而且编写人员还承担了历时两周的课程讲授任务。这样的团队阵容和高水平的业务培训在国内西文编目界一炮打响，在之后的一段时间内，馆领导把编目部视为培养业务骨干和领导干部的基地。

事业总是在传承中前进发展。当年韩先生那一辈老图书馆人以自身渊博的学识、孜孜不倦的研究精神、严谨认真的工作态度影响教育着我们，是我们进步成长的榜样。

出国进修取真经，收获满满载誉归

1987年10月，我得到美中关系全国委员会的资助，到加州大学伯克利分校进修。在那里，我一边在图书馆学院听课，一边在国际关系分馆工作。当时加州大学九个分校的图书馆大多已开始计算机编目，这也是我出国进修的主攻目标。不巧的是，我所工作的分馆尚未纳入学校的图书馆自动化系统，日常业务仍停留在手工操作阶段。我不甘心一年的宝贵时光就此虚度，但若脱离这个分馆又无法向资助我的机构交代，看来只能另辟蹊径。一个偶然的机会，我认识了在美国三大书目机构之一——研究型图书馆组织（Research Library Group，简称RLG）专门从事计算机编目培训的美籍华人戴玮龄女士，于是我和她约定每隔一周从伯克利到山景城（Mountain View）与她共度周末。每次见面她都会借给我RLIN系统的培训教材，在之后的两周，工作及上课之余我抓紧时间研读教材，两周之后带着读完的教材和各种问题再去求教。就这样经过几个月的强化学习，我不仅基本了解了RLIN系统各个模块的功能，还自学了US-

---

① 《国家教委文科文献情报中心西文编目标准化研讨班讲义》共两册，笔者独自编写下册，并承担为时一周的主题标引讲课任务。——作者注

MARC 格式。那时 USMARC 格式尚未实现一体化，在七种格式中，我重点学习了图书和连续出版物两种。戴玮龄女士除了给我提供一对一的指导，还将我引荐给 RLG 各个部门的负责人，让我有机会向他们学习，使我对图书馆自动化系统有了更深入的了解。RLG 总部只负责系统开发、数据库维护和业务培训，我所学到的书本知识亟须通过实践得到巩固提高。为此戴女士建议我在美国找个图书馆实习一段时间，并帮我联系了纽约大学图书馆。这些经验的积累在回国后都找到了用武之地，无论是参与本馆自动化系统的开发、组织计算机编目的培训，还是指导本馆回溯编目，在美进修期间打下的业务基础使我能从容面对、游刃有余。

在美期间，我还到多家著名图书馆进行学术访问，其中既有哈佛、耶鲁、普林斯顿等高校研究型图书馆，也有国会图书馆和纽约公共图书馆；我也曾参加美国图书馆学会年会和美国东亚图书馆的年会。这些学术活动进一步开阔了我的眼界，使我结识了很多美国的图书馆界同人。

机会往往存在于不懈的努力之中。在美两年的时光，我不敢有片刻虚度，不放弃任何学习提高的机会。正是这一点一滴的积累和持续不断的努力，为我之后在不同的工作岗位上发挥作用打下了坚实的业务基础。

系统开发历全程，启动机编分步行

1989 年 10 月，我回馆后很快被任命为编目部主任，上岗后的第一项任务是配合自动化部开发本馆系统。20 世纪 80 年代中期，通过世行贷款，我馆引进了一台小型计算机（VAX-11/750），但一直未能使其真正发挥作用。1990 年春节刚过，我参加了庄守经馆长召开的一个小规模座谈会，研究讨论北大图书馆的自动化方案。会上有人主张利用微机以太网搭建本馆的系统平台，也有人主张利用 VAX 机开发图书馆自动化系统。两种意见争执不下，馆长点名要我表态。我阐明了自己的观点：就北大图书馆的规模而言，以太网的方式是行不通的，与其把时间和经费投在这里搞实验，不如利用 VAX 机把编目和流通模块先搞起来，这样既能积累数据，又能扩大影响。我的建议很快得到采纳，开发队伍也即刻组建。

20 世纪 80 年代后期，我馆已经引进了 BiblioFile 光盘，自动化部也利用过美国国会图书馆的计算机磁带检索数据，部分同志对 US-MARC 格式有了初步了解。开发本馆系统需要业务部门和编程人员充分沟通，提出功能需求、进行数据分析、确定框架结构、编制软件程序、系统试运行及反复修改调试，每道工序都包含大量的工作。经过将近两年的奋斗，1992 年北大图书馆自行开发的第一代图书馆系统最终投入使用了。在配合自动化部工作的同时，编目部的计算机编目以一种特殊的方式在推进——利用 BiblioFile 光盘套录美国国会图书馆的编目数据并打印卡片，以 ISO2709 格式存储数据。流通部则突击编制了 30 万条简编数据，把 201 阅览室的馆藏全部纳入系统进行计算机借还。

随着北大图书馆自行开发自动化系统进程的推进，中文的计算机编目培训也被提上日程。于是原来从事西文编目的熊光莹老师转岗，负责中文机编的培训。系统开发完成后，中编人员均能适应新环境的要求，平稳实现了从手工编目向计算机编目的过渡。

我在任期间亲历系统开发的全过程，并代表编目部提出各种业务需求，完成了数不清的系统测试，组织安排人员培训，每一步都留下了坚实的脚印。本馆自行开发的 PULAIS 系统整整运行了十年，不仅积累了大批机编数据和馆藏信息，更重要的是锻炼和培养了一批业务骨干，为之后系统更换及数据迁移奠定了基础。

引进光盘数据库，信息咨询上新路

1993年10月我二次赴美回国后面临岗位调整，馆领导提供两个岗位让我挑选：文科文献信息中心主任和图书馆办公室主任。我认为自己更适合搞业务，便毫不犹豫地选择了前者。文科文献信息中心当时下辖文理科的部分阅览室。不久之后，图书馆机构调整，成立了信息咨询部，我成为首任主任。

新成立的信息咨询部在继承传统咨询业务的同时，着力拓展新的服务内容和服务手段。光盘数据库的迅猛发展和联机检索服务为信息服务插上了飞翔的翅膀，北大图书馆这时也开始购买光盘数据库。引文数据库（SCI和SSCI）的引进，使得原本依靠纸本工具书的手工查引改为光盘检索，大大提高了工作效率。随着光盘数据库的引进和推介，图书馆与院系师生的关系进一步密切，查新工作站开始挂牌，挂牌当年就独立承接了校内老师提出的多项查新查引课题，自此结束了北大图书馆派人去中情所（1992年更名为中国科学技术信息研究所）合作查新的历史。

设备技术只是工具和方法，这些会随着时代的发展不断变化，但图书馆人为读者服务的根本宗旨永远不会改变。

中美携手攻汉化，系统引进理念新

1998年百年校庆标志着北京大学的发展迈上了一个新台阶，北大图书馆自行开发的图书馆系统无论硬件设施还是软件设计都已无法满足时代发展的要求。经过充分调研，图书馆和美国SIRSI公司签署了购买Unicorn图书馆集成系统以及与其合作汉化的协议。1999年4月，在与美方签约7个月项目却一直处于搁浅状态的情况下，馆领导决定派技术骨干去美国推动汉化工作的进展。

除了对该系统进行全面了解之外,每个人分工主抓一个方面,对口联系美方有关人员,我主要负责编目模块。我们到美国后首先向美方的编程人员介绍汉化的核心问题,即中文环境里全面、精确、浏览三种检索模式下操作指令如何执行,检索结果如何呈现。经过两天的沟通讨论,双方最终达成共识。

在编目模块合作汉化的过程中,有几项工作费时较多。第一,索书号浏览功能。由于我馆中、西、日、俄图书及期刊采用了多种排架体系均需进行个性化定制,国外系统原本定制的 LC 或 DDC 索书号排序规则都无法直接套用。第二,参数设置。它与日后系统的管理、报表的运行关系十分密切,而这也是老系统比较薄弱的地方,我们需要深刻理解其内涵、建立全新话语体系,才能保证参数设置的正确性和实用性。第三,采访订单上载。这是采访数据与编目数据挂接的重要纽带,在过去的工作模式中没有这个环节,所以也要重新学习。第四,频繁的系统测试。每次修改完程序,各个模块都要重新进行测试,确保错误已经更正,且未引发新的问题。

沈正华在北大图书馆

在美工作的一个多月，大家争分夺秒地推进自己承担的工作，随着光阴的一天天流逝，难点也一个个被攻克。大家的努力没有白费，我们在规定时间内圆满完成了任务。当年Unicorn系统即开通上线，编目、流通模块率先投入运行，之后全面铺开。该系统的启用大大提升了图书馆自动化管理的层次，数据的迁移也十分顺利，系统至今仍在使用。特别值得指出的是：该系统的多馆共用模式是分馆建设顺利上马最重要的技术保障，在总—分馆馆藏及服务的管理中发挥了重要作用。

引进系统就是引进新的管理理念。通过合作汉化，我体会到了技术背后蕴藏的先进管理理念，反思原有的某些工作流程，便能找出其不合理之处。有比较才有鉴别，这是参与本馆系统开发和合作汉化带给我的感悟。

分馆建设开新篇，回溯编目成效显

在Unicorn图书馆集成系统各个模块应用均已步入正轨后，全校各院系资料室的日常运营还游离在外，这种局面与建设一流大学图书馆的目标显然存在差距。

2000年暑期之后，图书馆设置了分馆办公室，我再次转换岗位，开始了从零起步的"创业"，一干就是十年。从一家试点开始，到在全校院系建立25家分馆（包括医学部及附属医院），我倾注了自己全部的心血，也获得了巨大的成就感。

通过对全校30多个院、系、所资料室进行摸底调查，了解其藏书规模、人员构成、服务状况、馆舍面积及采购经费等基本情况后，我们以数学学院为试点，开始尝试分馆建设。"共建、共知、共享"是分馆建设伊始确定的总原则，起步阶段以"共知"为主攻方向，以"回溯编目"为切入点。回溯编目开始前，我与系统部就参数设置、账号管理（包括条码分配）等一系列具体问题进行了沟通，并准备了培训课件。经过简单培训，数学学院分馆开始回溯编目。时隔不久，物理学院、教育学院、社会学系和中古史中心等单位的资料室也纷纷要求加盟分馆，人员培训的工作量随之大幅提升。

要想尽快高质量地完成分馆的回溯编目任务，数据源和编目员成为最重要的决定因素。对前者而言，我们从提高套录编目比例入手，分馆通过加盟 CALIS 成员馆，获得了从 CALIS 下载数据的权限；对后者而言，我们适时组建了馆聘临时工专职编目队伍，他们在支援分馆编目的同时兼顾本馆的回溯编目。相比于数年后高校图书馆普遍推行的"编目外包"，我们探索了许多成功的经验，兄弟院校也纷纷前来取经。这种管理模式的优点体现在：（1）由总馆聘用的编目员队伍相对稳定，通过系统培训，人员水平逐步提高；（2）通过设置中、外文编目校对岗位，确保编目数据质量；（3）校对人员发现的各种问题可随时与主管沟通，在第一时间得以解决。

在本馆西文图书回溯编目时，我们前瞻性地为各种特藏设置参数，并粘贴彩色书标。图书馆设立特藏部后，需要在全馆范围调拨文献。有了前期回溯编目的基础，通过运行报表在系统中生成馆藏书目（东方学文献、西文善本书等），再根据黄色书标将这些图书批量下架，每个环节都走得十分顺利。

分馆文献通过全校共用的图书馆系统显示后，读者的新诉求随之产生，实行通借通还的呼声日益高涨，Unicorn 系统的多馆管理模式此时得到有效应用，使分馆在科学化、系统化管理方面前进了一大步。例如：在校园内外启用异地借还，大大节约了读者借还文献的时间。为了鼓励院系开放自己的资源，图书馆还采取了一些激励措施，如将总馆采购的专业文献放在分馆，通过学科馆员联系对口院系为师生提供推送式服务等。

世上无难事，只要肯登攀。基础工作的重要性不容忽视，前瞻性的眼光是管理者必须具备的。开拓一片全新的工作领域，架起图书馆和院系沟通的桥梁，既要靠技术的引领，更要靠心与心的交流，

只有倾听、理解、充分交流才能最终打破壁垒，达成共识。

两个大会里程碑，健全机构立章规

初步实现全校资源共享后，在如何进一步推进工作成果上，我们又做了新的探索：（1）制定了分馆评估指标体系，成立评估小组，通过评估加强分馆之间的交流，找出各家分馆的工作亮点，提高分馆在院系的影响力；（2）组织分馆馆员外出参观学习、参加学术会议，鼓励他们撰写文章刊登在《分馆建设通讯》上；（3）将全校图书馆系列的职称评定归口在总馆，使分馆人员的工作业绩与职称评定直接挂钩，分馆没有研究馆员的历史很快被改写。

经过认真筹备，2008年5月底"北京大学文献资源体系建设工作会议"隆重召开。与会代表围绕《北京大学文献信息资源体系管理办法》和《北京大学文献资源体系建设纲要》两个文件进行充分讨论，校领导还为所有分馆颁发了统一定制的铜牌。会议结束后不久，图书馆就将《北京大学文献信息资源体系建设实施计划（2009—2012年）》报送给学校，总—分馆体系的基本框架就此奠定。

2008年暑假前，分馆办公室更名为"文献典藏与分馆办公室"，业务范围扩大了，工作担子更重了。新部门负责全校范围内资源的调拨，第一场硬仗是"昌平储存图书馆"的筹建与管理，这又是一项从零起步的工作。从空间规划、数据准备、管理技术到文献搬迁，需要与图书馆多个部门协调。经过13个月的努力，我们圆满实现了预期的目标，暂时缓解了总馆馆舍空间紧张的局面。由于调拨的馆藏在系统中全部揭示，所以读者仍可通过提前预约的方式借阅存放在异地的馆藏。

总—分馆体系的建设涉及面广，离不开校领导的大力支持和院系领导的持续推进。大量问题需要跨院系协商落实，相关的组织机构亟待成立。2010年12月20日"北京大学文献信息资源战略发展委员会暨北京大学图书馆工作委员会"成立大会正式召开。两个委员会的成立确立了"总—分馆"一盘棋的大格局，认可了图书馆在建设一流大学中的重要地位与作用，夯实了组织与管理基础，协调了学术指导和行政管理之间的关系。

  回首自己走过的每一步，我不忘前辈的教诲和培养，珍惜每次学习机会，更感恩北大图书馆提供的这个大舞台。我深知这一切都得益于中国的改革开放，只有沿着改革的道路继续前行，才能谱写出更美的华章！

张注洪
愿将此身长报国

张注洪，1926年12月生，山西万荣人，北京大学历史学系教授。1946年考入清华大学外语系，1952年毕业后在北京大学历史系任教，主要从事中国近现代史研究。

1926年12月27日，我出生在山西省万泉县（古名汾阴，1954年万泉、荣河两县合并为万荣县）皇甫乡高家庄，家境较为优渥。我的祖父是清朝贡生，在县学教书；而父辈很多投身商海。我的父亲在山西曲沃经商时，任商会会长，又做过绛县银行经理，但因早年跟随祖父读书的缘故，也极愿支持我们兄弟姐妹读书。我7岁时便在父亲安排下考入本村小学，读《三字经》《论语》《孟子》等典籍作为启蒙。次年9月转学后，我接触到了当时新颁的教材，顿觉眼界大开。

就在我求学生涯的最初几年，国家形势的急剧恶化使得有识之士忧心如焚。1935年11月，日本人策动华北五省自治，以军事威胁谋政治蚕食，激起北京爱国学生的强烈抗议。虽然政府做出妥协姿态，但华北天空已经战云密布。工农红军迂回大半个中国后进入陕北，红色的力量已经到达黄河西岸。日本的侵逼已经使内争不容再有，各方势力也逐渐希望团结起来形成统一战线，蒋介石最终因兵谏而放弃了军事围剿的立场，抗日民族统一战线由此形成。

民族危亡、国家蒙难的大势下，读书人不可能做到两耳不闻窗外事，哪怕是见闻有限的小学生。我和四万万五千万同胞一样，参与并见证了中国人民团结御侮、争取独立的历史进程。我的卷入或许是被动的，然而战斗年代求学与斗争的经历激发了我的爱国热情，让我更加坚定了救亡报国的初心。

革命的启蒙教育

革命风雷四起的年代，我曾有幸投身抗日救国和反对国民党反动统治的运动。

1937年夏，我考入曲沃贡院高小就读。时值卢沟桥事变爆发，国难当头，对国家前途倍觉忧虑。当时作文课有命题《一月来之平津间》，我得以借此抒发心中激愤。节假日时，学校组织学生们至城区展开抗日宣传活动，我也积极参加。然而，战争形势的恶化导致校址常迁，个人辗转奔波。1937年11月，太原陷落，晋南危在旦夕，我只得随家人从曲沃返回原籍。在那里念过半年私塾后，本欲进入附近高小就读，然而开学数日即遇日军扫荡，校址只能再迁。直到1938年秋进入民族革命小学方才安定下来。

在民族革命小学，我受到了革命的启蒙教育。万荣是革命老区，在抗日政府的指导下，民族革命小学讲授进步内容，进行革命宣传教育。当时，共产党员董警吾老师在民小任教，讲授《唯物辩证法》《统一战线》《帝国主义论》《中国近百年史》等名篇，小学课本里也

多收录有鲁迅、李大钊等作家的进步作品,深受学生喜爱。其时,我第一次读到美国作家埃德加·斯诺的《西行漫记》,认真阅读了其中"毛泽东自传"(第四章"一个共产党员的由来")等内容。这本书我从13岁一直反复读到今天,对我的人生选择产生了很大的影响。

在革命教育和抗日宣传的作用下,在极度艰苦的战争环境里,敌寇对国土的侵占和对人民的残忍杀戮,在当时少年学生的心目中深深埋下立志图强、刻苦学习报效祖国的种子。1939年夏天,我与同学瞒着家人加入了八路军第115师343旅汾南游击大队,围绕稷王山一带进行抗日反奸工作,直到1941年夏小学毕业。

小学毕业后,我本拟赴西安读中学,但从家乡经乡宁第二战区司令部驻地克难坡受阻,遂留在陕西宜川。途中自谋衣食,饱尝艰辛,最终在宜川入学初中。1944年夏初升高期间,我曾滞留沦陷区,本有机会在沦陷区就读高中,但我绝无法忍受亡国奴的教育,于是设法回到陕西。高中时期,我曾多次组织参加反对学校包庇特务施暴、克扣学生伙食费等罢课活动,并在《中国学生导报》揭露国民党校方贪污学生公费、压制民主活动的种种丑行。

1945年8月,日本无条件投降,抗日战争取得伟大胜利。其时,局势稍安,全国欢庆,人们普遍渴望和平建国,对国共两党的和谈抱有很大希望。在这样的社会氛围下,我通过高中越级考试,直接进入高三,因此能早一年上大学。我高中毕业后获得了报考大学的机会,只身赴京赶考,一个月内参加了十所大学的考试。当时,全面内战已经打响,而清华被誉为"国统区的解放区"。因此当时我非常向往清华,放弃了一些大学的正式录取资格,选择进入清华先修班,经复试最终于1946年11月被清华大学外语系录取。

虽然成功被清华大学录取,但此时我因旅途劳累、考试苦战而罹患痢疾,发烧、头痛,根本无法正常学习,在完成大一学业后中途休学以疗养身体。我身体不好主要因为抗战时期的辗转奔波,曾不慎感染伤寒，又曾被日军扣留，几至丧命。战争年代的贻害对我后来的学习、工作都造成了很大的影响。在病痛折磨的同时，我也更加珍惜能为祖国奉献心力的机会。

　　清华大学的要求非常严格，课程五花八门，学习压力很大，不及格的科目即使修业期满还要回来补修，才可取得文凭。实际上，清华的学习环境因为政治原因受到了严重影响：一是国统区经济萧条，政府滥发纸币，物价飞涨，同时扩张军备，削减教育经费，师生苦不堪言；二是清华因其学生的政治倾向而受到迫害。在北京，清华大学学生爱国热情很高，和国民党当局的矛盾非常尖锐。在如此艰难的条件下，大家还是在努力完成学业。

　　当时学校的政治活动特别多，同学们虽然受到反动当局的迫害，但爱国热情都很高涨。声势最浩大的运动是1947年5月爆发的反饥饿、反内战抗议活动。当时，学生们经常参加抗暴、反饥饿、反内战等游行示威。学生抗议国民党当局滥发纸币、削减教育经费、在校园内搞特务政治。我在清华读书的头两年中，受进步同学影响，加入了中国民主青年同盟，思想觉悟进一步提高。1949年1月31日，北平和平解放，民青成员和共产党员立马响应中共中央号召，投入到迎接新中国成立的各种活动中去。

致力学习祖国历史

　　1949年10月1日，中华人民共和国宣告成立。

　　"中国革命的高潮快要到来……它是站在海岸遥望海中已经看得见桅杆尖头了的一只航船，它是立于高山之巅远看东方已见光芒四射喷薄欲出的一轮朝日，它是躁动于母腹中的快要成熟了的一个婴儿。"① 1930年，毛泽东对中国的未来做出了这样的期许。19年后，我们终于盼来了久违的"日出"。

---

① 《毛泽东选集》第一卷，人民出版社1991年版，第106页。

  1949年10月1日一早,大家就从清华出发,先坐火车到了西直门,接着步行到了城内,随即到达天安门广场,第一次看到了升起的五星红旗,听到毛主席宣告中华人民共和国中央人民政府成立,我们国家揭开了历史的新篇章。看到五星红旗升起时,我内心无比激动,因为历经沧桑后又看到了民族的希望。经历过那样的磨难,我们对祖国都怀有深切的感情,更下定决心,一定要为新中国奉献终生。现在回想起来,开国大典那天真是我一生最快乐的日子。

  国家开始了新的历史时期,我个人也经历了一次学习的转折——转到历史专业学习。在清华求学的前三年,我打下了一定的外语基础,能够写出大体流畅的英文文章,一篇展望全国即将迎来的光明前途的文章还曾经发表在上海的《密勒氏评论报》上。但是尽管如此,我始终对所学外国文学抱有疑惑。外国文学高班要学习莎士比亚和乔叟的英文诗、散文,文体压抑悲凉,离现实较远,对了解祖国的社会现实似乎帮助不大。正是在此时,我对中国近代历史萌发了强烈的兴趣,觉得学历史可通晓古今,了解历史规律,作用于实际。于是主动要求转到吴晗任系主任的历史系,开始学历史。

  在清华,我接受了系统的通史学习,包括雷海宗先生的"中国通史"和刘崇鋐先生的"世界通史"。此外,老师们经常会带我们实地参观历史纪念馆、博物馆,拉近学生与历史之间的距离,培养学生基本的历史学信念。吴晗先生和邵循正先生对我专业方向的选择影响极大。吴晗先生主办"新民主主义革命史研究讲座",邀请徐特立、艾思奇、杨之华、陈家康等名家讲马列主义、革命史,激发了我学习革命史和抗战史的兴趣。邵循正先生学术精进,爱护学生,诲人不倦,我专门选修他的清史、近代史课程,获益良多。当时历史系学生很少,师生大多研究古代史,但我认为近代史更加贴近现实,更有现实意义。在老师们的指引和鼓励下,我坚定了信念,毕业论文选题《五四时期马克思主义在中国的传播》,文章还较扎实,体现出几年里我通过史学训练练就的基本功,得到老师的肯定。

张注洪：愿将此身长报国

1952年，清华大学礼堂前，左四为张注洪

新中国成立后，大学的学习生活有了很大的变化。国民党时期，除了当过青年军的学生有资格公费就读以外，其他人都是自费。有的学生交不起饭费，只能自己参加助学活动解决困难，大家过得都很艰苦。新中国成立后，学校发放助学金，毕业还包分配，学生的生活得到了保障。教学内容也有调整，一是精简、修订部分专业课程，二是增加了政治理论课程的学习。校园里政治生活和精神生活领域出现了不少新气象。国家发出抗美援朝的号召后，同学们爱国热情高涨，很多人都积极参军。虽然我曾报名，但是没有得到批准，因为参军有很多条件和名额限制，而且我时任义史哲三系的团支部书记，所以就跟其他干部们一起留下来开展学校的活动。留校的同学也积极响应号召，做抗美援朝的宣传，到附近工厂给工人讲祖国的历史。尽管学习生活十分忙碌，政治活动也很多，但是我觉得，

响应祖国号召是参与政治的一种方式,也是对自己的锻炼。

1952年院系调整,北大、清华、燕京三校的历史系合设北大一处,大部分人员即行合并。一时间诸多名师会聚北大,教学科研焕然一新。同年我大学毕业,被分配到北京大学历史系任教。我工作报到的时候,历史系仍然在沙滩红楼,系主任为郑天挺先生,数月后始迁址到燕园,翦伯赞先生任系主任。初到北大时,我因为在清华受过英语、俄语专业训练,而世界史教研室又缺人,于是被分配去做世界中古史的教师。

可正是此时,我患上了严重的关节炎、神经痛,无法正常工作。系里出于爱护,允许我养病。所以1952—1955年,我除了养病外,阅读了不少专业书籍,帮助教研室编写《外国人名地名辞典》,还做了一些近代史料的搜集、整理、校订工作。这是我第一次系统地接触史料编译工作,为我日后从事中国近代史史料学的研习积累了宝贵的经验。

1955年恢复工作后,我自感无法胜任世界古代史教学工作,就主动请缨到邵循正先生负责的中国近代史教研室做资料工作。掌握史料知识对历史研究者来说是不可或缺的基本功,跟随邵先生做史料学训练使我获益良多。当时,我跟随研究生、进修教师一起听课,同时又辅导学生,实际上做助教的工作。尤其是辅导国外留学生的经历,使我获益匪浅。一些外国学生、进修学者来华学习,我负责给他们讲解近代史料。这些和外国友人交流的经历,增加了我对国际友人与中国革命关系这一课题的研究兴趣。

当时我参加的学术活动很多,写了一些纪念性文章,参加了不少学术性会议,使自己的学术视野大为开阔。我听过的报告会、讨论会中,与会的既有翦伯赞、邵循正、郑鹤声等知名学者,也有金冲及、戴逸等青年才俊。他们的精彩发言使我受到很大的启发和教育。

新中国成立以后的这段时期,对我的学术生涯影响巨大。我有幸能受教于翦伯赞、邵循正等学界泰斗，他们的言传身教使我受益终身。从清华到北大，邵先生始终不忘督促学生、提携后进。先生撰写论文一丝不苟，总是务求史料全备、真实、准确，让我受益有加，影响了我的治学风格。翦伯赞先生时任历史系主任，为人亲切随和，当时在历史系，逢年过节我们都到他家看望、请教。他是一位论史兼备、学问精深的老师，更是一位热爱祖国的学者，无论在学术上还是在做人上都值得我去学习。

20世纪50年代，作为研究历史的初学者，我逐渐起步了。我认真学习马列主义，掌握文献资料，论史结合，由浅入深，刻苦钻研，学习水平有了一定的提高。

在曲折中艰难前进

1957年起，政治运动不断，间杂经济困难，无论是学习科研活动还是日常生活都受到影响，学习科研工作变得断断续续。国家走过了曲折奋进的年代，我也在学术道路上艰难而坚定地前行。对我来说，这段时期是在学术上缓慢积累的时期，为改革开放后的研究工作做了一些准备。

当时，中央多次强调教育要为工农服务。1958年，根据中共中央、国务院《关于教育工作的指示》，由集体和企业资助的半工半读学校在全国推广，与原来的教育体制共同发展。北大很多学生需要离开学校进入工厂，与工人共同劳动。10月，我被调到石景山钢铁厂参加学生的半工半读，主要精力投入教学工作。我在工厂与学生同吃、同住、同劳作、同学习，直到翌年3月回校。回校后，我参加了一些集体研究项目，负责撰写《五四前后的中国工人阶级》与《北京史》的相关章节。由于工作劳累、营养不良，我的身体又亮起了红灯。1962年5月，我又出现肾脏出血，险些失去生命。

1963年后，国家经济形势逐渐好转，我的身体也渐趋恢复，将

工作重心放在中国现代史资料的收集上,编写了《第一次国内革命战争时期期刊简介》《中国现代史的研究与资料整理》,撰写了《革命回忆录与中国现代史研究》以及革命前辈李大钊、恽代英等人的年谱。其时,研究现代史史料学恰有很好的契机,因为国内兴起撰写家史、村史、厂史、社史这"四史"的高潮。我适时撰写了《编写四史与中国现代史的研究和资料整理》《"四史"资料索引》,在资料整理、规范方面提出了一些建设性的意见。

进入20世纪70年代,国际局势变化很快。中美关系、中日关系相继破冰,正常的学术交流逐渐恢复,为介绍海外中国近现代史研究动态、引介海外中国近现代史研究的优秀成果创造了政治前提。在这之前,我没有撰写过关于国外中国近现代史研究的文章,学界对这一领域关注也比较少。尽管存在重重阻碍和压力,我仍然进入这一领域,翻阅了北大图书馆和中国科学院图书馆数以百册的外文报刊资料,写出《十年来美国对中国历史的研究》等文章。经周一良、张芝联、陈芳芝等先生的指正后,上文发表于《北京大学学报》副刊《哲学社会科学动态及资料》,算是开风气之先,一经发表即受学界肯定,给了身处逆境中的我莫大的慰藉。更重要的是,对国外中国近现代史研究动态的关注自此成了我的一个研究方向,对我有特别的意义。

迎来改革开放的春天

1978年党的十一届三中全会后,中国迎来了改革开放的春天。此时我虽然已从教多年,但在学术研究中发光发热的春天才刚刚开始。在教学上,我承担了中国古代史、近代史、现代史的史料学课程和报刊史、人物史等专题课程;在研究上,我在担任北京大学历史系的教学任务的同时,还被借调到中国社会科学院近代史所参与《中国新民主主义革命时期通史》的编写工作。这时我真有点如白居易所说的"劳心灵,役声气,连朝接夕,不自知其苦"。

这一时期,我先后整理出版了一些专业著述。20世纪80年代末,我在校内外多次讲授"中国现代革命史史料学",讲稿在《党史资料征集通讯》和《近代史研究》发表后,经中共党史出版社整理出版为单行本、重刊本,美国还以 A Guide to Material on Chinese Communist Movement 为名出版了英译本。我还陆续承担了一些国家研究课题项目,撰写和主编(包括联合主编)了《新民主主义革命史研究述略》《国际友人与抗日战争》《中国现代史论稿》《国外中国近现代史研究述评》《中美文化关系的历史轨迹》等书,并与人合编了共产国际来华人物鲍罗廷、魏金斯基、米夫等关于中国革命的言论选辑,以及《恽代英文集》《瞿秋白文集》等书,还承担了《国民革命的兴起》部分写作任务。

此外,我也积极参与了人才培养与学术交流活动,争取为史学界培养更多的人才。1985年,我开始指导硕士研究生,先后指导过中外研究生和进修学者20多人;还陆续参加过关于五卅运动、上海工人武装起义、中共成立、抗日战争、毛泽东诞辰、中日关系等多次国际国内学术讨论会,并撰写了一系列论文。

1993年,我从教学岗位退下来后一度被返聘,继续在学术领域发挥余热,争取多做贡献。虽然为了有利于青年教师的成长,我尽量不应允承担正式上课任务,但对博士生的讲座和部分学术团体兼职,我也尽职尽责予以承担;此外,我还继续编写了一些学术著述,如《当代著名学者自选集·张注洪卷》和《中国近现代史史料学述论》等,焕发了学术第二春。

可以说,我成长于动荡的20世纪30年代,就学于战斗的40年代,研究起始于欢乐的50年代,中经艰难的60年代、萧条的70年代,直至觉醒的80年代和奋进的90年代,以至21世纪退休后又再次焕发了学术的青春,编写出了力求适应时需的论著。在我看来,史学研究既要重视马克思主义理论的学习与探索,也要重视搜集丰

富的第一手文献并力求"穷尽"史料。在写作中,要做到理论与实践、历史与现实、宏观与微观的结合,以及运用多种史学方法,反复修改、几经雕琢后,才去发表,这也是对历史研究负责的态度。

风雨70年,我在祖国的怀抱中成长到今天,见证了新中国一路走来的每一个脚印。从学习到工作,我受到了很多师长的教诲和同人的关怀;这些年来我取得的有限成果,不少都是由我的同事或学生参与合作才得以完成,我深深感谢他们对我的帮助。

我今年已经90多岁,虽然人的生命有限,但党和国家的事业无限。回首过往,其间有付出、有收获,也有委屈、有煎熬。我虽经历过一些风浪、磨难,值得庆幸的是,我总算为祖国多少做了一些事情。但凡委托给我的工作,我必努力完成,不负党和国家的培养和期望。

回忆以往走过的道路,我觉得很欣慰。其实做人与做学问是一致的,无论何时都应该严谨求实、开拓创新,保持一种谦虚谨慎的态度,不能说做得最好,但一定要尽力去做。希望年轻同志能够堂堂正正做人,认认真真读书,踏踏实实工作,报效祖国,报效人民。现在国家发展日益向好,从站起来、富起来到强起来,国际地位不断提高,正是每个祖国儿女发光发热的大好时机。希望大家都能振奋精神,认真学习,做好自己岗位的工作,为祖国的繁荣做出贡献。我年纪大了,但还能在晚年与祖国砥砺同行,发挥余热,感到无比高兴,相信年轻一代肯定能比老一代做得更好。

祝福我们的年轻人能够茁壮成长,我们的国家日益繁荣昌盛。

(采访、整理:刘霆、刘榕晟、罗亦宗)

张衍田
一生学问路

张衍田，1938年生，河南清丰县人，北京大学历史学系教授。1960年考入北京大学中文系学习古典文献专业，毕业后留校工作，1978年到历史学系任教，从事历史古汉语与中国古代文献的教学与研究。

1938年3月26日，我出生在河南省清丰县城西南的张庄里村。父母都是农民，家境贫寒，又赶上河南连续几年的大灾荒，只能天天喝树叶汤，树叶汤里加点小米。吃饭时，我靠在母亲怀里，等着吃母亲喝完树叶汤后碗底留下的一点点小米。母亲用绿豆面炸丸子到集市去换小米熬粥喝，集市离家八里路，中途要歇两次，她饿得走不动了，也舍不得拿一个丸子吃。有一次，我大伯父从外边回来，给我带来一个窝窝头，我馋得很想拿过来吃，可是我饿得没有力气，只得在地上坐着，站不起来。

每次想到这些，我都禁不住两眼泪流。这就是我来到这个世界

开始做人的根基。这个根基很糟糕,但是它却为我一生好好做人、好好待人、好好做事、好好治学奠定了稳固坚实的思想基础。

少年求学岁月

我六七岁时开始上学,老师教学生朗诵的第一句课文就是"中国人不打中国人",这应该是在赶走了日本人,蒋介石想要打内战的时候。其时,我的家乡已经开始土地改革,贫穷的农民分到了地,翻了身,开始过上"三十亩地一头牛,老婆孩子热炕头"的好日子,村里有了学校,小孩子也都上学了。我在学校,尊重老师、认真学习、守纪律、表现好,所以,学生排队上操或者排队放学时,不管我的个子比别的学生是高还是低,老师总让我排在第一名,走在最前面。老师为了激发学生上学的积极性,奖励每天早晨最早到校的学生一支粉笔。我为了得第一名,让父母在鸡叫一遍时就叫醒我起床上学。鸡叫一遍,大约在凌晨三四点钟,离天亮还早,当然都是父亲陪我同去,父子俩在学校的栅栏门外一直等候到天亮。后来,老师指定我当班长。淮海战役时,我的家乡住满了刘邓大军的部队,刘邓总指挥部就设在我们县城东南的单拐村。我这个小班长不仅管在校学习,还要负责指派和检查本村范围的儿童团站岗放哨查路条的情况。

那时候,小学的教育分为初小与高小,一到四年级为初小,五、六年级为高小。村里没有高小,区的所在地才有一所初小、高小都有的完全小学。我们村属于固城区,全区每年招生一次,考试被录取的到完全小学读高小。当时上学,上上停停,1950年我才读初小三年级,就以第八名的成绩考入固城完全小学高小第三班,学习一个学期便辍学在家劳动。我虽是个小孩子,但当地的农活样样都干。我想读书时,就自己找书读。白天,下地干活带着书,在回家的路上读,在干活休息的时候读;晚上,在油灯下读。每天早晨,下地干活要起早,如果晚上读书时间太晚,第二天早晨便起不早,耽误干活。所以,晚上父亲常站在窗外催促我早睡觉。后来,我把褥子堵在窗户上,父亲在窗外就看不到屋里的灯光了。

在这期间,农忙时我就劳动,农闲时到本村小学插班学习。除此之外,我还想了一个学习知识的方法,就是学戏文。我小的时候,家乡豫北农村流行大平调戏,不少村都有本村农民自己组织的戏班子,几个人或十几个人不等,锣鼓弦子、梆子应有尽有,特别显眼的是敲的梆子个头大。村里的戏班子不是正式剧团,没有戏装,不登台演出,只是坐在板凳上敲打着唱,所以人们都叫他们"板凳头"。我们村有"板凳头",唱的都是历史戏,我跟他们学唱,知道了好多历史知识。

1952年,我又以第二名的成绩考入固城高小第五班。这次中途又要辍学,因为父母觉得,翻身了,有地了,在家种地比什么都好,可是我不甘心。我姨在邻县工作,我向她求助。我姨说:"衍田爱学习,成绩好,你们不让他上学,我就把他带走,到我那里去上学。"最后商定,高小毕业后,考上初中我就继续上学,考不上就不再考了,老老实实在家当农民。

在固城高小第五班上学的时候,有一个插曲影响了我的一生。一位家在固城的同班女同学叫王青淑,我们二人在学习过程中逐渐有了相互爱慕的感情,后经双方家庭请媒人说合,又经传小帖、看八字,最后定了亲。这时候,我们只有十三四岁,直到1963年才结婚。她在开封师范学院(今河南大学)学习历史,我在北大学习中国古典文献。毕业后,我留校工作,她从河南省调来北京,在北大附中任教。在我长期从事教学与科研工作中,得到她的帮助很多。在我年仅十三四岁的时候就喜遇终身伴侣,这要感谢上天的恩赐。

1954年,我高小毕业,考上了清丰县第一中学初中。考试后放秋假,我在家劳动,收秋、种麦。一天,一个在县卫生局担任领导工作的街坊到我家说,县卫生局需要一名通讯员,如果我愿意去,

马上就可以上班。听到这个消息,全家人都劝我去上班工作,不要上中学了。因为中学毕业后,如果找不到工作,还得回家当农民。一连几天,家人也没能攻下我这个堡垒。我始终只是一句话:"我要上学。中学毕业后,如果找不到工作,回家当农民也心甘情愿。"就这样,秋假后,我进了县一中初中第十五班。1957年,初中毕业,因为成绩优异,未经考试,被破格保送到本校高中第三班。

中学六年,教我们的各科老师都很优秀,使我受到很好的教育。我虽然各科平衡发展,但对语文尤有兴趣。我养成了四个习惯:一是背书。背诵《语文》课本中的精彩课文,背诵小说中的精彩段落,背诵古典诗文名篇,背诵词典中的词条。背书需要时间,我有时间。学校离家十几里地,星期六下午从校回家,星期日下午从家返校,都是徒步走着,走在农村地里的小路上,尽可静静背书,尽可放声朗诵。只要知道珍惜时间,可利用的时间有的是。二是记读书笔记。课外阅读,什么书都读,读什么记什么。现在,只有初中一年级和二年级上学期的部分读书笔记我还保留着,仅初二上学期就写了五册,其中一册封皮的里页上写着:"书籍是人类进步的阶梯。吃饭是人生不可缺少的,学习也是不可缺少的精神食粮!1955-9-7。"这是我自幼就酷爱读书的见证。三是写日记。每天身有所行则记之,心有所感则论之,日记是一个随笔性质的自由天地。四是模仿作文。学习《语文》课文、读书时,遇有文章好的开头、结尾,倒叙、插叙等篇章布局,对风景、人物、事件等的精彩描写,就模仿它的写作技巧,构思并写作一篇文章。学习数、理、化,我采取三面围歼的方法,就是理解道理,背记公式与定理,大量做题。每到学期末,与同学一起复习功课,对方问到课本中的某道例题,我可以立即说出在第几页的什么位置。当时,学习成绩实行五分制,我的各科成绩平衡发展,基本门门五分,四分的很少。这种状况一直持续到高中毕业。

1960年,我高中毕业。高考前,要填高考志愿表。我为选报什么专业着实为难了一阵子，最后还是找到了自己的志趣所在，选定中文系。选报什么学校？我不敢报全国重点学校。我是河南人，第一志愿报的是郑州大学，第二志愿报的是开封师范学院。后来，班主任找我谈话鼓励我，说学校领导希望我报考全国重点大学，为我们学校争荣誉。于是，我第一志愿改报了北京大学，第二、三志愿依次为郑州大学、开封师院。当时，考点设在邻县濮阳。我从濮阳县高考回来，在家等通知，忐忑的心情可想而知。

高考前后，有一件事使我一生难忘。高考前，军事院校提前招生。在政治、业务条件经内部审查合格后，宣布招生名单，其中有我，但我在检查身体时出了问题，血压低——90 mmHg/60 mmHg。县医院查体的大夫让我喝热水、到室外跑步，结果都无济于事，血压总是上不来。于是，我落选了。县兵役局（后改名为武装部）的领导看中了我，决定把我留在兵役局工作。高考后，我在家住了一段时间，接到要我到县兵役局报到的通知。去后，局长找我谈话，说："军事院校去不了，就在兵役局参军吧。局里人员，除了一名通讯员外，全是军官。你的军衔定为准尉，武汉军区已把军服发出，不用几天就可以穿上。"我在兵役局住了一夜。第二天，县文教局收到我考上北京大学中文系的录取通知书。兵役局向河南省高考招生办公室请示，回答是："如果考上省属学校，我们有权调整，可以让你们留下学生在县工作。北大是全国重点大学，我们省招办无权留人，你们只能放行。"就这样，我当了一天没穿军装的军人，便离开家乡，到北京上大学了。

与古文古书结缘

北京大学中文系设三个专业：一是语言学专业，二是文学专业，三是古典文献专业。当时高考报志愿，只报校、系，不报专业，新生入校后才分专业。学生都愿意学文学专业，不愿意学语言学和古

典文献。系里开会动员,说明三个专业各自的特点,鼓励学生报语言学专业与古典文献专业。古典文献专业是1959年才设置的,并且全国独此一家,专门培养古典文献方面的专业人才。一则我对古典文献有兴趣,再则又是系里的号召,于是,我就进了古典文献专业。从此,我便与中国古典文献结下了不解之缘。

北京大学文科学制五年。1965年,我大学毕业后留校工作,分配到北京大学党委机关任职。工作之余,我喜欢读书,更喜欢读古书,有时还喜欢习作古诗文。习作古诗文,始于中学时期。后来,心有所感,文思生发,禁不住援笔抒怀,所以时有拙作自赏。国家困难时期,我写了一首"三五七言"《咏志》以自勉:"书架满,钱袋空。不图享受好,只求学业精。手不释卷口吟诵,箪食瓢饮乐无穷。"对于晚辈,我亦如是教之,闻其学业有进则喜以贺之,闻其学业受挫则忧以勉之。一位朋友之子学业常有进退,友以此为忧,我写了一首诗送其子,题名《警励贤侄》,以励其进取之志:"令尊来书惊我心,瞻前顾后须思寻。既知荒业损德艺,当思奋志攻书文。古有囊萤穴壁事,今无悬梁刺股人?今日疚悔昨日事,莫待明日又悔今。"我还写过一首《避邪正身歌》,以此抒示自己的立身人格,又欲以之戒正世人:"避邪正身甭求医,拙药一副赠君吃:勿存向上爬的野心,忌有拍马屁的脾气。不慕地位名利,不求重用赏识。不贪财色权势,不期锦衣鼎食。心胸光明磊落,不搞阴谋诡计。一切稳走正道,不靠邪门发迹。做事一丝不苟,主动勤奋努力。做人谦谨厚道,待人热诚平易。粗茶淡饭布衣,一身廉直正气。甘居陋室享清苦,安贫守道乐无极。有朝一日,跳梁小丑跌跟头,来去过客灭形迹,无须担心自己出问题。此系养生之道,照办终身受益。"写诗作文,既练文笔,又抒情怀。读其文,便可识其人,信哉斯言!

我在学校机关工作几年,虽然一切顺利,但却无法使我摆脱愈来愈强烈的读书欲望。于是,我决定转到业务岗位。当时,通常换工作岗位的做法是接收单位举行考试,考试通过才可以换。欢迎我去的单位有两个：一是中文系古典文献教研室，去了讲授"古籍整理"课；一是历史学系中国古代史教研室，去了讲授"历史古汉语"。历史古汉语是结合历史讲古文，我特别喜欢。于是我走进了历史学系的考场，考场里只有两个人应考。第二天，我接到历史学系的通知，欢迎我到历史学系任教。

1978年末，我获准到本校历史学系任教，讲授历史古汉语，课名"中国历史文选"。由于课时的需要，这星期报到，下星期就上课，没有准备时间。于是我给自己提出六个字："干着学，学着干。"就这样，我迈开了向学问大道进军的步伐。

学习历史必须读古书，因为古书是古代历史的载体，古代历史都记载在古书中。要读古书，必须学

1975年，张衍田全家福

古文，因为古书中记载的古代历史都是用古文写的。由此可知，讲授历史古汉语，涉及有关中国古代文献与历史古汉语的众多具体课程，必须具备中国古代文献与历史古汉语以及历代史实等多方面知识。我从"中国历史文选"这门课起步，逐渐扩展，先后讲授的有"中国历史文选""春秋左传选读""四部文献举要""四部文献学术源流""中国古代文献研究""中国古代文献学"等课程。任教期间，我于1990年受中央广播电视大学之聘，担任中央电大"中国历史文选"课程主讲教师。

随着授课内容的扩展与深入，很自然地带动了自己的学术研究，我先后发表了一系列文章：《"文献"正义》《经史子集四部概说》《史记校点误例辨正》《四部文献学术源流述略》《"中国历史文选"的课程建设》《谈〈中国历史文选〉教材的文选与注释》；出

版专著《史记正义佚文辑校》《中国历史文选》等,合著有《中国历史文献简明教程》《资治通鉴新注》《宋朝诸臣奏议(校点本)》《中国文化导读》等。

"退而不休"的退休生活

2000年前后,北大对教授的退休年龄进行了调整,确定教授63岁退休。2001年我正好63岁,于是就退休了。

退休以后,离开了工作岗位,对很多人来说,怎么重新安排自己的生活成为一个新的问题。我无此感觉。我几十年如一日,都是遵照自己的生活规律过日子,现在只是将去学校上课这项工作抹掉了。我的生活规律具体来说就是:每天早晨5:30前后起床,洗漱后,6:00前后坐在电脑前工作;7:30前后吃早饭,饭后稍做休息,在8:30—9:00前后出去活动,活动一个多小时,约在10:00前后回家工作;中午12:00前后吃午饭,饭后午休,午休后工作;傍晚17:00后出去活动,活动约40分钟回家吃晚饭;晚饭后不工作,晚上21:30就寝。我有时到家乡赋闲住几天,几乎每次回家乡夫人都要说:"我们从北京回到家乡,大环境改变了,但是每天的具体安排一点儿都没有变。"的确是这样。既是规律,就要坚持,长时间坚持,规律就成了自身适应的习惯。概言我养成的生活习惯,先是活动,再是工作。活动为了强身,身强才能支撑自己更好地工作。

所谓活动,就是强健身体。

就我和夫人说,不同的年龄段做不同的活动。夫人在北京大学附中任教,55岁退休。她退休前,我们在住处附近慢跑步。退休后,我们一起登香山。每星期两次,雨雪无阻,一次不落,每次都要登到山顶,成为香炉峰的常客。后来,社会上都说老人登山不好,对两腿膝关节磨损伤害大,于是我们从香山退回到颐和园,在颐和园登较低的万寿山。时间不久,又从颐和园的万寿山退回住处小区了。

不登山了，就在住处小区活动。住处小区符合老年人健身的活动多种多样，我选了快步走。为什么？一是匀速；二是匀强度；三是四肢同时活动；四是走时要快到使内脏各器官活动速度超过平时，以增强内脏活力；我认为，平路快步走是老年人健身的最好活动方式。老年人必须活动，只有活动才有活力；最忌懒惰，懒惰不活动，百病都会生。过去人们只说长寿，较少强调健康，今天要讲长寿，更要讲健康，健康长寿才能发挥余热，老有所为。

所谓工作，就是读书写作。

我退休以后，由于身体状况还算康健，所以先后做了一些事情，并取得了一些成果。在北京大学承担的多个国家科研项目中，有一个项目是编纂《儒藏》，这个项目的任务是将古代学者研究儒家学说的著作汇编为一部大丛书。2005年末我受聘参与审阅《儒藏》校点书稿的工作至今，这是我退休后参与的一项重要的国家学术项目工程。校点古书，甚是不易；审读校点止误是非，更费斟酌。我细读严审，力求自己的工作能为项目提高校点质量起点儿作用。《日知录集释》的校点者在写的"校点说明"中说："此稿经北京大学《儒藏》编纂与研究中心的张衍田先生认真审读，斧正颇多，使校点者受益匪浅，在此谨致真诚的感谢。"我感谢校点者对我工作的肯定，也为我做了一点有价值的工作而高兴。

我在参与《儒藏》编纂工作的同时，也在从事自己的学术研究工作。从退休到现在，我发表了一些文章，出版了几本著作。我长期从事历史古汉语与中国古代文献的教学与研究，学问平平，成绩微微，只是《中国历史文选（增订版）》与《国学教程》两本书分别获选"北京高等教育精品教材""北京大学优秀教材奖"；2019年出版的《中国古代纪时考》入选中国图书评论学会2019年4月"中国好书榜"，备受读者好评。这使我一生走在学问路上终得心情欣慰，意愿亦足矣。

自古学人，重在"道德文章"，首推道德，次及文章。我步先哲

之教,一生孜孜于道德文章之间,多次受到校系表彰。在此,就不一一赘述了。只是校系给了这么多荣誉,我自感做得不够,受之汗颜,所以我一向把这些荣誉作为自己继续努力向前的指路标,用以鞭策自己。

我将自己一生做人、治学概括为:做人老老实实,要忠厚;治学踏踏实实,要严谨。"忠厚、严谨"总括了我的做人、治学,"古书、古文"总括了我的全部学业。人退休了,离开了工作岗位,但是退而不休,"道德""文章"仍是我努力向前的双目标,修养身心、读书研究一直陪伴着我,并将伴随我继续走未来的人生路。

陈良焜
回忆"百分之四"政策目标的提出

陈良焜，1932年出生，祖籍浙江绍兴，北京大学光华管理学院教授。1953年考入北大数学力学系，1958年毕业后留校。主要从事宏观经济数量分析、老年人口及社保制度建设、教育投资决策分析等研究。

1993年中共中央和国务院印发《中国教育改革和发展纲要》，其中正式提出："逐步提高国家财政性教育经费支出（包括：各级财政对教育的拨款，城乡教育费附加，企业用于举办中小学的经费，校办产业减免税部分）占国民生产总值的比例，本世纪末达到百分之四。"这是首次以中央文件的形式对教育经费给出定量的评估标准和政策目标，从此公共教育经费拨款有了数量上的政策依据，我国公共教育经费逐步走上有保证的稳定增长之路。"百分之四"政策目标的提出是教育拨款方面迄今最重要的一项政策。这项政策从研究探讨直到进入中央文件，前后长达十年，我曾经直接承担了这项政策的早期科学研究，又在科研成果进入政策层面的过程中，

参与了一些数据支撑的技术性工作。本文是我对这一历史事件的有关回忆。

教育科学"六五"规划的重点项目的上马

1982年,国家制定和实行国家哲学社会科学研究"六五"规划,其中教育科学要重点立项研究教育与经济的关系。

听到立项研究的消息后,全国有20多个单位对这一项目感兴趣并申请立项。当时教育战线百废待兴,而国家财政也面临着方方面面的压力,反映到人们的认识上,就产生了一些分歧。教育战线乃至一些社会上的人士认为,应该加大财政对教育的投入;而经济界乃至政府的计划和财政部门则认为教育经费一时难以大幅增加,应该努力提高教育经费的使用效率。双方各执一词,谁也说服不了谁,这成为当时亟待研究解决的政策问题。这也是这么多单位都愿意参加这一项目的重要原因。另一个原因是,国外关于人力资本的理论和教育经济学科思想开始传入国内,人们也企图通过这些新学说破解当时中国教育面临的经费短缺问题。

在此之前,北京大学厉以宁教授在《中国社会科学》上发表了一篇用经济学观点探讨教育的文章,在社会上有比较大的反响,所以校方建议厉以宁作为负责人,以北京大学经济学系和高教所的一批教师为梯队,组成项目研究小组来申请这一项目。

由于项目申请单位很多,经过教育科学规划领导小组的认真研究,决定本项目由多个单位共同承担,由北京大学厉以宁教授担任项目组组长。厉以宁教授在北大召集会议,表示愿意参加的单位提出自己感兴趣的子课题,加以协调分工并开展研究。会议对课题名称进行了热烈讨论,时任教育部党组成员的计划司司长、全国教育科学规划领导小组组长张健同志说:"百家争鸣,一家做主,项目名称由厉以宁拍板。"于是该重点科研项目的名称采用厉以宁的意见:

"教育投资在国民收入中的合理比例和教育投资经济效益分析"。共计 24 个单位参加，39 个子课题入选。

1983—1986 年将近三年的时间，各个子课题历经中期检查、课题评审，取得一批成果。厉以宁教授于 1986 年上半年将项目成果的主要结论写成书面报告，送交国家教委、国家计委等领导机关，并报送中央领导同志。新华社于 1986 年第 616 期《国内动态清样》上刊登了报告的主要观点，引起中央领导以及一些中央部委的重视和讨论。项目的成果还集中编成专著《教育经济学研究》，1986 年完成书稿的编撰，交由上海人民出版社于 1988 年正式出版。1990 年，这项研究成果获得国家教委颁发的全国首届教育科学优秀成果一等奖；1995 年，又获得国家教委颁发的全国高等院校人文社会科学研究成果一等奖；1999 年，又获得全国哲学社会科学规划领导小组颁发的国家社科基金项目优秀成果三等奖。教育投资政策目标 4% 的研究，就孕育在该项目的一些子课题和研究结论之中。

国际比较——公共教育经费合理比例的初始思路

在项目中，有多个子课题从不同角度利用多种方法对我国教育经费拨款的合理界线进行了探讨：有国际比较分析，有国内历史现状分析，也有建立模型做经济计量分析。我当时是北京大学经济学系的副教授，由于我的学术背景是统计计量分析，厉以宁教授就要求我从统计计量的角度对教育经费的合理界线给出定量的结果。于是，由我和西南交大的贾志永、北京大学的章铮组成"教育经费在国民生产总值中所占比例的国际比较"课题组（简称国际比较课题组），承担该了课题的研究，这是和 4% 政策目标关系最密切的一个子课题。

本来确定教育经费拨款的合理界线最直观的想法就是从计算实际的必要的需求和实际的可能的供给下手。但是这两者的主观随意

性和巨大的弹性使得无法得出客观的标准,难以下手。我们考虑从国际比较下手,力图找出政府对教育拨款的规律性,这是受到之前的一个有趣的讨论启发。

1982年,时任教育部教育规划办主任周贝隆先生给我提到他从联合国教科文组织的一篇文章中读到的一个有意思的结果:以20世纪80年代某一年一些国家的经济发展水平(人均GDP)为横坐标,这些国家的政府财政对教育的拨款(公共教育经费)占该国GDP的比例为纵坐标,把这些点画在坐标纸上,可以清楚地看到,这些点都围绕着一个斜率大于零的直线上下分布。我是从事统计计量的,一看到这张图,立刻意识到这就是一个规律性的体现:一个国家的公共教育经费占GDP的比例和经济发展水平呈现正相关的关系,而利用回归分析得出直线上的点(不是散点图的点)的横坐标的含义仍然是一个国家的经济发展水平,纵坐标的含义就是对应这种经济水平的国家的教育经费的比例的平均水平,经济越发达的国家的点对应的平均水平也就越高。因此,不同经济发展水平的教育经费占GDP的比例,其水平是不同的,也就不能用同样的标准去要求。这张图启发我按照这个思路去研究公共教育经费的合理界线。

国际比较子课题的开展

首先遇到的一个问题是,周贝隆给我看的只是一年的数据,这固然说明公共教育经费占GDP的比例和经济发展水平有相关性,但是并不能表示这个相关性在各年都普遍存在。其次,即使历年的数据都存在着相关性,但是如果所得到的回归直线在不同年代的变化很大,也还是没有办法找出规律。比如,同样人均GDP为800美元的国家,有一年对应的平均水平是3.5%,而另外一年对应的是4.5%,那就没有办法确定规律。所以要收集许多国家若干年的数据做系统的研究。

陈良焜：回忆"百分之四"政策目标的提出

1982年是改革开放初期，国外的数据很难获得。北京大学图书馆只有不连贯的几册联合国教科文组织的年鉴，不能满足我们的需求。经过探询，北京图书馆（现国家图书馆）是国际组织年鉴的受赠单位，所以我们课题组成员开始去北京图书馆进行数据收集。北京图书馆国际组织年鉴还存放在城内的文津街老馆，而且在20世纪80年代初期，复印机是稀罕的物品，找到了资料也只能靠手抄。这样用了三个月的时间，课题组成员先后从联合国教科文组织、世界银行和国际货币基金组织的年鉴中收集了大概100多个国家从1961—1980年共20年的各种相关数据。

为了确保数据的可靠性和连贯性，我们筛选出38个千万以上人口的大国的数据，建立起相应的回归模型，得到的结果是相当令人满意的。我们把1961—1979年的数据每年做一个模型，共19个模型，这19个模型的参数都很稳定，也就是直线的波动很小。于是，我们就在19个模型的基础上形成了一个统一的关于教育经费比例的评价和预测模型，这个模型可用于评价当前我国的公共教育经费是否合理，也可以预测未来我国公共教育经费的预期值。

为了利用模型评价我国20世纪80年代初期公共教育经费是否合理，还需确定当时我国的人均GDP的水平。当时中国的国民经济核算体系仍然维持着计划经济的体系，不承认第三产业的产值，只把第一和第二产业的产值增加值之和称为国民收入。所以必须利用国民收入推算GDP。为此，我们又到国家统计局去咨询请教。可惜的是，"文化大革命"前国民经济的原始统计资料已经不好找了。统计局的同志们根据他们自己的记忆和经验，建议我们以10%—15%作为第三产业在GDP中的比例的统计值。据他们说，当时也是用这一比例报告给各个国际组织的。有了我国的GDP数据，按当年汇率换算成美元，就得出了1980年、1981年、1982年人均GDP大约分别是290、300、310美元。我们将其代入模型，得出公共教育经费占GDP的平均水平是3.26%、3.29%、3.31%。也就是说，1981年

人均 GDP 是 300 美元，这种经济发展水平的国家所对应的教育经费比例的平均水平应该是 3.29%，而当时我们国家这一年实际的比例是 2.98%。如果认为平均水平是一个合理的水平，那么实际上我们并没有达到这一平均水平，而是低于国际平均水平。这就是利用模型对教育经费的比例进行评估的意义。

同时，利用模型还可以做预测和规划。当时，我国 20 世纪末的经济发展的战略目标是人均 GDP 以 1978 年为基数翻两番。据此测算到 20 世纪末，人均 GDP 的目标大体上是 800—1000 美元。把 800 美元代入模型中计算，结果是 4.06%，即 20 世纪末当人均 GDP 达到 800 美元时，这种经济发展水平的国家所对应的教育经费比例的平均水平是 4.06%。如果认为这是一个合理的水平，那么我国公共教育经费比例不应低于 4.06%。

国际比较子课题的扩展

国际比较子课题的结论出来后，曾经征求过一些业内人士的意见。有人提出，GDP 是整个社会创造的财富，并不都在政府手中，而且是事后测出来的，所以用公共教育经费占 GDP 的比例做指标政府无法运作。政府能够操作的是财政支出。考察政府对教育的努力程度，用公共教育经费占财政支出的比例更合适。这个提法看来很有道理。事实上，我们子课题组的成员也确实用这一指标做过回归分析，企图寻找其中的规律，但遗憾的是并没有成功。究其原因，主要是各个国家的财政体制差异太大。有的国家是小政府，财政支出少，教育经费在财政中的比重很大；有的国家是强势政府，经费开支很多，军费开支很大，教育经费比例就偏低。所以教育经费占财政支出的比例与国家经济发展水平不存在相关关系。当然，教育经费占 GDP 的比例，政府难以事先操作，但是把它作为事后评估政府努力程度的指标以决定今后的投入，或者以它作为中长期教育经费支出的目标的指标，还是有重要意义的。

　　国际比较子课题的数据出来之后，北京师范大学的王善迈老师提出，我们这个模型所使用的数据都是来自市场经济国家，而我国当时还是以公有制为主体的计划经济体制，所以还应该利用社会主义国家的数据做定量分析，并且建议北京师范大学几位年轻教师和研究生另立一个子课题"苏联东欧国家的教育投资及其与我国的比较"。他们收集了苏联、匈牙利、保加利亚、捷克和中国等国家20年的数据，并且对苏联、保加利亚、民主德国和中国四个国家做了分国别的时间序列的四个回归模型。利用模型测算的结果是20世纪末人均GDP达到1000美元时，教育经费的合理比例是3.79%。与我们利用市场经济国家数据的模型得出的结论相差无几，都在4%左右。这更加佐证了我们结论的可信性。

　　1992年，我又和两位研究生利用1980—1985年的数据建立了计量模型，测算出人均GDP = 1000美元的国家所对应的教育经费的比例为3.9%，又一次证明进入20世纪80年代后，新模型与前20年模式的行为变化不大。

科学研究成果到政策目标的转化

　　厉以宁教授1986年上半年提交的项目报告认为，当时我国教育经费占GDP的比例偏低且20世纪末比例应该达到4%左右，这些观点很大程度是引用了我们的课题和北师大子课题的研究结果。据我所知，项目报告和新华社内参在政府部门内引发强烈反应，教育部门当然是支持的，财政部门多持保留态度。有一位中央领导还在新华社内参上批示：这项研究终于给出了教育拨款的标准（大意）。

　　可以说，我们这个子课题和北师大的子课题为4%的政策目标的出台奠定了理论和实证的研究基础。但是我们的研究方法和结论仍

停留在学术层面上。由于学术研究本身要求的严谨性和科学性,研究过程和结论的表述、诠释都很不通俗。例如,"公共教育经费占GDP的比例随着经济水平的发展而增长""人均GDP=800美元的经济发展水平的国家所对应的公共教育经费占GDP的比例的平均水平是4.06%"。这种表述说起来很拗口,解释起来也很费力气,而政策目标的表述必须言简意赅,所以还需要把项目研究的结论予以政策包装。

这个工作实际上是国家教委的一些同志完成的。我只记得大约是在1988年左右的一次会议期间,时任国家教委财务司综合处处长的黄尧同志(后任职教司司长)告诉我,国家教委教育发展研究中心和财务司的一些同志见到了一份教科文组织的报告,其中提到"20世纪80年代发展中国家公共教育经费占GDP比例的平均值是4%",所以他们建议以发展中国家这个比例的平均值4%作为20世纪末我国公共教育经费比例的政策目标,国家教委的领导也同意这一提法。我听了以后非常赞同,也很佩服他们对政策的表述能力。这个表述中的第一个关键词是"发展中国家",就把教育经费比例和经济发展水平有关联性地表述出来,中国只能以发展中国家的标准来参照和决策。第二个关键词"平均值",恰恰就是回归直线的理论含义。而只用4%,去掉小数点,也符合政策表述简明扼要的要求。至于如果追究起为什么应该以发展中国家教育经费比例的平均值作为我国教育发展的政策目标,那就又回到以本项目的理论成果来回答。至此,4%的政策目标在国家教委层次的制定工作就完成了。

七年的艰难博弈——政策的出台过程

国家教委接受并认定4%作为20世纪末教育经费比例的政策目标并不等于是国家的政策。1986年,厉以宁教授的报告在新华社

陈良焜：回忆"百分之四"政策目标的提出

《国内动态清样》刊发后，引发的讨论相当于在本不平静的潭水中扔进了一块石头，激起了一阵波浪。各部委乃至高层并没有就这一问题达成一致。但是4%政策目标的提出有大量数据的支持，经过了严格的分析探讨，有着缜密的逻辑依据，因此成为主张增加公共教育经费的一面大旗。

厉以宁作为项目组负责人，同时又长期担任全国人大常委会的职务，他除了直接给中央领导写报告阐述自己的观点外，还在人大有关会议上提出公共教育经费问题，并曾以研究成果的观点为依据之一和一些代表联署提出增加教育经费拨款比例的提案——国家相关部委必须针对提案的观点给予回应，引发对4%政策目标的讨论，从而扩大了这项政策目标的影响力。老校长丁石孙在担任全国人大常委会副委员长期间，也曾多次召开会议，从人大角度推动公共教育经费4%政策目标的落实。

1990年，项目组合影，后排左二为厉以宁，右一为陈良焜

　　我参加过一些国务院相关部委关于4%政策目标的讨论，除了对4%这个比例有争论外，争论还集中在公共教育经费的内涵上。财政部门提出了国家财政性教育经费的概念，他们认为国家给予教育的经费不仅仅是财政预算内的开支，在中国当前实际情况下还应该包括城乡教育费附加、企业用于举办中小学的经费、校办产业减免税部分。对于这些符合中国现状的提法，国家教委方面给予正面回应，这种不失时机的妥协使得4%的政策目标逐步被接受，他们的高超谈判艺术也令我很感动。从1988年国家教委认定4%政策目标到1993年中共中央和国务院印发《中国教育改革和发展纲要》（4%政策目标正式成为国家的政策），前后经历了五年的反复宣传和讨论。若以1986年厉以宁第一次研究成果出炉算起，这个过程则长达七年。

　　公共教育经费比例4%本来预期的是20世纪末国家的政策目标，但到真正实现经过了漫长的过程。《中国教育改革和发展纲要》公布的1993年，我国这一指标为2.51%。之后的十几年，中国教育经费经历了艰难但持续增长的过程，直到2011年和2012年分别达到3.93%和4.28%，终于接近并跨过4%的门槛。之后再也没有跌回4.1%以下。2019年李克强总理的政府工作报告，又一次提出"国家财政性教育经费占国内生产总值比例继续保持在4%以上"。这当然首先是我国经济长期高速发展的结果，但是有一个长期明确的4%政策目标，而且越来越深入人心，这也是功不可没的。这项研究成果多次获得各种奖项固然是对参与者的奖励，但是能够成为国家政策的理论支撑，并且最终得以实现，才是对参与者的更大慰藉。

　　时间已经过去了30多年，国家的经济有了长足的发展，公共教育经费已经达到或超过4%的目标。当年我参与研究的时候并没有意识到它的重大含义和作用。如今回过头来看，能够有幸共襄盛举并做出一些贡献，是厉以宁先生领导下的项目组同志们共同努力的结果，也是我个人的光荣。回想当年一个国家的重点社科项目，仅资助3万元，只能用于几次会议的支出，许多子课题都是各单位自筹费用，少数获得资助的子课题每个也不过几千元，但是每一位项目参与者仍然以饱满的热情，无怨无悔地积极参与。这一切都成为我美好的回忆和纪念。

我虽已退休，但是仍然关心我国教育事业。很高兴看到一些老战友老骥伏枥、继续战斗，年轻一代后浪超前浪。祝愿祖国教育事业不断前进，新老朋友们成就辉煌！

陈佳洱
勇攀核物理的高峰

陈佳洱，1934年生于上海，北京大学物理学院技术物理系教授。1954年毕业于吉林大学物理系，1955年来到北京大学技术物理系任教，1993年当选为中国科学院院士，2001年当选为第三世界科学院院士。曾任北京大学校长、国家自然科学基金委员会主任。长期致力于粒子加速器的研究与教学。

缘结核物理

我最开始在大连大学工学院读书，1952年院系调整，从大连大学转到了东北人民大学（现吉林大学）物理系。给我上原子物理课的老师，是著名科学家、"两弹元勋"朱光亚先生。

朱光亚先生是西南联大的学生，曾在美国密歇根大学留学，新中国成立后，他毅然回国。那时候，抗美援朝正在进行，经过志愿军战士的浴血奋战，美国人不得不与我国进行停战谈判。但在停战谈判中，美国仍不时对我们挥舞"核大棒"，进行"核讹诈"，拿核武器威胁我们。因为朱光亚先生是学原子核物理的,所以组织上派他去朝鲜板门店参与谈判,任停战谈判志愿军代表团外文秘书。由于他表现优秀,还因此获得了一枚军功章。

朱光亚先生讲课讲得非常好,他对上课非常用心,讲一节课,备课可能要备一周。他不是简单地讲一下原理,而是详细介绍原理背后的故事,比如黑体辐射,为什么当时的理论跟实验事实不符?当时有几种假设?物理大师最后是怎么解决的?他像讲故事那样讲给我们听,所以我们都非常喜欢听他的课。加上他在朝鲜战场上立过功、得过军功章,在我们眼里他是英雄。

后来写毕业论文时,我就选了朱光亚先生做导师。他给我出了一个题目:探测 β 射线的核子计数管。他对我要求非常严格,我每周都要把阅读文献的笔记交给他来批阅。理解得不深或错误的地方,他都要画出来,帮我纠正。在他的教导下,我成功做出了我们国家第一个测量 β 射线的核子计数管。

1955 年 1 月 15 日,毛主席主持召开中共中央书记处扩大会议,讨论决定在我国建立并发展原子能工业。发展原子能事业需要人才,所以周总理专门批示教育部在北京大学建立原子能人才培养基地。为此,教育部让北京大学依托中国科学院近代物理研究所建立了一个物理研究室,并从各地抽调一批著名核物理学家来参与筹建工作,其中就有朱光亚先生。朱先生到了物理研究室以后,第一个想到的就是我,他指导过我的毕业论文,知道我很努力,所以就把我也调到物理研究室工作。

1955 年 5 月底,我来到了物理研究室当助教。那时候,我得知要来北大,非常高兴,因为我一直对北大很向往,但是这个物理研究室虽然行政上属于北大,办公地址却不在北大,而是在中国科学院的近代物理研究所内。那时候研究室刚刚创建,什么也没有,就在近代物理研究所所长钱三强先生的办公室 306 房间办公,在研究所内的代号是物理六组。

从零起步,培养人才

物理研究室最开始只有六个人,我是其中最年轻、资历最浅的。我去报到的时候,只有21岁,当时值班的是虞福春先生,他看我像个小孩,说:"哪里来的小孩?我们要开会,快走吧。"我说:"虞先生,我是来报到的。"拿出教育部的证书,虞福春先生才惊讶地说:"原来你是光亚的学生,欢迎欢迎!"

我入职后第一项任务是招生。培养优秀人才,首先当然要招好学生。1955年夏,我奔赴各地招生,去了武汉大学、复旦大学等学校。到了有关学校,我直接拿出周总理给教育部的批示给他们看。那时全国一盘棋,他们一看也十分重视,把最好的学生拿出来让我挑。我挑了之后还不放心,又专门找他们的团总支书记把关,看这些同学是不是思想品质、学习成绩都是最好的。我们预计的目标是招100名学生,结果挑来挑去只有99名。

有了学生,还缺上课、做实验的场所。当时钱三强先生是中国科学院的副院长,他就把中科院化学所的二层整层调整出来给我们做教室和实验室。

一切就绪后,就开始上课了。胡济民先生讲核理论,虞福春先生讲原子核实验方法,卢鹤绂先生讲加速器和反应堆,朱光亚先生讲核能谱。几位教授负责讲课,我则负责带刚毕业的几位助教把核物理实验排出来。可是这些实验我也没做过,不知道该怎么排。后来虞福春先生找来一本英文的《实验原子核物理》,我就参考这本书选了八个实验,跟朱老师商量,确定下来后开始排实验。

排实验的过程中,我与同事们发现,几乎每个实验都需要计数管。为此我专门成立了一个计数管车间,研制 α 计数管、β 计数管和 γ 计数管。γ 计数管最好做,带有薄膜的 β 计数管是我做的毕业论文,也没有问题。最难的就是 α 计数管,因为 α 射线射程很短,要非常薄的薄膜才能穿透。可是这样薄的膜一抽真空,就被大气压压碎了。我好不容易想了个办法,就是在 β 计数管的薄膜上,开一个小洞,把更薄的云母膜粘在上面,让 α 射线通过这个小洞进去,这样总算把国内第一个 α 计数管做出来了。

每天我要管计数管车间,又要排实验,工作量很大。为此,我把一张床搬到实验室,每天干到半夜三四点钟,实在困了,就到床上眯一会,醒了起来接着工作。做实验中,朱光亚先生对我的指导最多。记得有一次我设计了一个电路用以检测我做的计数管的"死时间"特性,用示波器把这个时间显示出来。我正在观看示波器上的波形时,忽然听到后面有人讲:"这个波形很漂亮嘛!"回头一看是朱老师在我后面。他的一句夸赞让我备受鼓舞,感觉浑身所有的疲劳都化解了。就这样,我花了十个月的时间把八个实验排了出来。虞福春、朱光亚等先生看了以后觉得很满意,认为符合教学大纲要求。

培养核物理人才这件事需要保密,大家都不允许对自己的家人、朋友讲自己在干什么。因为我们的信箱是546信箱,所以我们对外都讲我们是在546信箱工作的。我的家里也一样,他们都不知道我在做什么,以为我到了北大,每天可以欣赏北大的湖光塔影。其实我那么忙,都在中科院化学所楼里,根本没时间到北大校园里看看。

当时学校对我们的工作非常重视。校党委书记江隆基专门来看望我们。他对我们说,人类对原子能的发现,在某种意义上讲,比发现火还重要。原子能的应用是划时代的伟大成就,他鼓励我们一定把核物理和核科学的教学、研究搞好。大家听了非常受鼓舞。

国家对我们也特别支持,除了教育部,国务院三办即后来的二机部,也对我们予以大力支持,所以我们不缺经费。只要有需要的设备,我们就去采购,北京市能够采购就在北京市采购,不能采购就到教育部请他们订货。后来,教育部在化学所旁边把技术物理楼建起来了,我们也有了自己的大楼。

尽管是从零做起,但是应该说我们的工作取得了不少成效,招来的第一批99个学生里,后来出了6位院士。北京大学物理研究室为国家培养了一大批核科学人才。

筚路蓝缕,钻研加速器

原子能事业的发展离不开反应堆、加速器等重大设施。要开展教学和研究,也离不开加速器。

为此,胡济民先生带队到莫斯科去考察加速器。苏联教育部建议我们引进比较便宜的电子感应加速器,于是我们就从苏联引进了25 MeV(兆电子伏)电子感应加速器。设备运到北京后,组织上调我去当加速器教研室的主任,让我负责安装、调试这台电子感应加速器。后来清华大学也进口了一台。我们比较努力,比清华早两个月调试出来。但是当我们真的用它来做实验研究时,才发现这台加速器原来不是用来做核反应研究的,而是做探伤用的。它的能量达不到光核反应巨共振的峰值,不能满足我们研究的要求。于是,我和一些年轻的老师、学生一起钻研,对照这个加速器,照猫画虎地自主研制出一台能量达到30 MeV的电子感应加速器,以满足我们科研的要求。

我们做出来以后,学校非常重视。我们的工作成了高校力争上游、追赶前沿的重要成果。1958年11月,团中央召开了全国第二次青年建设社会主义积极分子大会,来自全国各个战线的5000名青年代表出席这次大会,北大大概有四五个人参加,我也被选为积极分子参加了大会,并获得了奖章。

同时,教育部在当时的北京钢铁学院,专门找了几个房间把当时最前沿的一些科技成果包括我们的电子感应加速器进行展示,请领导来参观。那天正好我值班,刘少奇和王光美来参观了。王光美同志是学物理的,对物理装置比较感兴趣,她就问我这台加速器的原理是什么、怎么运作。我讲述以后，她再转述、解释给刘少奇听，刘少奇也听得津津有味。

电子感应加速器可以满足一定的需求，但是一些更重要的反应，这个加速器做不了。我们觉得中国已经进入原子能时代了，也要紧跟国际最前沿，我就提出要做更先进的等时性回旋加速器。它的最高能量理论上可以比当时的加速器高100倍。怀揣着这个梦想，我开始了新的征程。

留学英国，为新中国争气

20世纪60年代初，中科院的党组书记张劲夫同志跟英国皇家学会谈判，决定互派访问学者。中科院派两名学者，高校派两名学者，北大推荐了我。作为新中国成立以来第一批公派前往资本主义国家留学的学者，我既想虚心求教，认真学习发达国家的先进科技，又觉得我作为新中国自己培养的年轻科学家，要做出一番成绩，为中国争一口气。

经过一段时间的筹备，1963年年末，我们四人坐火车穿越广袤的西伯利亚到达莫斯科，再从莫斯科坐飞机到伦敦。那时候国家外汇很紧张，我们几个人身上都没有带英镑。结果飞机到了英国，因为雷雨无法降落伦敦，降到曼彻斯特去了。到曼彻斯特以后，航空公司再用长途汽车把大家送到伦敦。我们四个人因为没外汇，不敢吃饭，也没法打电话。直到次日凌晨1点，驻英代办处才把我们找到。

当时的驻英代办是熊向晖，他被誉为我党地下情报系统"后三杰"之一，曾在胡宗南身边潜伏近13年，传递过很多重要情报。我们四个人在驻英代办处休息了两天，然后我被送到牛津大学做访问学者。

学校里带我的是著名的物理学家德尼斯·威尔金森（Denys Wil-

kinson)。他对中国很友好,让我参加当时牛津大学的串列静电加速器安装调试工作。这是一台实验室用 250 万美元从美国买来的设备。但是这台加速器出来的束,经过分析器以后,衰减了很多,他们一直找不出原因。我白天跟他们一起工作,晚上自己进行数据和理论分析,经过推演,我发现谱仪里边装的挡板位置不对,所以接收度受到影响。但是我也不敢告诉他们,怕人家说你刚来就指手画脚。这时,刚好威尔金森找我谈话,问我对这个情况怎么看,我就坦白地告诉他我认为这里有问题。他听了之后很高兴,让我写份报告。这是我到英国写的第一份报告。

有趣的是,现在北大加速器楼大厅中的那台串列加速器,正是我在牛津调试的那台。1985 年,我再去牛津访问时,见到了曾一起工作的海德教授。他指着当年我参与调试的加速器问我:"你想不想将这台加速器拿回中国去呀?如果你愿意,牛津可以将这台加速器送给北大,但是北大必须保证这台加速器能够继续运行。"我马上通过使馆请示学校,学校表示愿意接受。于是我代表北大与牛津签了一个协议,将这台加速器运回国内。回国后,经过我们的调试,这台加速器运行得比在牛津时还要好。我们在它的基础上建立了国内第一台面向用户的超高灵敏度加速器质谱计,为后来的"夏商周断代工程"做出了重要贡献。20 世纪 80 年代末,牛津大学专门派人来考察,对这台加速器的运行情况表示很满意。

我写了到英国的第一份报告以后,系里来信说,之前我曾提出做我们自己的等时性回旋加速器,因此希望我能够在英国学习等时性回旋加速器相关原理。我和威尔金森教授谈了系里的想法,得到了他的大力支持。为此他与英国正在主持建造等时性回旋加速器的著名物理学家劳逊(J. D. Lawson)联系,让他把我从牛津大学接到了英国哈维尔原子能中心旁边的卢瑟福实验室做访问研究。当时他们做等时性回旋加速器遇到一个困难,离子束从离子源出来以后 90% 都没了,劳逊先生要我研究清楚这些离子跑哪里去了。

这个题目很难。但是，我觉得这实际上是英国人对新中国培养的年轻科学家的一个考验，我觉得我一定要给中国人争气，把这个任务完成好。为此我设计了一个微分探针装置，探测微观空间里离子的运动规律。经过了将近一年的研究，我最后确定，造成损失的最主要的机制是两个：一个是离子源的发散度与加速器中心区的接受度不匹配，引起束流损失；另一个是这种扇形加速器存在一种"越隙共振"，导致离子轨道中心连续滑移而造成束流损失。所以我就"以毒攻毒"，沿着它滑的方向放置一次谐波，让它往另外一个方向滑，把它抵消了，结果在中心区的束流强度比原来的要高3—5倍。

当时实验室有位科学家约翰·库普兰，他是加速器磁体组的组长。他对研制工作的要求非常严格，不管是谁，工作中有任何一点纰漏，都会受到他的严厉批评。那天正好他来了解我的工作进展情况。我向他介绍了我的发现和取得的成果后，他非常高兴并伸出大拇指对我说："You are the king of harmonic acceleration（你是谐波加速之王）！"那一刻我觉得，只要我们中国人不怕苦、不怕难，励志攻坚就一定能做出非凡的成绩。

尽管因为我研究做出了成绩，英国人对我很友好，但是我始终觉得他们往往是带着一种同情弱者的心态来对待我。有些好心的同事常常提一些让我哭笑不得的问题。例如，他们说："你在这里工作做得很好，将来回国时，要不要把这里的磁铁和变压器带回中国，继续你的实验研究？"尽管我说这些东西中国已经能自己制造了，但是他们不相信。

直到一件事的发生，改变了这种情况。那时候英国正在大选，电视里全是大选的新闻。有一天，突然所有屏幕上人选的画面都没了，打出两行字："中国今天成功爆炸了原子弹。"我对此印象很深，那天是1964年10月16日。当时，身边的英国同事都不相信，纷纷向我求证。当时我也拿不准，所以连夜搭乘火车从牛津赶往伦敦，

到驻英大使馆求证。当使馆党委书记告诉我中国真的成功爆炸了原子弹,我高兴得跳了起来!

第二天我回到实验室的时候,正好是午饭时间,我一进入饭厅,立即变成餐厅中的明星人物,所有的同事都向我围拢过来打听中国为什么能这么快造出原子弹。英国人对一穷二白的新中国能这么快地掌握原子弹的核心技术觉得难以置信!开始,英国同事以为我们是用苏联援助我们的"一堆、一器"上生产出来的坏做的原子弹。后来,哈维尔中心对从大气层漂浮过来的核爆炸尘埃进行分析,发现我们爆炸的是铀弹,这使他们大吃一惊!因为这表明中国已自力更生地建立起自己的核工业体系。

我感到从此以后英国同事对我更加尊重了。我走在路上,腰板更挺了,也第一次切身感受到,只有国家实力增强,才能使中国人得到国际友人发自内心的尊重!

十年饮冰,难凉热血

在英国两年多的访学中,我逐渐学习掌握了等时性回旋加速器基本规律。1966年2月,我回到了祖国,将在英学习情况向国家科委基础局局长进行了汇报。他听了很高兴,马上给我拨款500万元,让我在中国制造当时最先进的等时性回旋加速器。我当然特别高兴,因为在当时500万元可是一笔巨款啊!正当我踌躇满志准备大干一场时,"文化大革命"开始了,我一度被扣上了五顶帽子,被关押起来进行劳动改造。那时候,我甚至觉得这辈子再也搞不了加速器了,把英国带来的书籍资料都卖掉、扔掉了,只留了三个笔记本作为纪念。

后来,我们被送到陕西汉中,在秦岭脚下的山沟沟里进行劳动。尽管如此,一段时间之后,我又默默继续对加速器进行了探索。当时,上海原子核物理所想做新加速器,派了四个人来汉中,让我给他们讲等时性加速器是怎么回事。我大概讲了四天多，他们觉得收获很大，向汉中分校的领导表达了对我的感谢，为此我得到了军管干部的表扬。

那时清华大学也想做新的加速器，就请北大把我从汉中叫回北京，跟清华几位老师一起讨论新的加速器研制方案。可惜新方案中加速器的规模不小，不适宜在汉中研制。为此我要求学校让我在北京多待几天，借机做些调查。那时候，北京化工学院有一个存放科学技术文献材料的资料室，我就到那里去查阅文献。结果，我看到法兰克福大学有科学家提出了一种新的加速器结构的概念，叫螺旋波导加速器。这个加速器尺寸很小、结构简单，我觉得可以在汉中试试研制。

回到汉中后，我找了几个志同道合的同事一起做研究。在秦岭的山沟里，我们几个人排除万难，花了一年的时间，把螺旋波导加速器做了出来。当时我还提出了束流脉冲化的二维理论。在加速器做好后，我利用北京师范大学的高压倍加器引出的束流，进行螺旋波导加速器的载束实验。当螺旋波导加速器运行在聚束器状态下，在不同的功率时得到的束流脉冲波形与我提出的二维理论完全一致，证明了这台加速器和束流脉冲化的二维理论都是成功的。后来，这项成果获得北京市科技成果二等奖。

喜迎科学的春天

1977年，中央决定筹备召开全国科学大会，并决定会后制定全国的科学规划。中央让钱三强先生负责核科学技术方面的规划。钱先生把我从秦岭调回北京，参与制定原子核科学技术的规划。

1978年3月，盛况空前的全国科学大会在北京隆重召开。这次大会是我国科学史上空前的盛会，标志着"科学的春天"到来。我有幸参加了这次盛会。开幕式上，邓小平同志做了重要讲话，他重申了科学技术是生产力,还指出知识分子是脑力劳动者,也是劳动人民的一部分。我听了以后非常激动,忍不住流下热泪。我觉得我的政治生命恢复了,科学生涯又重启了!我切身感受到科学的春天带来的温暖。小平同志还强调:必须打破常规去发现、选拔和培养杰出的人才,把尽快培养出一批具有世界第一流水平的科学技术专家,作为我们科学、教育战线的重要任务。

出席全国科学大会的知识分子满怀喜悦地热烈讨论,右一为陈佳洱

开会期间进行分组讨论,我被分在北大和北医那个组,组里还有周培源、张龙翔、侯仁之等著名学者。我记得我发言说,由于"文化大革命",我错过了最好的科学创造的年华,现在已经44岁了,年纪大了,不可能再有大的作为了。周培源先生指着我说:"你看他还说自己老了,那我们该怎么办?"周老的话激发了我进一步拼搏的决心!当时,大家都憋着一股劲,要打一场翻身仗,把失去的几年补回来,科学研究的热情像火山一样爆发出来,我们的核科学更是突飞猛进。

我从1955年来到北大,到2019年已经度过了64个春秋,始终跋涉在核物理的山路上，攀登加速器研究的高峰，北大的精神和气质流淌在我的血液里。我感觉到，北京大学作为五四运动的策源地，最宝贵的光荣革命传统就是"爱国、进步、民主、科学"。在新时代，我们要继续发扬北大优良、光荣的传统和"勤奋、严谨、求实、创新"的优良学风，以世界一流大学为目标，大踏步前进！

记得有一次我陪美国斯坦福大学的校长卡斯珀去见朱镕基总理。那时候国内外对大学排名正炒得很热，朱总理问："你们斯坦福大学很有名，又缔造了硅谷，为什么排在第四名？"斯坦福大学校长说："总理先生，请您把这个排名忘了吧，我们斯坦福大学有斯坦福大学的文化，有斯坦福大学的传统，不管它排第几名，斯坦福大学就是斯坦福大学。"这话说得非常切合实际，非常好！

鲁迅先生曾经说过："北大是常为新的，改进的运动的先锋，要使中国向着好的，往上的道路走。"这句话精辟地概括了北大的传统和北大的精神，也是北大121年历史的主旋律。我们北京大学必须秉承这样的文化和传统，培养和引进世界一流人才，把北京大学建设成真正的世界一流大学，为实现中华民族伟大复兴的中国梦，做出自己的贡献！

（采访、整理：王子萌、黄琬婷、毛飒韵、秦沅）

陈堃銶

参与"告别铅与火"的印刷革命

陈堃銶，1936年6月生于上海，北京大学计算机科学技术研究所教授。1953年进入北大数学力学系，毕业后留校任教。与王选一道从事我国"汉字信息处理系统工程"（简称"748工程"）中"汉字激光照排系统"的研究，是该系统大型软件的总负责人。

迈入计算技术之门

1953年，我考入北大数学力学系。1956年，国家号召"向科学进军"，制定了《十二年科学技术发展规划》。系里为响应中央号召，决定设立计算数学专门化专业，徐献瑜教授介绍了计算技术概况及应用前景，我很感兴趣，就报了名，有幸被录取。

当时国家为了培养急需的计算技术专业人员，在中国科学院计算所举办训练班，设计算机和计算数学两个方向，第一期训练班除在本所举办外，在清华、北大各设一班，清华设计算机班，北大设计算数学班。北大的班中包括计算数学专门化的学生和复旦、南大、武大等校的数学系学生。

1957年我毕业后留校，在数学力学系计算数学教研室任助教，担任计算方法、程序设计课的助教，还在科学院计算所听苏联专家讲授程序设计。

火红年代之北大奉献

教我们无线电原理课的张世龙老师当时设计了一台小型电子计算机，这是他根据很少的参考资料设计装配而成的。1958年，朱德副主席参观这台计算机，学生受到鼓舞，贴大字报要求上马每秒万次计算机，于是数力系总支决定研制每秒1万次的计算机，取名"红旗机"。张世龙老师为主要设计者，他带领计算数学毕业班同学参与设计。

听说北大研制计算机，一些单位要求北大帮助培养计算机人才，数力系总支决定开办训练班，除参与"红旗机"研制的学生外，接收20多个兄弟院校及科研单位上百人参加。训练班采用连队编制，组成"红旗营"，张世龙老师为营长。先由张老师等做专题讲座，之后大家在研制"红旗机"中边干边学。我介绍了程序设计，还承担了安排校外人员的食宿、教室等杂务。1959年"红旗营"结束，北大组建无线电电子学系，研制"红旗机"硬件的教员组成335教研室，王选等人加入，我留在数力系。1960年5月"红旗机"调试成功，但这个有七个大机柜的机器生产在一心要"大干快上"的群众运动中，元器件质量比较差，始终不能稳定使用。这是客观条件不足造成的后果。

尽管"红旗机"没能投入使用，但335教研室以"红旗机"的设计思想为范本举办的训练班，以及我们计算数学教研室对外校师生的培训，为我国的计算技术事业培养了人才，后来担任信息产业

部部长的吴基传就是参加335训练班的原邮电学院的学生。和科学院计算所一样,北大为全国播下了计算技术的种子。王选称这段时间使他得到了计算机硬件知识的积累和能力的锻炼,加上他后来的软件设计实践,为日后研制激光照排系统做了充分的准备。

王选于1954年入学,1958年毕业后留校任教,由于研制红旗机时劳累过度,1961年开始病休。他知道要具有设计高性能计算机的能力,必须了解计算机的使用需求,也就是了解软件,所以他身体稍有好转,就让我提供软件资料,准备从设计软件入手。1963年,他设计ALGOL60语言编译系统,我与两位教员参与,我设计核心模块。该软件后来被列入《中国计算机工业概览》"中国计算机工业发展简史"中。

1966年王选旧病复发,我已与他恋爱多年,为照顾他,我们于1967年年初结婚。同年,王选因在养病期间收听BBC等广播学英语而被审查。1969年,北大与738厂、石油部等合作研制150计算机,我被调入参与研制工作,但不到三天即被派出劳动。

挤进"七四八"

【偶遇】 1970年起,我担任程序设计课教学,后因常患头晕病而暂停。1974年,北大研制成6912计算机,校领导为了能使学校各部门采用计算机管理,于1975年初成立调查组,教研室让半休状态的我参加。从调查中得知,国家有个"汉字信息处理系统工程",是四机部、一机部、中国科学院、新华通讯社、国家出版局联名于1974年8月向国家计委请示设立的,简称"七四八工程",该工程设三个子项目:汉字通信、汉字情报检索和汉字精密照排。

当时王选正在家休养,我与他谈及此事,他被精密照排所吸引,此时他身体正在好转,但还不能上班,可以在家做些工作,于是他开始调研和设计。他常拖着病体到科学院情报所查阅有关照排的资料，了解到字模的数字式存储是发展趋势，光学机械式的二代机没有前途，采用模拟存储方式的阴极射线管三代机也将被淘汰，他决定采用数字式存储汉字字模。

【发明压缩信息】　数字式存储是将汉字的字形以点阵形式存在计算机中，每个小点占计算机一位，一个小字（五号字）大约需要100×100点，大字则要1000×1000点以上。汉字的字数比西文的字母多数百倍，算上各种字体以及大小十几种字号，总的存储量达数百亿位，大大超出了当时计算机的容量，这是很大的难题，因此必须设计一种字形信息压缩的方法。为此，王选每天对着印刷品上的字思考，经过苦思冥想，几经修改，我配合他在6912计算机上试验，最终试验成功"轮廓加参数"的信息压缩方法，将横、竖、折笔画称为规则笔段，用笔画的长度、宽度、笔锋等参数表示；撇、捺、勾、点等为不规则笔段，用折线轮廓表示，此后又设计将压缩信息快速复原为点阵的算法。1975年11月底，我们完成了汉字字形信息压缩与快速而不失真的复原方案，并设计出紧凑的压缩信息格式，取得了完美结果。我以黑、宋、仿、楷等字体和十几种字号点阵的总存储量与压缩后的存储量相比，压缩倍数达500多倍。

学校对国家任务很积极，我们将初步方案向学校汇报后，学校表示接"七四八"任务要干，接不成学校也要干。1976年10月底，北京市召开照排方案座谈会，我报告了字形点阵的压缩信息方案，并展示了用软件还原、打印机打出的"义"字，不少人很感兴趣，但北京市只支持二代机方案。

我在与王选设计压缩信息及还原算法的同时，开始设计书刊排版软件。我首先学习排版知识，调查各种书刊的排版格式，了解到国外流行贴毛条拼版方式，就是将文章排成长条，称为毛条。若是排书，将毛条按一页书的长度，依次剪开，再贴上每页的页码、书眉；若是排报，按每栏的高度剪开，一条一条拼贴。我决定跳过这种做法，直接设计整页组版的排版程序。1977年，我设计完成整个

软件系统,包括排书刊的书版排版语言和排版软件,分时操作系统,将编辑、排版、发排等分解为多个命令的命令系统等,设计出实现框图,与组里及协作单位同志一起编写程序和调试。

为了决定压缩信息还原为字模点阵的实现途径,我编写软件在130主机上运行,发现速度太慢,平均每秒只能还原1个字。有软硬件两方面功底的王选决定用硬件实现。1976年9月起,他设计微程序用微处理器实现字模生成和形成版面。同年确定输出方案,他得知用激光输出的四代机是发展方向,当时英国蒙纳公司正在研制四代机,尚未成为商品。后来他又听说邮电部522厂研制成功报纸传真机,请教物理系光学老师后,知道可以将其改装为激光照排机,由此确定了用激光输出的四代机方案。

陈堃銶与王选一起研究

【任务下达】 "七四八工程"办公室设在四机部,由计算机局副局长郭平欣任主任。按照惯例,四机部已决定由部属单位负责总体设计,但该单位迟迟拿不出方案,郭局长很着急,听说我们的工作后,几次派人来了解。1976年年初,郭局长派人组织报告会,说是要与该单位"打擂台"。因王选身体尚未恢复,会上我报告了方案,该单位没有报告,只对我们方案提了几个问题,王选和我一一作答。此时郭局长已中意我们的方案,也许是为了好对四机部交代,1976年5月4日,他指定11个字,要我们在一个半月内用计算机将它们的压缩信息还原成点阵。于是王选做每个字的压缩信息,我与同事一起编写将压缩信息还原为点阵的程序,6月9日调试完成。

6月11日,郭局长等四机部人员、国家出版局、第一用户新华社以及人民日报社、光明日报社等媒体单位,来观看文字生成表演并座谈,大家认为文字质量能满足出版要求,对信息压缩倍数予以肯定。这就使郭局长下了决心。

因为北京市已确定了二代机方案的用户和研制单位,所以四机部要经北京市给我们下达任务费了些周折,直至9月8日,由刘寅副部长批准,精密照排任务才下达给北京大学。后来郭局长说:"有心栽花花不开,无心插柳柳成荫。"可见我们是挤进去的。

【组建队伍】 学校对这一工作很重视,1975年就从各系抽调人员,数力系、无线电系、中文系都派教员分别参加软硬件和字模制作,但抽调计算机教员十分困难,由于王选患病,我也经常病休,有关单位不相信我们能承担项目,不愿派人。直到1976年3月,会战组正式成立,由张龙翔任组长。在校党委黄辛白同志和周培源校长的关心下,队伍逐步充实。

1977年8月,学校批准成立了"北京大学汉字信息处理技术研究室",还将旧图书馆(现为档案馆)一层作为科研用房,从此我们的工作走上正轨。1983年研究室与计算中心等单位组成北大计算机科学技术研究所,1985年后计算中心等撤出,研究所中只有我们研究室,王选任所长。

同时,在四机部"七四八工程"办公室的领导下,逐步落实了协作单位,包括:生产主机和王选设计的照排控制器的潍坊计算机厂、生产终端输入设备的无锡计算机厂、生产照排机的邮电部522

厂、生产汉字输入键盘的天津红星厂等。第一用户新华社派技术人员参加软硬件设计,并承担了部分字模制作。至此,开始了跨部门大协作。

在困难中前行

【反对声】 许多人对我们的方案极不信任,印刷出版界尤为普遍,对于用数字化字模,有人说:"这是小助教在玩弄骗人的数学游戏!""简直是天方夜谭!"直到1988年还有公司向潜在用户和业内人士发了几百封信,说北大系统使中国拉大了与西方国家的差距,从而至少落后了十年。因此,王选说:"我们在骂声中成长!"

【引进风】 有的人只主张引进,他们说:"是北大系统干扰了引进!"1979年引进英国蒙纳系统,由于该系统不完善及国家的干预,风波暂时得以平息。1984年,美、英、日等国的产品纷纷来中国进行展示,有人说:"外国公司展览之日,就是北大系统垮台之时!"随后有六家大报社和几十家出版社、印刷厂进口了国外系统,还有多家单位要求与国外合作。

【人离去】 "文化大革命"结束后,学校走向正轨,张世龙老师为组建计算机系召回计算技术教员;同时,国家为了加快发展科学技术,组织教师作为访问学者出国进修,这很有吸引力。我们这里工作条件差,调试工作琐碎而繁重,还不可能出去,因此人心浮动,逐渐有一批教员离去,王选的硬件组只剩两个教员。

【调试难】 1979年原理性样机开始连调,由于国产元器件很不可靠,调试时所有设备此起彼伏地出现故障,原定于1979年7月1日输出一张考验硬件的报版样张,直到27日才输出成功。调试由14万行汇编语言编写成的软件更加困难,没有显示器,用纸带输入,调试结果看不到汉字,打出的是字符的编码和坐标,分析后才能知道对错。最苦的还是硬件不可靠,主机、纸带输入、打印机和照排控制机故障率很高，往往费了半天劲，仍得不出结果，其艰难程度在今天难以想象。

经过千辛万苦，我们终于在1980年9月15日上午排出了讲述周总理当年惩治叛徒的小说《伍豪之剑》。周培源校长把书送给方毅副总理，并请他送给各位政治局委员。方毅同志于1980年10月20日在随书附上的我们的信上写了一段热情洋溢的话："这是可喜的成就，印刷术从火与铅的时代过渡到计算机与激光的时代，建议予以支持，请邓副主席批示。"邓小平同志于1980年10月25日作了"应加支持"的批示。此时正逢改革开放，国家给了我们20万美金，于是1981年我们购买了国外的硬件设备，科研条件得到很大改善。

【患癌症】 1981年进口了NOVA计算机作为主机，照排控制器等全部换代，组成新一代的Ⅱ型系统。我培训大家熟悉新机器，设计软件换代，正在此时我患了直肠癌，只得在交代完换代工作后住院治疗。幸而癌细胞没有扩散，但从此给我带来难以想象的麻烦。

【战战兢兢地试用Ⅱ型系统】 1979年王选开始设计Ⅱ型系统（名为"华光"）的照排控制器，用国外最新芯片替代国产组件，设计了世界首创的用普通纸出大样，增加了长春光机所的转镜式照排机。

因为NOVA机与130机指令系统相同，软件改动不大，只需要为实用性做充分考验，我主持新系统联调，并设计一些复杂版面作实用性考验。我手术后身体虚弱，夏天在空调机房里待两小时，就会腹泻三四天。为保证每个字模正确，要手工将错字的压缩信息还原，再在坐标纸上画出后查找原因，为此王选费了很多精力。

1985年1月系统交新华社使用，整页排出八开中文报纸——新华社内部旬报《前进报》和14万字的日刊《新华社新闻稿》。使用中照排机故障最多，抖动、漏光甚至不能工作，还有变字、丢字、缺字模，还因使用不当造成了事故，问题层出不穷，而随机性的变字更令人费解，我们在忐忑不安中度过那年的春节。

此时国家设立了印刷专项,成立了印刷技术装备协调小组,由原经委机械工业调整办公室主任范慕韩任组长,经委机电局沈忠康为副组长兼办公室主任。项目逐步从四机部过渡到由协调小组总管。在他们的协调下,各参加单位协作攻关,一一解决问题。

【险遭"毙命"的Ⅲ型日报系统】 为方便使用,需使系统小型化,但改微机尚需时日,所以在1984年王选决定用指令系统与130机相同的台式机DESKTOP为主机,这就是过渡性的Ⅲ型系统。

提供给大报使用,是王选坚定不移的目标,因为只有经得起日报的考验,系统才算成功。而科技书籍的排版在当时效率极低,出版社亟须高效率的排版软件。所以,我们决定在Ⅲ型系统上开发排报纸的报版软件和排科技书刊的科技版软件。

潍坊厂科研人员积极性很高,他们率先开发报版软件,其间我多次与他们讨论方案,并解决疑难问题。我们承担排数学、化学等科技公式的科技书版,我还设计了用以插入其他软件排版结果的结构,以便插入图形等,使软件功能更强,使用更方便。1986年年底,科技版软件与Ⅲ型系统一起通过部级鉴定。

1985年,经济日报社看到新华社成功使用激光照排,决定购买Ⅲ型系统。1987年4月开始试用,5月22日排了全部四个版。但软件问题很多,有时出现严重错误,甚至延误出报,大样机和照排机也不稳定。报社每天接到读者投诉,不得不多次登报道歉。为此报社领导警告:十天内解决不了,退回到铅排!如果退回,意味着系统很难用于日报,也就是系统失败。在生死攸关之际,大家只有加倍努力,终于使系统逐渐稳定。

潍坊的软件终究存有隐患,后来还出现过重大事故,所以在1987年年初,我们安排肖建国等重做,他们不负众望,很快取得成功,1988年12月在《深圳特区报》开始使用。

1988年7月经济日报社印刷厂卖掉了全部铅字,1988年下半年换装了Ⅳ型系统。

【里程碑式的Ⅳ型系统】 在紧张备战新华社的同时,王选开始设计Ⅳ型系统,主机改用 PC 机。为使汉字复原速度加快、功能加强,他设计了两块专用芯片用于照排控制器中,使文字复原达到每秒 710 字,并有图形图像处理功能,还实现了勾边字、倾斜字、旋转字、立体字、空心字等铅排无法做到的文字变化功能。

软件必须重新设计,我修改、扩充了排版语言,并修改输出结果的数据结构,形成了后来用于远传的版面描述语言 BDPDL。我与学生一起设计书版排版软件,我承担核心部分。除了保留Ⅲ型系统的全部性能外,我设计了排字典时自动抽取词条作书眉、自动形成目录,以及排长表格时自动拆页并保留表头到下一页等功能,很受用户欢迎。此时肖建国等设计的报版排版软件已十分稳定,并配备了竖式显示器,使报纸版面显示更加逼真。

1988 年年底,Ⅳ型系统开始在新闻出版、印刷业推广普及,由于其性能优良、系统稳定、价格低廉,很快在全国推广开来,成为国产激光照排系统诞生以来大规模推广的里程碑。

第二次印刷技术革命

【告别再告别】 1988 年,北大在丁石孙校长支持下,成立了新技术公司,年初经经委同意,新技术公司开始生产Ⅳ型系统。1990 年,北大的系统以"方正"命名,公司也改名为"方正"。1991 年起,王选又设计了方正 91 和方正 93 等第五、六代性能更加优越的系统。

为了彻底改造出版印刷行业的技术,继告别铅与火后,王选率领年轻一代又实现了四次告别。

第一,告别报纸传真机。用卫星传输版面描述语言替代报纸传真机,信息量约为传真方式的 1/50,且毫不失真。1990 年 9 月首先在《人民日报》使用。

第二,告别电子分色机。研制彩色出版系统,在世界上首次实现彩色图片和中文的合一处理和输出。1992年1月首先在《澳门日报》使用。

第三,告别纸和笔。研制新闻采编流程计算机管理系统,记者的稿件快速传入报社,编辑在计算机上直接组版,1994年1月《深圳晚报》首家采用。

第四,告别照排软片。研制直接制版系统,将版面直接输出在印刷版材上,1998年在羊城晚报社的《新快报》投入使用。

【美国HTS公司破产】 1985年,人民日报社以429万美元订购美国HTS公司的照排设备,调试三年还不能使用。1988年他们想来买"华光",王选感到花国家外汇买来的设备应该尽量利用,决定对它进行改造。1989年3月人民日报社与北大签署了技术改造协议,4个月后改造成功投入使用,同年年底美国HTS公司宣布破产。

【"外国公司难与匹敌"】 1993年香港《明报》进行国际招标,方正93系统技压群芳,最终获胜,从此在海外大量推广,占据了90%的华文报业市场,并使来华销售照排系统的外国公司全部退出中国。同年,香港《大公报》以专文报道海外采用方正系统的盛况。文中写道:"国外许多电脑公司已先后宣布:在汉字电子激光照排领域,我们放弃与中国人竞争。"

20世纪90年代末,以年轻一代为骨干研发的第七、八代出版系统,已出口美、英、法、德、加拿大等几十个国家和地区。2001年,中国工程院颁发了"二十世纪我国重大工程技术成就"评选结果,"汉字信息处理与印刷革命"为第二项,比第一项"两弹一星"差一票。2002年6月28日,原国务委员、国家经委主任张劲夫在《人民日报》上发表《我国印刷技术的第二次革命》一文,说:"汉字激光照排技术在改造我国传统的印刷业中发挥了巨大作用。如果说从雕版印刷到活字印刷是我国第一次印刷技术革命的话,那么从铅排铅印到照排胶印就是我国第二次印刷技术革命。"

让年轻人出彩

王选和我经常讨论按每个年轻人的特点给他们安排合适的课题,以激发其创造性。后来开发新软件时,他说:"你年纪大了,拼也拼不动了,就让年轻人干,让他们出彩吧!"我觉得很对,所以在Windows上研发新一代排版软件时,完全由年轻一代负责,我做改进老软件工作,我熟悉整个系统,常编写一些急需的程序。20世纪90年代中期,我退出编程第一线,将软件协调工作交给其他同志,带领研究生研究新的课题。2003年我退休。

回顾此生,我感谢北大对我的培养,庆幸参与"七四八工程",我的才能并不出众,是项目给了我锻炼的能力与创造的机会。我庆幸与王选携手走过一生,也很欣慰我们培养了一批优秀的学生。

回顾进入北大以来的66年,我最深刻的感受就是:做研究,心地要纯正,工作要踏实,这样才可能有实实在在的成果。

林 明

与时俱进,自强不息
——一个老图书馆人的足迹

林明,1945年9月出生,籍贯福建省长乐县(今长乐市),北京大学图书馆副研究馆员。1980年年底进入北京大学图书馆工作,2005年9月退休。主要从事西文图书编目工作,多次参加中国图书馆学会、国家图书馆和CALIS(中国高等教育文献保障系统)的研究项目。

1980年年底,我走进了北京大学的知识圣殿——图书馆。从那一天起,我在图书馆编目岗位上奋斗了25年,于2005年9月退休,至今仍在发挥余热。

从零做起 不断进取

我刚到图书馆,就被副馆长梁思庄先生派到编目部的西文图书整旧组。当时由于历史原因,还有长期存放在红二楼(才斋)顶层的几万册中西文图书尚未编目,馆里成立了以韩荣宇先生为组长的西文整旧组,主要任务就是把那些积压多年的西文图书清理出来,以解燃眉之急。

  西文整旧是一项艰苦繁重的工作,红二楼的楼顶几十年没有打扫,积满了灰尘,我和几位同事每天在低矮昏暗的顶楼挑选图书(这些书打捆堆放在地上,需要逐一拆开查看),再把挑出的书放到筐里,抬到楼下,用平板三轮车拉回图书馆。每次回到馆里,我们戴的口罩、鼻下都是黑的。把书拉回以后,还要把每本书擦拭干净,以供编目之用。这些书大部分是19世纪末20世纪初甚至更早出版的西文学术著作和文学作品,沉睡多年,终见天日。我们的工作拯救了一批有历史价值的图书。

  与此同时,全国期刊联合目录的编制工作也正在进行。北大图书馆是全国期刊联合目录的重点单位,为此馆里成立了馆藏期刊清点小组,人手不够,就把我抽调去帮忙。清点时,馆藏期刊实际数目和卡片登记的刊号必须相符,有疑问时还要到专业阅览室去核对。我在那里干了几个月,期刊部主任觉得我干得还不错,有意把我留在期刊部,但梁思庄先生坚持要我回编目部学习西文编目。从此,我开始了长达二三十年的西文编目生涯。

  起初,我的工作比较简单,就是加工卡片。说得具体一些就是,编目时为每本书配置一套目录卡片,我要在每张印制好的卡片上端空白处用打字机打上外文书名、编著者或其他信息,以供读者检索。我通过向老编目员请教和阅读业务用书,逐渐领悟到所加工的每一张卡片都是附加款目,在图书馆目录中起到扩大检索范围的作用。图书馆目录不仅要向读者提供基本检索点如著者名字,还要提供各种附加检索点,如书名、丛书名、主题、编者、合著者,以及读者可能想到的其他检索点,以构成一个目录体系。一个好的图书馆必须有十分完善的目录体系,才能很好地为读者服务。长期以来,编目一直是图书馆的基础业务工作。梁思庄先生对编目建设抓得很紧,

经常到编目部查看工作，一再强调千万要注意质量。她还多次举办业务讲座，请图书馆系的老师讲授工具书的使用方法，有时还亲临听课。可惜我到馆才一年多，梁先生就因重病离开了她终身热爱的图书馆，但这位老一代图书馆工作者的敬业爱业形象，却永远被铭记在我的脑海中。

1982年，北大图书馆西文编目在国内率先使用《英美编目条例（第2版）》（AACR2）。AACR2是英美等国于1978年出版的综合性编目条例，具有广泛的国际影响。韩荣宇先生带领全体西文编目人员认真学习AACR2的英文原版，要求每人负责翻译AACR2的一章，在业务会上汇报学习体会，韩先生做点评总结，他还亲自给我们讲授AACR2的核心章节。此外，北大图书馆还首先恢复了"文化大革命"期间中断的据LCSH（美国国会图书馆主题词表）编制的主题目录。主题目录最能集中反映一个图书馆的编目业务水平，改革开放初期，国内还只有北大图书馆能够编制主题目录，其他图书馆尚未开展这项工作。韩先生带领我们认真学习主题编目手册，使我们初步掌握了主题标引的基本技能。我们几位到馆不久的年轻人跟韩先生学习编目时，他对我们做的著录、标目、分类，甚至难度较大的主题标引，都认真审阅批改，我们编目时有疑难问题都向他请教，他总是诲人不倦，经常带领我们查找各种外文参考书。韩先生严谨认真、一丝不苟的工作态度，在潜移默化中影响着我们。在他的倡导下，北大图书馆在20世纪80年代中后期就建成了一支在国内具有较高水平的西文编目队伍。

1984年，中国图书馆学会组织北京图书馆（今国家图书馆）、中国科学院图书馆（今中国科学院文献情报中心）和北京大学图书馆共同编写《西文文献著录条例》（下称《条例》），这是将AACR2本土化以适合我国国情的重要举措。我跟随韩先生参加了这次编写工作，负责撰写有关"著录"的章节。我心中没底，不敢懈怠，细读了AACR2的有关章节，多次向韩先生请教，获益匪浅。韩先生作为《条例》的两个主编之一，对《条例》做了通稿审校，对我撰写的章节也提出了许多修改意见。《条例》是一部适用于全国图书馆使用的西文编目条例，出版以后在国内产生了很大影响。20世纪八九十年代，全国高校图书馆工作委员会举办了几次西文编目培训，我参加了所有的培训工作，以讲授著录方法为主。当时讲课的技术条件是很有限的，既没有投影设备，也没有PPT演示，只有一块黑板加几支粉笔，讲课大纲也是自拟的。在一次培训中，一位老师因病不能来讲课，我仓促上阵，竟然把整部《条例》都讲了下来，这表明我的业务基本功还是比较扎实的。培训要留有一定时间做实践练习，我搜集了二三十种不同类型的图书实例，复印了封面和题名页，加上必要说明，发给学员做练习。通过对《条例》的编写和培训工作，我的业务能力和学术水平都有了很大的提高。

1988年，国际图书馆协会联合会（IFLA，以下简称国际图联）出版了《国际标准书目著录（第2版）》（ISBDs），这是在国际范围内进行书目控制的指导性文件，是各国开展国际书目信息交流的共同需要。全国文献工作标准化技术委员会第六分会立即组织翻译，以加速我国文献处理的标准化进程。我被推荐参加这次翻译工作，与中国科学院图书馆的韩平老师合作翻译了ISBDs的专著分册。ISBDs的中译本于1989年出版，极大促进了国内文献著录标准化工作，使各种语言文字和各类型文献的著录方法进一步统一和完善，ISBDs、AACR2和《条例》成为我国西文编目工作的必备工具书。

直至20世纪八九十年代，我国图书馆的编目工作还处于卡片时代，编目时首先需手写工作单，包括著录、主要款目和附加款目、名称规范、编制主题标引、分类等内容，经审校后用打字机打出蜡纸底版，印制为成套的卡片，然后用打字机在卡片上端打出各种附加标目，再根据字母顺序将这些卡片排列入内部公务目录中，排片时发现问题，退回修改。一环扣一环，后一环节是前一环节的质量关，整个过程是标准化、程序化的，要求各岗位认真负责、一丝不

苟。这种现在看似落后的工作方式，或许难以被计算机时代的"80后""90后"理解，但恰恰是这种手工工作方式培养了编目员的目录意识和质量观念。在这种工作方式中，我们能看到目录是一个内部相互联系的有机体，而不仅仅是一大堆数据。

编目工作的特点是实践性很强，需在实践中不断提高，我起初处理较容易编目的图书，在积累了一定经验以后，也可以处理难编图书和特殊文献（包括缩微资料、地图、幻灯片、手稿等）。我曾经手的重要特殊文献有：外国手工绘制的几幅19世纪中国的地域图、20世纪以前出版的美国经典学术著作和文学作品汇编的缩微复制品、二战中的中缅印战场文献档案的缩微资料、美国基督教会历史文献的缩微资料、外国著名作家的手稿，等等。实践的磨炼使我的业务更加娴熟，新上岗的年轻同事开始由我带领培养，某些关键性业务环节也开始由我负责，比如编目最后一环节是在内部公务目录中排片，差错率应控制在5%以下，这一环节通常由有经验的老编目员把关，后来也交给我负责。多年来北大图书馆卡片目录的质量在国内享有盛誉，这与一代又一代编目员的业务水平和工作责任心是分不开的。

积极奋进　勇攀高峰

时代在前进，编目技术也在发展。直至20世纪80年代中后期，西文编目的主要参考源一直是 *National Union Catalog*（《全国联合目录》）的印刷版本，需人工检索，手工抄录，烦琐不便；从1984年起，改用美国国会图书馆发行的缩微平片目录，检索虽容易一些，但仍需手工抄录；1989年开始利用 Bibliofile 光盘技术编目，初步实现了打印卡片的功能，但仍属于馆内管理系统。2000年年底，CALIS（中国高等教育文献保障系统）在国内高校范围实现了联机合作编目，使国内外编目资源的共建、共知和共享成为现实，宣告了卡片目录的消亡。我们现在可以很容易地上网查找和利用源记录，可以采用计算机的字段格式编制书目记录，编目过程大大简化，编目工作在图书馆的地位不可避免地被边缘化。

但是，只要图书馆存在，就必须有目录去引导读者在知识的海洋中航行；只要目录存在，就必须有目录编制者（编目员）存在。虽然编目员职业规模会大大缩小，但只会变得更加精干而不会消失。一百年来，国内的图书馆目录发展经历了卡片形式、缩微形式、个体电脑输出形式，直到今天国内外范围的目录网络化，但这些变迁只是目录的媒介形式和交流技术的改变，图书馆目录的功能是永远存在的。因此，编目永远是图书馆的基础工作之一。

1994年韩荣宇先生七十大寿，馆里专门为他举办了茶话会，感谢他对图书馆事业做出的贡献，韩先生因年事已高，不得不离开工作岗位。从此，我承担了更多的责任，包括培养新上岗的编目员、担负编目总校职责、做难编书的原始编目等。十几年来我培训了十几位新上岗的编目员，虽然有一部分人因工作需要离开了编目部门，但他们因具有一定的编目知识能够更好地胜任其他工作。此外，外校图书馆委托北大图书馆短期代培的编目员，也多由我带领。

至今仍令我引以为自豪的一件事是我发现了四百多年前的一本《圣经》。20世纪以前出版的老旧西文图书大多都由我做原始编目，因为它们很难在网上查到可用的编目资源。某日，我无意中发现一堆旧书中有一本黑色封面的小书有些与众不同，拿起来一看，这本书的品相基本完好，精装皮面，书扣断损，含有似为彩色手绘的插图，书内有一些手写的墨水笔迹，虽褪色但仍可辨识，显然是书主人的笔迹。我意识到此书非比寻常。根据我的经验，18世纪以及更晚出版的西文书，皮革封面装潢已很少见，而且从纸张材质、印刷字体上看，此书也明显比18世纪的出版物显得更古老。我几次用放大镜仔细检视，发现它是一本拉丁文《圣经》，出版年以古老罗马字母表示。谨慎起见，我又用罗马数字的字母表进行核对，确认是

1562年（相当于我国明代嘉靖年间）。此前，我馆收藏的西文善本中以16世纪出版的三种书为最早，包含欧几里得的《几何原本》1533年和1572年两种版本。因此，这部《圣经》在我馆西文善本中可位列第二，而且极可能是国内目前发现的《圣经》最早版本，此书已被北大图书馆古籍善本部收藏。

林明参加1998年北大百年校庆北大图书馆新馆落成仪式

从2000年CALIS联合目录组成立至今，我一直是CALIS联合目录质量控制/专家组的成员，曾参与CALIS和国家图书馆的一些编目研究项目。

2003年，中国图书馆学会组织国家图书馆、北京大学图书馆、清华大学图书馆着手进行《西文文献著录条例（修订扩大版）》的编写工作，我再次参加编写，并担任副主编，进行全稿审校工作。在长期工作与研究中，我对AACR2各种修订版本的结构、条款和概念变化都有一些了解，这为我担任修订《条例》的副主编打下了较坚实的基础。

与时俱进 笔耕不辍

2005年我刚退休时，就被返聘在CALIS联合目录组做《中国图书馆分类法》与美国《国会图书馆分类法》间的分类转换工作。美国《国会图书馆分类法》是世界上最庞大的分类法，多达40余册，在美国公共图书馆有很大影响。了解它的结构体系，对国内西文编目的分类有一定参考价值。尽管这项工作后来因故暂停，但我通过大量对比研究，积累了有关美国《国会图书馆分类法》的许多知识，为CALIS数据库提供了一批原始数据资料。

此后我还被CALIS数据部返聘，到中国教育图书进出口公司与CALIS共建的编目数据中心指导业务工作，训练新上岗的编目员，包括校对著录、分类和主题标引等，同时自己也动手做一些难度较大的原始编目（如小语种图书、缩微资料、博士论文等），我把自己编制的原始记录展示给其他编目员，当场讲解重点和难点。我把北大图书馆严谨、认真、扎实的作风带到这里，使编目员的业务水平有了较大提高。三年的时间，我在那里发挥了一些作用，是一个很称职的高级"教练"。

21世纪初始，国际编目领域发生了巨大变革。国际图联发表的《书目记录的功能需求》（FRBR）提出了书目实体属性和关系的框架性理论，引导各国编目规则的变革。我参与了国家图书馆组织的FRBR的翻译工作，翻译第5章"关系"，正好针对国内编目理论的薄弱环节。FRBR的中译本于2008年在国际图联网站上发布。

2003年，国际图联颁布了各国编制编目规则的指导性文件《〈国际编目原则声明〉草案》，我和上海交通大学图书馆的干绍平老师、北大图书馆的刘素清老师合作翻译了该文件（我是主要执笔人）。该译稿首次在国内《大学图书馆学报》发表后，引起国内编目界的普遍关注。

我几次被邀参加国家图书馆采编中心组织的 RDA (《资源描述与检索》) 未定稿的研究课题，RDA 是 21 世纪以来应数字环境的发展而拟订的最新国际编目规则，用于满足数字环境下资源著录与检索的新需求，它以《国际编目原则声明》为纲领，以 AACR2 为基础，将用于继承和替代已沿用近 40 年的 AACR2。我对 AACR2 积累了许多研究，故能很快理解 RDA 提出的新理念，写出了几篇有关 RDA 与 AACR2 的比较研究文章，在国内核心期刊或论文汇编上发表，还被我国台湾地区图书馆期刊的论文引用。RDA 于 2010 年正式出版，2012 年又做了一些更新，国内很快跟进组织翻译。自 2013 年起，我参加了由国家图书馆主持、多个单位参加的 RDA 翻译工作，并且担任了审定专家组成员。RDA 的中译本于 2014 年出版，很快在国内得到应用。此后，我参加了编写和审校《CALIS 外文书刊 RDA 编目培训教材》的工作，曾数次在 CALIS 联合目录组召集的 RDA 外文编目培训班做专题讲课。

除编目研究外，我还应邀做了一些中外分类法的转换工作。我为 CALIS 数据部编制了《杜威十进分类法》和《中国图书馆分类法》之间的双向分类对照表。此前，国内已有杜威法转换为中图法的对照表，但较为粗略，我在此基础上加以修订扩充，并创造了从中图法转换为杜威法的反向对照表，这将有助于中文编目数据走向世界。可以说，我在分类法转换方面也积累了丰富的经验。

退休以后我仍然笔耕不辍。我写文章的目的是为了提高国内编目人员的水平，推动国内编目事业的发展，同时也不断充实自己的头脑，从中获得乐趣和成就感。

一点感悟

编目工作是一门十分小众的学问，不会有所谓的大手笔或新发现，更不会有什么轰动效应，但做学问不在于大，而在于深，要研究得专深是很不容易的。要从最简单的工作做起，需要十几年甚至几十年持续不断的积累和努力，甘坐冷板凳。"终一生，做一事"，要有积极思考、认真钻研、不断进取的精神，才有机会攀登到专业领域的制高点上。

  回顾自己在北大图书馆的生涯，我感慨万千，自己所取得的一点成绩，固然有自己的努力，但更离不开北大图书馆浓厚的学术氛围，离不开老一代图书馆人的言传身教。北大图书馆不但是全国最大，而且也是亚洲最大的高校图书馆，它不仅具有极其丰富的藏书，也拥有国内一流的编目水平和强大的技术支持，得以为读者提供良好的服务，我正是在这样一个得天独厚的环境中成长起来的。今天，北大图书馆已经度过了 120 年的历程，借此机会我对北大图书馆表示衷心感谢，并祝愿她早日迈入世界一流的大学图书馆的行列。

罗凤珍

一次阿里行，一生阿里情
——难忘的西藏阿里医疗队岁月

罗凤珍，1930年7月出生，籍贯浙江，北京大学第三医院儿科教授、主任医师。1955年毕业于中国医科大学，1958年调入北大医院儿科，1963年调入北医三院儿科，于1995年退休。

1949年中华人民共和国成立时，我正在大学求学，可以说我和新中国共成长，如今我已是耄耋之年。回顾新中国成立70年来艰难、曲折和发展的过程，从贫穷落后到富起来、强起来的光辉历程，我倍感振奋。

匆促出发，奔赴阿里

20世纪70年代初，周恩来总理下达指示组团援藏，援藏工作中有一项任务是组织赴西藏的阿里医疗队，阿里医疗队共有8个分队，分别驻首府狮泉河和7个县。北医3个附属医院组成的分队驻首府，也是大队部所在地，其他7个分队由北京市属医院组成，分别驻阿里的7个县。

此任务从1970年开始，每1—2年轮换一次，1978年第5批医疗队进驻，定期为一年，也是最后一批医疗队。具体分配到北医三院的人员需求是一个儿科医生和一个内科护士。医疗队每年5月出发，出发前3个月儿科已确定由一位高年住院医参加，但出发前仅半个月左右的时候，这位医生突然提出经检查确认她已怀孕。这给科领导带来了极大的困难，医院必须保证医疗队按时出发。离出发的时间愈来愈近，谁都有困难，这么短的时间，怎么来得及准备？我没考虑太多，只想到总要有人克服些困难去完成任务。我就提出让我去，虽然当年我已超龄（规定年龄是45岁以下，当时我48岁），但我身体还可以，家里3个孩子都已上学，不需要太多照顾。其他党员虽然年龄比我小，但或多或少都有困难，并且只有我一个人主动提出参加，医院最后决定由我去完成此项任务。

就这样匆匆忙忙做了一套棉袄棉裤，收拾好教学用具，我就要出发了。临走前家里的困难我考虑得并不多，唯一放心不下的是在上海82岁高龄的老妈，她刚生完一场大病，体质较虚弱，身体尚未完全恢复。我去西藏并没告诉她，怕她为我担心，我想一年时间也很快，回来后我就去看她。

我明白这是对自己党性的考验，为了人民的利益，为了实现周总理的遗愿，我下定决心并充满信心去完成任务。5月16日，医疗队全行9人（我年龄最大，其他都是二三十岁的年轻人），由北大医院内科主治医胡大一任大队长兼北医医疗队的队长，带队出发赴西藏阿里，开启了阿里之行，学校还派出一个干部柳厚田老师负责护送我们。

路途遥远,历尽艰难

当时去阿里的交通很不方便,有两条路线可通往:一条路线不必翻山越岭,但需要经过无人区,非常不安全;另一条是从新疆过去,但要翻过约 6000 米的高峰才能进入西藏地区。为保证人身安全,历届医疗队都走通过新疆进入西藏的路线。

1978 年 5 月 16 日,由柳老师带队,我们出发了,成员有:队长胡大一,副队长孙隆祥(人民医院耳鼻喉科主治医)、黄万忠(北大医院外科住院医)、李沙(北大医院放射科技术员)、朱凤云(人民医院检验科化验员)、刘付芬(口腔医院技师)、张建华、庞京海(北京药学院药剂师),北医三院有我和内科护士刘秀云。出发前领导嘱咐:去西藏高原地区生活,海拔高可能会很艰苦,要求我们要互相帮助,互相关心,克服困难,搞好团结,完成医疗教学任务,平平安安地回来。

20 世纪 70 年代,援藏队合影,第二排右二为罗凤珍

去阿里的路程共分三段：北京到乌鲁木齐；乌鲁木齐到叶城；叶城到阿里狮泉河。

第一段路程是北京到乌鲁木齐，行程3000多公里。沿途共经四个省（河北、河南、陕西、甘肃），才能到达新疆。

第二段路程是乌鲁木齐到叶城，行程1000多公里，历时10天，途经托克逊、库尔勒、库车、阿克苏、三岔口、喀什市，最后抵达叶城。告别乌鲁木齐，向南疆出发，我们开始了长途跋涉。公路高低不平，车在颠簸中前行，路两旁见不到树木及房屋等建筑物，大多是一望无边的沙漠，遇到刮大风时，只见一片雾蒙蒙的沙尘，满天飞扬，坐在车内也需要戴帽和口罩防沙尘，气候太干燥，口、鼻、咽都感到难受。路过各小城市，有的是地处盆地，有的是戈壁沙滩，供应条件都比较差，宿营在兵站，睡的是通铺木板床，盖的是一条军毯，白天能吃到热的清汤面条，就已很满足了。这段路程很艰苦，直到抵达喀什后，条件才有所好转。

第三段路程，叶城到阿里狮泉河，行程1000多公里，共6天。这段路程最险峻，汽车走的都是爬山环行公路，有时行驶在悬崖绝壁上，开过去后再回头看，真是心有余悸，太惊险了。虽已是6月，但山顶上仍是白雪一片，在两旁雪山中行进，爬过阿卡孜达坂、赛力亚克达坂和柯克阿特达坂，沿路的山沟中是冰冻的泉水，山上雪也较厚。全队开始有高原反应，有的人是胃肠道反应，恶心、呕吐、口唇发干，我头痛剧烈、气短、无力，心率加快达100次左右。经过康西瓦达坂，到达大红柳滩休息。第二天我们迎来了最具考验的一段路程，经过两个达坂——奇台达坂和界山达坂。过界山达坂时，因为汽油燃烧不完全，车子总是熄火，只能让大家都下车步行一段路。可是下车步行一段路，上车后更感到全身无力，呼吸困难，头痛剧烈。这样的痛苦确是前所未有的。过界山达坂时，全车人基本上都有高原反应，严重者吸上氧气，幸运的是最后大家都平平安安的。过此最高点后就开始下山了，途经喀木里到达多玛兵站，海拔

约 4800 米，人的高原反应还是比较明显的，走路气喘、头痛，晚上睡不好觉，一阵阵憋气。由多玛出发是下山路，一路情况就好多了。

从北京到阿里，总的行程共 6500 多公里。经过一个月的时间，历尽艰难困苦，来到海拔约 4500 米的阿里，迎接我们的将是光荣而艰巨的任务，我暗暗下决心一定要踏踏实实、努力去完成组织上交给的任务。

努力完成医疗教学任务

我们虽然是晚上到达阿里地区人民医院的，但院领导以及原医疗队的成员都来迎接我们，大家互相握手、拥抱，如同见到亲人一样，心情久久不能平静。

我们休息一天后就开始了新老队员交接班，老队员带我们参观并介绍了医院的情况，初步认识了医院的工作人员及各科的医生和护士长等。我们主要的任务包括两个方面：（1）教学工作，主要是卫校的教学工作，由当地的罗校长负责，我们协助完成具体的教学任务；（2）医疗工作，包括看门诊、病房查房、外科手术、出诊、参加病房值班、抢救病人等临床工作。阿里地区人民医院是当地最大的一个综合医院，由于医务人员的缺乏，不可能分科过细，主要有内、外科之分，儿科归属于内科，妇产科归属于外科，其他各科都没有专科大夫。

我的任务是接上届医疗队人民医院儿科大夫的班。他介绍这里儿科病人并不多，有时也偶有出诊的时候。他交了一个双下肢瘫痪诊断不明的疑难病例给我，希望我接班后及早去病儿家中看看，早日确诊。

我想尽快去看看那个双下肢瘫痪的病儿，所以次日就由一位藏族医生尼玛陪我前往，大约走了半个多小时，我们来到一处有几间平房的地方。尼玛带我走进住房，我立即看到一个大约三四岁的男孩半卧着，见到我们后，一双大大的眼睛盯着我们，表现出十分惊讶的神情。我想这孩子一定就是我要见的病儿。随后通过尼玛的翻译，我从孩子妈妈那里了解到孩子的病史，听完病史我就想到孩子身边做检查，孩子表现得特别害怕，不让我碰他的腿，并大声哭叫。我主要想检查膝反射，以排除小儿麻痹症的可能，但因他实在不肯配合而无法检查。

实际上我根据病史已有了初步的诊断，我怀疑病儿患维生素C缺乏症的可能性最大，因为小儿麻痹症多数为单侧下肢痛，下肢麻痹尤其是两下肢同时麻痹的极少见。从藏民们的饮食条件来看，很少吃到蔬菜和水果，孩子两下肢对称性剧烈疼痛是骨膜下出血所致的骨膜刺激症状，他不让人碰他的腿，腿不能动，医学上称之为"假性麻痹"，这是维生素C缺乏症典型症状的表现。在没有X光照射的条件下，就只能靠临床诊断，我和尼玛大夫商量后决定明天开始从医院带药来病人家中治疗。当我出诊回来，告诉大家我看到的小病人的诊断后，大家都特别兴奋，小刘、大刘、小黄都把自己从北京带来的水果罐头拿出来，准备带去给病儿吃，以补充其维生素C。

后来经过连续三天静脉推注维生素C治疗后，孩子的症状很快好转，腿不痛了，也能下地了，见到我们去他家时就对着我们笑，很是可爱。这是我们到阿里遇到的第一个病例，治疗效果又好又快，医院的大夫和孩子的妈妈都特别高兴，我们医疗队的成员都为为西藏老百姓干了一件实事而开心。随访过程中，孩子已完全恢复正常活动，我和母子俩拍了一张合影并送给他们家留作纪念，虽然我和他们语言不通，但心灵相通，感到很亲切。

每天我要完成的医疗工作包括：上班后参加病房的交班，交班后查房，带领本院的大夫和实习的卫校学生参加每天病房儿科病人的查房，检查儿科的病人。住院的病儿主要是肺炎和腹泻两大类，这些病儿同时还会有些伴随疾病，例如贫血、佝偻病、营养不良、

先心病等。每天查房时,我针对对病人的诊断和治疗进行讨论和分析,提出意见或建议,修改医嘱。查房后出门诊,由于门诊儿科病人数量并不多,因此我在门诊什么病人都看,成了"全科医生"。由于语言的障碍,每次我出门诊必须有藏族的医生陪伴我,给我做翻译。在这一年的门诊工作中,我的收获和体会很多:西藏地区儿科常见病仍然是呼吸道和肠道的感染,与我们内地相仿;小儿先天性心脏病的发病率较高,主要原因可能与高原缺氧有关,我见到的先心病中以动脉导管未闭为主,由此引发肺瘀血,致使呼吸道感染后易并发肺炎,因此西藏还是很需要心外科的医生;小儿皮肤病的发病率也颇高,我认为这与老百姓的卫生情况和日照强烈或过敏有关,丘疹性荨麻疹较多见,并常伴有继发感染,由于我皮肤病知识不够,往往诊断不出是什么皮肤病,此时我就把病儿转给藏医门诊。藏医的诊断我不懂,但藏药外用治疗效果很好,我看到有几个"银屑病"的病人,口服藏药加上外用药,治疗都很有成效。这使我加深了对传统藏医魅力的认识,中国的传统医学,无论是中医还是藏医,都是国宝。

每周三下午是教学工作的讲课时间。从小儿的基础课到临床课,以及危重病人的抢救,我逐步有计划地进行讲课。每周一次的教学查房时,我就结合病人的情况进行讲解,对疾病的诊断要点、鉴别诊断及治疗进行讨论,开阔他们思路,尽可能培养他们的临床思维能力,并培训小儿查体的基本功。医院领导安排一个藏族医生卓戈跟随我学习,想培养她成为阿里地区人民医院的儿科专业医生,她是一个已有孩子的妈妈,很爱小孩,很善良,也爱学习,会讲一口流利的普通话。

这一年的医疗教学工作是令人难忘的,我与藏族老百姓和医院的医生、护士在相处中建立了深厚的感情,在看病过程中体会到了他们的憨厚、朴实和真诚。

| 罗凤珍：一次阿里行，一生阿里情 |

朝气蓬勃的生活

我们在阿里的生活过得怎样呢？我们这几个来自不同单位、不同科室的同志，就像亲兄弟姊妹一样，每天生活在一起，大家互相关心、互相帮助，工作之余总是在一起，生活是朝气蓬勃、充满阳光和青春气息的。

我们住的宿舍是一排用泥干打垒土坯的简易平房，我和刘秀云同屋，她才22岁，很能干，生活上我得到她的帮助最多，什么事情她都抢着干。每天要去狮泉河挑水，把水缸内的水灌满，在炉灶上烧热或烧开后，供一天洗、喝用。由于我年龄大些，她们从不让我挑水。宿舍内不供电，晚上全靠洋蜡照明。

生活中最大的困难是"吃"的问题，高原上无蔬菜和水果，医院内无食堂，医疗队都是自己开伙，我们几个人分成4个组，轮流负责每天的伙食，羊肉的供应是每天都保证的，因此几乎天天都吃羊肉。蔬菜就完全靠阿里地区解放军通信连的支援，他们一年里不间断地送给我们各种蔬菜，帮助我们解决了生活中的最大难处。狮泉河内有各种鱼，叫不出什么名，藏民自己不吃鱼，但允许汉族百姓或部队捕食，解放军经常用炸药到狮泉河鱼多的地方去炸鱼，鱼被炸晕后可以捕捞到很多，他们就给我们送来，鱼肉与羊肉就成为我们在西藏的家常菜了。

在阿里的一年中，解放军时时处处想着我们，对我们热情关怀，和我们建立了深厚的感情，非常令人难忘，我真正体会到了"军民一家人"的深刻含义。

克服个人困难

从8月中旬开始，有一段时间我感到视力有问题，似乎上半视

野内有一圈发黑区,看不见东西,有时有飞蚊症,但由于我们队内无眼科大夫,因此无法检查。在其他医疗队分队内,有一个同仁医院的眼科医生姓安,他定期定点到各县各地区巡回医疗。我们队长联系请安大夫提前到狮泉河地区,于是我得到了及时的检查。经眼底检查确诊右眼有两处眼底出血,范围还不算大,如果继续出血范围增大,有视网膜剥离的危险。我想我一定尽量保护好视力,勿使病情发展或加重。

到11月我每天都头痛,发现血压开始高了,达到140 mmHg/100 mmHg,这也是高原反应中常见的症状之一,于是我开始服药治疗,效果尚好,能把血压控制在高压100—130 mmHg、低压70—90 mmHg。我把这些情况向科里做了实事求是的汇报,并告知我病情稳定,不必为我担忧。结果科领导向院领导反映了这个情况,提出争取要我早些回去,并通知队长。当时队长与我商量,可以让我提前回去。我自我感觉还好,并且我还没有完成教学任务,不能半途而废。

在决定来阿里前,我已克服了很多困难,下过决心,要好好完成组织交代的任务,绝不能因为这小小的困难而打退堂鼓。我的态度很明确,眼底出血量不大,血压虽高,但也不太高,不会出什么问题的。经过积极控制血压和对症止血治疗、眼底复查,出血部位逐步吸收了,虚惊一场。

我们在阿里工作的那年冬天遇到雪灾,积雪达一米多深,晚上气温下降到-40 ℃左右,国道无法通车,封山了。原本每个月能收到一批从内地来的信件也中断了,只能通过电报传递信息。就在雪灾封山的时候,发生了我一生中最遗憾的事情。当我接到我哥从杭州寄来的电报"母住院病危,速归"时,我束手无策,这个时候交通阻断,我根本无法回去。后来通过电报了解到我母亲的病情主要是消化道出血,不能进食,我母亲坚决要求回家,回家一周后便去世了。母亲劳累了一生,在她最需要我的时候,我却不能相伴在她身边侍候，我知道她在临终前是多么希望能见我这唯一的女儿一面。没想到我到西藏阿里医疗队工作这一年，却成了我和老妈的永别，这成为我终身对母亲的愧疚。

生活是多彩的，这一年的生活对我来说也是不平静的，有快乐也有悲伤，对于一个年近半百的中年人来说，尤其是作为一个共产党员，我已懂得如何去分析和处理各种问题，关键时刻是绝对不能掉链子的。

圆满完成任务

冰天雪地的封山时期过去了，我们离开阿里的时间也到了。按照卫生部安排，我们是北京去阿里的最后一批医疗队，因此医院和当地的军民都比较重视我们，地区党委特意为我们组织了欢送座谈会。我们的工作得到了领导和同志们以及藏族同胞们的肯定和认可，这是我们最大的荣誉和心愿。

临别时想到能有机会在世界屋脊的阿里为藏族同胞们服务，我内心感到十分骄傲和幸福。蓝蓝的天，多样万变的云；白天强烈照射的日光，夜间明亮洁白的月光；狮泉河的流水，大块红烧羊肉的美味……都给我留下了极为深刻的记忆。虽然一年的时间不长，但我们之间已建立了很深厚的感情，离别时免不了依依不舍。离开阿里时，院长和医院内的很多医护人员，还有当地的老百姓，都来送行，有的挥泪告别，有的与我们相约在北京再见，我们怀着深深的感激与不舍之情告别了送行的人群。

1979年5月13日我们离开阿里，沿着我们来西藏的路线下山，下山的速度比上山时要快，高原反应也小多了，5天后我们就到达和田，同志们照顾我年长，于是安排我当天坐专机直飞乌鲁木齐，到乌鲁木齐后又转坐飞机直接回北京，总行程历时12天，比队里其他同志早到北京好几天，这都是组织对我的照顾和关怀。回来后我暗

下决心一定要为祖国社会主义现代化建设贡献我全部的力量。

一年的阿里之行让我终生难忘,走过祖国边远的地方才更深切地感受到祖国的强大和发展跟我们每个人的生活息息相关。祝愿祖国繁荣富强,全国人民在中国共产党的坚强领导下,坚定信念、团结奋进,早日实现中华民族的伟大复兴。

(整理:张宏伟)

金 英
难忘的两封信

金英，1957年出生，籍贯吉林，北京大学考古文博学院副教授。1999年调入北京大学，2002年任考古文博学院学工办主任，2004年任考古文博学院党委副书记，主要从事学生思想政治教育及党建工作。

创建临时党支部

我与北大结缘是因为我的爱人，1999年我爱人从大连理工大学调入北京大学，我也随着他来这里工作。

到北大以后，我主要在考古文博学院做学生工作，怎样结合院系特色和学生的特点做好学生党建工作一直是我思考的问题，我们逐渐摸索开展了一些特色活动。

首先是学生临时党支部的创建。由于考古专业的特殊情况，学生从大三开始都要进行为期半年的实习，这是考古教学中最富有魅力的环节，也是我们学生管理工作中的难点，更是我们学生党建工

作的薄弱环节。

在野外实习的过程中,虽然也有带队老师的管理和照顾,但毕竟带队老师主要负责的是学生的学习和生活,对学生党员的思想教育工作基本处于空白,这使得个别党员在实习中不严格要求自己,怕苦怕累、装病怠工,更有甚者,跟非党员同学争容易挖的探方。有些同学反映"党员怎么都不像党员",在同学中的影响很不好。

针对这个问题,从2007年开始,我们在河南八里岗考古工地成立临时党支部,把党员和积极分子组织起来做活动,学习党中央的政策、党章以及学校的政策等。

在试行阶段,学生党员充分发挥了模范带头作用,艰苦的探方自己先来,主动承担烦琐的陶片整理工作,结合"手拉手"帮助有困难的同学完成挖掘任务。这样一来,学生党员就像是搭建的一座桥梁,把学校的形势与政策学习带到同学中去,带动大家一同全身心投入考古实习工作中,在当年的实习工地形成了非常好的互帮互助氛围。在2007年的实践经验基础上,我们先后在陕西周公庙商周考古工地、山东章丘东平陵故城考古工地、陕西双庵新石器考古工地,乃至肯尼亚海外考古工地,建立了临时党支部,都收到了很好的效果。

也是因为院里有这些党支部建设的新进展和新特色,2012年,时任中共中央政治局常委、中央书记处书记、国家副主席习近平莅临北大调研高校党建工作时,来到考古文博学院,参观了"考古学科90年、考古专业60年成果展"。我们向他汇报临时党支部从建立到发展的过程,这项工作得到了习近平和同行领导的一致肯定。

给习近平总书记的一封信

2013年,北大115周年校庆来临之际,考古文博学院2009级毕业班三个专业的同学聚在一起,回忆起总书记2012年和他们语重心长的谈话，感慨良多、体会颇深；同时，他们也重温了总书记2012年11月带领新一届中央领导集体参观"复兴之路"展览时关于中国梦的论述——"实现中华民族伟大复兴，就是中华民族近代以来最伟大的梦想"，这番讲话引起大家强烈的心灵共鸣。在党支部书记、团支书和班长的倡议下，同学们纷纷将自己的所思所想写下来，最后统一汇成一封写给习近平总书记的信。信中写道："近代中国的血泪苦难历程和今天中国的蓬勃发展成就让我们清楚地看到，实现中国梦必须走中国道路；改革开放以来，国际地位的不断提升和经济社会的蓬勃发展让我们深刻感受到，实现中国梦必须弘扬中国精神；近些天来，我们时刻关注着雅安地震灾情，尽己所能，为灾区同胞奉献爱心，为每一个无私奉献的英雄默默祈福。灾难砥砺着伟大的中华民族精神，艰难困苦、玉汝于成，实现中国梦必须凝聚中国力量。"

同学们从中国梦想到了"北大梦"，他们写道："对我们北大学生来说，有成长成才的个人梦，也有把母校建设成为世界一流大学的北大梦，而中国梦是我们最崇高最美好的梦想。个人梦北大梦，让我们的梦有根；中国梦民族梦，让我们的梦有魂。怀着爱党爱国之情、成才报国之志，我们从五湖四海汇聚未名湖畔，又将从博雅塔下奔赴祖国的四面八方，在中国梦的感召下，为国家和人民奉献青春、智慧与力量！"

由于当年7月这一届同学即将毕业，他们在信中还写道："我们将带着您的勉励和期望、带着中国梦的理想，走上新的岗位，奔赴祖国各地。我们决不辜负您的期望，决不辜负党和人民的培养，坚定信念、脚踏实地、接力奋斗、建功立业，为实现中华民族伟大复兴的中国梦做出自己的贡献！"

这样一封信凝结着同学们对于祖国富强的信念，代表着考古人、北大人为实现"中国梦"的决心与脚踏实地的干劲！4月28日，这封经过大家反复沟通、几易其稿的信被送往中南海。

习近平总书记的回信

5月2日,总书记在百忙之中抽出时间提笔给同学们回信。我和时任校党委书记朱善璐及学生工作部部长马化祥到中南海把这封信取回来。

总书记对同学们在校园学习与田野考古实习中取得的收获感到甚为欣慰,对同学们在信中所说"实现中国梦,就要同心奋进,肩负历史责任"的看法深表赞同,对他们提出了殷切的期望,并致以节日的问候。

他还在信中勉励大家:"只有把人生理想融入国家和民族的事业中,才能最终成就一番事业。希望你们珍惜韶华、奋发有为,勇做走在时代前面的奋进者、开拓者、奉献者,努力使自己成为祖国建设的有用之才、栋梁之材,为实现中国梦奉献智慧和力量。"

接到回信后,大家都非常激动,当晚便连夜召开座谈会,学校也掀起了学习习总书记回信精神的热潮。

5月3日下午2点,北京大学党委召开常委扩大会议,专题学习回信精神,学校党政领导班子成员和考古文博学院师生代表参加会议。当天晚上,学生党支部书记代表学习习近平总书记回信精神,2009级本科生张巳丁介绍了写信的背景情况,分享了团支部同学收到总书记回信时的激动心情。

第二天,也就是五四青年节当天上午,"学习贯彻习近平总书记给北京大学考古文博学院2009级本科团支部全体同学回信精神座谈会"召开,北京大学考古文博学院2009级本科团支部书记龙妍宣读了总书记回信,班长孙雪静等发言。当天晚上,举办"学习习总书记五四重要讲话和回信精神学生代表座谈会议"。2009级本科生党支部书记侯琳曾在2012年6月19日向习近平同志汇报野外实习的体会和党建团建经验,也是给习近平总书记写信的亲历者之一,在座谈会上,她向同学们介绍了写信的背景情况,讲述了野外实习的艰苦经历,分享了团支部同学收到总书记回信时的激动心情。她表示:总书记的五四讲话与回信都是对北大青年的勉励和要求;作为即将毕业并走上辅导员岗位的学生,她将牢记总书记的嘱托、不懈努力。

5月5日晚,举行"北大团员青年学习习近平总书记五四重要讲话和回信精神座谈会",徐斐宏同学结合艰苦而难忘的田野实习经历对考古专业的学习生活进行了详细介绍,并强调了考古发掘对于弘扬中国文化、树立民族自信具有重要意义。他表示,当代青年应该用理想信念指引自己的人生选择,在艰苦的环境中砥砺自我,实现个人价值与社会价值的统一;陆元诚同学也结合回信精神与专业学习情况,分享了自己对习近平总书记五四重要讲话精神的感悟。

给习总书记写信、收到回信、学习回信精神这整个过程对于我个人来说是一次一生难忘的经历。一封信、一封回信鼓舞着北大人在新时代不断传承和发扬北大精神,努力为实现中华民族伟大复兴做出贡献。

亦师亦友,做好学生工作

学生是传承北大精神、实现民族复兴的未来。在考古文博学院从事学生工作的这些年,我在不断摸索中前进,结合我们学院的特色,精准开展"对症下药"的工作。

例如,考古文博学院的不少同学并不是以第一志愿进入院里学习的,所以,在新生入学以及之后的学习、成长中,我做的很多工作主要是稳定其思想,使他们静下心来,认真地了解考古,融入考古大家庭,在这里找到自己的学术兴趣点和归属感。我们想把考古文博学院建设成为同学、老师的精神家园,在这里传承和发扬北大人、考古人的精神。

另外，院里的贫困生比较多，最多的时候达到50%。这些学生家庭困难，很多同学甚至交不起学费，很难把心思完全放到本专业的学习上。因此，我有时候会给学生垫付学费，缓其燃眉之急，也会找他们谈谈心，帮助他们树立信心。但这毕竟不是长久之计，所以筹措助学金就被提上了日程。后来我们找到了陈雄先生和李达院友，他们共捐赠200万元，学校又配比了100万元，这样一来，有了稳定的一笔助学金，解决了不少同学的重大问题。我们也会走访贫困生家庭，帮同学提供学生助理、家教等兼职，让他们也能自食其力，补充生活费用来源。没有了后顾之忧，同学们便全情投入学业，在自己的领域继续深造了。

金英参加校友会会议留影

回顾我到北大这20年，也遇到不少困难和挫折。例如，党建工作与考古实践相对脱离，如何进行有效的管理和协调，是个大问题。但是我意识到，遇到困难和挫折不能后退，要尽可能去想办法，不能自怨自艾、一筹莫展。要把握学院的特点，积极寻找合适的方法解决困难，要相信众人拾柴火焰高，相信团结协作的力量，特别是要真正关心青年、关爱青年，关注青年所思、所忧、所盼。正如习近平总书记在纪念五四运动100周年大会上所说，我们要"做青年朋友的知心人、青年工作的热心人、青年群众的引路人"。学生工作者既要做青年的老师，更要做青年的朋友，真正与同学们同呼吸、心连心，才能把工作做好。

在2013年习近平总书记回信后，2014年和2018年习近平总书记又两次考察北京大学，与同学们进行了座谈。在建校的121年中，北大一直承担着历史的使命，虽然经历了很多变化，但核心使命始终没有变。这几年，北大迎来了历史上发展最好最快的时期，站在新的时代起点上，要不忘传统，不断求索，继续弘扬北大的精神品格，培养担当民族复兴大任的时代新人。我希望北大能够坚定不移地围绕立德树人的核心使命，在"双一流"建设中取得更大的进步，引领国家和民族的未来。我也衷心希望同学们能继承五四光荣传统，发扬爱国、民主、进步、科学的伟大精神，怀抱着北大人的家国情怀，抓住时代机遇，把自己的理想和国家命运紧密相连，在实现个人理想的同时，肩负起历史和民族赋予的伟大使命。我也愿同学们积极向上地面对人生的困难和挫折，勇做走在时代前列的奋进者、开拓者、奉献者，毫不畏惧地面对一切艰难险阻，在劈波斩浪中开拓前进，在披荆斩棘中开天辟地，在攻坚克难中创造业绩。

（采访、整理：艾沁哲、张宇昕）

赵炳华
一入护理门，一生护理人

赵炳华，1931年出生于河北景县，北京大学护理学院教授。1946年考入北大医院附属高级护士学校，1956年考入北京医学院儿科系，1961年毕业后在北大医院儿科工作，1984年参与创建北京医科大学护系。主要从事新生儿神经系统疾病研究。

1931年11月，我出生于河北省景县一个小学教员的家中，我上有长兄一人，下有弟妹四人，母亲是传统中国女性，辛苦操持家务、养育子女。在那民族危亡、战火不断的年代，一个小学教员的微薄收入难以维持家庭生活，我的两个弟弟妹妹先后被送到外国人筹办的救济院。为了让我能够读书，父母带着一家人离开老家，辗转于天津、北京。

我的童年时代正值抗日战争时期，我们一家在沦陷区的生活充满了艰辛，日军的残暴、百姓生活的困苦都让年幼的我印象深刻。

及至后来的岁月，幼年颠沛流离的生活场景仍不时浮现在我的脑海中，这段经历让我明白"覆巢之下，安有完卵"的道理，没有国家民族的强大，又怎能有个人的安居乐业？2019年是新中国成立70周年，我已经88岁了，作为国家一路发展繁荣起来的亲历者，谨以此文回忆我的个人经历和我所见证、参与的祖国护理事业的发展。

革命启蒙，为祖国贡献力量

我与护理结缘于1946年考入北大医院附属高级护士学校。选择护校，也是因为成长于战火中的我所见所闻了太多为抗战受伤甚至牺牲的英勇战士，我希望自己所学能够救死扶伤，能够减少别人的病痛。

在校期间，我结识了曲绵域等进步学长，受他们影响我开始接触进步思想，接触党的地下组织。北平解放前，我在医学院地下党组织的领导下参与学生进步运动，防止国民党特务组织、三青团分子对北大医院、北京大学第二附中实施破坏。在护校学习期间，我还参加了什坊院保健院的志愿工作，深入农村，访贫问苦，调查疾病流行情况，免费为贫苦百姓治疗疾病。

在护校学习的三年，我受到了革命启蒙教育，立志成为一名共产党员、一名合格的医务人员，为新中国贡献自己的一份力量。1949年我从护校毕业后，进入北大医院眼科工作，正式成为一名护士。当时正值新中国成立初期，卫生工作面临的是一个人民疫病丛生、缺医少药的严重局面，各种急慢性传染病、寄生虫病和地方病等严重威胁着人民的生命与健康。新中国成立初期的疫病流行，引起了党和政府的高度重视。党中央"把卫生、防疫和一般医疗工作看作一项重大的政治任务"，加强领导，发动群众，配合生产，深入宣传，努力把这项工作做好。

1950年3月，卫生部成立了中央防疫总队，下设六个大队。我

响应国家号召,积极报名参加了中央防疫队,远赴青海、内蒙古开展了为期一年的巡回医疗。我所在的防疫队去的地方都是祖国边远的少数民族地区,条件很艰苦,吃的几乎没有青菜,住的是少数民族的帐篷,出行有时乘车,更多是步行和骑马,但是队员们都不怕苦与累,内心充满了为祖国、为人民做贡献的愉悦感。我们在当地调查传染病情况,帮助少数民族群众治疗疾病,减轻病痛。我从中也得到了锻炼,为后来几十年工作中克服各种困难打下了基础。

结束中央防疫队的工作后,我重新回到北大医院工作。我于1954年7月入党,成为一名光荣的共产党员,实现了多年的愿望。此后,我由于努力工作,工作能力和思想觉悟都有提高,升任北大医院眼科护士长。

成为医生,再次响应号召离京工作

1956年,我考入北医儿科系,经过五年刻苦学习,我以优秀的成绩毕业,后进入北大医院儿科工作,成为一名儿科医生。在参加临床工作的同时,我积极参加儿科党支部组织的活动,认真学习党的方针政策和会议精神,不断提高思想觉悟,坚定信仰,并于1962年当选为儿科党支部书记。

20世纪60年代,中共中央结合国际形势做出进行"三线建设"的重大战略决策,提出要大分散、小集中,少数国防尖端项目要"靠山、分散、隐蔽",全国很多地区、行业都投入三线建设中。1969年,我满怀热血,与当时在第三机械工业部工作的丈夫王涛一起响应国家号召,支援三线建设,带着年幼的子女举家迁往贵州省。丈夫在贵州省航空工业部门〇一一基地工作,我便进入〇一一基地附属医院,先后在三〇一医院、三〇二医院担任儿科医师、儿科主任。由于工作需要,丈夫长年在外,我一边要操持家务,照顾年幼的孩子,一边还要建设管理科室,救治患者。尽管两所医院是贵州省〇一一基地的核心医院，但医疗条件仍然很差，人员严重不足，我作为儿科主任，为医院的儿科建设尽了最大力量。那时我很晚才下班回家，周日也加班加点工作，还经常半夜被叫去医院抢救患者。这样的工作一干就是十年。

1980年，丈夫因工作需要调回北京，我也带着子女回到北京。回京后我选择回到北大医院儿科工作，不久组织安排我担任儿科党支部书记和儿科副主任。在改革开放的背景下，对外学术交流增加，新的技术和方法不断被引进来，刚从贵州回京的我深感自身能力不足，就利用每天下班后的时间学习英语，学习业务知识，不断提高自己的业务水平。

肩负责任，发展北大护理

1984年4月，北京医科大学护理系（北京大学护理学院前身）创建，北医成为中国首批恢复高等护理教育的院校之一。我受彭瑞骢书记和曲绵域校长的邀请和委托，担任第一届护理系主任兼党支部书记，主持组建护理系的工作。当时护理系只有一屋一人一桌一椅，没有教学楼，没有专业教师，没有教学大纲，没有本科教材，没有实习基地，甚至国内也没有可借鉴的教学经验。面对一片空白的状况，我从零起步，一步一步开始了护理系的创建工作。

在校领导的支持下，教室和实习基地很快有了着落，但最大的问题是没有专业的护理师资。为此，我从北医各临床医院内、外、妇、儿各科选拔了一批副主任以上医师作为师资队伍的骨干力量，他们既在医教研方面富有经验又熟悉临床护理工作。1985年，北京医科大学护理系正式招收了首届四年制的本科生，开启了北医高等护理教育的新纪元。最早在护理系任教的几位教师，多是北医历届的优秀毕业生，受母校的邀请，离开了自己熟悉的临床医学专业，走上了护理专业教师的新岗位。为了保证护理学专业临床实习的带教效果，我又从临床医院择优聘任了数位中级职称以上的护理骨干作为临床师资，邀请他们参与全程听课和临床带教。正是这些早期创业者，从零开始，引进国外先进的护理教育理念和教学内容，编写讲义、出版教材、钻研教法，打下了护理高等教育事业的根基，开启了中国护理高等教育的新篇章。

1984 年，赵炳华正在工作

教学团队成立了，但护理本科生的内、外、妇、儿护理学专业课程都没有现成的教学大纲，也没有教材。我便组织全系的授课教师每周进行集体备课，每位教师都要在讨论会上汇报自己的授课计划。这些刚从临床医生转行来的主讲教师有着丰富的临床医学知识和医疗专业教学经验，但在授课内容的选择上容易出现偏重医疗轻护理的现象。为此，我制定了周密的改进方案，使教师从授课内容到思维模式逐渐转变为以护理内容的讲授为主，医疗知识的讲授为护理服务。在展开护理教学时，因为没有现成的中文护理教学内容，在我的带领下，护理系每一位主讲教师都抱着厚厚的国外权威护理学专业英文版教科书，先翻译其中的护理教学内容，再集体对授课内容反复讨论和斟酌，直到满意为止，这些译稿最终形成了凝聚着每一位教师心血和汗水的一本本厚厚的讲义，也成为人民卫生出版社本科护理学类专业系列教材的雏形。正因为护理系教师们都经受过这样严格的训练，由北医护理系教师主编的各门课程的专业教材历年来在我国护理学界均以护理学科知识的系统性、逻辑性、新颖性、实用性和可操作性而著称，受到了护理学专业师生们的一致好评。护理系也在这些教师的勤奋工作和无私奉献中起步发展。

仅有勤奋的劳动和奉献的精神，还不足以支持一个现代学科的发展。为了让教师们更好地了解护理专业的特点，我聘请外籍教师来华讲授护理专业知识，如护理理论、护理科研、护理教育、护理管理等课程，并举办国内护理专业师资培训班。同时，选派部分教师出国进修学习，了解国外护理教学的发展情况与特点，三年内使护理系师资达到了护理教学要求。为了保证临床带教老师的人数和水平能满足护理本科生临床实习的需求，我向学校申请招收具有大专学历的护理人员进行师资培训，从而在短时期内建立了一支能基本满足护理本科生实习需求的临床教师队伍。

在满足本校师资需求的同时，护理系还在全国范围内开展护理骨干师资培训与专业人才建设工程。自1986年至1995年，在美国HOPE基金会的支持下，护理系每年举办一次为期一个半月的护理师资培训班，培训本校和来自全国高等护理院校的护理师资，在传播国外先进的护理理念、护理知识和护理技能的同时，也介绍国外护理教育方面的科学教育思想与教学方法，培训了一大批护理系主任、骨干教师和临床护理人才，为我国早期的护理事业发展做出了很大贡献。尤其是"终身教育"和"终身学习"的理念为全体教师所接受，使护理系这支队伍始终保持了旺盛的学习热情和良好的学习习惯。护理系成为全国护理骨干师资培训基地。

为更好地实现师资培训和教育影响，我还从美国等护理专业教育相对发达的国家引入具有护理专业特色的护理理论、护理程序及护理诊断等先进的内容，并将其编译成中文出版。大量专业的护理学教材、辅导教材和学习指导类教材的相继编写出版，在最大范围

内传播了护理学的科学理论和现代理念,随着这些教材在全国范围内的发行,极大地促进了护理专业的发展。

在一代护理人的努力下,护理高等教育在北医迅速发展起来。1988年,根据国内对护理专业人才的需求,护理系将护理学本科生学制由四年改为五年,并面向全国招收第一批五年制护理学本科生,共招收30名。1990年,北京医科大学护理系获国务院学位委员会批准,成为全国第一个护理专业硕士学位授予点,包括我在内的三位老师获得硕士生导师资格。1992年,北京医科大学护理系面向全国招收第一批护理学硕士生,共招收三名,其中孙宏玉成为我的第一个硕士研究生。

我在工作中非常关心学生的学习和发展,经常询问学生在专业学习和临床实习中有什么困难,及时帮助学生克服困难,积累知识,使其走向成熟。我认为护理专业的学习与临床的实习是脱离不开的,掌握了扎实理论知识的同学,尽早进入临床、接触病人对于更好地掌握和应用医学知识很有必要。医学人才需要知识、能力和勇气,在老师的耐心指导和帮助下,在充分接触临床的过程中,才能成长为真正能够独当一面的合格医学人才。

身虽荣退,心系护理

离休后,我没有把医疗和护理的老本行丢下,经常帮助邻居老同志们寻医访药,帮助老人们测血压,指导老人们用药和进行身体保健。进入养老院后,我积极帮助新来的老年人适应退休后的生活,根据老年人的疾病状况提供针对性的医疗护理建议,开展心理护理,辅导老年人重新认识生活的意义,使其安享晚年。在我的安慰和鼓励下,几位新进养老院的老人战胜了对疾病的恐惧,回归了社区生活。

我以共产党员的标准严格要求自己,始终保持"一颗红心向着党"的信仰理念,坚持学习,坚持交党费,坚持在身体允许的时候让儿子开车带我去医学部参加护理学院退休党支部组织的活动，每次都认真学习党的会议精神，积极发言。进入养老院后，我在3月5日学雷锋日和养老院的多次学习会上与其他老人一起学习并畅谈了自己的学习体会。党的十九大召开后，我不仅自己认真学习党的十九大精神，认真做笔记，还要求子女家人共同学习，共同交流进步。我还利用与学生见面交流的机会，鼓励护理专业的学生们努力学习，叮嘱他们多读书，保持良好的思想态度和政治立场；护士应该有足够的学科自信、专业自信，用自己的努力为医疗进步做出贡献。

回顾我这一生，大半辈子都在与医学、护理打交道。从最初报考护校治病救人的信念到后来克服困难创建发展学校的护理学，支撑我向前的一直是为国家、为社会多做出一点贡献。经历过最黑暗的时期，才能更加体会到今天幸福生活的来之不易，我这一生从在护校接受进步思想起就立志入党，加入共产党后更是时刻牢记自己共产党员的身份，严格要求自己。值此新中国70华诞之际，我作为一名老党员，希望祖国繁荣昌盛，人民安居乐业；作为一名护理人，希望护理人才济济，护理事业再攀高峰。

（整理：王海平）

参考资料

北京大学护理学院教工第一党支部制作：《赵炳华老师纪念册》。

《赵炳华：一入护理门、一生护理人》，《北医》报2018年11月15日。

赵振江
架起心灵的彩虹
——我去格拉纳达大学校订西文版《红楼梦》

赵振江，1940年2月出生，北京顺义人，北京大学外国语学院教授。1959年考入北京大学，1965年留校任教，从事西班牙拉美文学研究与翻译工作。

突然受命

1987年3月，北京大学外事处转给我一封信，我打开一看，是西班牙格拉纳达大学前秘书长卡萨诺瓦教授写的，大意是：经与我国驻西班牙大使馆文化处磋商，认为我是为西班牙文版《红楼梦》定稿的最佳人选，要我尽快起程赴格拉纳达大学去从事这项"光荣而又艰巨"的工作。看过信之后，我一方面颇有些受宠若惊，另一方面又如坐针毡，感觉自己难以胜任这项工作。当时北大与格大已有校际交流协议，格大亦有人在北大任教，因此学校派我出访是顺理成章的事情。只是我个人当时早已过了"不惑之年",哪里还有"初生牛犊不怕虎"的勇气,一直在犹豫是否接受这份沉甸甸的邀请,因为一则我不谙红学,二则我的西班牙语水平也与翻译《红楼梦》不搭界。后来有位深知"内情"的朋友告诉我说,出版西文版《红楼梦》是北京外文局与格大的合作项目,已有成稿,我的任务无非是对照中文校阅一遍而已,其余时间仍可研究我的西班牙拉美文学,我这才下了决心,于1987年7月来到了这座西班牙南方的历史文化名城。

来到格拉纳达以后,才知道这并非如我所想是十分急迫的事情。大学里的人都已照常放假,到海滩避暑去了,而我们需要做的事情也不仅仅是校阅一遍,是要大改乃至重译的。但既然"生米已经煮成熟饭",打退堂鼓是不行了,只好"既来之,则安之"。正好利用这段时间把带来的新版《红楼梦》好好看一遍。说老实话,此前我早已读过好多遍了。记得当年在"五七干校"时,与理科系的老师们同住一个房间。他们暂时不搞"数理化"了,正好有点儿闲工夫读读文学作品。当他们读《红楼梦》时,我常常接他们的下茬:他们读"披阅十载",我就说"增删五次";他们读"纂成目录",我便说"分出章回"。于是他们便以为我把《红楼梦》背下来了,其实哪有那么回事!学文的人哪有不读几遍《红楼梦》的?当然,在我国的古典文学作品中,我对这"天下第一奇书"情有独钟,倒也是事实。对我来说,它最大的奇处就在于它使人常读常新,似乎永远也读不到底。

把中华文化巨著推向国际

1987年9月,终于盼到了开学。我第一次拜会卡萨诺瓦先生就明确提出:我需要一位西班牙语水平很高的人和我一起工作。理由很简单:西班牙语不是我的母语,靠我一个人是无法完成这项工作

的。经研究后,校方推荐何塞·加西亚与我一起工作。首先我们讨论了对译文的要求。鉴于西班牙读者对中国文学作品所知甚少,对中国的传统习俗更为陌生,我们认为应尽量使译文自然、流畅,尽量减少烦琐冗长的注释。否则,如此规模的鸿篇巨制,人物关系又盘根错节,会使人难以阅读下去。尽管有了明确的指导思想,但在实际操作的时候,由于缺乏经验,我还是经常感到不知所措。至于翻译过程中文字处理方面的难题,就更是一言难尽了。

对我个人来说,这是一场"遭遇战",事先以为外文局提供的译文无须大动,哪里想到光是前两卷就用了两年多的时间。同样,西班牙方面的朋友们也没有思想准备,开始时竟要我们两个月内完成第一卷,那只能"萝卜快了不洗泥",然而对这样一部古典名著中的精品是马虎不得的。改译到第十回的时候,我们不得不重新制定工作方案:放慢进度,反复推敲,确保译文质量。

《红楼梦》是一部百科全书式的文学巨著。"字字看来皆是血,十年辛苦不寻常。"伟大的文学巨匠曹雪芹呕心沥血写了十年,尚未完成全璧,现在要把它译成另一种完全不同的文字,谈何容易!一位西方的哲人曾说过:"翻译即背叛。"意思是说,完全忠实于原文的翻译是不存在的。在我国翻译界,对严复先生提出的"信、达、雅"三条标准,至今仍在争论与探讨之中。后来又有"形似与神似"说,又有关于"化"的说法,然而始终都是在"务虚",实际操作起来,并无一定之规,完全靠译者的理解能力和文字水平。翻译靠长期积累,非一日之功,有时也靠一点儿与生俱来的"灵气",这就更不取决于人的主观意志了,但是一丝不苟、精益求精的态度是做任何事情都需要的,对翻译这样一部文学名著就更是必不可少的了。如果不这样做,不仅对不住曹公的在天之灵,也愧对家乡父老。老实说,由于经验的缺乏、时间的局促和资料的不足,我们的译文有许多不尽如人意之处,但从态度上说,我们是问心无愧的,尽了个人最大的努力。

首先碰到的问题是版本问题。红学家们一致认为，脂砚斋评抄本最为珍贵。但200余年过去了，流传至今的脂评本已是凤毛麟角，而且多是残缺不全的本子，如甲戌本、乙卯本、庚辰本、戚序本、蒙古王府本、甲辰本、郑振铎藏本、梦稿本、列藏本等，这些抄本有些虽有影印本或校勘本问世，但一时不知道到哪里去找，更何况当时是仓促上阵，无法向红学家们请教，于是只有以手头上有的人民文学出版社1982年出版的、由红楼梦研究所校注的新版本为依据，对外文局提供的译稿进行全面的修改或重译。新版本以庚辰本为底本，所以十七、十八两回尚未分回，我们参考其他版本，还是分成了两回。说实在话，对于《红楼梦》的版本问题，就是在红学家之间，也是见仁见智、众说纷纭，我们这些"槛外人"的发言权就更有限了。

至于翻译过程中碰到的难题，就数不胜数了。比如，全书有几百个人物，其中许多人的名字又都语带双关，如何翻译这些人名就是个棘手的问题。我们比较了其他外文译本，有的对人名采用意译的办法。这样做的好处是可以把双关的语义较容易地表达出来，也便于外国人记忆，但缺点是使人物的名字显得滑稽。考虑再三，我们还是采用了"汉语拼音加注释"的办法。但问题并未完全解决，有时同样会碰到意想不到的困难。比如香菱，即甄士隐的女儿英莲，被拐卖到薛家后改名香菱，这个名字本没有什么出奇的地方，可谁知当我们注释其含义时，发现在西班牙没有菱角这种植物，自然也就没有西班牙文的名字。在植物学中，菱又分为两角菱、四角菱和乌菱三种，香菱之菱又是哪一种呢？如果一定要译成"菱"，那就要用拉丁文，这就如同在花生米中掺一粒石子，读者"吃"到它时会觉得"硌牙"的。在外文局提供的译稿中，把菱角译成了荸荠，这显然与一位楚楚动人的少女形象相去甚远。经与我们的朋友何塞·蒂托探讨，只好把香菱之菱译成了睡莲。她与英莲之"莲"是同族，声音亦好听，似乎也与人物的形象大体相符，

不知曹公英灵,以为然否?这仅仅是翻译过程中一个小小的插曲,我们的良苦用心可见一斑了。

对我们来说,最困难的是重译书中的诗词。为了保证译文的忠实,我们采用了这样的工作方法:首先,由我做两种翻译,一种是不管西语的语法结构,逐字硬译,"对号入座",使何塞对原诗的本来面目有个总的概念,以弥补他根本不懂汉语的缺欠,并向他讲解中国古典诗词格律的艺术特征;但这样的翻译,他往往根本看不懂,觉得莫名其妙,因此,我要按照规范的西语做另一种翻译。接着,何塞在两种翻译的基础上进行加工润色,并使其符合西班牙语诗歌的韵律。然后,我们一起讨论定稿。定稿之后,我们往往还要把它交给几位诗人朋友传阅并听取他们的修改意见。因此,可以说西班牙文版的《红楼梦》是一项集体的劳动成果,是友谊与智慧融为一体的结晶。

西班牙文版《红楼梦》问世后在西班牙引起了热烈的反响。国家报和一些地方报刊以及电台、电视台都做过报道。在格拉纳达大学的文化中心马德拉萨宫举行了隆重的首发式,并邀请了北京外文局著名翻译家和红学家杨宪益等一行三人参加了该项活动,同时在格大校部举办了《红楼梦》人物画展。在穆尔西亚的文化季刊《拾遗》上发表了小说的第十七回,并附有何塞与我合写的文章《曹雪芹与红楼梦》。在专门发表新作的杂志《比特索克》(*Bitzoc*)上发表了小说的第十八回。在格大校刊的特别副刊上发表了小说的第一回以及何塞·蒂托写的短评《红楼梦:雄心勃勃的出版业绩》。在《ABC 报》1989 年第 2 期"书评家推荐图书"栏目中,14 位书评家中有 2 位同时推荐了《红楼梦》。格大副校长卡萨诺瓦教授在前言中说:"它向我们提供了无比丰富的情节,从而使我们对中国文化和智慧的无限崇敬更加牢固。""对格拉纳达大学来说,此书的出版意味着极大的光荣和优越感,因为我们首先将这智慧与美的遗产译成了西班牙文。"1989 年 5 月 3 日,格拉纳达官方报纸《理想报》曾发表一篇对格大出版社社长巴里奥斯先生的专访。他说："这部中国小说的译本在全国各地所引起的反响，促使我们要改变自己的方针：我们要与那些丑陋的、令人反感的图书决裂。"

西班牙大使为赵振江颁发伊莎贝尔女王勋章

2017年10月，为纪念翻译《红楼梦》30周年，格拉纳达大学又邀请我去做讲座并参加孔子学院一年一度的"中秋诗会"。校长为我颁发了特殊贡献奖奖牌；卡萨诺瓦教授还驱车将我接到家中做客，并亲自下厨为我做海鲜饭。

文化交流宛如在人们的心灵中架起一道绚丽的彩虹，能为她添上几笔颜色，是十分令人欣慰的事情。

将西语佳作引入中国

我一向认为，把中国文学译为外语，是国外汉学家的事情。由于目前西班牙的汉学尚未达到这样的水平，我们只好助他们一臂之力。就我个人而言，我更愿意从事西译汉的工作。在来西班牙之前，

我译过阿根廷民族史诗《马丁·菲耶罗》《拉丁美洲历代名家诗选》以及加夫列拉·米斯特拉尔、胡安·拉蒙·希梅内斯、维森特·阿莱克桑德雷·梅洛、巴勃罗·聂鲁达、鲁文·达里奥等人的作品。当时中国驻西班牙使馆的文化参赞张治亚先生就是通过《马丁·菲耶罗》认识我的，因为该书在阿根廷展出时，他正在那里任文化参赞。

其中，特别要说的是翻译《马丁·菲耶罗》，这是阿根廷家喻户晓、尽人皆知的文学经典。我将这部作品翻译成中文，背后还有着戏剧化的一段故事。还在大学读书时，我读到《马丁·菲耶罗》选段，觉得很有意思。后来，我自己动手翻译，但是，书稿一直留在自己手里，完全没有想到会出版，翻译纯粹出于个人兴趣，自娱自乐。然而，机会来了，1984年，《马丁·菲耶罗》的作者何塞·埃尔南德斯150周年诞辰，阿根廷官方要搞一个大的纪念活动，展览全世界各种语言版本的《马丁·菲耶罗》，当时中国台湾地区翻译的《马丁·菲耶罗》中文版被送到了阿根廷，阿根廷官方计划将这一版本作为中译本的代表送去参展。中国驻阿根廷使馆知道后，紧急向国内报告，希望大陆翻译出版这本书。胡耀邦同志得知消息后十分重视，立即予以批示。此时距离展览只有4个月的时间了，如此短暂的时间里，要保质保量地翻译出《马丁·菲耶罗》，几乎是不可能的。在这种情况下，我此前凭借兴趣完成的翻译稿就派上了用场。当时，印刷还是采用传统铅印方式，排版周期非常长，但是在各级的重视下，很快精装本就在湖南人民出版社出版了。召开出版座谈会那天，诗人艾青、贺敬之、冯至等都来了。这本书被送往阿根廷参加纪念活动，赢得了中外翻译家的好评。

当西班牙的朋友们知道我从事诗歌翻译时，便多次问我为什么不翻译他们的大诗人加西亚·洛尔卡的作品。中国西葡拉美文学研究会曾于1986年8月在昆明市举办过纪念加西亚·洛尔卡逝世50周年暨西班牙文学研讨会，我在会上做过发言，会后又为《诗歌报》

写过一篇报道并翻译了几首洛尔卡的作品。当时便想试试看。我的朋友、格拉纳达诗人哈维尔·埃赫亚不但为我选了洛尔卡的作品，而且还写了一篇虽然不长却很精彩的序言。他帮我选了2000余行诗，我大体在此基础上译完了初稿。1989年10月回国后，我开始联系出版社。在中国出版文学作品，当然首推人民文学出版社，而且加西亚·洛尔卡是他们"20世纪外国文学丛书"必选的作家。当时西班牙驻华使馆的伊玛女士给我寄来了申请西班牙文化部赞助翻译该国文学著作的表格。但要申请赞助，首先要取得版权，于是我给加西亚·洛尔卡基金会主席、诗人的妹妹伊莎贝尔女士写了一封信，她欣然同意我翻译并出版其兄长的作品。西班牙文化部为该书的出版提供了赞助，从而使这本书在1994年1月顺利出版。

20世纪40年代，现代派诗人戴望舒先生就曾翻译过洛尔卡的诗作，新中国成立后曾出版过他的《洛尔迦诗抄》。遗憾的是，该诗集篇幅不多，致使对加西亚·洛尔卡的介绍和研究未能发扬光大。这次人民文学出版社出版拙译，总算使我们对这位伟大的西班牙诗人的认识又进了一步。

加西亚·洛尔卡是一位古老而又年轻的诗人。说他古老，是因为他的根深深地扎在家乡的沃土之中，他的《深歌》和《吉卜赛谣曲集》是安达露西亚地区传统文化的集中体现；说他年轻，是因为他从不因循守旧，而是不断地进行艺术的探索与革新。他的《诗人在纽约》与任何先锋派的作品相比也毫不逊色，而且达到了内容与形式的完美结合。这正是他作为诗人具有永恒魅力的原因之所在。

1996年11月23日，在洛尔卡故居举行了介绍拙译《加西亚·洛尔卡诗歌戏剧选》的仪式，这当然是对我的鞭策和鼓励，也是对中国的西班牙语学者们所做工作的肯定与支持。我为诗人故居写了一首小诗，聊表一个中国译者对诗人的崇高敬意：

一代诗魂在此生,书声琴韵育精灵①。
茅屋②轮转天地动,婚礼血溅鬼神惊③。
谣曲深歌④皆出色,诗人纽约⑤总关情。
八月十九天垂泪,从此泪泉⑥流不停。

弹指一挥间,我去西班牙翻译《红楼梦》已经过去 30 多年了。还记得 1987 年我第一次去西班牙时,格拉纳达大学下属翻译学校一度想取消汉语教学,改为日语。30 多年过去了,中国文化的国际影响力已经和往日不可同日而语。如今这所大学不仅在翻译系设有汉语教学,在文哲系同样有汉语教学,而且还与我校合作创建了孔子学院。目前,西班牙已经有 6 所孔子学院。2015 年,我曾应邀赴西班牙拉斯帕尔马斯大学讲学,仅那一所孔子学院就有 2000 多名各年龄段的学生。可见随着祖国的繁荣富强,不仅中国需要了解世界,世界也需要了解中国。我为自己的祖国骄傲,也为自己能够在中外文化交流中尽一份绵薄之力感到由衷的高兴。

---

① 加西亚·洛尔卡将艺术家分为三个层次,其灵感分别来自缪斯、天使和精灵。他本人显然属于精灵。

② 茅屋(La Barraca)是洛尔卡于 1932 年创办的巡回演出剧组。我在诗人故居看到的宣传画画的便是一个巨大的车轮。

③ 《血的婚礼》是洛尔卡的代表剧目之一,不仅剧情令人震颤,而且里面出现了死神和月亮神的形象。

④ 指诗人的代表作《深歌集》和《吉卜赛谣曲集》。

⑤ 指《诗人在纽约》,这是诗人最具先锋派特征的诗集。

⑥ 诗人在比斯纳尔与阿尔法卡尔之间的山坡上被法西斯分子杀害,在那里有一眼泉水,名叫"Aynadamar"(阿拉伯文),意为"泪泉"。

胡壮麟

回首往事，倏忽七十载
—— 新中国第一批大学生的追忆

胡壮麟，1933年3月出生于上海，北京大学外国语学院教授。1950年进入清华大学外文系学习，1952年院系调整后来到北京大学西语系学习，1972年到北京大学西语系任教，2005年被聘为北京大学哲学社会科学资深教授。主要研究方向是外国语言学、功能语言学、语用学、英语教学法等。

在战乱中彷徨的上海少年

1949年10月1日，五星红旗在北京天安门广场徐徐升起，新中国成立了！

我当时在上海市一所天主教中学——私立圣芳济中学刚升入高三，年仅16岁。4个多月前，曾亲历中国人民解放军进驻上海的历史一刻。

对一个年仅16岁的少年而言，新中国成立前我思想上处于彷徨状态。我先后经历了上海处于美英法日统治的租界时代、以日寇占领上海为标志的抗日战争时期，以及抗战胜利后国民党接收大员的回归和随之而来的腐败与战乱。在这样的背景下，我这个上海少年在内心深处对现实感到不满，但又不知如何行动和求变。

所幸我有机会接触到来自解放区的进步思想。我家在江湾的住房被日寇炮火炸毁后，全家落难到上海法租界最边缘的天平路。位于徐家汇的上海交通大学就在后马路，我竟然能在交大校园里买到进步书籍，如毛主席的《新民主主义论》，解放区作家何其芳的《画梦录》和《夜歌》！这些书籍对我探求光明、迎接上海解放的影响很大。

当解放军在1949年5月25日清晨进入上海时，我激动万分，在黑暗中期盼光明的情绪充分反映在下面这首短诗里：

节　日

街上响起了人群的步履声，
说是人民的队伍的，
南中国欢跃得掉起泪了。

黎明的第一次钟声敲响。

我睁大双眼，
空间的黑暗再也挡不住我的视野。
我要起来！我要起来！
要唤醒睡着的同胞起来。

钟声荡漾着，
又静下去……

窗外，零星的枪声，
驱散了夜莺的私语。
这诗意的一夜，
诞生着一个伟大的节日。

——为上海解放而作

很惭愧，新中国成立后我虽然也曾积极参加新民主主义青年团的建团活动，但当组织上号召同学报名随同解放军南下时，我却鼓不起勇气报名。在这个阶段，我既要求进步，却又不敢迈开步伐。

那时候，我脑子里思考更多的是准备上大学，上哪个大学？哪个系？按理说，我从小在上海长大，上海有的是大学，如复旦大学、上海交通大学、光华大学、同济大学等，不必为上大学发愁。但有两件事一直在我心中困扰，久久不能摆脱。一方面，我在中学时希望长大后能当个像萧乾那样的新闻记者。从这个角度来看，复旦大学和圣约翰大学都有新闻系，都是不错的选择。另一方面，我思想上也出现另一种遐想，我希望能够远离家乡去北京上学，既可以听到何其芳《画梦录》中叮当的骆驼铃声，又可亲临以天安门为标志的新中国首都。

就在这种犹豫不决的状态下，我参加了新中国成立后第一次高考。那时尚无全国统考，而是分大区招生，如华东区、华北区、东北区等。一些私立大学则各自单独招生。这样，我报考了华北区的清华大学（外文系）、华东区的复旦大学（新闻系），以及两所私立大学——圣约翰大学（新闻系）和沪江大学（英文系），整个暑假我马不停蹄，四处奔跑。未想到我竟然被上述四所大学都录取了，这下逼着我在上海和北京两个地区、新闻和英文两个系之间进行选择。

这时，我的一位潘姓邻居向我提出这样的建议：要做一名记者，外语功底必须好，不然不可能成为萧乾那样的优秀记者。因此，他劝我不妨先学英语，打好基础，毕业后再去找记者的工作。碰巧，

我去上海的清华同学会了解情况时,一些老学长跟我讲清华很快会成立新闻系,将来可以转系,于是我下定决心去了清华,成了清华大学外文系英语组的一名学生。

第一次远离家门去北京对我是一次锻炼。上海的清华大学校友会组织我们新生集体北上,包了一辆专车,带队的是学长丁石孙,后来成为北大的校长。

清华、北大的大学岁月

1950年9月,我跨入清华校门,在大操场报到后,便看到外文系的宣传标语:"清华园是革命家庭,外国语乃斗争武器。"我就在这样一个革命家庭中度过两年。

1951年4月的一个下午,我在成府路一家小餐馆里吃馄饨面,边吃边看饭桌上的《人民日报》,碰巧读到魏巍的《谁是最可爱的人》一文,作者最后写道:"亲爱的朋友们,当你坐上早晨第一列电车走向工厂的时候,当你扛上犁耙走向田野的时候,当你喝完一杯豆浆,提着书包走向学校的时候,当你安安静静坐到办公桌前计划这一天工作的时候,当你向孩子嘴里塞着苹果的时候,当你和爱人悠闲散步的时候,朋友,你是否意识到你是在幸福之中呢?"顿时我内心深处被打动了,是志愿军的奋战使我们得以过着平静幸福的生活。不久,我们年级中党团员最集中的俄语组同学积极报名参军了,这再一次打动了我。没有得到家中同意,我最终还是没有决心报名参军。没过多久,学校为支援装甲兵部队做第二次参军动员,我报名了。遗憾的是我去体检后,因高度近视,未被录取。

由于思想和行动上的进步表现,我于1951年12月被接收为中国新民主主义青年团团员。没多久,全国开展了"三反""五反"运动,我被清华大学校党委派遣到北京市委参加这项工作,我所在小组的领导是北京大学党委组织部部长谢青同志(1952年,院系调整后曾任北京大学副校长）。在此期间，我萌生了入党的念头。起因是3月8日妇女节，在小组进行纪念活动时，谢青同志说了这样一段话："大家不要认为革命胜利了，什么都解决了、变好了。我们的农村还很落后，妇女在农村中还是没有地位，我们要继续革命……"我立即表态要继续提高觉悟，争取入党。

北京的"三反""五反"运动进入尾声时，又动员一部分人员去支持上海的"三反""五反"运动，我会讲上海话，被挑上了，于是我又去上海参加了两个多月的运动。由于经受了"三反""五反"运动的考验，清华外文系党支部在暑期通过了我的入党申请，同意我成为中共候补党员。

暑假开始，我们就提出去工厂劳动锻炼，经清华大学校党委请示北京市委后予以批准。我和外文系的部分团员及其他同学去了二七机车厂，另一部分人去了石景山钢铁厂。位于卢沟桥畔的二七机车厂具有"二七"大罢工的优良传统，我们既能与工人师傅共同劳动，又接受了革命历史教育。

我们原定在二七机车厂劳动一个月，结果两周后，我突然接到清华大学校方的指令，让我立即返校，说另有任务。回校后，获知新中国成立后的第一次国际会议——亚洲及太平洋区域和平会议即将召开，需要清华外文系同学支援。我们最初被安排在中山公园的几个大厅里住宿，白天集中学习。这时，我们才获悉会议召开的背景：美国片面缔结对日和约，加速了日本军国主义的复活；美国侵略者破坏朝鲜停战谈判，在亚洲区域到处建立军事基地，准备发动更大规模的战争，这使亚洲及太平洋区域的和平与安全遭到严重的威胁。如果说我进清华外文系一直接受的是"清华园是革命家庭"的教育，而这时我最能体会"外国语乃斗争武器"的意义了。

1952年暑假，教育部对中国高校进行了一次具有历史意义的重大变革——全国高校院系调整，清华大学原来的文理学科合并到北京大学。我也转学到了北大，亚太和平会议后的所谓"返校"不是

回清华，而是直接到新北大报到。我到新北大后，曾协助东、西、俄团总支宣传委员倪孟雄同志从事宣传工作。不久，东、西、俄三系分别成立各自的团总支，我担任西语系团总支书记，1953年夏我在西语系党支部转正。

这一时期，我仍然抱着"重政治，轻学习"的思想，对如何搞好学习很少考虑。没多久，我开始感到有压力了。那时毛主席发出"身体好，学习好，工作好"的号召，团中央胡耀邦书记随即在中国人民大学的大操场召开全市团总支书记以上干部会议进行传达，我参加了。此后，北大党委、团委在不同场合多次要求党团干部在"三好"中起表率作用，我与团总支委员和学生会干部不时研究该如何贯彻。

就"身体好"来说，按时起床、按时熄灯，党团员要做出榜样。值得一提的是国家体委在北京市推行"劳卫制"，我在短跑、中跑、长跑、单杠、双杠、跳高、跳远、铅球、体操、爬绳等10个项目上都达到优秀标准，光荣获得"劳卫制"优秀奖章。

"工作好"主要指党、团、学生会、班级干部的社会活动，时间固定在下午2—4点，这也能做到。

唯一让我们感到难办的是"学习好"，因为党团干部每天午休后比其他同学少两个小时的学习时间。当时发生过一件事：一天下午，我接到二年级团员的汇报，说他们班上的团干部在女生宿舍关门大哭。我赶忙前去问个究竟，原来她们期末考试成绩不好，没有完成"学习好"的任务，没法向组织交代，只能关门痛哭。我本人在班上考了个"4+"，处于中游。

党要干啥就干啥

1954年毕业时，我的第一志愿是参军，因为我对中学和大学时两次号召参军没有报名一直感到心中有愧，第三次又因视力太差未能通过。再一个原因是清华外文系有个传统，不同时期的党支部书记毕业后都参军了，他们是我的榜样。

北大东语系和西语系共有 8 位同学被通知去总参二部报到，报到时，干部处刘处长热情地看着我们，说了一句让我永远难忘富有感情的话："你们是我党在新中国成立后自己培养的第一批大学生。"

我在总参二部先后担任见习翻译、翻译、参谋等职。在新的岗位上，我立了一个大功。那时，美国欲在太平洋某个岛屿进行大规模的氢弹试验，我将全部情况研究分析和整理后上报，二部部长刘少文将军立刻转报国防部彭德怀元帅，彭元帅又直接转发中央书记处五位书记。为此，总参谋部政治部给我发了"先进工作者"证书。在二部期间，我还在《解放军报》发表过《美国军事科学哪些落后于苏联？》一文，后为《光明日报》转载。

1954 年，胡壮麟参军照

1958 年春，部队动员 10 万转业官兵建设北大荒，我报名获准，自部队转业，离开了北京。1959 年年底，我接到通知，调回北京工作，最后落脚在中国农业科学院情报资料室。情报资料室下分三个组：情报组、翻译组、资料组。我是学英语的，被分配到翻译组。没多久，室主任发现我有一定的组织能力，让我当了翻译组组长。1960 年初全国处于困难时期，我既提供了以美国为代表的工业大国的农业生产情况，也收集了同为农业和人口大国印度的农业生产经验。

在农科院工作十余年后，1972 年年底，我回到北京大学西语系英语教研室工作。回北大后，我最初给 1970 年进校并已经学习两年的工农兵学员上听力课。除采用现成的听力教材外，我每天自己从

电台录下 BBC、VOA 等外台的广播新闻，转成文字，然后请长期留在中国的一位美国老专家温德（Winter）校对，成为自编教材。

1974 年，北京大学接受一批越南留学生，由吴柱存和邓懿两位教授任主讲教师，我和安美华老师协助，我还负责教听力课。学生对我用多种方式给他们讲授和操练听力和口语，很感兴趣。1975 年暑期，越南留学生回国后，我先去首都机场，协助李赋宁先生培训机场人员学英语，然后又被告知担任即将入学的 1975 级工农兵学员教学小组长。1975 级同学中有一位刘振民同学，我鼓励并推荐他攻读北京大学法律系的第一批研究生，他至今还在联合国担任副秘书长一职。

改革开放庆新生

1978 年，我通过教育部在全国高校的中青年出国培训选拔考试，被保送至澳大利亚悉尼大学进修，同行 9 人。我利用这个机会在该校语言学系攻读了普通硕士和优等硕士学位，从此开启了我后半生在高校从事语言学教学的生涯。

悉尼大学语言学系主任韩礼德（Michael Halliday）1949 年前后曾在北京大学和岭南大学攻读本科和研究生课程，导师分别为罗常培先生和王力先生。鉴于他在中国的经验并受到中国革命的影响，他对我们 3 位在该系进修的教师非常友好，也能提出严格要求。[1] 他倡导的系统功能语言学理论，既传承了王力、高明凯等功能主义的思想，也能结合他的英国导师弗思（Firth）有关伦敦学派的理论。[2] 国外高校在课堂上流行的"研讨会"（seminar）与国内学校中习惯的

---

[1] 胡壮麟：《吾师韩礼德先生的为人和治学》，《浙江外国语学院学报》2018 年第 5 期，第 12—15 页。

[2] 胡壮麟：《韩礼德学术思想的中国渊源和回归》，《外语研究》2016 年第 5 期，第 9—13 页。

"听课记笔记"的教学方法形成鲜明的对照。

我虽然在语言学系学习，也参加了英语系为中国进修教师安排的一些课程，主讲的有系主任克雷默（Kramer）教授、讲师朗西（Runcie）博士和外聘悉尼教育学院的老师。克雷默教授后荣任悉尼大学校长，1998年北大一百周年校庆时，经学校同意，我以北京大学澳大利亚研究中心主任的名义邀请克雷默教授参加庆典。

1998年北京大学校领导决定成立"澳大利亚研究中心"，虽然我已退休多年，仍让我挂帅，我服从组织决定。在此期间，澳方的澳中理事会主席知道我是从事语言学教学和研究的，特地提醒我新成立的中心和北大即将召开的学术会议，不要只宣读小说和诗歌类论文，应该动员北大和其他学校更多专业从事澳大利亚研究，如政治、经济、外贸等。基于这个原因，我自己带头写非文学类的论文。经过多年的努力，2016年我卸任后，将有关论文汇集成《跨越太平洋：胡壮麟澳大利亚研究论文集》。

北京大学评职称时，曾有过明确规定，凡教学、科研和管理工作全面发展并取得成果的教师优先提拔。对此我深表赞同，并按此督查自己。

高校恢复招生后，北大外语教师的压力很大。外语专业本科生分两个方向——文学和语言，北大教师比较熟悉文学课程，但是语言方向的教学如何开展，却不是很清楚，如果回到之前简单的"听说读写"教育，岂不把大学办成外语专科学校？改革开放后开始招收硕士生和博士生，为他们开设专业理论性更强的课程难度更大。正是在这个情况下，我们先期出国进修的老师，如姜望琪、祝畹瑾、申丹等同心协力，为本科生开设了普通语言学、应用语言学、文学文体学、叙述学、英语的语体、社会语言学、外语教学法、外语测试等课程；为研究生开设了系统功能语法、历史语言学、语言学理论和流派、语义学、语言和隐喻、互动交际、语用学等课程。因此，每年都有不少高校老师前来观摩学习。就我个人而言，改革开放后

我在北大除本科生外，还培养了25名硕士生、8名研究生班学员、17名博士生。

在科研方面，我边教学、边参加学术会议、边写论文。自1981年回国后至1996年暑期退休，一共发表了63篇论文（平均每年4篇）。在专著方面，独著、合著、主编、合编各2部。获奖情况令人满意。同时，我积极参加国际会议。我先后去澳大利亚、美国、加拿大、芬兰、荷兰等国家以及我国港澳台地区，参加各种国际会议达20余次，会议主题涉及系统功能语言学、应用语言学、语用学、话语分析、论辩学、象似性、英语教学等。

在管理工作方面，我从澳大利亚回校后没有多久，便先后被任命为西语系英语教研室副主任和主任；1983年英语系成立后，被任命为副系主任，1985年被任命为系主任，直至1993年。

退而不休，老有所为

1996年学校通知，教师退休年龄可以提前到63岁，我立即打报告申请退休，获得批准。

但是，退休之后，我并没有休息。苏州大学为了成立符号学研究会，要挂靠中文系的比较文学研究会。会长乐黛云教授提出要由北大教师担任该会会长，对方同意了。乐教授听说我退休了，便把这个任务交给了我。我不得不从头学习和研究符号学这个新的领域。过了一段时间，北京航空航天大学外语系主任高远邀请我去他们学校给研究生讲课。又过了一段时间，我去医院探望我的好友北京师范大学的钱瑗（钱钟书和杨绛的女儿）。她在病榻前要我继续上完她的课并在北师大任兼职博导一职，招收博士生，不知不觉我在七八年中培养了9名博士生。

我也没有停止科研工作，从1996年下半年至今的23年中，我完成独著和论文集9部，合著5部，主编9部，合编13部，论文

182篇（平均每年7篇以上），获得了诸多奖项，在此不一一列举。

令人感到欣慰的是，2018年北京大学离退休工作部邀请我参加北京大学离退休教职工金婚庆典，并代表913对金婚夫妇在台上发言；也是在2018年，北京大学离退休工作部授予我"老有所为·乐为之星"奖。

回顾一生，可以说，我们是在艰苦奋斗中成长的一代，也是见证了祖国崛起、民族复兴的一代。

胡佩诚
为心理健康事业而奋斗

胡佩诚，1947年10月出生于上海，北京大学医学人文学院教授。1977年考入北京医学院医疗系，1982年毕业后进入人民医院工作，1984年进入北京医学院工作，1987年在北医开设了全国第一批大学生心理咨询中心。主要从事医学心理学方面的研究，在性功能障碍与性心理变态治疗、家庭婚姻的调适、心理健康的保持等方面有丰富的经验和研究成果。

在中华人民共和国成立70周年之际，回忆自己人生的历程，我感触良多。作为一个在心理健康战线上奋斗了一辈子的老人，我愿把这篇回忆献给新中国70华诞。

学生时代的憧憬

我1947年在上海出生，在我6岁时，父亲从上海的华东财政部调到中央财政部，我也就来到了北京。我小学在和平门的北京顺城街一小读书，从三年级开始就担任大队长，学习成绩也一直名列前茅，毕业时获得了全校当年唯一的"三好学生的表率"奖状。

中学考上了北京四中，在少先队仍然担任大队长，这样，也让我有更多机会接触到外界。在这期间，我遇到了我成长中的领路人——全国优秀辅导员韩振东先生。韩先生为我批改了整整三年的日记。至今，我仍然记得他那刚劲有力的红钢笔的批字，字里行间充满了一位长者对一个少年的关注与激励，每次读他的批语，我都受到很大教育。在四中念初中的三年，我的学习成绩只有图画课得了4分，剩下全部5分，获得了1963年的北京市中学生金质奖章（全校只有两个人获得）。

中学的时候我就在想我将来到底要干什么，有政治、经济、文化等众多的专业领域可供选择。我思考后还是想当一名医生，从事健康事业。

赤脚医生的历练

1968年，北京知青下乡，我到了内蒙古土默特左旗插队，这是一个交通要塞。我下乡在塔布赛公社（时任国家副主席乌兰夫的故乡）七炭板村大队，到那里我发现村里没有一个医生，于是我毛遂自荐当上了赤脚医生。和我们一起下乡的基本都是初中毕业生，只有我们三个高中生。我们这三个人，一个建起了良种场，一个拉起了电，我则建起了红医站。

年轻气盛的我们当时一心想的是：响应毛主席号召到农村去，到边疆去！接受贫下中农再教育！有为青年志在四方！我们做好了在农村扎根的准备。

所谓红医站，就是我自己单独有一个屋子，在老乡给我们知青盖的那一排房子的最边上，人住在里头，中药、西药也都放在屋子

里。我虽然是赤脚医生了，毕竟不是科班出身，所以，我先被送去县医院学习了三个月，队里给了三个月的工分（插队时工分意味着口粮）。后来，我趁着农闲，又自费去内蒙古医学院附属医院学了八个月（没有工分）。

当时赤脚医生做的卫生服务工作就是打针、吃药、少量的输液工作，我还靠针灸、捏脊、按摩和一些简单的心理上的劝慰等方法治疗病人，我那时候也只能做这些。此外，我经常走街串户，帮助老百姓诊断一些农村的常见病、多发病，比如感冒、肺炎、痢疾等。溃疡、癌症在当时的农村也不少见，遇到这类我处理不了、无法诊断或者高度怀疑的病症，我就建议将病人马上送到上级医院。虽然不能判断，但是我会怀疑，如果发现病人的症状不是常见病，就要求病人必须转院。行医几年，我基本上没有误诊过病人，所以我在当地的口碑是很好的，除了本村村民，周围的村民、知青，都请我去看病。

出乎我意料的是（因为我已经忘掉了），我曾为一位20世纪70年代出生的孩子接生。还是在北京知青下乡50周年返村时，孩子母亲告知其儿子："你是在赤脚医生胡佩诚的帮助下，才来到这个世界上的！"这个故事传开时，知青们万分惊奇，我自己也十分感慨。

在农村看病，完全要依据当时的情况，不可能像城里那么正规，比如村里消毒没有高压锅，我就用蒸汽锅，最低要蒸30分钟以上，实现无一人感染。我成功地抢救过一个病人，后来还拿这个病例考了好多赤脚医生，以及正规医生。病例是这样的：一颗黄豆卡在一个孩子的鼻子里，孩子没法出气，这样的情况下，你应该怎么办？有人说下纤维镜啊，用镊子夹啊。我说这些办法在农村都不可能用，不好使。我告诉他们我有个绝招，而且成功了。当时我问孩子家长家里有没有辣椒面，他们说有啊！我就往孩子鼻孔里吹点儿辣椒面，在辣椒面的刺激下，这个孩子"阿嚏"打一个喷嚏，黄豆出来了！法无定法，此招有效！

这些特殊的病例，尤其是民俗治疗法，让我记忆犹新。受到这方面的经验影响，我对医学中的人文、心理现象格外留意，这也为我后来转向心理学的研究提供了一个直接的契机。

应该说，我有机会能在农村生活四年多的时间，实际上是人生中的重要经历。想一想：一个在城市里长大的孩子，深入到中国的一个偏远落后的乡村，目睹了当时中国农村相当贫穷的状况。亲身体验、亲身经历对于每个人来讲，都是非常珍贵的。

我这样一个北京少年，走进苍茫的内蒙古草原，在那里成为一名平凡的赤脚医生，体会到中国最底层农村的困苦与需求、普通民众的朴实真情，这些经历让我清醒地认识了中国农村，开始深入思考人的身心健康问题。中国的巨大变革，也带动着我的人生风帆远航到更广阔、更高远的境界，把医学和人文紧密地结合起来，转化为一把钥匙，解开我们这个时代人们身心健康的困境。

心理医生的成长

后来，我从乡下被抽调到土默特左旗第二中学工作，在中学里面待了整整四年半时间，所以我在内蒙古的时间应该是九年。

1971年左右，大家都开始返城了。最开始返城的知青是当工人，之后有当老师的，我也心动了。教育局当时要调中学老师，我就提出了申请，上面审核了一下申请资料，没考试就批准了。1972年年底我离开农村，1973年1月经过两个月的培训，3月进入中学。我当了四年半老师，在中学我既当校医，又教化学、英文。

1977年，我考上了北京医学院。我的高考成绩是自治区第二，北医第一。那时候北医在内蒙古招53人，人数不少，为什么？因为内蒙古的北京知青多，所以把大量名额给了内蒙古。我在北医读书期间，连续三年获得校级三好学生。大学期间医学课程没有下过90分，这是很难做到的。因为我有实践经验，好多理论我都实践过，

所以跟年轻同学相比在学习上我有些优势。

我从北医医疗系毕业后，留在人民医院干了两年，又被送到清华读了两年社会科学，后来在美国纽约州立大学学习了临床心理学，拿到了美国的博士学位。此外，我还经过了北师大的心理人本主义博士训练、中德行为心理培训等。我的学术背景其实一直是以医学为中心或者以健康为中心的，赤脚医生、校医、学医，我这一辈子都在从事医学与健康相关的工作。

工作这些年，我取得了一些成绩。在我获得的奖项里，有两个对我格外重要：一个是2005年获得北大医学部学生投票选出的最受学生欢迎的"十佳教师"荣誉称号；另一个是2010年获得北大医学部教师的最高奖"桃李奖"，同时还被写入北医百年校史。我很喜欢这两个奖，这既是学生对我的肯定，也是教师对我的肯定。能得到学生与教师们的认可，我觉得这一辈子没白干。

由于改革开放的好政策，中国大学的教师们能走出国门，与世界的大学教育接轨、交流。北医也大为开放，马旭校长、彭瑞骢书记鼓励北医的教师们用各种机会与项目出国交流。我也去了许多国家，在美国的时间最长，学到了许多先进的经验与研究成果，也启发了我的科研思路。

我主编与合著的著作有170多本，学术文章写了180多篇。北医的医学心理学的硕士点和博士点也是我在任时申报成功和建立的：2000年建硕士点，2004年建博士点，在全国医学院校中，北医医学心理学硕士点和博士点是唯一一个以医学心理学的名义建立的。我在全国的医学心理学教育分会担任了10年的会长，为中国医学心理学的发展贡献了自己的力量。

1997年，我与医学工程室的邓伯庄教授、朱燕工程师研制了我国第一台漂浮治疗仪，也做了一些相关研究，并在国内外发表了一系列文章。20年后，一批从哈佛、牛津毕业的学生们回国创业，研制了第10代智能漂浮舱。

2018年在美国召开的第7届漂浮大会上，我作为中国中医药信息研究会漂浮医疗分会的会长，宣讲了中国漂浮技术的发展与研究成果，引起了巨大反响，许多国家对中国心理科技产业的迅速发展和在世界处于领先的地位给予了高度评价。

2008年，由于我在性心理学方面取得的一点贡献，德国授予我在性心理科学领域声誉非常高的"赫希菲尔德奖"（每两年颁发给一位在世界性科学领域中取得突出成就的学者）。在领奖发言中，我讲到了中国的许多发现与做法，得到了与会者热烈的掌声，也为中国赢得了荣誉。令人欣喜的是，这些年来性科学、性教育、性治疗都已经进入了教育部、卫生部（现为国家卫健委）的文件，而且也越来越广泛地扩展到大学、中学、小学去，同时也扩展到社会上去。

在我的教学生涯中，除了本科生的教学以外，还培养了9名硕士生、7名博士生。为了研究生能快速成长，我竭尽全力对他们注入了大量的心血：在学术上，对学生严格要求，一丝不苟；在为人上，对学生认真教导，教导学生既要把握大方向又要注意细节，要做一个不迷失方向的自律者。

在心理学的基础研究中，我带领团队申请了30多项纵向与横向的研究基金。我带领学生们对一个又一个的心理学研究课题进行探索研究，并取得了一定的研究成果。例如，朱洵博士运用功能性核磁共振对女性性欲规律变化的研究，打破了传统的学术观点，提出了"女性排卵期性欲低"的新观点，并撰文在国际一流杂志上发表，我国卫生领域最权威的《健康报》与《医学论坛报》上也报道了该项研究成果，受到国内外舆论的普遍关注。我带领研究团队还对人体中是否存在"性素"（pheromon），进行了深入研究。研究团队对6位（3男3女）无论外表还是气质都极具男女性特点的大学生进行了测试，给他们穿上T恤衫，在42小时内不剧烈运动、不吃刺激性食物，之后把T恤衫放在6个广口瓶中，让82位男女生（41男41女）在双盲情况下闻T恤衫，并选出各自闻到所喜欢气味的T恤衫。

结果出人意料地发现,男性喜欢女性穿过的T恤衫,女性喜欢男性穿过的T恤衫。随后,研究团队就人体中是否真的存在动物身上有的"性素"问题撰写了一篇题为《人类体味的异性偏好现象初探》的论文,该研究引起了世界同行专家的热切关注。

同时,我也很关注心理学的临床研究,努力推进心理健康事业在中国的发展,先后与美国和欧洲的许多学者联系,将发达国家的临床心理学引入中国。从20世纪末到21世纪初,我先后请来了如美国临床性学科学院的威廉·格兰齐格(William Granzig)、朱迪·库里安斯基(Judy Kuriansky)等临床心理与性学专家来华开展心理与性学硕士学位课程及相关方法的培训。我们前后举办了18期全国性的培训班(1993年成立了卫生部心理治疗培训中心),让中国的一大批学者接受了临床心理与性学的先进理念与治疗方法,有力推进了我国临床心理与性学的快速发展。

以上若干项工作,为中国的心理学发展,也为世界的心理学研究贡献了有益的成果。

此外,我还是《中国性科学》杂志创刊人之一,2010年起担任主编,突出"我是谁、代表谁、为了谁"的办刊宗旨,努力践行社会主义核心价值观。我们汲取国内外优秀期刊的经验,改进办刊方针,创新办刊理念,调动全体编辑人员的积极性,带领编辑团队在不到两年的时间里,使《中国性科学》杂志进入了科技部科技统计源核心期刊、中国优秀期刊行列。

在对外的科普宣传中,我尽心尽力。我先后100多次参与电视台、电台的录像与录音制作,录制内容常在北京电视台《生命·生育·生活》节目和央视二套《健康之路》节目中播放,让心理与性科学在广大民众中普及,以促进广大民众的心理与性健康。此外,我在北京市第二医院开展了为期三年的"少男少女门诊"服务,推出了免费为青少年性问题咨询与治疗服务,赢得了世界与中国学者的好评。其后,相继有类似的服务项目推出,其中最为突出的

胡佩诚：为心理健康事业而奋斗

是计划生育服务单位的相关性教育项目，让越来越多的青少年受到教益。

胡佩诚在中央电视台录制节目时与主持人孙晓梅的工作留影

2008年，我担任亚洲大洋洲性学会的理事长，同时任世界性健康协会副会长，为亚洲与世界的性科学发展做出了一定的贡献。

我是一位北大的心理学家，在整个学术生涯中，为心理学问题的研究，为百姓心理疾病的解决，贡献着自己的力量。我今年72岁了，但是我一直坚持出门诊，做校级教学督导、漂浮疗法分会会长、全国健康管理项目促进人，为国家医师与心理治疗师考试命审题，参与国家心理所继续教育项目，同时进行着四本书的写作、两部百科全书的组织与撰写等。

60岁离开管理岗位后，特别是64岁退休后，我捡起了年轻时爱好的书法与乒乓球，而且着了迷。居然在67岁时打败了匈牙利来华交流的乒乓球前世界冠军克莱斯；书法作品也参加了全球巡展的项目。

我之所以能在健康事业上取得一定的成绩且小有贡献，要感谢

我们有一个和平与不断发展的祖国和好的政策。虽然这其中也有不尽如人意的地方,也有挫折,但是,洪流滚滚,历史永远会奔腾向前。中国已屹立在世界的东方,我们的多项指标已是国际领先水平。在这样一个大好的时代,我们这批老人更要保养好自己,期待着中国更美好明天的到来!

侯学忠
伴随新中国发展的步伐砥砺前行

侯学忠，1937年11月出生，河南新蔡人，1958年考入北京大学物理系，曾任地球物理系学生政治辅导员和系团总支副书记，物理学院党委副书记，北京大学党委组织部副部长、党校办公室主任，1999年退休。

2019年是中华人民共和国成立70周年。这70年是我们伟大的祖国波澜壮阔发展的70年，是值得大书、特书的70年，也是值得我们全党、全国人民和全球华人热烈庆祝的70年。新中国成立的时候，我还处于童年，从某种意义上讲，我的真正成长是从新中国成立之后开始的。因此，这70年也是我真正成长和发展的70年。70年来，我们的祖国在发展，我本人也在进步。相比于祖国的发展来讲，我本人的进步只是沧海一粟，微不足道。但这毕竟是汇成那浩瀚大海的一滴水，也有必要向党和人民做一个简单的汇报。

新中国的雨露滋润我奋力求进取

我出生于河南省新蔡县一个贫苦农民家庭里。童年时候,我虽然有着求学成才的强烈渴望,但因家贫而无法实现。那时,在我们村就有一所国民小学,眼看着别人家的孩子去上学,我非常羡慕。我认为,只有上学读书识字,才是摆脱家庭贫穷困境的出路。但当时一方面家里贫困无力供我上学,另一方面家里又需要我干农活,因此,虽有求学的强烈愿望,我却不能走进学校。可以想象,家门口就有学校,自己却不能上学,我是多么不甘心。怎么办呢?我只好在劳动之余跑到学校里,躲在教室外面听老师讲课,听学生们念书。久而久之,被老师发现了,老师把情况告诉了我的家长,希望能让我上学。家长这才勉强同意我去上学。但有个前提,那就是不能误了干农活。说得具体一点儿,就是农忙了干农活,到冬天地里没有农活可以干了才能去上学。即使这样我也很高兴,总算有机会到学校去读书了。大约不到两年,我们那里就解放了,村里的小学停办了。

新中国成立之后,我到乡办小学去读三年级。由于当时乡办小学刚恢复还不太规范,而我已经 13 岁了,总觉得再这么按部就班地读下去实在太慢,想换一个学校。于是,1950 年 11 月,我决定到韩集镇办的完全小学去读高小的课程。

因为我是插班生,开始五年级课程的学习时,那真叫一个吃力!很多课我都听不懂。语文老师出了一道作文题,可难着了我,什么是作文也搞不清,经过苦思冥想只写了两行字就没有了词儿;数学课更觉得难,一次小测验我交了白卷。快到寒假前的期末考试时,我心中没底,害怕考不及格留级,急得直哭!我们的班主席(班长)告诉了班主任老师,老师把我叫去问话。他说:"看你的两只眼睛很大、很精,为什么跟不上课呢?"我就如实告诉他,说明我之前因为家穷没有真正地上过学，后来在乡办小学读了三年级，没读四年级的课程就来读五年级了。而且我是11月才来的，前面的课程都没听。老师听我述说之后耐心地安慰了我，并鼓励我认真复习，安心考试。放假前我接到了成绩单。当时我既高兴又纳闷，高兴的是我各门功课都及格不会留级了，而令我纳闷的是所有的成绩都是60分。既不是59分也没有61分。后来我想是班主任老师为了给我一个机会。

那个寒假，我怎么敢休息？实际上我连春节也没有过好。我抓紧一切可用的时间，既复习又预习，想尽快跟上班级课程而不掉队。到了五年级的下学期，我更加刻苦而不敢有半点儿放松，学习成绩可以说是"突飞猛进"。作文进步特别明显，有的文章还被选登上了我们年级的范文级刊。心情好了，学习劲头更足了，那个学期期末，我的学习成绩跃居为班上第3名。

在学习实践中，我深刻地悟出了一个道理，那就是"我要学"与"要我学"二者的效果大不一样。"我要学"是一种主动求知的欲望，这种欲望能够激发出一种认真刻苦的学习精神。就是这种刻苦学习的精神，贯穿于我学习的整个过程。除了在学校里刻苦学习之外，我还抓紧一切可用时间和机会去学习。在没有上过学的家长看来，学生在学校里的时候应该用功读书，放假回家之后就应该好好干活。我非常能够理解他们，他们一年四季干农活，不怕风雨和烈日，的确非常辛苦！放假了，我应该帮助家里多干一些农活，为他们减轻一些劳累之苦。可同时，我还得抓学习，只不过要尽量处理好干农活与学习之间的关系。干农活的时候，我就抓紧时间拼命干，因此，我练出了既快又好的干活本领。在干活之余，我会挤时间去学习。因为怕家里人不理解，我会找一些僻静的地方去学习，有时甚至会去高粱地或老坟堆去学习。关于这一点，我的嫂嫂经常会以我为例，教育她们的孩子，让孩子学习我的刻苦精神。由于这样一种刻苦精神，我升初中、高中都比较顺利。

我的初中生活是在我们新蔡县第一初级中学度过的,那里距我家有30里之远。寒暑假和周末我都要回家帮助家里干一些农活,偶尔也会有个别的周末不回家,专门用来学习。上高中就不同了,因为当时我们县还没有高中,我考取了距我家100多里路的汝南县高级中学。因此,周末就不能回家了,我基本上都在学习。也不是每个寒暑假都回家,有时假期我会参加护校队,一边护校保安,一边抽空学习。高中二年级的暑假我既没有回家,也没有参加护校队。因为距高考的时间已经不远了,我们有几位同学相约组织了高考复习小组,在学校附近农村一家农户住下了。我们备粮、买菜,自己做饭,除了吃饭、睡觉之外,所有时间都用于复习功课。那个暑假我们过得紧张而充实。应该说,为高考我们做了比较充分的准备。令我没有想到的是,1958年的高校招生办法中规定,有5%的高中优秀毕业生可以免试保送上大学。就这样,我本人有幸被保送到北京大学物理系。这件事在我们那偏僻的乡下引起了不小的轰动,周围许多村子很快就传开了。

作为一个农村的孩子,我平时很少远行,而我即将远离家乡,去北京继续学习深造。北京到底有多远?放假能不能回家?我心里没有底,家长也是既高兴又担心。快要离开家了,妈妈问我:"去北京那么远,啥时候能回来?"虽说我心里没底,但还是说放假会回来的。走的那天,家里人送我出门,我走了很远再回头望时,见妈妈还站在那里遥望着,我的双眼湿润了。

1958年9月,我如期到北京大学报到,开始了在物理系的学习。半年之后,我被分到地球物理系。进入大学之后,我发现虽然我是保送入学的,但与有些从大城市来的学生相比,仍有不小差距,我学习上的压力很大。我只有努力学习,争取尽快赶上去。紧张的大学第一学年结束了,我的期末考试成绩并不理想,其中数学刚刚及格。我决定放假不回家了,留下来补补课。在那个暑假期间,北京大学图书馆(现在的档案馆)、未名湖畔的小山坡,我可没有少去。

世事难料,刚刚投入大二紧张的学习,1959年10月的一天,接到了母亲病重的电报,我非常难过。我还记得在高中的一天下午我也曾接到母亲生病住院的电话,我吃过晚饭就急忙出发了。一夜之间,我摸黑步行100多里路,第二天上午赶到家看望她。但是,这一次我犹豫了。路程这么远,要回去可不是一两

大学时期的侯学忠

天的事儿,而我的学习压力又那么大。就在这时,我又接到第二封电报,母亲已经过世了。噩耗传来,我十分悲痛!我没有想到老人家走得这么快,我后悔自己没有及时赶回去,在母亲病故的时候我都没能守在她身边,这给我留下了终身的遗憾!

共产党的光芒引领我竭力做奉献

作为一个出身贫苦农民家的孩子,我对新中国、对中国共产党怀有极为深厚的感情,在政治上要求进步的心情非常迫切。1951年春,我在韩集完小参加了学校第一批少年先锋队,同年6月我又加入了新民主主义青年团。到了初中阶段,通过对党的相关知识的学习,我对党有了进一步的认识,提交了入党申请书。初中毕业的时候,我们年级就有人入了党,这使我备受鼓舞。当时学校党支部告诉我,我入党条件尚不成熟,且不到18周岁。党支部表示会把材料转到新的学校,鼓励我继续努力。到了高中以后,党组织又继续给予我关心和引导。高中一年级上学期,我刚满18周岁,就于1955年12月28日光荣地加入了中国共产党。那是我一生中最激动的日子,我彻夜难眠。我想了很多,一个在旧社会连上学的机会都没有的穷孩子,在新中国成立之后,不仅能够顺利地上学,党组织还培养教育我成长为一名光荣的中国共产党党员,我决心要好好学习,

准备将来为国家多做贡献,并随时准备接受党的任何考验。后来学校又让我担任校团委副书记(正书记由专职老师担任)。

我的学习目的也在发生变化,原来我只是为摆脱家庭贫穷困境找出路,后来逐渐把学习与国家发展和党的事业联系在一起了。入党时我是这么想的,被保送入大学的时候也是这样。当时我很激动,想要更加努力学习,争取当一个物理学家,为国家的科学发展做出应有的贡献。因此,我进入大学之后,克服困难努力学习。后来,学校为了加强学生的思想政治工作,决定抽一批学生担任政治辅导员,可能因为我有在高中担任校团委副书记的经历,我便成了被抽调的一员。

被抽调之后,我在地球物理系担任一个年级的辅导员,另外还兼任系团总支副书记。开始的时候我算是半脱产,一边工作一边学习。那个年代,学生的政治活动比较多,我的工作任务比较重。除了开展经常性的思想政治工作之外,还要不时地组织学生到工厂、农村参加劳动,少则半个月,多则一个月,有时甚至长达一个半月。我由于常带队出去劳动,不能保证与我们年级的同学一起上课。久而久之,落下的功课越来越多,很难补上,学业难以继续。系里决定让我"全脱",把精力都放在工作上。这样,就等于让我放弃自己的专业,这对我来说应该是一次严峻的考验,当物理学家的希望没有了。要说我没有一点想法,那不符合事实,因为这是我人生的又一次转折。

这时候我就想起了入党时的承诺:随时准备接受党的任何考验!当不了物理学家又怎么样?关键时刻把党的工作需要作为自己的奋斗目标,这就是那个年代的共产党人的品质和风格。思想通了,服从工作需要,我便全身心地投入工作。这时,我又承担了系党总支办公室秘书这一项工作。

完全脱产之后,情况发生了变化,但是刻苦学习的精神不能变。我深知,要想在大学里立身和搞好工作,特别是要搞好学生工作,没有知识不行。

情况变了，学习的方向也应跟着改变，因为我从事学生教育管理和党建工作，必须学习那些与工作性质相关的知识。为此，我先后选修了哲学、心理学、伦理学、世界历史和古代汉语等课程。通过这些相关知识的学习，我与大学生有了一些共同语言。这对于深入学生、了解学生、研究学生情况，做好学生的思想政治工作大有好处。

我从事学生教育管理工作的时间比较长。"文化大革命"前在地球物理系是如此，后来调到物理系政工组，继而担任物理系（后改为学院）党委副书记，一直是负责此类工作。在实际工作中，我自认为是具有较强的事业心和责任感的。平时经常深入学生宿舍与他们谈心，了解他们的情况，帮助他们解决学习困难和思想问题。就连一些节假日也尽量争取与学生们在一起，那些年的除夕夜，我几乎都没有与家人一起过，而是与那些放假没回家的学生一起联欢。因此，我与学生的关系比较好，他们有什么困难和思想问题都愿意找我交流，甚至有的学生恋爱中发生变故也会找我倾诉。

在长期的学生教育管理工作中，我学到了不少知识，也积累了一定的经验。我曾参与撰写北京市教工委组织编写、出版的《大学生学习生活咨询》一书。在此期间，教育部于1984年发通知要求过去因工作需要被提前抽调的大学生应与同届毕业生享受同等的待遇。因此，我拿到了迟来20年的"毕业证书"，自然就取得了评选专业技术职称的资格。1987年，国家开始设立"德育"职称；1988年，经学校申报、北京市教工委审批，我被评为"德育"副教授（后于1993年晋升为研究员）。

1991年5月，我被调任北京大学党委组织部副部长，主要负责党的建设工作。我负责入党积极分子和新生党员教育培训工作，发展新党员的工作，以及基层党支部的建设工作。在此期间，我分别参与制定关于加强和改进学生和教职工党支部建设的文件。另外，

还专门对校办产业中党的建设现状进行了调查研究,并到企业学习了党建工作的经验。结合我校校办产业特点,参与拟定了《关于加强和改进校办产业党的建设的若干意见》。

北京大学于1991年成立了党校,我于1994年开始担任党校的办公室主任一职。除了继续做入党积极分子教育培训工作外,还要做正、副处级干部培训和后备干部队伍(教学、管理骨干队伍)的培训等多项工作。我在此岗位上工作到1999年退休。退休之后,我又被返聘继续从事党校的工作,一直到2017年,前后在党校一共工作23年。在党校工作中,我们明确党校的定位,认为党校是学习马克思主义理论、教育培训骨干队伍的重要阵地,是党员和党员干部锻炼党性的熔炉,也是党委进行思想政治工作的一个重要部门。在具体工作中,不论是课程设置、教材建设,还是培训措施,我们始终把对马克思主义理论的学习作为主修课,把党性教育和党性修养贯穿于教育培训的全过程。

在党校工作期间,我一直坚持讲党课,经常为校本部、医学部、方正软件技术学院、软件与微电子学院的入党积极分子讲党课。我所讲的内容是"共产党人的理想信念"和"关于青年知识分子入党问题的思考"(如何争取入党问题)这两个课题。同时,我还与陈占安同志共同主编了《马克思主义经典著作选编导读》一书,由北京大学出版社出版,供高校党校采用。我写了其中毛泽东著作的导读。

另外,我还为全国高校党校建设的巩固和加强做了一些工作。1999年,我校接手了全国高校党校工作研究联络组(后改为中国高等教育学会党校教育分会)秘书处的任务,让我具体负责这项工作。我主要负责各高校党校的联络工作,各种会议的策划、筹备和召开工作,以及内部交流季刊《高校党校教育》杂志的编辑、出版和发行工作。在我们接手这项工作时,正逢全国高校党校的暂时困难时期。在1999年高校内部管理体制改革的过程中,党校普遍受到了削弱，有的甚至一度处于"形同虚设"的地步，怎么办？我们当时提出了"坚守阵地、扎实工作、多做贡献"的口号，以争取党校工作的主动和发展。一方面，我们各高校党校的同人主动地、创造性地开展工作，为学校工作多做贡献，以"有为"争取"有位"；另一方面，凡是我们举办的会议，都力争教育部社政司的领导到会指导，以引起重视。此外，积极办好《高校党校教育》，以加强校际情况沟通和经验交流。

2000年中共中央要召开全国党校工作会议，我们想到了借机发声。我们通过中央党校办公厅王桂英同志，主动向大会文件起草负责人反映了高校党校建设中面临的困难，希望文件能够帮助呼吁一下。我们反映的情况是否被注意不得而知，只是在中央文件中确有了要求高校党校要"继续办好"的字样。在中央文件中有了高校党校的一席之地，这对于高校党校的巩固和发展，起到了积极的作用。经过全国高校党校同人几年的努力，各高校党校的工作都有了不同程度的发展。在我们开会总结回顾那几年的工作时，大家一致认为高校党校经过了"艰难的历程"，迈出了"坚实的步伐"。

我在北京大学从事学生教育和党建工作一共有50多年。在工作中，我努力了，也获得了一些荣誉：先后获得"北京市德育先进工作者""北京市优秀党务工作者""北京大学党务与思想政治工作一等奖——李大钊奖""北京市高校党校协作组先进个人"等奖项。

总之，回顾新中国成立后的70年，祖国在发展，我本人也在进步，从农村的一个穷孩子成长为一名高校党建工作者，伴随新中国发展的步伐砥砺前行！

俞士汶
助力汉语走入信息时代

俞士汶，1938年12月出生，安徽宣城人，北京大学信息科学技术学院教授。1957年考入北京大学物理系，1958年转入数学力学系，1964年毕业后留校。主要从事计算语言学研究，作为第一完成人的主要研究成果有以《现代汉语语法信息词典》为基础的综合型语言知识库。

当"家是最小国，国是千万家"的歌声唱响时，我想到北京大学也是一个大家庭。我在这个大家庭中生活了62年，亲身见证了北大的各种变化。1957年刚入学时，我住在十三斋，位于当今理科楼一带，是一座两层的旧楼。冬天要靠工人在户外烧嵌在墙壁里的煤炉取暖。2017年9月，我陪当年同住十三斋的校友到学生宿舍区转了转，眼前高新的宿舍楼让我们感慨万千。新中国成立70年来，北大的发展波澜壮阔、绚丽多彩。作为一名北大人，可说可记的感受实在太多了。

在大树的支撑下成长

我们这代人,一生难得有几回自主的选择。1957年报考北大是我值得庆幸的人生中最重要的选择。在北大读了一两年后,我与中学的同学交流学习心得时发现,读理科与读工科不同。在工科统称高等数学的课程,在北大分为数学分析、线性代数,表面上只是深浅不同,其实对人的潜质的影响和能力的培养大不一样,抽象、严谨的课程训练使我增强了探求事物本质及其内在规律的惯性,懂得欣赏数学的形式美,追求逻辑思维的严密,认识到主观的已知同客观的未知相比较永远是微不足道的,对科学存有敬畏之心。做学问需要想象力,更需要实事求是的精神,来不得半点虚假。我在北大早期受到的熏陶,对于日后科研实践风格的形成,产生了潜移默化的影响。我始终感谢北京大学为我提供的雨露阳光。

在北大我学的专业是计算数学,即可以在电子数字计算机上应用的离散化的数值方法。那时有计算数学这个专业的高校不止北大一所,但是在读书期间有条件使用电子计算机的学校却是少之又少。1963年我读大学五年级,上程序设计实习课时,我们可以到中国科学院计算技术研究所使用被称为103机的电子计算机,那时的说法叫"上机"。103机每秒可以执行2000次定点运算(机内用二进制表示的数值只能在-1与+1之间),用穿孔纸带输入程序和数据,只允许少许的计算结果在很窄的纸上打印出来。我记得自己当时用机器指令编了一个自动取比例因子(使计算过程中的所有数据自动保持在-1与+1之间)的求解常微分方程的程序,一次便通过了,程序没有错误,计算结果正确,辅导教员和我都十分高兴。

作为计算数学专业的毕业生,能够留在北大工作是非常幸运的,有机会参与重要的科研任务。1958年,北大自主研制每秒1万次定点运算的电子管计算机,称之为"红旗机"。受元器件品质和工艺水

平的限制,机器极不稳定。1964年毕业留校后,我和同事们编制了验证"红旗机"各条指令功能的检查程序,昼夜轮班,抓住机器稳定的短暂时段,运行检查程序,终于多次完整通过,证明了"红旗机"的指令系统的逻辑正确性。当时这是一个很大的成绩,得到周培源副校长的表扬和鼓励。1970—1973年,我参加了全国第一台百万次集成电路计算机多道程序操作系统的研制。1973—1978年,我从事6912计算机及其高级程序设计语言的维护推广工作,编写了两本讲义,铅印发行了2000册。1978—1985年,我参加计算机-激光汉字照排系统分时操作系统的研制。通过总结这些系统软件的研制和维护经验,同时发挥长期积累的理论优势,我作为第二作者,与杨芙清院士合著了《操作系统结构分析》(北京大学出版社1986年出版)。

1986年我选择计算语言学作为新的研究方向,是我事业的一个转折点。同年北京大学计算语言学研究所成立,我是最早的成员之一。计算语言所在北大只是一个很小的单位,不过却算得上是一处学术景观,其特点是大跨度的学科交叉融合。以文科学科"计算语言学"命名的研究所设置在理科的信息科学技术学院和计算机科学技术系内。如果要解释一下计算语言学,那就是它相当于人工智能领域的自然语言处理,大家就都知道了,机器翻译就是一例。可是30多年前,计算语言学在中国还是一个相对生僻的技术术语。那时个人计算机正在普及,社会信息化浪潮涌动,中文信息处理开始了上规模的研究。时任北大副校长、著名语言学家朱德熙先生等几位北大学者一方面认识到语言学和信息技术的结合一定能为社会急需的中文信息处理技术的发展做出贡献,另一方面又看到北大文理结合的天然优势,有了新机遇,便在北大初创了计算语言学研究所。

研究所成立后,我们以发展计算语言学的基础研究和应用基础研究作为自己的使命,并思考如何赶上国际前沿。我们将建设汉语信息处理基础设施作为工作重心,优先研制包含汉语词汇、句法、语义知识的机器词典。之所以做出这样的决策,是因为我们认识到,模型可以借鉴,算法可以学习,系统构建经验可以吸取,唯有自然语言处理系统不可或缺的中文语言知识库是不可能假手于人的,况且汉语的根在中国,我们有着建设中文语言知识库得天独厚的优势。起步阶段的困难也是不少的。信息技术研究需要一定的物质条件。那时我们白手起家,几乎一切都是从零开始。我和一位同事挤在一间原是盥洗室的房间里办公,面积只有2平方米。最初用的2台个人计算机是从朋友那里借来的。为了支持基础研究,我们积极申请各类科研项目,包括应用软件的研发。在国家"七五"计划期间(1986—1990),朱先生领衔承担了国家社会科学重点科研项目"现代汉语词类",归属于中文系。得益于杨芙清院士的推荐和支持,我也第一次承担了国家科技攻关项目,归属于计算语言所,其中有一个子项目是"现代汉语词语语法信息库"。我们响应朱先生的倡议,将这两个项目结合到一起,计算语言所和中文系组成联合课题组,协同攻关。朱先生身体力行,亲自填写包含词语各种语法信息的工作单,按时交稿,即使后来去了美国,也同课题组保持密切联系。朱先生带领我们联合攻关取得的成果是后来发展并定名为《现代汉语语法信息词典》的雏形。

经过20多年的努力和积累,自2007年至2016年,以《现代汉语语法信息词典》为基础的"综合型语言知识库"获得政府部门、全国性学术团体和北京大学的共计10项奖励,其中以2011年获得的中国国家科学技术进步奖二等奖为最高荣誉。还有一项也值得一提,即我本人于2011年获得的中国中文信息学会成立30周年首次颁发的终身成就奖。这个奖项不要求获奖人提交任何申报材料。在颁奖大会上,我只说了两句发自肺腑的感言:"感谢小集体北大计算语言所同人的共同努力,感谢大集体中文信息处理学界先进的鼎力支持。"获得这么多奖励,我们当然高兴,局外人很可能会认为这是我和项目组孜孜以求的。其实并非如此。2007年我年届古稀,两年前已经退休,年龄和精力都让我不再参与竞争。我对自己做的工作

俞士汶获得国家科技进步二等奖证书

从不敢过高估计。我的同事大概也受我的影响,主观上都没想到要报奖。是当时担任信息科学技术学院院长的梅宏院士了解了我们的工作,并准确地评估了这项成果的价值,鼓励我们,更确切地说是督促我们报奖,我们这才被动员起来。在报奖的全过程中,梅宏院长在每个环节,都对我们进行了面对面的指导,信息科学技术学院和科技开发部的很多老师也给予了我们帮助。

我实实在在地感受到,在我们小小的成功的背后,确实有一棵大树在支撑着。

支流也有好风景

除了1957年报考北大外,1986年研究方向转向计算语言学是我的另一个自主选择。从所学专业和工作经历看,我在计算机系统软件领域有一定的基础和优势,那为什么会在1986年毅然决然改变研究方向,定位到计算语言学呢?当然离不开大环境。当时社会信息化的重大需求正催生中文信息处理技术,我身处学术高地北大,是有利的客观因素。

不过,主观因素才是决定性的。自己既然在北大,自然就注意了解重大科学问题、学科发展方向以及国家战略需求,也期待能为国家和社会做一点事情。另外,我对语言问题历来有一种朦胧的喜爱与探索。我们平时使用自然语言(母语汉语及外语)同人打交道,但我一直在系统软件领域工作,实际上就是使用被称为指令系统的机器语言同机器打交道。忙忙碌碌中偶有遐想：人如果能用自然语言同机器打交道，在科学技术上一定是个飞跃。如今，这个想法已经毫不稀奇，智能机器人已经部分实现了这个功能。当时，这个想法应该还算是超前的。我倒也不是纯粹的胡思乱想，那时使用高级程序设计语言编制计算程序，已经向着自然语言方向迈出了小小的第一步。审视自己，除了兴趣和喜好，也觉得自己有从事计算语言学研究的基础。大学选读理科，缘于中小学喜欢数理学科（爱做算术应用题、几何证明题等），逻辑思维能力得到锻炼是理所当然的；很幸运，高中时还遇上了一位优秀的语文老师，讲课十分生动，引导我们欣赏古诗、分析文句，培养了我的形象思维能力和写作能力。我所接受的良好的基础教育让我敢于选择文理结合的计算语言学研究方向。我还喜欢学外语，我们学外语是以语法为纲的，这与机器学自然语言的规则方法颇有相似之处。学习外语的经验对我理解自然语言处理的数学模型与实现方法有启示作用。

我的选择也有偶然因素。1974年，我无意读到一篇介绍数理语言学的文章（作者是冯志伟），文中认为数学方法可以用于语言学研究，这对我是个启发。1979年，我在繁忙之际，还挤时间听了一位美国专家在清华大学举办的"自然语言处理"系列讲座，历时半个学期。这些偶然事件对我在1986年选择计算语言学作为长期的研究方向，也起了助推作用。

选定研究方向后，就是努力、奋斗。信息科学技术犹如一条奔腾的长河，计算语言学不过是一条小溪。在计算机学科体系内，与计算语言学对应的是属于人工智能的分支学科自然语言处理。当下，人工智能已成为国家发展战略、国际科技竞争的前沿阵地，自然语言处理被誉为人工智能王冠上的明珠，受到广泛青睐。不过，在之前相当长的时期内，自然语言处理都没能融入主流。我招的最后一名硕士生，名字叫支流。我以带点儿玩笑的口吻说过："我是从非主流开始，到支流结束。"

　　计算语言学和自然语言处理研究的是让计算机模拟人的语言机制，自动地处理自然语言所承载的信息，既有语言模型、分析与生成算法等理论研究，也有实用研究，例如机器翻译、信息检索、人机会话等。计算语言学与自然语言处理的最高境界是自然语言理解，即让计算机具备人类理解和运用自然语言的能力。自然语言处理（机器翻译）是数字计算机在非数值领域应用的最早尝试，几乎与计算机同步走过了70余年。然而，无论是同计算机技术本身相比较，还是同计算机在各行各业的应用（包括属于人工智能的语音处理、图像处理等）相比较，自然语言理解的进步都是相当缓慢的，可以说至今尚未取得突破性的进展。这种情况使得计算语言学的发展受到制约也是可以理解的。然而凡是主流，人才必然集中，竞争必然激烈。特别是在发展迅速的信息科技领域，选择研究方向时，不能追逐已经热起来的潮流，要有另辟蹊径、冒一定风险的勇气，要预见到其发展空间，还要结合自己的实际情况，发挥自己的优势。

　　30年前，国内已有一批学者开始从事语言信息处理研究，中国中文信息学会下属的二级学会计算语言学专业委员会于1986年成立就是一个标志。不过，大多数学者都是把研究重点放在应用系统的开发上，这是语言信息处理研究中的主流。而我却把主要精力放在通用型语言知识库的建设上，再次偏到支流的支流。之所以愿意这样做，是因为我认识到，既然语言信息处理的最高境界是自然语言理解，要实现不同程度的理解，就要为计算机装备不同规模、不同深度的知识库。我较早地认识到通用型语言知识库对这个领域的重要性，1986年开始做电子词典，1995年规划了综合型语言知识库，坚持了30余年。先词汇，再句法、语义，进而概念；先做格式化、含显性知识的词典，再做含隐性知识的非结构化的文本语料库；先从语言知识库入手，再到常识和领域知识库——规模逐步扩大，门类逐步齐全，质量逐步提高，取得了一定的成绩。

　　我们所建的知识库都是面向应用研究的，不曾脱离应用系统的开发。有几个应用系统也曾辉煌过,例如,"七五"期间我们曾开发了"以词语为基础、以语句为变换单位的中文输入软件""基于测试点的机器翻译译文质量自动评估软件",其技术在当时都处于先进水平。我们正是在应用系统的开发中,认识到通用型知识库在自然语言处理技术发展中所具有的全局重要性,从而把研究重点放在了应用系统所需要的共同的基础上。

正好与成语"十年磨一剑"相映衬,从1986年到1996年,《现代汉语语法信息词典》默默地做了10年。从1996年开始,《现代汉语语法信息词典》及其衍生成果得到业界关注,除自由下载部分成果外,要求转让许可使用权的用户纷至沓来,一直到2018年,连续23年都有签约者,从未间断。在信息技术领域,一项成果有如此长的生命期,确实罕见,也是我们自己所始料不及的。我认为主流固然有其澎湃、繁华之气势,支流却也有其宁静、恬美之魅力。当支流汇入主流,为中文信息处理技术的长河奉献一朵浪花,我自然也感到欣慰。

在这里,我要说的第二个感受就是支流也有好风景。

取长补短,集思广益

我的第三个感受是科学研究需要取长补短,集思广益。计算语言学是文理交叉学科,需要理科学者和文科学者进行深入交流。不同领域的专家在一起交流,产生有价值的新想法是常有的事,但要将思想变成物化的成果,则需要有一定数量的专家深入了解并掌握自己原来不懂的学科的知识、观点、方法从而形成新的知识生长点。不同的学科总有些不对称的情况。一般地说,年轻的语言学家,有比较多的人愿意掌握计算机技术,转向计算语言学。而对于原本属于计算机学科的人来说,偏离信息技术的主流,从头学相对冷清的语言学,则更难下决心。我努力地这样做了,总算有些收获。不过,

我一向认为，我做的工作只不过是把语言学家长期发现和积累的语言学知识改造成计算机可以使用的形式而已，不敢放大自己的成绩。还有，在各种有需要的场合，我总是尽可能用深入浅出的方式向文科学者介绍计算机处理自然语言的目标、原理和方法，这也是出于我对语言学和中国语言学家的尊重。

在学科内部，也存在不同理论与方法的论争。在计算语言学中，也长期存在基于规则的和基于统计的这两种方法论的论争。近几年来，基于神经网络的深度学习方法更是独领风骚。不过，我始终认为不同方法各有所长，应当互补地用其所长。正因为长期坚持文理结合，长期坚持规则方法与统计方法并重，长期坚持专家知识与计算技术相结合，我们才最终取得了《现代汉语语法信息词典》、多层次加工语料库、现代汉语句法结构知识库等一系列知识密集型成果，并产生了社会效益和经济效益。

2006年，计算语言学研究所成立20周年，我写了一副对联，作为纪念："规则与统计共舞，语言随计算齐飞。"计算语言学研究所是我长期所在的集体，起初只是一个四五个人的小型课题组，发展到今天，集合了一大批拥有博士学位的计算语言学精英，成为国内外一个颇负盛名的计算语言学研究重镇。内部团结与对外合作是长期稳步前进的两个车轮。退休前，我虽然是学术带头人，但我并不要求我的学生和同事一定要按照我的想法去做，而是把学生和同事都看成合作伙伴，因为我了解我在各个方面并不比我的同事和学生更强。只因有共同的兴趣和选题，大家才集合到一起。我只是坚持按时完成承担的项目，并保证质量，强调计划和规范的重要性。我鼓励创新，从不抑制选择的自由。

在师生的共同努力下，我们创造了这样一种学术环境：不论你来自理科还是文科，也不论你擅长抽象思维还是工程实现，也不论你相信理性的思考还是热衷经验的升华，都可以在一起切磋、交流，这里洋溢着求知欲与探索精神，崇尚实事求是。也正是这样的环境造就了一批文理知识结构兼优的新型人才,这是我们能够取得成功的根本原因。对外,我们在与不同地位、不同水平的单位和个人打交道时,既不妄自菲薄,也不妄自尊大,坚持互利合作,讲究诚信。良好的声誉也是北大计算语言所自立于成功之林的要素之一。我们在注意保护属于北大的知识产权的同时,总是尽可能多地开放可以实际应用的成果。例如,《现代汉语语法信息词典》于1995年年底刚通过鉴定,1996年年初便全文发表了规格说明书。2002年发表的《北京大学现代汉语语料库基本加工规范》还于2007年获得第四届中国科协期刊优秀学术论文奖。

行百里者半九十

我要说的最后一个感受是行百里者半九十。在自然语言处理领域,很多人并非没有认识到知识库的重要性,也很了解知识库建设是艰苦、细致、长期的工作。在人与机器的互动中,我们先迈出了第一步,抢占了先机。在获得初步成功后,我们不敢懈怠,始终以"行百里者半九十"的古训告诫自己,因而能在较长的时期内保持优势地位。

我们在研究工作中应用"求同辨异"的方法。"求同"以发现语言的普遍性,"辨异"以发现语言的特殊性,主要的精力要花在"辨异"上。《现代汉语语法信息词典》的设计思想就是在将现代汉语中数以万计的词语大致归类("求同")的基础上,分类描述每个词语的语法属性("辨异"),从而使数以百万计的庞大的语法信息有条不紊地呈现在用户(计算机和人)面前,而且保障了语言知识库的可扩展性。我们也将"求同辨异"的方法贯彻于研究工作的全过程,"求同"以得到阶段性成果,"辨异"以发现不足,继续开拓课题、深化研究内容。

科学研究不宜急功近利。在漫长的岁月里,特别是在还没见到

效益的前10年间,我们也感到有压力。好在课题组的主要骨干清醒地认识到没有一定的积累,是不可能取得站得住脚的成果的。我们相信"付一分辛劳,会有一分收获"。"收获"不仅仅指取得的效益,在创造的过程中所品味的甘苦更是激励创造者的重要的力量源泉。

近年来,外单位请我去讲课,常常要求我讲一点治学经验。但我总是说,我的历程、我的经验,仅供参考,并不具有普遍意义。还是回到第一个感受,北大的环境十分重要。我在北大可以做而且做成了的事情,换个环境,不一定能做,也不一定会成功。

在综合型语言知识库获奖时,我的一位老朋友祝贺我:"你画上了一个圆满的句号。"不过,我倒希望它还只是一个逗号。我希望我的人生一直是逗号,承上启下,最后是个省略号。退休之后,我也没有偷闲,仍主持或参加国家级重要科研项目(如"973项目"),现在是国家自然科学基金项目"汉语抽象意义表示关键技术研究"的项目组成员。自2005年1月到2018年12月的14年间,我正式发表了35篇学术论文,共计38万余字,都是自己在键盘上敲出来的。我将自己现在所做的一些事情比作拾麦穗,虽然没有重要的创新,过程与收获却延缓了自己的心理衰老。当然,总有一天我不能再继续我所喜爱的研究,一定还有来不及完成的工作……

我寄希望于同行的伙伴,寄希望于年轻的一代,祝愿你们到达更光辉的顶峰。

姜伯驹
培养数学人才，服务国家建设

姜伯驹，1937年出生于天津，北京大学数学科学学院教授，中国科学院院士，第三世界科学院院士。1953年考入北京大学数学力学系，1957年毕业后留校任教。主要从事拓扑学中的不动点理论和低维拓扑学等领域的研究。

童年岁月：动荡的年代

1949年新中国成立的时候，我才刚刚12岁。新中国成立以前的12年，是一个比较动荡的时期。我出生在"七七事变"后两个月。我父亲姜立夫当时是南开大学的教授，但是我出生的时候，南开大学已经被日寇的飞机轰炸过，我们家住的房子都被炸毁了。抗战时期，我父亲去了在云南昆明的西南联大。母亲带着我们兄弟二人滞留在上海。在上海沦陷区的阴霾中，我度过了童年时光。

抗战胜利以后，父亲从昆明回到南京，在中央研究院成立的数

学研究所工作,我也跟着去了南京。后来,父亲又到了岭南大学数学系工作,我也去了广州。因此,新中国成立的时候,我在广州,是初一的学生,还比较懵懂,印象最深的就是国民党临走的时候搞的破坏,广州珠江有一座海珠桥,国民党临走时把海珠桥炸掉,我听到了很响的爆炸声。

回忆起来,新中国成立之前那段时间,从小学到初一,普通人要上七年的学,我只上过三年:我上了一年级的上学期、二年级的下学期、五年级和初一,短短的几年,学校换,地方换,动荡得很!直到新中国成立后,我才逐渐安定下来。

大学生涯:选择数学事业

高考时,我选择了数学专业。很多人认为这肯定是受我父亲的影响,或许是有影响,但也不是那么直接。因为抗战时候我在上海,父亲在昆明,所以实际上我在 8 岁以前根本不知道父亲长什么样子。1946—1948 年他又到美国去访问了,大概从 1948 年开始我才跟他住在一起。

新中国刚刚成立时,翻译出版了很多苏联的科普书,物理的、化学的、生物的都有,数学的少一点,但是也有。我正好处于初中阶段,对什么都很好奇,父亲鼓励我多看些课外书。当时我对自然科学的很多方面都很感兴趣。

我高考那一年,也就是 1953 年,是第一个五年计划开局之年,国家建设各方面都需要大量的人才。因此,高考的时候,我明确我要学习自然科学。至于具体的学校和专业选择,我跟父亲进行了认真讨论。他给我的建议是:第一要选择自己真正喜欢的专业;第二要找有好老师的学校。我仔细考虑之后报了三个专业:数学、物理和天文,这三个专业我都喜欢。至于学校,那时候刚刚院系调整,各学校师资力量发生大变化,父亲对数学学科调整以后新的情况比较清楚，于是我把数学就排在了第一。就数学专业，我报了北京大学、南开大学和吉林大学，也是选择了师资力量比较好的学校。后来我被北大数学力学系录取了。我到了北大以后非常高兴，因为北大数学系拥有当时全国最强的师资力量。

现在回忆起来，北大的学生生活就是对学术要求很高、学习氛围很浓厚。我上大学那几年正好是"一五"计划期间，各行各业都热火朝天地进行社会主义建设，在学校我们也干劲十足。生活条件并不算好，我们上学的第一个学期，数学系、物理系两个系的男生在第二体育馆的篮球场打地铺住，一个球场住了200多人。到了第二个学期，几栋宿舍楼才盖好。虽然条件不是很好，但是大家学习劲头都很足，大家都是急急忙忙吃饭，吃完马上去图书馆占位置。

数学力学系当时发展势头也很足，一个年级有200多人，比新中国成立前任何一所大学的历年数学专业人数总和都多，因为国家正在开展史无前例的大建设，对人才需求量很大，对学生的要求也严格。其中最让我觉得特别的事情是考试。那时候考试和现在不一样，都是口试。参加考试时，先抽一个签，题目是笔试、口试两部分。笔试就是几道题算一算，当堂交卷；口试可不简单，几个老师考一个学生，判分是5分制，2分就不及格了。这是学习苏联的。一般是两道题，老师先让你讲一讲，讲了以后他就发问，不断追问。每个同学最后都是被问倒了才出来的。即使是最好的学生，经过老师不断提问，也会把你问倒。通过这种方式，老师可以知道学生学得到底有多深，就跟照妖镜一样，一下就看清楚了，根本混不过去。

在第一个五年计划、工业化的时代洪流激励下，大家学习很有动力，亦非常努力。

初登讲台：走上育人之路

到了数学系以后，我就逐渐确定要把数学当成自己的事业，包

括数学的科研和教学——特别是教学。我想从事教学事业，一方面是因为我的家庭环境，父亲一辈子主要着眼点就是培养人才。他曾经在美国留学过，据他介绍，在国外专职做研究、不教书的数学家是很少的，美国的大数学家基本上都是在大学里教书。另一方面，我也希望能为国家培养人才做出一点贡献。那时候我们国家非常缺少人才，没有人才，什么也谈不上，因此我想尽自己的一份绵薄之力。

毕业的时候，少部分人到科学院，大部分人被分配到各个高校。我自己的选择是到高校。我还是愿意留在学校教书育人，觉得比单纯做研究更有意思，更有成就感。

1957年，我毕业留校；1958年，我被分配去给廖山涛先生做助教。廖先生到地球物理系去教一门高等数学的课，地球物理系1958级的学生大概有80个人，学生入学后，先学数学，每周有9个学时。廖先生是湖南人，口音比较重，大家都听不清楚。1958年还招了一批读工农速成中学的学生，高中知识基础也不是很牢固。所以大家对廖先生的教学方式不太适应。后来系里决定从微积分部分开始，让我来教。没有帮手，从讲课、上习题课到改作业、个别辅导，只有我一个人。这种情况在我同辈的人里面是很少的，因为一般的课都是请一位年纪比较大、有经验的老师主讲，年轻的老师做助教，管习题课；起码得要跟两三年以后，年轻老师才能单独上课。而我等于说是仅仅当了几个星期的助教以后，就成为主讲老师了。

对老师还有一个要求，就是要住到学生宿舍去。所以我和同学们住在一起。晚上10点半熄灯以前，同学们随时可以来找我请教问题，探讨学习。这批同学里，有的基础比较好，有的基础比较差，教起来是很费劲的。这段经历对我以后的教学生涯来说帮助非常大，我逐渐明白了不同层次的学生学习时会遇到什么问题，要用什么不同的办法去引导启发他们。1958年，学校还要老师自己编教材。编教材也很锻炼人，需要查看各种各样的教材，取其精华，组织成一套体系。那两年虽然非常累,但我受到了锻炼,受益匪浅。

教研相长:开辟研究领域

几年后,我遇到一个新的机会。教育部希望能抽一些经验丰富的教授带头专心搞科研。在数学力学系选了两位老师:一位是当时的系主任段学复先生,另一位是我的老师江泽涵先生。于是,1962—1963年,江泽涵先生"脱产"做科研攻关,所谓"脱产"就是不教书,专心做研究。江泽涵先生想组织一个课题组来做研究,他精心选择了一个以前他在美国的时候就已经熟悉的领域,这个领域的研究后来遇到了瓶颈,但是江先生觉得其研究前景很广阔。虽然安排的是1962年他"脱产",但是因为他要先做准备,所以实际上从1961年开始他就把他的教学任务逐步交给我了。另外,他需要搜集文献资料什么的,也需要我来协助。

从这一段开始,我的重点就变了,首先是负责专门化课的教学,其次是开始进入江老先生开辟的课题领域——不动点理论,投入精力去钻研。大概到1962年10月,我在这一领域取得了突破,成果写出来后,江先生提出很多意见,引起我更多的思考,进一步钻研。经过一段时间的修改,成果最终于1964年在杂志上发表了。文章发表出来以后,在国际上也有些反响。当时美国找人把中国的数学学报全部翻译成英文,这个研究成果传到了国外,国外也比较重视。所以我非常佩服江泽涵先生,他挑选研究领域的眼光是很独到的,这一领域在国外停滞了很多年,有些地方卡住了,现在一下子打开局面了。

1964年年初,开始了"四清"运动,我也被派出下乡,我的数学工作基本上到1964年2月就停止了。后来我又去鲤鱼洲干校劳动。从干校回来后我给工农兵学员教学,也是把课堂搬到工厂里面去,我们几个老师带着一批学生,在北京分析仪器厂等地搞教学,

也不在学校。偶尔我在学校的时候,还是很想思考数学方面的发展,但是自己也很迷茫。

直到改革开放,学校恢复正规的招生,才开启了一个全新的阶段。对于数学系来说,这是一个新的起点。形势又仿佛回到了1953年前后,系里蓬勃发展,到处都热火朝天,大家干劲十足。这时,计算机系、力学系已经从数学系分出去了,但是数学作为一门基础学科,像是一个老树根,它的生命力很强,随着时代发展不断发育新枝。

随着科学技术的发展,数学的作用越来越大,而且由于其他科技的需要,新的数学分支不断产生出来。从整个国际形势上来讲,自二战以后,数学迎来了一个大的发展时机。但是之前几十年我们一定程度上错过了发展时机,一直到改革开放,国门一打开,就发现学科的发展跟以前大不一样,所以很多人纷纷出国进修。大家都有一种使命感,看到国外一些新的发展,特别希望我们国家也能这样发展起来。我也借着改革开放的东风,在1978年年底到美国去做访问学者,然后于1981年夏天回来。在出国访问时,我发现低维拓扑学是一个新的发展方向,这个方向跟我过去研究的东西有比较深的关系。所以我就抓住这个机会,把原来我做的不动点理论和低维拓扑学一些问题糅合起来,渐渐开辟出一些新的研究思路。

成立学院:服务国家新形势

20世纪90年代初学科发展又有了新变化。随着改革开放的推进,国内很多工业部门发展起来,但是当时发展的不少工业部门的主要工作是仿制别人的,并不需要很多的研究与开发,对数学的需求低;此外,当时下海经商氛围浓厚,社会氛围比较浮躁,有一种说法叫作"读书无用论"。报考的考生受社会风气的影响,对数学专业报考意愿不高,所以系里的发展陷入了低潮。

面对这样的形势,我们很着急。国家也在想办法,20世纪90年代中期，国家教委提出一个高等师范教育面向 21 世纪教学内容和课程体系的改革计划。学校里也开始成立学院，化学系成立了化学学院，物理系成立了物理学院。成立学院是一个新机遇，实际上为我们思考学科发展提供了一个新的思路。我也在思考数学学科的新使命，努力琢磨怎么样能够让数学发展更适应社会的需要，为国家建设、为时代需求服务，做出更大贡献。

我们意识到，二战以后国际上数学学科蓬勃发展，不单是数学本身的发展，也是整个社会对数学需求的发展。数学与很多学科结合起来，形成一些应用数学的方向，这也是数学在整个经济社会发展里起作用的一个非常重要的体现。过去我们并不擅长这些方面，当时数学系是学习 20 世纪 50 年代苏联的指导思想，认为数学系仅仅培养数学研究人才和高校所需的教学人才。现在我们认为这个框框应该被打破，我们应该为各行各业培养所需要的有良好的数学修养的人才。我们培养的多数人才将来应该是到各行各业去建功立业，他们的数学基础要跟其他方面结合起来。

数学不能包打天下，而要跟其他专业结合起来发挥作用。但是数学学科有它的特点，一个人如果一开始（比如本科阶段）不多学一点数学的话，那么年纪大了以后，不容易沉下心来学习。所以其他专业出身的人碰到数学要求比较高的一些题目时，往往会有点儿发怵，这时就需要有数学基础的人去发挥作用。我觉得这是数学学科发展的正道。

所以 20 世纪 90 年代成立学院的时候，除了基础数学以外，还有概率统计系、科学与工程计算系、信息科学系——虽然已经有信息学院了，但信息学院更侧重技术，我们则更侧重基础问题。1995 年新成立的数学科学学院就有这四个系，1998 年年初又加了一个金融数学系，其指导思想是一样的，也是为国家建设、为时代需求服务。

实际上，现在回头看，数学像是一棵大树，不断发出新枝叶。从北大数学系的发展就能看出：最初我们系的名字是学苏联的，叫

作数学力学系,后来力学系分出;系里成立了一个计算班,成长为计算机系;再后来还有一批老师被调到经济学院、光华管理学院。很多方向都是从数学这个老根上分支出去,逐渐成长为一个新学科、新方向。这其实是科学发展的一个趋势,数学系的变化和发展,反映了我们半个多世纪以来,科学和国家发展的需要。

扎根中国大地,广阔天地大有作为

我到北大已经66年了,从做学生到做老师,一步一个脚印,见证了北大数学乃至中国数学学科一步步发展,每一个阶段有它不同的特点。这与整个社会形势的发展、科技水平的发展是有着密切关系的。数学需要为我们国家的建设服务,我们要放开眼界,培养出来的人才要善于跟其他行业的人、其他学科的人合作,不要老惦记着数学问题这个"一亩三分地",要善于运用数学知识为其他领域发展、为国家经济科技发展服务,也要善于从现实需求中发现数学研究的新问题、新方向。

2018年,姜伯驹与老伴儿在金婚庆典上一起走红地毯

中国特色社会主义进入新时代，新时代呼唤杰出的数学家，数学研究拥有无比广阔的空间。今天的中国跟以前大不相同了，现在我们要从做大变成做强，科学技术上不再是仿制，而是要进行原创，要发展自己的尖端科技。越是这样，基础研究越重要，不能再跟着人家的思路依样画葫芦，而是要刨根问底。这就离不开数学，这也是数学学科发展的新机遇。

我觉得今天的数学发展处于一个新的时代，跟20世纪50年代和80年代不同，现在是完全新的局势。50年代我们是自己闭门学习；80年代是走出去学习西方；现在呢？既要走出去，也要引进来，更要在自己这里生根，要扎根中国大地，根植中国土壤，这是一个完全不同的新阶段。

我常常回想起1953年我刚进大学的时候，那是第一个五年计划的第一年，那个时候大家心潮澎湃，斗志昂扬，都立志要为国家的建设努力学习，将来要好好参加国家的建设。如今，我们的科学技术要从跟着人家跑到逐渐领跑，我们的工业技术要从仿制到自己原创，我们的国家也要从站起来、富起来向强起来发展。时代呼唤优秀的人才，现在的年轻人成长在一个非常广阔的天地，可以大有作为，希望他们能够勇于担当时代重任，勇于回答时代课题，为新时代建功立业。

（采访、整理：宋菲、陈雨菲、袁诗意）

耿引曾
架起中印友谊的桥梁

耿引曾，1934年1月出生于江苏扬州，北京大学国际关系学院教授。1952年进入北京大学历史学系学习，1956年毕业后先后在北京历史博物馆、中国历史博物馆（国家博物馆前身）、北大南亚东南亚研究所、北大亚非研究所工作，主要从事印度学研究。

与印度结缘

1952年，18岁的我在故乡江苏扬州参加了新中国首届高考。同年的国庆前夕，在各大行政区主要报纸上放榜。当我在华东区的《新华日报》上看到我的名字，得知自己被录取到北京大学历史学系时，真是喜出望外，这和我填报的志愿一致，可谓如愿以偿。我10月中旬接到北京大学录取通知书，11月25日踏入北京大学校门，成为历史学系考古专业的一名大学生。

四年的大学生活是在祖国万象更新、迎接建设高潮中度过的。

当时老师和学生都有着强烈的使命感,老师为培养社会主义事业的建设者孜孜不倦地教书育人,同学们在为祖国建设做贡献的愿望中勤勤恳恳学习。我在这催人奋进的年代里成长,还留下了一段终生难忘的美好记忆。

1954年秋,我已是一名大三的学生。10月19日,学校接受了一个任务,到南苑机场去迎接外宾——印度总理尼赫鲁。这天秋高气爽、阳光明媚,历史学系学生排在北大队伍的最前头。学校领队是校学生会副主席、历史学系学生郝斌,他派我去参加贵宾绕场一周时的献花活动。此事来得突然,我接到外交部礼宾司递来的花束,略带紧张地站在北大队伍前。稍许,尼赫鲁和他的女儿英迪拉·甘地夫人由周总理陪同,缓缓走了过来,我向尼赫鲁献上了花束。就在这时,周总理拉住了我,看了看我胸前的校徽,用英文向尼赫鲁说:"She is a student of Peking University(她是北京大学的一名学生)。"尼赫鲁已伸出了手,我赶紧向前一步握住了他的手,我既激动又紧张,一句话也没有说出来。

隆重而热烈的迎宾仪式很快就结束了,我们的欢迎队伍尽兴而返。同学们非常羡慕我和敬爱的周总理有过接触,而且居然幸运地由周总理向尼赫鲁介绍了我。我也为此兴奋不已,终生铭记。

1956年,耿引曾大学毕业照

那时候,印度在我们大学生的心目中还是很陌生的,只知道它是四大文明古国之一,是佛教发源地,过去和我们一样受帝国主义欺侮,二战后独立。报纸上经常出现"印地秦尼巴依巴依(印中人民是兄弟)"的口号。我对印度的进一步了解,还是在后来博物馆的工作实践中产生的。

投身印度研究

1956年,我大学毕业,被分配到文化部下属的北京历史博物馆工作。当时馆址是在天安门后,古代史部分陈列于端门至午门的两廊朝房内,近代史部分陈列于午门楼上。为迎接国庆十周年,我国建立了天安门前的中国历史博物馆(国家博物馆的前身),我有幸参加了筹建新馆的中国通史陈列(从50万年前的北京猿人到1840年的鸦片战争)部分工作。

特别要提出来的是,1964年,我参与了通史陈列中历代中外关系部分的修改工作,具体到我个人负责的是魏晋南北朝段的"法显沟通了中印文化"和隋唐段的"玄奘留学印度"。为此,我熟读了东晋僧人法显的《佛国记》、大唐玄奘的《大唐西域记》、义净的《大唐西域求法高僧传》《南海寄归内法传》,还有新罗僧人慧超的《往五天竺国传》等著作,通过这些僧人亲历亲闻的记述,我对印度古文明的博大精深有了进一步的认识与了解。法显冒着生命危险,以超人的毅力,克服重重困难到达印度,带回很多梵文佛教经典,回国后又翻译了许多佛经,并且写成《佛国记》,向中国人民介绍了印度等国的情况,为历史留下了宝贵的记录。玄奘遍游印度南北,学习和研究佛教经义,曾在那烂陀寺学习五年,从印度带回佛经657部,翻译出75部,更重要的是他写的《大唐西域记》,记载了当时西亚和南亚许多国家的山川、物产、风俗、宗教、政治、经济情况,是研究这些地区历史、文化的宝贵文献。

改革开放后,为了解决我生活中的实际困难,组织上对我的工作进行了调动。原来每天上下班,从北大宿舍到天安门,往返路途要奔波三个多小时。现在我告别了天安门前的历史文化殿堂,回到了未名湖畔,在中国社会科学院和北京大学合办的南亚东南亚研究所工作,在季羡林所长的指导下,搜集、整理中国古代载籍中的南亚史料，将其汇编成册，其中印度当然是最主要的部分。

在浩如烟海的中国古代载籍里，我从历代官修史书、类书，历代的笔记、小说、游记、历、数、农、医等书，以及诗文集、地方志里，爬罗剔抉，排比对照，对史料的准确性、科学性、学术价值诸方面，详加考察。经过八个寒暑的辛苦劳动，终于整理出了90多万字的汉文南亚史料。经金克木、周一良先生推荐，获得了"王安汉学研究奖助金"，于是写成27万字的《汉文南亚史料学》，1990年由北京大学出版社出版。随后，编辑成的90多万字的《中国载籍中的南亚史料汇编》，分上、下两册由上海古籍出版社于1994年出版。《汇编》一书不仅获得北京市第四届哲学社会科学优秀成果二等奖，在海外也产生了一定影响。1996年7月26日的印度《政治家报》上《中国人眼中的印度》一文介绍了《汇编》，同年出版的《印度历史杂志》也对两册《汇编》做了扼要介绍；美国宾夕法尼亚大学亚洲与中东研究系的《中国柏拉图》也简介了该书的内容。

中国的史料对印度历史的研究可说是至关重要，印度学者对此当然早已知道。早在1978年，印度史学家阿里就给季羡林所长写信说："没有法显、玄奘和马欢的著作，重建印度史是不可能的。"这次汉文南亚史料汇编的出版，理所当然受到印度同行的关注。

为中印友谊尽绵薄之力

1993年秋，我受印度历史研究会的邀请，作为实行"印中教育交流协议"的第一个中方高级学者，踏上了印度国土。我从熟悉的古代中国人笔下的印度，进入现代生活中的印度。

我对印度的第一印象是它很好地保持了自己的传统。妇女们无论老、少、穷、富，都身披色彩鲜艳的沙丽，就是校园里的女大学生也很少有穿着牛仔裤之类服装的。印度新德里的街道上人群川流不息，人力车、小汽车、公共汽车相互争道，甚至还有圣牛在马路

上闲逛。街头小摊上出售的报纸、杂志,其封面上找不到如西方杂志封面上的比基尼女郎那样的图片。巨大的广告牌上写的有英文、印地文,但是没有西方人的形象。在印度航空公司的飞机上,我只看到了印度电影,火车上也只放印度音乐。

印度的魅力还在于她保存了大自然的美丽,人与自然和谐相处。就在首都新德里,我居住的国际会议中心,周围就是一个美丽的大花园。花木扶疏,绿草如茵,各种树木随风摇曳。松鼠等小动物和许多不知名的小鸟,自由自在地四处跳跃、飞翔,没有人会去打扰它们。一个星期天,我在这花园散步,人声鼎沸,到处是前来休息、游玩的人,他们带着帐篷、餐具,在草丛中坐、卧,玩耍、用餐,四处也有卖各种食品的小贩活动。我心想这下草坪可要被弄坏了,不免觉得可惜。但是第二天早上我又到那里去散步时,看见的却是绿草依然如茵,一切都收拾得干干净净,这使我充分了解了印度人民对大自然的敬畏和热爱。

在印度为期一个月紧张的交流活动中,我受到了热情友好的接待。无论到哪里,只要一提我搜集、编辑了中国人所记述的印度史料,就会引起热烈的掌声、关切的询问,他们多次谈起要组织力量,将它翻译成为英文和印地文。印度历史学会主席库马尔(R. Kumar)第一次和我见面时,就紧握着我的手说:"感谢你,为印度人民做了一件好事。"我心中充满了喜悦与感念,回答说:"要感谢中印人民创造的两大文明。"而最令我兴奋的是到桑地尼克丹国际大学中国学院访问,在那里我看到了周恩来总理赠送给中国学院的大批中文图书,包括《四部备要》等,被井然有序地排列在书柜里,发黄的标签还是当年的旧物。

国际大学由著名印度诗人泰戈尔创建,充满了田园风光,学校就好像坐落在美丽的乡村内,许多学生就在大树下听老师讲课、学习。四处都是树木、草坪和农田,还有各种走兽和鸟类,尤其是猴子成群结队,还敢和人争夺食物。在这里,我还有了想不到的奇遇。

该学院的伦纳·甘古利（Renna Ganguli）教授在中国学院教汉语，她不仅是1959—1961年在北京大学学习汉语的留学生，而且还是1957年周恩来总理访问中国学院时，向周总理献花的姑娘。历史真的在这里重逢了。我禁不住用并不娴熟的笔墨，写下了一首诗来纪念这一奇遇：

> 你的玫瑰，我的鲜花，象征着两个古老的国家，
> 你把它献给周恩来，我把它献给尼赫鲁，
> 传递友谊，也编织了我们风华正茂的年华；
> 斗转星移，日月如梭，
> 你浇灌着汉语的花丛，我耕耘着印度的史料，
> 共同为中印友谊添砖加瓦。

我俩紧紧地把手握在一起，共同回忆了我们年少时的美好时光，作为中印友谊的见证者，我们感到无比幸福和自豪。为此，我写成《历史在这里重逢》一文，由尼赫鲁大学的华裔印籍学者谭中教授翻译成英文，发表在印度的《印度地平线》（Indian Horizons）杂志上。

1994年秋，受印度驻华使馆邀请，我和北京大学东方语言系的王邦维教授赴印度，出席11月28日至12月2日在印度喀拉拉邦首府特里凡得琅的科瓦拉姆召开的"印度学国际讨论会"。这是印度传统的学术会议，规格很高，每次开会国家总理都要出席并致开幕词。我们聆听了拉奥总理的发言。在之后的大会上，王邦维教授做了十分钟的精彩发言，受到了热烈的称赞。与会学者都羡慕和惊讶中国有如此年轻的梵巴学者。我从这次会议中，了解到梵巴学在世界学术上的重要地位。而更让我流连忘返的是地处阿拉伯海滨、风光旖旎的科瓦拉姆。我站在海岸边的椰树林下，眺望远处碧蓝海水中的独木舟和波涛汹涌里的捕蟹人。他们世世代代、祖祖辈辈生息、繁衍在这里，拥抱大海，以海为生。他们也是印度古老文明的创始者、奠基人。这次会议增加了我对印度古老文明的感性认识。

2004年我与谭中教授合著的《印度与中国：两大文明的交往和

激荡》一书的英文版由印度一家出版社出版,被"印度文明中心"收入"印度科学、哲学、文化史丛书"。中文版在北京大学教育基金会的资助下,2006年由商务印书馆出版。该书由季羡林作序,印度前总统纳拉亚南写祝词,全书分上、中、下三编,中编出自我的笔下。从公元前140年到公元1949年的2000多年间,古老的中国与古老的印度在政治、经济、文化方面有如此多的来往和交流,这在世界历史上是独一无二的。2004年该书英文版首发式在印度举行,为此印度方面邀请我参加,我于2004年12月下旬第三次踏入印度国门。2004年12月25日下午,举行了隆重的新书首发式,令我没有想到的是,前总统纳拉亚南前来出席,为我和谭中教授颁赠新书,当我从他手中接过新书时,激动的心情真是难以言表。

我在20岁时为印度总理献花,70岁时又受印度前总统颁赠自己的新著,我只为中印友好尽了一点绵薄之力,竟获得这么多荣誉,这只能说明中国和印度悠久的文化交流传统传承有人,也是我与印度冥冥之中的一种缘分。

徐天民
耄耋之年忆往昔，谆谆之语寄后人

徐天民，1935年出生，云南昆明人。1954年考入北京医学院药学系，毕业后留校，从事党政工作及医学伦理学研究。曾任北京医科大学党委常务副书记、副校长，北京市委教育工作委员会副书记兼北京青年政治学院院长、党委书记，北京市政协第九届政协常委兼教育、文化、卫生体育专委会主任。

我今年84岁，出生在一个很普通的平民百姓家，祖辈世代经商，只有曾祖父徐有才在清光绪年间中过武举，被调到贵州做官死于任上。传到父亲这一辈，家道更加萧落，父亲这一生仅做到一个民营公司的主任会计师而已。

回首往事，并非如烟。我爱我的家，爱培育我的母校，爱家中每一位亲人和一起学习、工作过的朋友同事们，但自从1940年我家被日本侵略者飞机轰炸之后，我更知道爱国的意义，爱家必须爱国，没有国就没有家。个人的成长与国家的命运是息息相关的，回首过

去 80 余载,我见证了新中国的成立、发展与繁荣,值此中华人民共和国成立 70 周年之际,回忆往昔岁月,以期我这耄耋老者的经历能对年轻人有所启发。

激情燃烧的少年岁月

我的家坐落在昆明市小东门附近的一所四合院内,进门有一个装饰有福字的清灰照壁,园内有一个精巧的砖砌花坛,坛侧有一棵枝叶繁茂的老槐树。夏秋之际,那就是我和妹妹嬉笑玩耍、奶奶坐着藤椅乘凉聊天的地方,可惜这个美好的家园在 1940 年 11 月 6 日被日军轰炸毁于一旦。

当时我只有 5 岁,但父亲在废墟前的一番话却让我刻骨铭心:"家虽然被炸毁了,但幸好人都在,留得青山在,不怕没柴烧,只要这口气在,我们就不用怕,一切都可重来!"是的,一切都可重来,这句话支撑我们打倒日本帝国主义,给了我们重建家园的信心与决心。

抗战胜利后,昆明一直有高涨的民主浪潮。一方面是因为云南人民爱国、护国的光荣传统,民主思想深入人心;另一方面是受到抗战期间西南联大等内地高校迁入当时的大后方昆明,带来了"五四""一二·九"运动的民主思想影响。加之以龙云为首的云南地方实力派与蒋介石的中央政府矛盾加剧,对当时学生的爱国民主运动采取了"睁一只眼闭一只眼"的相对宽容态度,使得当时昆明的民主运动,特别是学生的民主运动,有了蓬勃发展。

我在读高小时期(约 11 岁)就跟随表兄叶光裕等昆华中学初二的中学生们参加每周末晚云南大学的营火晚会。晚会上学生们除了跳舞唱歌,还会有一位学生领袖发表演讲,内容大多是反内战、反饥饿,抨击当局的特务统治等。这时全场的学生们会变得十分激动、热情高涨,营火晚会一般会在参与者高唱革命歌曲中散会。我虽然不完全懂得他们演讲的内容，但是参加这些活动逐渐培养了我的民主意识和革命意识。

1945—1949年是昆明最黑暗的时刻，国民党加强了特务统治，镇压爱国民主人士和学生运动，发生了"一二·一"惨案，4名学生被杀，接着发生了李公朴、闻一多先生等被特务杀害的事件。这引起了云南各界人士的公愤，唤起了广大人民群众的意识觉醒，为日后云南的和平解放打下了良好的群众基础。

1949年4月初，表兄叶光裕和他的一位朋友、民族中学的学生王伯恩找到了我（我那时是昆华中学初中二年级学生），说根据我历年来参与进步学生运动的表现，介绍我参加一个叫民主青年同盟（简称"民青"，是共产党领导下的一个地下秘密组织）的革命组织，我当时既兴奋又好奇，欣然同意加入。事后不久，就有昆中的一位老校友石世龙来和我联系，告诉我已经被组织接受入盟，正式编入"民青"昆中支部，并被选为昆中支部的支委兼任初中部的小组长。我们小组一共有5位"民青"盟员，在以后的护校斗争及监视敌特活动中都发挥了重要作用。

1949年9月，临近昆明解放前夕，国民党势力在大陆做了最后的挣扎，9月9日，在蒋介石施压下，省政府出动了大批军警，配合国民党特务，大肆逮捕进步人士约400余人，这就是震惊中外的"九九整肃"事件。

1949年10月1日，中华人民共和国在北京正式成立。同年12月9日，卢汉在昆明和平起义正式宣布脱离蒋介石政府投向人民怀抱。当时国民党还有两个军（李弥的第八军和余程万的第二十六军）驻扎在昆明附近，而解放军的二野四兵团陈赓、宋任穷部已在进军昆明的途中。国民党的两个军都对昆明进行了包围和进攻，而卢汉手中只有几个新组建的保安团，形势十分危急。在中共地下党的组织和号召下，昆明的工人和学生迅速组织了以共产党员、民青盟员为核心的义勇自卫队，协助军警保卫大昆明。

12月10日上午,昆华中学的地下党员和盟员召开了一个紧急会议,号召进步学生集合到云南大学参加义勇自卫队。当时我将一条棉被和两件衣服打成了一个包就随队到了云南大学主楼前,其时大楼前已集中了100多人,组织者向大家发了有义勇自卫队标志的红袖套。年满18岁的学生被分配到了自卫队,18岁以下的学生被编入自卫队的宣传队,我被分到宣传队。宣传队共4个小组,我任第2组小组长,宣传的重点区域是小西门、武成路和华山西路一带。我们小组共5个人,第一天宣传募捐活动就募得40枚银圆,当晚就如数上交队部,受到队部的口头表扬。

我们在云大坚持了9天,就接到通知说宣传队可以解散回家了。我步出云大迎面就碰见了母亲和二叔,他们这些天到处打探我的消息,从学校处得知我们驻在云南大学,立刻来找我。恰巧碰上,彼此都十分高兴,就一起回家了。在家休息了近半个月,我又返回了昆华中学。

中国人民解放军二野四兵团赶到昆明,击溃了国民党军,解放军除了一部分继续追击逃亡滇西南的国民军残部外,剩余部分决定于1950年2月举行入城式。我们"民青"的任务是组织群众夹道欢迎,并配合有关部门做好安保工作。2月20日,解放军开始了隆重的入城仪式。欢迎的群众从正义路到金碧路,夹道数公里,大家手执国旗、彩旗,载歌载舞迎接解放军。眼看英姿雄壮的人民子弟兵唱着革命歌曲,带着轻重武器装备阔步走来,我心中不由一阵阵感动,在大家欢呼的同时,我为这来之不易的胜利流下泪来。

与北医的不解情缘

从1954年考入北医算起,我在北京医学院(1985年更名为北京医科大学,2000年并入北大,改称为北京大学医学部)学习、工作已经65年。中间有两次离开:一是去甘肃省平凉地区10年;二是

1990—1994 年调到中共北京市委工作 5 年。这两次离开又回来的心境，就像蜜蜂离不开蜂巢，到外面去转一转，终因不忍割舍的情怀又回到了母校。母校值得回忆的故事很多，她是我的事业、我的家，是我一生成家立业的地方。

我高中念的是卫校（西南区云南卫生学校），从那里毕业后去云南省红十字会医院工作，工作不到一年参加了 1954 年高考，考到了北京医学院药学系。我们一入学，就被学校安排在北医 13 宿舍内的一处花园般的教学区内学习。花园中一大间花厅固定为我们班的专用教室，这花园原是一个私家花园，园内有假山、亭阁、水池，池畔罗列着奇形怪状的太湖石，园中有茂盛的花草树木，有一青砖小道横贯至花园出口，两旁都种着紫丁香，每到春夏之际，紫丁香花香扑鼻。每日清晨，我和同学们都在亭中或池畔背外语单词，晚饭后会有同学在亭中唱歌或吹奏口琴，气氛轻松而又热烈，这种书声琅琅、弦歌不断的氛围是我喜爱的书香氛围。

药学系在医学院是一个理科性质的小系，因为医药不分家的关系留在了医学院，当时药学系学生 400 余人、教师 30 多人，师生关系、同学关系都比较亲密。我在云南卫校期间考的是药剂班，学了 3 年药学，考入北京医学院药学系本科，又学了 4 年药学。根据工作需要，我改行从事行政工作（党政），后被派到中国人民大学哲学系进修了一年哲学。这样，我既有 7 年药学的理科基础，又有了一年在人大学习哲学的机会。

在做好党政工作的同时，我选择了一门既适应我的状况又令我感兴趣的学科——医学伦理学，作为我的新专业。20 世纪 80 年代，我受市委推荐，担任北京高校德育研究会理事长兼《大学德育》杂志主编，在北医校内又兼任社文部主任和北京市医学哲学理事会副理事长。这些工作都有利于我开展医学伦理学的教学和科研工作。我不仅给医学本科生开设医学伦理学的选修课，而且着实读了不少本专业有关的著作，并撰写了一批研究性的文章。我主持的项目如

"当代中西方医学伦理思想比较研究"的成果,先由《中国医学伦理学》杂志发表,后以《中西方医学伦理学比较研究》为名由北京医科大学、中国协和医科大学联合出版社作为科研专著出版。特别值得提出的是,由我主编的科研专著《珍惜生命权利》一书,由北京教育出版社、北京少年儿童出版社于2002年出版,获得中宣部"五个一工程奖"、国家图书奖、全国优秀科普作品一等奖和北京市最佳科普图书奖等4个大奖。这是我在专业工作上得到的最高荣誉和最大肯定。我在北医取得的专业技术职称是医学伦理学研究员,调中共北京市委任教工委副书记兼北京青年政治学院院长后,因为我多年从事大学德育研究工作,又获评为德育学教授。

我在北医另外一段很重要的经历是与学生工作息息相关的。1955年5月5日我正式入党,当时是学校党总支副书记彭瑞骢亲自跟我谈话的,成为党员后我被任命为药学系团委书记,为药学系的同学们服务。1958年,为了加强对学生的正确引导,切实加强学生的政治思想工作,北医党委开始建立专职辅导员的试点工作。于是我被从药学系四年级抽调出来,与医疗系的汪士昌和口腔系鞠九生共3人,成为北医的首批专职辅导员。当时学校很重视对专职辅导员的思想政治培养,入职不久后我就被派到人大进修,脱产学习马克思主义哲学。这段辅导员经历对我来说很宝贵,在跟同学们打交道的过程中,我不断提高自己在马克思主义哲学方面的认识,提升自己作为一名辅导员的思想政治水平。

1969年开始我在甘肃平凉工作10年,1979年11月才回到北医。回来后,先到北医三院任党委副书记,而后于1982年调回北医升任校党委副书记兼副校长,分管意识形态和学生思想政治工作。这时北医的政治辅导员队伍已发展至全校20余人的规模,他们都是我工作中的亲密助手与战友,我们携手并肩工作多年,经历了很多事情。改革开放以来,随着国家的发展和社会的进步,高校学生辅导员的工作职能不断调整充实,队伍也不断发展壮大,真正成为学生不可缺少的良师益友，成为抚育学生健康成长的园丁。

北医成立至今已 107 年，历经各代师生的奋斗形成了不少优良的风气和传统。在政治上，北医人坚持民主进步，与祖国的发展同呼吸共命运；在学术上，坚持严谨治学，反对浮夸和作假；在社会服务上，北医人热心公益，自发奉献的例子也不少。还记得 20 世纪 80 年代，云南某地发生大地震，第二天一早北大医院的两位大夫已打好背包坐在党委办公室门口，等待组织派遣，准备奔赴地震灾区，这种"枪声就是命令"的自觉行动，是薪火相传的北医校风养成的。

1985 年北医学生政工会议，第一排左四为徐天民

如何让这优良校风、学风深入人心并浓缩成利于广为传播的文字，是优良作风薪火相传的必然要求，也是我当时思考和关注的一个重要问题。1987 年，北医校庆 75 周年，我当时是校庆活动的总负责人、主管书记，由我撰写了北医校刊庆祝校庆的社论，正式把北医的校风概括为"坚定正确的政治方向，严谨求实的治学态度，热忱服务的献身精神"，北医的学风是"勤奋、严谨、求实、创新"。这个校风和学风的概括一直沿用到现在，这算是我对北医校风、学

风形成的一点小小的贡献。

忆平凉峥嵘岁月

回顾往昔岁月,虽然我的大部分学习、工作、生活时间是在高校的校园中度过的,但我也到广阔天地历练过、打拼过。这些社会历练奋斗,使我广泛接触社会,开阔了心胸、拓宽了眼界、增长了知识和才干,人也进一步成熟起来。

1969年11月,我到甘肃平凉安家落户,在平凉工作,当时北医下放甘肃的医护人员及其家属、子女,约为1200余人,在平凉有300余人。我被留在地委机关,先是任地区革委会政治部副主任,地委恢复后转任地委宣传部副部长。虽然有了领导职务,但我决心要深入工农群众,接受改造和教育,所以凡是有下乡下厂的蹲点任务,我都自觉抢先报名参加。在平凉10年,我到农村蹲点约3年:在灵台县景村大队蹲点一年半,在静宁县威戎公社蹲点半年,在泾川县王村公社蹲点半年。其他临时抽调下乡扶贫、抗灾以及催耕催种工作十数次,累计已达半年以上。在地区运输公司、地区汽车修理厂等厂矿单位蹲点也达一年以上。在平凉工作期间,我到农村、厂矿等基层蹲点总计约占三分之一的时间。

在农村蹲点中,我结交了一大批农村朋友,有房东王生财老汉一家,有经常来找我下象棋的栓牛,也有经常来炕头谈天说地、过去当过村学校校长的于境如。大家抽着用废报纸卷烟丝的"香烟",身旁煮着罐罐茶,聊天多半讲点报纸上的新闻和关心的时事政治,气氛亲切而又热烈。在我回到平凉城后,几个农村朋友还经常进城看我,有几人在我调回北京后还一直与我有联系,我们已建立了深厚的友谊。

在平凉,我经历了1976年毛主席、周总理和朱总司令逝世的悲哀,也感受了"四人帮"垮台的欣喜! 1979年11月,卫生部的调令到平凉，我重返北京回原单位工作。

在平凉工作生活10年，平凉已成为我的第三故乡。在平凉的10年是我第一次深入祖国大西北，深入祖国的农村。我与当地村民"同吃、同住、同劳动"，算是真正体验了农村生活，深知农村和农民生活的不易。这段经历在很大程度上锻炼了我吃苦耐劳的品质。虽然我后来在工作中也遇到很多困难，但想想在平凉与村民们在烈日下一起拉土修梯田的经历，也就觉得没有什么了。回京后，我与当地的几个村民仍然保持着联系，当得知他们的生活越来越好、平凉也变得越来越富裕时，我内心充满了喜悦与感激。

十载北京政协工作经历

我与北京政协有过10年的缘分。前五年是我在北京市委工作的时候，那时工作很忙，我担任北京市委教育工作委员会副书记，兼任北京青年政治学院院长、党委书记，尽管被推选为北京市第八届政协委员，却根本顾不上政协工作，对政协工作知之甚少。我二进市政协时已经辞去市委教工委副书记和北医党委常务副书记职务。这次进政协我被推选为第九届市政协常委兼教育、文化、卫生体育专委会主任，进入了政协的领导层，对政协工作的了解、认识也有了进一步的提高和深化。

政协人才济济，是国家的一个重要的人才智库。在党政和人大之外，社会各界的精英被吸纳进政协队伍。他们中有的是从重要岗位退下来的治国理政的精英，有的是各个行业的业务精英，有的是社会各阶层和各民主党派的民意代表，大家汇集到政协来参政议政。这样既提高了政协参政议政的水平，也发挥了政协对国家行政工作的民主监督作用。

调查研究是政协参政议政的一项基础工作，在我参加政协工作的第一年，就领导专委会委员进行了一项"高校科研成果转化为生

产力问题的调研"活动。为此我们走访了北京、上海等地的数十所大学,发现许多高校在将科研成果转化为生产力方面衔接不好,出现国家资源浪费的现象。经委员们反复讨论,最后我们将情况给市委、市政府写成书面报告,建议建立产、学、研的完整机制,真正打通科研成果转化为生产力的运行通道;建立以企业为主导的科研成果孵化器,帮助科研成果顺利转化;加大对教师职务科研成果的奖励,更好地调动教师结合教学工作从事科学研究的积极性。一年以后,我看到中关村和上地的孵化器机构多了起来,说明我们的调研工作有成效,市政府及有关部门已采纳了我们报告中的建议。在政协工作的第二年,市委市政府召开了表彰先进大会,我荣获了市委市政府颁发的"调研先进个人奖"。这件事使我知道,政协是能干实事的,并且是能做出成绩来的。

我在政协结识了一批新朋友。歌唱家德德玛、杨洪基以及京剧名演员杨春霞等都是我们的专委会委员。德德玛在赴日演出期间,突发心脏病倒在台上,护送回国疗养期间,我和专委会几位领导到她家探视、慰问,她在轮椅上紧握着我的手,连声道谢,她说她参加政协工作期间是感觉最开心、最温暖的。来自人大、北大与清华等高校的委员更是亲切,有的委员至今仍与我保持联系。

回首 80 余载,我常觉得自己是幸运而又幸福的,或许正因为经历了祖国从艰苦危难走向繁荣富强,我更加珍惜现在这个和平的时代,感恩我们日益强大的祖国。耄耋之年别无他愿,唯愿祖国繁荣富强,人民安居乐业,青年奋发图强,仅以一首题为《人生》的七律作为结语,庆祝新中国成立 70 年:

> 弹指一挥七十年,国盛家兴自体验。
> 宦海风云轻舟过,江湖风雨只等闲。
> 无怨无悔跟党走,理想大道已在前。
> 耄耋之年忆往事,谆谆心语寄青年。

徐金宝
"653"与"728"
——参加国家工程侧记

徐金宝，1938年6月出生，江苏苏州人，北京大学环境科学与工程学院高级实验师。1960年进入北京大学地球物理系大气物理教研室担任实验员，1985年任北京大学环境科学中心高级实验师，1998年退休。

参与"653工程"——一次神秘的紧急任务

1965年7月中旬，地球物理系和教研室领导通知陈家宜和我，下午2点到燕南园56号时任副校长周培源家，说周先生有事找我们。当我们来到燕南园56号，快进门厅时，看到一位慈祥的长者从沙发上站起来喊了我们俩的名字，随后和蔼地请我们俩坐下，这就是周培源副校长。

周培源先生告诉我们，这次请我们俩来，是要我们去进行一次野外考察，为一个即将建设的项目设计提供气象保证，并将考察成

果以书面形式汇报给他。接着他嘱托我们:"这次出差较特殊,不能给家人、朋友写信,回校后不要谈说,此事要回避,要严格遵守纪律。"他督促我们立即回系里做准备,把必要的仪器及其他必需用品带全,明天中午就出发,有人来接送我们上火车。尽管我们还不知道具体要做什么事,但是听到周培源先生如此重视,我们俩马上回答:"听明白了,保证完成任务!"

次日,我们带着已准备好的两个木箱(仪器、记录本、报表、算盘等),等候在大楼传达室。上车后,轿车飞快驶向北京火车站,在路途中司机张师傅说道:"火车到站,你们务必抓紧时间下车,有人来接。你们返校时,我会来接。"张师傅送我们上火车,安排稳妥后,才将火车票给我们,随后离去。此时,我们看到火车票才知道要到阳平关车站下车。

当火车快到阳平关时,列车员通知我们带好行李准备下车。出站便见到一位身材较高、带着笑容的圆脸男子,手上举着一块写有我们俩名字的小牌。我举手示意,接我们的司机陈师傅先做自我介绍,并慰问道:"你们路途辛苦啦!"随后带着我们上了一辆绿色吉普车,陈师傅开车向目的地驶去。约一个多小时后便抵达目的地——"653工程"指挥部。项目负责人沈承昌介绍说:"这是北大三线建设的基地,是响应毛主席1965年3月'加强三线建设'号召的项目。"

到后第二天,我们开始选择、设立野外观测场地。一位同志带我们巡视,走遍基地才选定一块代表性较好的该地形小岗作为观测场地,还安排了一间小屋作为工作室。平整场地、安装仪器之后,我们便展开了野外观测工作。每天从日出到日落每一小时进行一次观测,内容和气象台站基本一致,特殊的是设立了天空辐射仪的观测。开展观测约一周后,我们便由一人到当地气象台收集历年气象资料,将其与我们观测记录做相关统计分析。8月下旬,老沈转达周培源先生指示:观测需在9月1日前结束,务必回北大并提交书面报告。

徐金宝："653"与"728"

8月底，陈师傅送我们俩到阳平关火车站等候上车返京。送我们到车站后，陈师傅就回去了。谁知我们在候车时，突然听到广播播报："前方因暴雨导致道路塌方，车辆停止运行。"听到这个消息，我们俩不知所措，无法与组织联系，进退两难，只能在车站等候。当时天色已黑，天空电闪雷鸣，下起大雨。站内等候的人不多，冷冷清清，我们心中不自觉地紧张，人也开始犯困。忽然听到有人在呼唤我们俩，睁眼便看见陈师傅，真可谓是"救星"来了。他说："老沈派我来接你们，改变行程，开车翻越秦岭到宝鸡，再乘火车回北京。"

天气恶劣，翻越秦岭谈何容易？陈师傅安慰我们道："你们别害怕，这条路线我已经行驶过很多次了。天气虽然不好，也比战场上空中有飞机轰炸、地面有枪林弹雨要强得多。我会安全把你们送到宝鸡，放心吧！"随后又说道："你们可不能睡，要打起精神，我们会顺利到达的。"

在漫长的翻越秦岭的途中，道路坎坷不平，弯道较多，经常爬坡和遇坑洼，吉普车颠簸得厉害。我们俩即使困乏也不敢入睡，只能睁着眼，借着闪电，才勉强看到车外不清晰的山形和树木，一路上相遇车辆寥寥无几。经过大半夜的行驶，次日清晨我们安全到达宝鸡火车站，买到了回京的票。

到达北京站下车，随后便见到学校司机张师傅来接我们。张师傅让我们把汇报材料先给他，他能最及时地将材料交给周老，请我们放心。

晚饭后我便动身前往岳父家中，当时我爱人预产期将至，住在娘家。进屋见到岳母，她问道："这些日子你到哪里去了？怎么连封信也不写？"我未作声。岳母开始着急，反复地询问，我才慢吞吞说："纪律不允许。"这一回答，岳母立刻表示理解，并告诉我，我的爱人已经于8月29日生了个男孩。

我参加观测的这个"653工程"，就是后来的北京大学汉中分校。当时，国家正在开展轰轰烈烈的"三线建设"，为了给三线地区国防

工业提供技术和人才的支持,也为了自身安全,国家做出一线地区的重点高校重点专业内迁三线的决策。北大分校被命名为"653工程"。1965年5月,高教部部长蒋南翔与周培源副校长一行来到陕西为"653工程"选址,最终确定在汉中。我们这一次气象观测,就是为汉中分校建设做准备。

我们返回北大后,北京大学"653工程"正式破土动工,到1967年上半年,基本落成。1969年,北大数学力学系力学专业、技术物理系、无线电电子学系迁到汉中分校,由此正式开启了汉中分校近十年的办学历程。

尽管在这一次神秘的任务中,十分遗憾地错过了儿子的出生,但是能够为汉中分校的建设做出一点贡献,我也觉得很值得。

参与"728工程"——为国家核电事业服务

1973年暑期,大气物理教研室陈家宜率领包括我在内的教员和学生共40余人,参与"728工程"实地考察,进行气象观测。

"728工程"是我们建设第一个核电站的工程代号。20世纪60年代,我国第一颗原子弹、第一颗氢弹相继试爆成功,党中央与一些科学家又把目光转移到原子能的和平利用,即核动力电站的建设上。1970年2月8日,周恩来总理作出批示:"二机部不能光是爆炸部,要和平利用核能,搞核电站。"此后,有关方面很快采取了行动,根据周总理批示的时间,命名为"728工程"。

"728工程"选址在浙江省嘉兴市海盐县秦山镇杭州湾畔,濒临东海杭州湾,背靠秦山,这里风景如画,水源充足,交通便利,靠近华东电网枢纽,是建设核电站的理想之地。

我们到达次日,指挥部领导为我们介绍了该工程区域的初步设计,请我们帮助做好建设前期选址工作,进行气象考察。

随后,我们进行实地视察,根据他们的设计位置,我们也选择了初步的观测点。站点选好，很快便开展气象观测，包括地面和高空，日夜轮班定时观测，在我印象中每个观测站各有小棚供休息和存放仪器。观测的目的是掌握当地海陆风、逆温层演变规律的一手资料。

观测工作开展约一个月结束，指挥部举办欢送"宴会"，会上很热闹，虽然食品不太丰富，但啤酒敞开喝，用装开水的白色保温桶盛装，有很多桶，大家喝得很高兴。主办方再三说：感谢北大师生，你们昼夜野外观测，工作很辛苦，这件事不仅是帮助我们，更是为了我国发展核电站建设。

陈家宜老师代表师生发言：北大会支持这项工作，我们会持续将这项工作深入地进行下去，这也是我们的责任。

后来，我们还持续参与这项工程。到1984年，我参加这项工作到秦山的次数已记不清。进行的实验、观测项目逐渐增加，观测手段也不断完善。观测所取得的实测资料，经整理、分析研究，为工程选址提供了有力度的气象保证。

经过周密筹备，秦山核电站于1985年正式开工。这是中国第一座自己研究、设计和建造的核电站。它的建成结束了中国无核电的历史，成为中国自力更生和平利用核能的典范。能够为它做出一点贡献，也是我的荣幸。

此外，我们还参与了一些相似的项目的气象观测，如清华大学原子能实验站、锦西造船厂（葫芦岛造船厂）等。

利用仪器开展科研

我管理的实验室之一是气象观测室，拥有较多较齐全的气象仪器，还有国际标准仪器（如绝对辐射仪）等。它供大气探测课教学示范和校内外学生实习专用。

但是，众多仪器利用率比较低，我常常思考，能否将这些仪器多发挥作用。有一天,我突然想到,可以将相对日射仪(人工操作,以微安计指针读取数据),改装成自动跟踪太阳昼时运行,用电子电位差仪做自动记录。这样便能测得太阳辐射能量的连续数据。

于是,我绘了一张"装配配件"图纸,请校仪器厂师傅加工。改装仪器取得成功,便进行试测实验,也获得了成功。随后我便开展日常的观测。观测点设在物理大楼北楼平台围墙上。

从1997年初冬开始,每天日出时我将仪器安装、调整好,连接好室内的记录仪,开机便能测得一天连续观测数据,一天中只需巡视数次,检查设备运行情况和记录状况。如发生意外,只需稍做调整,仪器便能正常运行。日落后再将仪器拆下保存好。观测期间,如遇下雨下雪,要及时将仪器拆下,防止雨雪淋坏,停止测量。

每天晚上,我将记录纸取下,做"订正工作",采取十分钟一个数据,经换算成太阳辐射能量的数值,抄写在表格内。

一天清晨,我正准备观测,在大楼里遇见了仇永炎先生。他好奇地问我,这么早来上班,是有什么事?我告诉他,我要到楼顶做观测准备工作,是我自愿做的一个观测项目。事隔数日,仇先生到我实验室问我道:金宝,能看看你开展的什么项目吗?我急忙领他上楼顶,请他查看了观测仪,并讲述了我的想法,还请他看了实验桌上的记录仪,记录着观测数据的"弯弯曲曲"的曲线。仇先生便说:这种观测有点儿意思,改进了原来的形式,能自记一日资料。随后他问我想研究什么问题。我回答:先观测,积累资料,等资料多了,想下一步研究。先生高兴地说:"对啦,没有

正在进行气象测绘的徐金宝

数据，谈不上研究。"他还嘱咐我一定要坚持观测，观测多年，积累的资料多了，研究工作就有基础。还说这样做很辛苦，要我注意身体。

此后我便经常主动向先生汇报观测的进展情况，请教一些疑难问题。有一次我谈起观测记录中有些现象，能否做湍流谱分析。先生反问道："你会做谱分析计算吗？"我回答："我只知道点皮毛，谱分析太难太复杂，计标工作量特别大，我无能力只是想想而已。"先生告诉我说："谱分析程序我有，你可以试试。"几天后，仇先生告诉我，已经安排我到200号计标机房去上机，让我做好准备，充分利用资料。上机后，很快便得到了计算结果。

回忆起这些经历，我感慨万千，一位在气象界有名望的北大教授，还能百忙之中关心实验员的成长，如此平易近人，真是令人感动。

这项观测我坚持进行了五年多，获得了相当多的太阳辐射能量数据及白昼变化情况的原始资料。付出辛勤的劳动，便会得到一定的收获。我的尝试，得到了回报。我不仅在专业刊物发表了几篇文章，还多次参加学术研讨会。

1949年苏州解放时，我才11岁，解放军严格的军纪、整齐的队伍令我至今印象深刻。2019年，新中国成立已经70周年了。伴随着祖国的发展，我也逐渐成长，尽管我只是一名实验师，但是也有幸参与了国家的一些重点工程，为祖国建设尽了一点绵薄之力。我希望青年学子要家事国事天下事事事关心，立足于为人民服务，为祖国服务，树立爱国心、强国志，把个人的成长融入祖国发展、民族复兴的时代洪流之中。

郭振华
北大对外汉语教学六十年

郭振华，1941年生于宁夏银川，北京大学对外汉语教育学院教授。1960年考入北京大学中文系，1965年毕业后留校，从事对外国留学生的汉语教学工作，编写多部汉语教材和专著。

童年往事，清贫而愉快

我是1941年8月出生的，出生的时候日军正在实施侵华行径，银川也未能幸免，我们举家逃到城南，母亲跑到南郊的村子里把我生下来，据说是生在农田里了。1949年，我刚上了一个学期的小学，宁夏就解放了。当时我的印象里是教室墙上多了两个大胡子的画像，不知道是什么人。后来我才知道，是马克思和恩格斯。

因为我父亲从解放军部队转业，我们家搬到吴忠太子寺乡。土改时我们家分了3.75亩的地、半头驴（两家合一头驴）和两间房子。

我在太子寺小学读完初小，来到银川父亲所在的学堂巷小学读完高小。1954年母亲怀了我弟弟后没有再继续工作,我父亲42.5元的工资要供养5个人,所以我初中的时候还享受了每月4元钱的助学金。1958年,母亲开始参加房屋修缮的工作,她工作了以后我家的生活就有了改善,我也顺利读完了高中。

当时国家处在经济建设的高潮,各省迁来很多工厂,还派大批教师支援宁夏的教育,我所在的银川一中来了一批北师大的青年教师。学校贯彻党的教育方针,开展勤工俭学活动,学校一片生机勃勃的景象。

求学北大,分到语言班

1960年,我考入北大。我喜欢历史,但是不知道为什么被分到了中文系。到中文系以后,我发现我的同班同学对短篇小说都很熟悉,比如茹志鹃的《百合花》、王愿坚的《党费》等,但是对于古典小说却看得很少,古典小说四大部头我早都读过了。我小学的时候,连环画看得多,像《三国演义》等连环画都看过;后来在银川市图书馆,我又阅读了《三侠五义》《说唐》,侦探小说《巴斯克维尔的猎犬》《底萨河畔》等;高中时,我看了一大批长篇小说,比如《三里湾》《红旗谱》《林海雪原》等。这些都为我考取北大奠定了基础。

高中时,我看了《青春之歌》,以为北大的学生都穿长袍子,胳膊下夹着线装书。1960年进入北大时,我才知道真正的北大是什么样子,和我想象的完全不一样。

当时国家正处于困难时期,大家书包带磨得细得不能再细了,挎着一个毛巾布袋,袋里装着饭碗和勺子。我们那一届工农子弟大概占60%,多数同学都享受国家助学金。虽然是困难时期,人家并不觉得苦。同样,我也不觉得苦,虽然天天吃棒子面窝头、白薯,可对我来说却很新鲜,因为我是宁夏人,以前只吃过黍,对粗粮细粮没什么概念。

北大的文化生活也非常丰富,尽管是困难时期,但每周五晚上有教学片放映,周末大饭厅也会放电影。新年有晚会,还有舞会,我还记得当时流行的顺口溜:"一年级看不惯,二年级旁边站,三年级试试看,四年级团团转。"

北大文科学制五年,理科学制六年。原本是四年级分专业,从1960年开始一年级就分专业。当时报考中文系的学生中有相当一部分人想当作家,报语言和古典文献专业的人少之又少。学校请时任文化部副部长齐燕铭在办公楼做报告,他说的一段话在当时可谓振聋发聩。他说:"毛主席教导我们要厚今薄古,但是对于你们来说,要厚古薄今。这些故纸堆的文献资料都是中华民族的文化遗产、宝贵财富。你们不去钻谁去钻!"大家心里一下子就踏实了,思想解放了,都踊跃报名,我就到了语言班。

语言班从语音开始授课。那个时候的老先生都上基础课,"现代汉语(一)"是林焘先生授课,"现代汉语(二)"是朱德熙先生授课。王力先生上的是"中国语言学史",岑麒祥上的是"外国语言学史",袁家骅教方言学,老先生上课有板有眼、不紧不慢。那时教材很少,《现代汉语》都是油印,而且随讲随发。所以大家用心听讲,认真记笔记,课前两只钢笔灌满了墨水。

节假日,我们都去老教授家听治学甘苦,我亲耳听过系主任杨晦老先生讲火烧赵家楼的故事。我的学年论文是唐作藩先生指导的,关于中原音韵的研究,由于宁夏方言只有三个声调,入声字都要专门记。

初登讲台,教授留学生

我大学期间做过外国留学生辅导员,开始是面向越南学生,后来面向苏联学生。我们年级的卫德泉、陈瑞国都做过辅导员,他们毕业以后也都分到北大留学生办公室,从事对外汉语教学工作。我想与那时候的辅导员经历有一定关系。

20世纪60年代，越南有一批干部被送到中国来学习，北大承接了240名越南留学生，安排他们住在28楼。1965年我毕业，从我们班调了11名学生，还有原来的公共汉语教研室的一些老师，以及从俄语系、中文系调来一批年轻的老师，总共有30人组成越南组。这些零起点的学生被分成13个班，年龄大的有60岁，年轻的有十七八岁，那时候我们一点儿教学经验都没有，不知道课怎么上。但是大家刚刚参加工作，都非常努力，备课到晚上十一二点是常事。

1958年北大编写了第一部《汉语教科书》，编书的老师都是原来英语系20世纪50年代教东欧留学生的老先生。这部教材是全国唯一一部对外汉语教材，被翻译成十几种外文，在全世界很多国家使用。国内使用的有英语版和法语版。越南学生都懂法语，这些老先生先上课，我们年轻老师就去听他们的课。听了以后，我们再按照他们那样去教，用的是他们的经验。直到改革开放之前，基本上都是经验性的教学。除了听老先生的课，我们还到北京语言学院观摩教学，回来讨论后再上课。那个时候中文系的一批老先生，像王理嘉、赵克勤、侯忠义等，都有丰富的教学经验，但是他们也不知道怎么教外国人汉语，也跟我们一起学。

"文化大革命"开始后，留学生都回国了，教学就中断了。我们唯一做的是编了一个"词语例解"，就是把学生提出的、常用的但词典里面解释不清楚的那些词集中起来，采用例句的形式将其讲解清楚。这个资料后来虽然没有出版，但是能说明当时我们年轻老师是非常投入的，努力去总结自己的教学经验。

改革开放，北大对外汉语教学事业的发展

改革开放以后，教学面临的一个主要问题就是，我们原来使用的教科书不大合适。以前的教材主要是以语法为纲的，大多采用语法翻译法，没有接受新的教学理念。我后来回想，新理论实际上是

有的,但是我们还没有把它们用在教学上。比如,20世纪70年代中文系就请了社科院语言所的赵世开先生介绍乔姆斯基的普遍语法与生成语法;那时我们也上朱德熙先生的语法研究课,他主要是用层次分析对汉语句子成分的语法功能做了描述,这与传统语法分析很不一样。这些都是全新的东西。当时由林焘等老先生牵头,根据新的语言教学理念重新编写了系列汉语教材。这些事情都有老先生们把关,大家非常放心。

我于1982—1984年在澳大利亚堪培拉高等教育学院工作的时候,有一批二外的英语老师接受澳大利亚提供的资助,在那里攻读硕士学位。在和他们的接触中,我得到了十几篇翻译成中文的语言教学理论文章。那是我第一次看到第二语言教学法,后来被我应用于教学中。我们出国学习以后,了解了国外的教学情况,发现学生的努力程度、语言环境等都对汉语学习有影响。

北大的对外汉语教学可以说是跟国家的发展并行的,并且积累了很多的经验和特色。

比如,因为北大非常重视基础教育,基础理论相关的课程都是由一些有丰富经验的老先生亲自来上。北大有很多老先生关注这个领域,如王力、朱德熙等。王力先生是第一个提出把对外汉语教学作为一门科学的人。当时的教育部部长何东昌认可了这个说法,把对外汉语教学当作一个国家民族的事业来办,对外汉语教师身肩重任,有责任、有义务把工作做好。朱德熙先生从第二届开始当世界汉语教学学会的会长,他也是北大的副校长,而且是语法学家。每一届研讨会他都亲临会场讲话,听大家的研讨。比如在第二届世界汉语教学学会上,我宣读了我的论文,他亲临现场指导,并且对我的论文进行了评价。在这些老先生的关心指导下,我们的对外汉语教学事业发展得很快,主编了对外汉语教学的新教材,1994年评上国家优秀教材一等奖。

20世纪90年代,郭振华给留学生上课

教学与科研并重也是北大的一个突出特色。即使教学任务已经非常重,我们还是每年办一次研讨会,就这样一直坚持下来。从提高对外汉语教学理论水平方面来看,我们坚持科研是对的。我们请来国内外知名专家学者做专题讲座,大家获益匪浅。在教学理论、教材编写、课堂教学、测试以及后来的多媒体等方面,老师们都做了很多基础的研究,取得了一定的成果。无论是中国对外汉语教学讨论会还是世界汉语教学讨论会,每届我们都有不少老师参加,他们的论文也都受到与会代表的好评。

在北大,通过测试分班,把口语与阅读分开了,这是北大做得最好的地方——让学生在原来的基础上继续提高,口语和阅读互相不影响,比较有特色。

另外,北大作为综合性大学,进行对外汉语教学的优势是很多的,学校有很多课外活动。留学生可以参加各类文化社团活动、体育比赛,听各类讲座、观看文艺演出等。这些活动不仅丰富了学生

的生活,而且大大增加了他们语言实践的机会。

随着中国文化在世界的影响力的增强,学习汉语的人越来越多,对外汉语教学事业在不断地向前发展。希望北京大学发展得更好,对外汉语教育学院培养出更多了解中国、对中国友好的国际友人。

(采访、整理:李清华、王玺、王书琪)

黄 琳
静水流深，沧笙踏歌

黄琳，1935年11月生，江苏扬州人，北京大学工学院教授。1953年考入北京大学数学力学系，1961年研究生毕业后留校任教，2003年当选为中科院院士。从事系统稳定性与控制理论方面的研究工作。

如果用一句话来概括我这一生，或许就是"人不笨，还努力，有机遇，敢坚持"。悲欢离合，大起大落，我抓住了不少机遇，也接受过许多挑战。人生就是这样，面对磨难做到从容不迫，面对成绩保持平静淡然，做好一个人该做的、力所能及的事，就是一种圆满的境界。

童年：动乱中长成的爱国主义者

1935年11月30日，我出生在江苏扬州，父母都是中小学教师。那是"一二·九"运动的前几天，国家和民族已是生死攸关，动荡

与流离迫在眼前。出生不久我就患上了严重的肺炎,当时我国的医疗条件匮乏、水平也有限,母亲差点儿就想把我卷在草席里送走。幸运的是,我遇到了人生中第一个贵人——一位教会的医生。经过一段时间的救治,虽然肺炎并没有根治,但我的病情总算是得到了缓解。就这样,童年的我一直笼罩在疾病"死缓"的阴影中,不能长途奔波,不能过度疲劳。

不久,日本占领扬州,我们全家只得辗转于泰州附近的农村一带,这种逃难的生活维持了四五年,真是一种煎熬。那个时候,我们住在村户家中,半夜枪声一响就会被大人从被窝里拉出来逃亡。颠沛流离的苦痛现在想来还是心有余悸,我的父母和我的兄长黄瑶对于这段记忆或许比我更加清晰。尤其是父母,除了逃难,还要给我和兄长营造一个相对好的生活环境和学习条件。在此期间,父亲断断续续地在避难农村附近的中学或师范学校临时教书,全家靠他微薄的薪水度日,母亲则是更多地陪着我们兄弟俩,给我们讲岳飞、苏武和文天祥这些历史上著名的民族英雄的故事。在抗战沦陷区,父母一度被迫更名改姓地生活,但是坚决不与日伪合作。

直到抗日战争结束,我们全家才得以团聚,重新回到扬州安定下来。母亲因为坚持不在日本人手下做事,名字上了扬州的忠贞榜,随后被任命为下铺街小学校长;父亲也从农村调回到扬州工作,后来成了扬州解放后扬州中学的第一任校长。在我的记忆里,我小时候父母都很忙,并没有直接教给我什么,但是这段艰难岁月里他们的一言一行都深深地影响着我,让我成为一名可以说是很"顽固"的爱国主义者。

身体差可能是我父母对我放松要求的主要原因。虽然他们都是老师,但对我的学习要求并不严苛。我小时候淘气得一塌糊涂,但幸好并不笨,刚上初中的时候就开始组装简单的电动机模型,大人们出多位数相乘心算题时我也能自如地回答,有的时候还早早地跟着哥哥去听英文补习课。记得父亲有一本藏书《几何学辞典》,我常把它翻出来看，学得津津有味。这些小爱好让我在扬州中学就读时，虽然不怎么用功，但成绩还可以，并且成了活跃在校内校外舞台上的"小名人"。

可能是因为年纪小，又没受到什么管束，我打小就喜欢唱歌、跳舞、搞搞文艺。那时候团市委还委派我去店员工会教他们唱抗美援朝歌曲，到了高中，学校直接就让我做了舞蹈队的队长，后来我们队的队员大多去了不同的领域，但舞蹈的爱好从来没有丢弃过，我到现在还保存着扬州市文联发给我的音乐协会的会员证。现在年纪大了，闲暇时我就爱在家里听中国的古典音乐，古琴、箫、琵琶和二胡的韵律当真是天籁之音，那首古琴和箫合奏的《渔樵问答》是我最喜欢的曲子之一。除了学习与科研，这些小时候就培养的兴趣跟随了我大半辈子，让我在最艰难的时候也能沉下心、从容不迫地去面对生活，是我人生中最宝贵的快乐源泉。

机遇：与钱学森的忘年之交

在我的求学生涯中，与钱学森钱老的相交是最令人难忘的。1956年2月，我刚满20岁，而钱老已经过了不惑之年。当时，他在中科院力学研究所讲授"工程控制论"，我们系（北京大学数学力学系）抽调了15名学生作为第一届一般力学的学生前往听课。我当时正在读本科三年级，因为平时表现还算突出，成为其中的一个幸运儿。那时候，我们十多个学生坐在一群大学老师中间，听得津津有味，半年多的课程下来，我深深地被这么一门"有用"而且"好玩儿"的学科所吸引。这段经历也成为我一辈子搞控制科学的契机。

1959年，我提出了针对时变系统的多维系统衰减时间问题，并以此为基础完成了研究生论文答辩。1961年11月，我带着这些成果参加了中国自动化学会的成立大会，并成为由15人组成的控制理论首届专业委员会中最年轻的一名成员。经过推荐和评审，这些成果

被正式发表在第二届国际自动控制大会上。隔年开春,全国筹备召开一般力学大会,我受周培源先生的委托,作为他的代表参与了筹备工作,并在大会上作了题为"有控系统动力学的若干问题"的大会报告。在大会上,钱老对我的报告做了肯定的、详细的点评,还纠正了我对一位美籍华人教授译名不当的错误。那是我第二次与钱老近距离接触,他对于科研成果的理解与思考的认真,对于科学研究一丝不苟的严谨态度,都让我这个初出茅庐的年轻人受益匪浅。

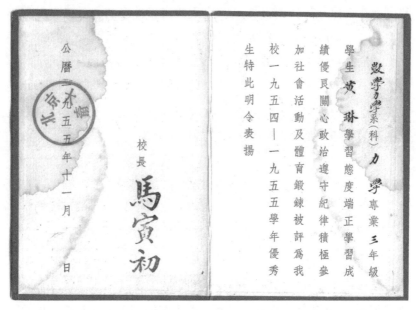

在北大读书期间,黄琳因成绩优异,获得了优秀生奖状

会后不久,《力学学报》决定将我的报告予以发表,当编辑告诉我这一消息时,我想这可能与钱老有关。没过多久,为了解决中国发射的导弹因弹性振动而导致失败的问题,钱老还专门组织在颐和园龙王庙召开了一次小规模的研讨会,我再次有幸和钱老同场讨论。这几次见面虽然讨论并不多,也没有深入的交流,但应该是让钱老记住了我。20多年后,有一次我随着王仁院士等去拜访钱老,一进门,他就记起我了,还对我说:"黄琳来了,我们好多年不见了。"

在我的印象里，钱老的能力是超群的，不只是体现在科研成果上。比如说，钱老在美国生活了几十年，英语可以算得上是生活、工作中最常用的语言。但是，回国后为了照顾学生的感受，除了 X、Y、Z 之外，他竟然可以不说一个英文单词，还能让学生们很好地理解原理、理解方案，这确实不是常人能够做到的。

现在想来，与钱老的忘年之交可能是我这么多年从事科研教育中最重要的经历之一，他所编撰的《工程控制论》，还有钱老恩师的传记《冯·卡门传》，一直都是对我影响最大的作品。从书里书外，我都能亲身感受到他们坚强执着的个人品质和伟大卓越的科学精神，这也激励着我在教学科研道路上不断前行。

坚守：坐得住科学与人生的"冷板凳"

20 世纪 60 年代是现代控制理论在国际上方兴未艾的时期，力学界还并没有认可控制在力学中的重要作用，这使得我们在力学专业背景下从事控制理论的研究显得很孤立，甚至有同事说我是"不务正业"，好意提醒我及时转行。幸好数学专业的程民德先生以及其他几位学者支持我这个毛头小伙子，我顶着种种压力，也是凭着一股子韧劲在力学环境下硬是把控制理论研究坚持了下来，并带领两个学生在线性二次型最优控制与极点配置方面做出了领先于世界的科研成果。当时文章只能发表在国内，这一具有创造性的工作在国际上始终没有得到应有的重视，是很令人遗憾的。直到 2013 年 7 月，这一科研成果才得到了国际自动控制联合会的高度肯定，我也是在那个时候当选为国际自动控制联合会 2011—2014 年度选出的会士。时隔半个世纪，我们在控制科学领域的贡献最终得到国际认可，无论是对于我，还是对于整个团队，都是久坐"冷板凳"后，拨开云雾见青天的一份愉悦。现在，控制科学已经是力学中最重要的研究领域之一，北大因为先进入了几十年且具有自己的特色，因此在国

内外都占据着一定的不可替代的地位。

像我们这些学者,除了在科研过程中要坐得住"冷板凳",在人生低谷时也要能耐得住寂寞,守得住良知。"文化大革命"时期,我所在的力学专业迁往汉中。山路很险峻,路不好走,但我还是随身运去了好几箱宝贵的藏书。那时候不允许带书,但我真舍不得这些宝贝,就把书都带上了,以备将来可能还有用得上的时候。1971年的夏天,我患上了黄疸肝炎并发疟疾,这对于我又是一次严重的打击。病好后赶上1972年,周总理抓落实政策,领导要我给那些中断学习多年、后来留校工作的学生补习一些基础知识。当时,我开设了"线性代数""常微分方程""复变函数"和"变分法"等课程,那些留校的大学生学得也很认真,基本上为他们的后续学习和研究打下了基础。必须承认的是,"文化大革命"让我国控制科学领域与国际的差距进一步拉大,但我还是希望能够尽力弥补这些差距。因此,我静下心来泡图书馆收集资料,用差不多两年的时间,基于自己教学、科研实践的经验,整理了一本"应用线性代数讲义"。这本讲义在很多高校都被使用,后来几经修改,最终以《系统与控制理论中的线性代数》为书名由科学出版社出版,这是一段令人振奋的往事。在当时的条件下,国内很多高校的学生控制理论的基础知识很不扎实,先打好基础再投入到控制科学领域的研究中是很重要的。如今,一些五六十岁的教授告诉我,这本书在帮助他们进入控制领域做研究起着重要的作用时,可以说是对我最大的奖赏和慰藉。2018年,在我用两年时间完成了对该书的修改后,科学出版社出版了该书的第二版。

科研:立足国家需求"走自己的路"

1985年,我作为访问学者去了美国。当时美国的大学普遍认为中国访问学者基础不够扎实,因此大多会给访问学者安排听课计划。

我婉拒了这个安排，主动找到教授进行科研合作，在国际上刚兴起的参数不确定性系统的鲁棒稳定性分析这一崭新方向上开展研究工作。霍洛特（C. V. Hollot）教授是我的合作伙伴，我们一起获得了包括棱边定理在内的一系列的成果，发表了多篇论文，其中棱边定理还成了高引用的内容。霍洛特教授后来获得了美国总统青年研究奖，他主动出资邀请我再次访美进行合作。这次的合作经历让美方知道了我国在控制研究领域的实力，也改变了他们对中国学者的认识。我和霍洛特教授保持了很多年的合作关系。

20世纪80年代后期，社会氛围比较浮躁，"读书无用论"盛行，为了稳定住基础理论的研究队伍，将研究工作继续下去，我联合了中科院系统科学所、自动化所和清华大学等单位一起争取到国家"八五"重大基金项目"复杂控制系统理论的几个关键问题"，对现代控制理论的一些领域集中力量进行研究，并取得了相当好的成绩。

故步自封是很难有所突破的，必须要结合实际需求不断创新。当我注意到控制理论研究长期以来主要关注单平衡位置的稳定问题的局限时，就在北大开展了具有多平衡位置系统总体性质的鲁棒性和相关控制器设计的研究，产生了不少成果。2006年，我应原总装备部邀请前往新疆参加了两弹（导弹与核弹）联试成功40年的庆祝活动，这样我晚年的科学活动就同国防紧密联系起来。根据国防建设的需求，我又引导团队向着航天控制领域发展。2013年，我们针对有关临近空间高超声速飞行器控制的问题，又申请到了一个重点基金。在这些项目里，我始终要求团队强调实际意义和需求推动，绝不做凑论文数目、无多大创意的研究。现在，我们和航天科技部门有着很牢固的合作关系。这些都是我们科研团队共同的成果。

育人：桃李不言，下自成蹊

谈到教育，我从研究生毕业后便留校工作，已经过去了半个多

世纪。在国际上现代控制理论刚刚诞生时,我就在北大开设了一些反映当时国际水平的控制课程,还指导了六年制大学生的毕业论文。虽然人数不多,但不少人在20世纪80年代就成为控制方面的教授和博导。由于他们的控制理论功底相对深厚,大多都成了所在单位的学术带头人与科研骨干。1985年,北大正式得到教育部批准,建立了以控制研究为特色的一般力学博士点。作为第一个招收控制研究领域博士生的教师,我招收的博士生并不多,但出色的弟子并不少:"60后"中有从神舟一号即开始进入研究直至成为神舟系列控制系统副总设计师的胡军,"70后"中有带领团队获得教育部自然科学一等奖、国家自然科学二等奖的杰出青年基金获得者的长江特聘教授段志生,"80后"中有全国优秀博士论文和国际专业杂志年度最佳论文获得者李忠奎……他们是我的骄傲,也让我在控制研究领域的成果开枝散叶。

很多人告诉我,我的学生们有着很鲜明的共同特点,都属于立志创新、不怕困难而又为人低调的实干派。这让我很高兴。更让我自豪的是,虽然我已经退居二线,北大在控制研究领域的团队大多都是年轻学者,但是他们干得都很好,比我要好。

我这一生恰逢经典控制理论规模初具,又迎来了新生的现代控制理论,刚好见证了控制科学从诞生、发展到逐渐完善、盛行的全过程。幸运的是,我的研究成果大多得到了国家的认可,我也当上了中科院的院士。但我始终觉得,自己做得还远远不够,还应该努力做好力所能及的工作。

相比于我求学、成长的那个年代,现在国家有着更好的发展机遇和空间,整个科学技术与工程的发展非常之快,需求也非常高。如果年轻人可以投身解决这些问题,并且从中提取出一些新的带有战略性的理论问题来研究,一定可以做得更好,在国际上占据更主动、更领先的地位。

当然,社会本就是由各种各样的人才组成的,不必苛求大家都去做基础研究。这个世界需要各种各样的人才全面地对社会做出贡献，真正能够献身给科学，尤其是献身给基础研究的人，终究是少数，而且也不应该是多数。如果说我们这些人是制造工具的工匠，那也需要有善于使用工具的艺人。科学的目的就是认识更本质的自然，条条大路通罗马，只要能够帮助我们建设更多元、更美好的社会，那都是最好的领域。

神交：多读读金庸，多学些哲理

我年轻的时候，就是个有文艺范儿的青年，汉中十年还恶补了很多西方小说。但后来，我开始对金庸情有独钟。他的小说跟其他人不太一样，别的武侠小说就是打架，或者加一段历史，他的有时候还很有哲理，加入了自己的想象，总有一些令人意想不到的情节。

我最喜欢的人物是令狐冲，他除了有超凡的悟性，还有些悲剧色彩，他做得很对，但经常被人误解。悲剧在文学中有着极大的艺术价值，因为人生并不总是一帆风顺，多少会有坎坷泥泞。回顾我自己的人生经历，有病患缠身的痛苦，也有战时避难的流离失所，还有十年汉中的落魄困窘，当然也有得遇名师的幸运。人生的大起大落、悲欢离合让我在令狐冲身上看到了自己的影子，也产生了高度的共鸣。

在金庸的书里，对令狐冲学习"独孤九剑"是这样描述的："独孤大侠是绝顶聪明之人，学他的剑法，要旨是在一个'悟'字，决不在死记硬记。等到通晓了这九剑的剑意，则无所施而不可，便是将全部变化尽数忘记，也不相干，临敌之际，更是忘记得越干净彻底，越不受原来剑法的拘束。"对于我来说，学习不在死记硬背，而在理解，理解之后才能融会贯通、运用自如；学习也在于悟性，尤其是学数学，我觉得学数学最重要的不是学知识，而是悟性。这些学习过程中的窍门都与令狐冲学剑的道理是相通的。

现在的很多年轻人过于脆弱，经不起失败，但生活、科研就是这样，应该像郭靖那样，有股傻气，能干傻事，不怕失败，要经得起失败。只有经得住磨难，怀着那股"为中华之崛起而读书"的豪情，带着一种越挫越勇的韧性，才能从老一辈学者手中把接力棒传递下去。

（整理：邵巍）

参考资料

黄琳先生八十华诞文集编委会：《唯真求实 矢志创新：黄琳先生八十华诞文集》，北京大学出版社 2015 年版。

黄宗良

情系国政一甲子，心不自缚与舟同

黄宗良，1940年生于广东潮州，北京大学国际关系学院教授。1960年考入北京大学政治学系，毕业后留校任教。长期从事世界社会主义运动的历史和理论、现状的研究，重点研究包括中国在内的社会主义政治和政治体制改革问题。

今年是新中国成立70周年，习近平总书记在2018年的一次讲话中指出："建立中国共产党、成立中华人民共和国、推进改革开放和中国特色社会主义事业，是五四运动以来我国发生的三大历史性事件，是近代以来实现中华民族伟大复兴的三大里程碑。"这个提法是非常重要的，是我们认识理解新中国成立的一个重要指引和遵循。我今年79岁了，1960年来到北大，明年就是到北大的第60年了，我进入政治学系以来，就再也没有离开过社会主义政治研究这个主题，60年一甲子，可以说一辈子交给它了，确也无悔。

懵懵懂懂接触政治

我见证了新中国成立与发展的历史，正是这些经历为我理性地认识党性、理解社会主义奠定了基础。年轻学者谈起社会主义可能主要是一些理论研究，我们不大一样，不仅有书本的学习，还有些实践和经历。我一出生就面临着饿肚子，后来又过了两段吃不饱的日子。我知道饿肚子是什么滋味，说实在的，光靠本本很难体会到什么是社会主义、很难懂得中国共产党、很难懂得马克思主义唯物论。至今可能还有一些很正统的理论家未必在这个根本问题上承认马克思主义最基点的问题。正如恩格斯在马克思墓前讲话所说的："人们首先必须吃、喝、住、穿，然后才能从事政治、科学、艺术、宗教等等；所以，直接的物质的生活资料的生产，从而一个民族或一个时代的一定的经济发展阶段，便构成基础，人们的国家设施、法的观点、艺术以至宗教观念，就是从这个基础上发展起来的。"① 中国共产党进行革命不能离开这个问题，改革开放实际上也是从这个问题出发的，所以这个基点很重要。

我们在政治和历史学习中常常学到讲述中国的地主阶级对农民的剥削，可能年轻一代还不了解。我小时候跟着大人去给地主交过地租，知道地租是怎么交的，主要是实物地租，而且是"铁租"，收成不好也得交。地主收租有质量要求，要先用"风柜"，类似于鼓风机，把瘪谷扬出去，他们留下的是颗粒饱满的。那时候大家都吃不饱，至今有一些场景回忆起来还是触目惊心的。刚出生的小孩没饭吃，养不起就扔到水沟里。对这些经历的回忆是任何时候都磨灭不了的。中国共产党为什么要推翻旧社会？广大工农群众生活在水深火热中，牛马不如，经历了就知道这么说不夸张。

---

① 《马克思恩格斯选集》第 3 卷，人民出版社 1995 年版，第 776 页。

新中国成立前夕,国民党兵败到广东,到处抓壮丁,那时的民谣说:"胡琏胡琏(胡琏是国民党一个很能打仗的将军),剃头不用钱。"抓了壮丁,把人家头发和眉毛剃光,想逃跑也逃不掉。我的一个邻居怕被抓,把饭碗砸了,用瓷片把小腿刮破,表示伤残,逃过一劫。

1949年中华人民共和国成立时我刚好9岁。我印象最深的是去韩江边迎接南下的解放军。后来经历了土改,我分到了8.8分[①]地,现在想想不少了,因为当时我们全村400多口人平均分地,每个人分不到一亩地。10岁的我参加抗美援朝游行,在割完的水稻干地里搭棚开全区大会,我在会上学到了一个成语叫"唇亡齿寒",朝鲜完了,中国也就"冷"了。

再后来,我离开农村去汕头市上小学、初中。这个阶段我对政治的认识是很懵懂的,唯一的接触是通过手工业合作社,我的爸爸去城市后主要从事做竹子编筐的手工业,参加几十个人的合作社。社员们的收入状况同干个体差不多,没有不满意的。我爸在社里管钱管物,他不怒自威,正派廉洁,大家都尊重他。我和爸爸夜里睡在用竹子编的吊棚上,就这么过了两三年。

我的整个初中阶段是比较沉闷的,每天要做很多事情,不仅要读书学习,还要挑水、帮爸爸干点别的活。唯一出风头的事就是有一次初中历史课,历史老师在课上提问:"你们知道蒋介石多大吗?"谁也回答不上来,我说我知道。"你怎么知道的?""我爸告诉我的。""你爸爸是什么人?""我爸是劳动者。""那怎么知道的呢?""因为我爸告诉我蒋介石是属猪的,我一下子就算出来了。"这是整个初中阶段我唯一一次出风头,让我至今印象深刻。

进入高中,我就开始接触政治了。大炼钢铁,修建土高炉,我们汕头一中的操场上垒起了土高炉,大家挑灯夜战,夜里就睡在炉

[①] 1亩=10分。

旁。当时农村大修水利,清理坟头,平整土地,我从学校回老家就参与劳动,经常夜间点着汽灯在地里干活。我们那里1958年大修水利,使百姓多年受益。现在讲"大跃进"的负面后果时,我就很注意分寸。

进入政治学研究之门

1960年,20岁的我进入北大开始了政治学学习。其实,我的第一志愿是莫斯科大学新闻系,我已经顺利通过了体检、社会关系调查等准备工作,可是后来却去不了了,我猜可能是因为当时中苏关系出问题了。我的第二志愿是北大政治学系。为什么是政治学?其实我最想上的是北大中文系,那个时候就知道北大中文系名气大。我觉得报中文系没把握,而且我的经历让我对政治学有一种亲近感。潮州话"政治"和"种地"的发音是一样的,所以得知我要去北京大学读政治学,奶奶问我:"咱家就是种地的,你为什么还要跑到京城去种地呀?"

我准备来北大时,奶奶给我做了一床12斤的棉被,在我们老家是没有褥子的概念的。从汕头到广州要坐15个小时的长途汽车,行李箱就放在汽车的车顶上,结果下大雨棉被全被泡烂了。后来我自己用剪刀把那床被子剪成了两半,一半做褥子,一半做被子,仍然很厚。没过多久,开始实行粮食定量,我们北大1960级政治学系全班50个人,虽然有粮食吃,但是毕竟没有什么油水,很多人吃不饱,小腿浮肿,肚子饿就得想办法。比如打瓶酱油回来冲开水喝,家里寄的芥菜干煮一煮或泡着吃。有人冬天捡一些白菜帮放在罐头盒里,拿一些枯枝烂叶烧着吃。

大学阶段主要是学习理论打基础时期。虽然"纸上得来终觉浅",但理论学习对我的一生来说还是有着相当重要的意义的。我学得最好的是艾思奇的哲学教材和于光远主编的《政治经济学·资本主义部分》，不论是从系统性还是逻辑性方面，都给我建立了基本的思想体系，书里重要的结论我至今都还会背，就像现在让小孩子背唐诗宋词一样，虽然不理解，但是背会了长大后就慢慢理解了也会用了。我刚上大学时，国家还没有政治学教材。同学们的学习读物包括《毛泽东选集》和《列宁选集》。特别是《列宁选集》，我学得比较系统，对我后来对苏联的研究很有帮助。不过，大学时期，我对政治学、对社会主义问题也没有特别的热情，学习的主要动力很大程度出于想要取得好成绩这样朴素的价值观。

真正让我开始关注和思考社会主义，特别是社会主义政治应该是从"四清"开始。我从1963年开始连续到北京郊区参与农村社会主义教育运动，第一次在平谷，第二次、第三次在朝阳，第三次我还担任了工作组的组长。下乡"四清"对我的震动还是蛮大的。第一，北方农村真的很苦，在平谷待了近70天，其中滋味让我感慨万千。平谷地区多山，当地的水资源非常匮乏，村民日常饮水需要挖井去打井水。吃饭时用脸盆接好水，洗手洗碗同盆，其实洗完手水已经变得黑乎乎的了。第二，有助于我认识共产党和老百姓之间的关系。我当时印象最深的是老实巴交的贫农们都要紧盯他们的孩子说："你们不要乱说话，说错了不得了。"过年吃不上一顿饺子的农民也是谈政色变。"左"倾政治运动对党和人民的关系带来的破坏真是很严重啊。

1965年毕业时分配我留校任教。坦白讲，我当时最向往的不是留下来，而是去西北局政策研究室，这份工作是令我神往的，因为它可以将理论和实际相结合。但是既然分配我留校，我就留下来了，那时我们是绝对服从分配的。后来，"文化大革命"爆发，我们当时也经历了一段混乱时期，我被安排去江西鲤鱼洲劳动，从鲤鱼洲回到北大后也没有给我安排教学任务，我还一度跟着建三角地的平房，就这样度过了几年时光。

读万卷书，行万里路

我 40 岁左右时开始对社会主义政治有点觉悟，在整个教学的过程中，我一直关注社会主义研究的重点、难点、热点是什么，也一直在思考：苏联的模式与历史究竟做何评判。"文化大革命"后恢复教学工作，那个时候我看了梅德韦杰夫的《让历史来审判》，这本书对斯大林模式进行了系统的批判，对我来说简直是启蒙性的，让我逐渐从理论上开窍了，对苏联政治体制有了一定的认识。

对苏联政治体制有了真正的深刻认识是在我 50 岁时，我到了苏联和东欧，亲眼见证了苏联的解体。苏联解体是一件意料之外的大事，我自己从没想到苏联会解体。八一九事件期间，我独自拿着一把伞、背着一个尼龙书包进入了克里姆林宫附近的包围圈。那里的军人枪口里都插着玫瑰花，没有人阻拦我，一些苏联士兵还向我要香烟。军队当时已然军心涣散。莫斯科到处散落着被推倒的第一代革命家的塑像，给我印象最深的是加里宁的雕像被捣毁后，一个小青年坐在上面抽着烟。那个画面太典型了，开创共产主义教育的革命家、教育家被推倒了，后代坐在他的塑像上面抽着烟，真是发人深省。再后来我还到了东欧，看着推倒的柏林墙，我当时写下了一首小诗："一约分天下，双墙隔西东。三四十年过去，两地情犹通。长河落日处，红楼人已空。沧海桑田事，多少预料中？"把自己的思考形成系统化的文章应该是从苏联回来之后，也就是 1992 年左右。在那之前我写的文章主要是理论性的，从那之后应该就是结合中国的实际连续性地探索苏联问题，探索我们的社会主义到底怎么回事。其中有几篇影响比较大，比如《教条主义与苏联的解体》，大家看过以后，反响都很不错。

黄宗良：情系国政一甲子，心不自缚与舟同

1991年，黄宗良坐在柏林墙旧址前思绪万千

60岁的时候我的观点比较定型了。1998年，外交部前副部长宫达非找国内研究苏联问题的专家，编写了《中国著名学者：苏联剧变新探》一书，里面我写了一篇长文章，就是《苏联政治体制与苏联剧变》，这篇文章现在看来也还站得住脚。后来我又写了不少文章，比如《共产党执政规律的历史启示》，这篇文章其实是比较有代表性的，2004年让我去政治局讲课很大程度上也是因为这篇文章。后来写的一些文章，比如《一个主义、两种模式》《社会主义建设实践历史经验的哲学思考》等，都反映出我比较定型的认识了。

回顾起来，我从小时候懵懂接触政治到20岁正式进入政治学系进行理论学习，再到40岁比较明白一点，50岁到苏联之后真正有了自己的思考，60岁思想基本成形，出了不少成果，也就这样自然而然地走到了今天。光读书不走路，没有亲身经历，没有所闻所见，认识就基本停留在书本上，就是书生。我坚信"读万卷书，行万里路"。我最好的习惯就是一定要把理论跟实际联在一起去思考，这样才能真正搞明白自己读的东西。

一叶轻舟寄渺茫

作为时代进程的亲历者,我见证了求索进程中的艰难坎坷,也见证了社会主义事业的辉煌成就。70年来一代代共产党人正是在波澜壮阔的伟大实践和探索中,对社会主义的认识一步步加深并趋向真谛。正因如此,今天的中国才从未如此接近民族复兴。正如习近平总书记所说,我们"已走过千山万水,但仍需跋山涉水",未来的复兴征程上,我们还会遇到不少困难,但是只要我们继承70年的宝贵经验,就一定能夺取伟大的胜利。经济上,把改革的力度、发展的速度和社会可承受的程度统一起来;政治上,把党的领导、人民当家作主和依法治国有机统一起来;在建设中国特色社会主义文化中,坚持马克思主义的指导地位,以中华传统优秀文化为根基,吸取和借鉴国外积极的文化成果。中共总结的这三组三者关系,我概括为九个字,即发、改、稳、党、民、法、马、中、西。这九个字涵盖了政治、经济、文化、社会的各个方面,是经得起理论推敲,可以理直气壮向世人展示的宝贵经验。

我很喜欢苏东坡的几句诗词:"芒鞋不踏利名场,一叶轻舟寄渺茫。"我们北大的传统就是忧国忧民,就是家国情怀,就是淡泊个人名利去追求真理,"芒鞋不踏利名场",这才是北大人应该做的事;后一句"一叶轻舟寄渺茫",在我的理解中,不是指四处漂泊,而是说人的思想应该像不系的轻舟一样,海阔天空任自由。正如韦应物的一句诗:"为报洛桥游宦侣,扁舟不系与心同。"扁舟不系,也不随风飘荡,而是在茫茫大海上探索航程。我在这里反其意而加用之:"心不自缚与舟同",不要因求名利而"作茧自缚",思想自由,兼容并包,这也是北大的优良传统。

我们作为政治理论学者,党赋予我们的"权力"就是应该把政治家们手中、人民赋予他们的"权力""装进制度的笼子";同时,我们的这种"权力"同样也是受到限制的。我们说的"思想自由",是把思想作为动词时,它才是"自由"的。你胡思乱想,人们或许管不着;胡说八道,那就是另一回事了。我就是用这种理解来要求自己。

今天,我们这个时代是英雄大有用武之地的时代,许多问题亟待回答和解决,我们所从事的事业——中国特色社会主义事业,是我们可以以身相许的、伟大的、崇高的事业。我希望我们的年轻一代,能够"芒鞋不踏利名场""心不自缚与舟同",为中华民族的伟大复兴、为人类解放事业做出贡献。

(采访、整理:白金星)

崔殿祥
追梦燕园六十载

崔殿祥，1933年11月出生于辽宁大连，1957年进入北京大学物理系学习。1965—1999年，历任北大党委保卫组组长、计算机系党总支书记、北大副总务长兼任昌平校区主任等，曾任北京大学党委委员、常委。

悠悠大学梦

在我16岁那年，中华人民共和国成立，在农村读书还不错的我，做梦都想到首都北京读大学。那时的我初生牛犊不怕虎，坐了30多个小时的火车，从辽宁大连金州来到北京，投奔在人民日报社印刷厂工作的哥哥。

刚找到哥哥的土娃子，还不知道北京的学校门朝哪开，却很快被哥哥所在的印刷厂厂长相中了，要我去印刷车间当学徒。哥哥同意了，我只好勉强答应，心想：难道千里迢迢来北京读书的梦想就这样泡汤了？

在印刷车间，我是出了名的"机灵鬼"，学得快，干得好，手脚勤快又不惜力，虚心求教，印刷技术掌握得快，很快得到厂里上上下下师傅们和领导的喜欢。学徒从徒工转为正式印刷工按厂规一般需要三年，我却一年就出徒了，工作已经能够独当一面，工资从每月16元增至每月32元。每天夜里，我同十几名师傅、徒工一起开动高速轮转机，随着机器的运转，《人民日报》经过我们的手，销往全国各地。

虽然我很认真地跟着师傅干活、学技术，但实现读书的梦想一直是我的夙愿。由于年龄小、腿脚快，按领导要求，我每天负责往领导办公室跑一趟，将刚印刷出来的报纸送一份给厂长审查印刷质量。说来也巧，一次偶然的机会，我看见厂长办公桌上放着一个印有"北京大学"红体字的信封，我拿在手里看了好一会儿，心猛然怦怦跳动起来："我要是能有这个机会多好呀！"手里的信封又燃起了我在北京读书的梦想，但我转念一想："全国最高学府北京大学，怎么会轮到我去？算了，这是白日做梦，痴心妄想。"我索然放下信封，悻悻回到车间。

人民日报社为了提高印刷厂职工的文化水平，开办了职工夜校，设立初中班、高中班。我知道以后立即报名，积极参加初中班的学习。印刷车间的工作量非常大，既紧张又繁重，每天上完班累得只想躺下睡觉，但一想到自己的梦想，我每天仍然坚持去听课，按时完成每一个学科的作业，从不耽误。每当我坐在教室里，看着黑板上的板书，听着老师娓娓道来，疲劳、困倦全都从我身上消失了，有的只是如饥似渴对知识的渴望，因为这里是我实现梦想的地方。

大学梦一直陪伴着我，我平时一有时间就抓紧时间看书，"爱读书的小崔"俨然已经成为大家对我的印象。1953年上半年的一天，印刷厂党支部书记找我谈话，说："教育部今年给人民日报社一个名额，去北京大学附设工农速成中学学习，报社秘书长指示工厂负责推荐，经过厂里党政领导班子研究，报请报社领导批准，这个名额给你。"我的"大学梦"实现了！我连连说："非常感谢领导对我的信任，绝不辜负党组织对我的培养，我一定努力学习，多学知识，提高本领，将来更好地为党工作，报效祖国，为人民服务！"

当天夜里，我激动得浮想联翩，夜不能寐。我祖籍山东蓬莱，祖辈携家带口"闯关东"逃难，落脚大连金州的海边，开荒种田，下海摸鱼，摸爬滚打谋生。20世纪初，大连惨遭日俄战争摧残，之后饱受日寇40多年殖民统治，人民过着亡国奴的生活。记得一年春节，我大哥被押到衙门，日本兵非说我们未交税，我大哥被打得遍体鳞伤，七窍出血，险些当场丧命，身体因此受到重大创伤，苦命的他30多岁就去世了。我家祖祖辈辈都是文盲，旧社会剥夺了劳苦大众受教育的权利，共产党领导的新中国使劳动人民政治上得到了彻底的翻身，教育为工农服务，为生产建设服务，学校大门向工农开放，这是我国教育史上一个重大转折，一场空前的教育革命。

1953年，崔殿祥即将离开人民日报社时的留影

进入工农速成中学

工农速成中学是我国特殊历史时期创办的特殊学校。1949年，在教育部召开的第一次全国教育工作会议上，教育部部长马叙伦在开幕式的致辞中强调，我们的教育要大量培养工农出身的新型知识分子，作为国家建设的坚强骨干。创办工农速成中学是在这次会议上确定的，会议还讨论了速成中学的师资、教材等具体办学条件、要求。创办工农速成中学是为了满足我国特殊历史时期的特殊需求。这些学校都附设在全国部分高等院校，招收参加革命工作3年以上、文化水平偏低的工农干部、劳动模范及工农青年入学，还规定烈士子女不受上述条件限制。从1950年到1954年，全国共办了5届工农速成中学；1955年停止招生。在校期间，每个学生都享受政府发放的助学金，每月从25元到35元不等。我是产业工人，助学金最高，每月35元，一直发到大学毕业。

北大工农速成中学1951年创办，校址设在老北大的沙滩红楼，这里是1919年五四运动发祥地。入学第一天的情景，我终生难忘。那是1953年9月的一天，秋高气爽，阳光明媚，我来到北大工农速成中学报道。民主广场红旗招展，有来报到的、送行的、志愿服务的，人来人往。我的行李由师哥师姐们帮忙送到景山东街的老北大学生宿舍。记得第一堂课是参观设在红楼一层的李大钊工作室，我们瞻仰了李大钊的遗像遗作，还参观了毛泽东在北大图书馆的工作室。这堂课教育我们工农学生勿忘历史，发扬传统，学习和继承革命先烈的遗志，为建设新中国发奋学习，贡献力量。

我们班有40多名同学，男生女生各半，文化程度参差不齐，有的同学只读过小学一二年级，要学完普通中学生6年学习的基础知识，困难很大，因此我们的课程安排得十分紧凑。1953年，学校改为四年制。同学之间年龄差异较大，从19岁到35岁。我入学时19

岁,是班里年纪最小的。同学中已经成家的居多,有位女同学已经是4个孩子的母亲。年龄偏大的同学记忆力差,学习很吃力,但是都很刻苦,白天上课,晚上自习,常常课间都不休息。北京有家的同学星期天也经常不回家,一心扑在学习上。

我经过两个星期的紧张学习后,自己感觉不适应,听课时头晕脑涨,精神不集中,看书记不住,作业完不成,夜里失眠。在工厂时,印刷车间是夜里上班,白天睡觉,与学校的时间完全颠倒,由于时间差调不过来,我夜里睡不好,白天上课时精神难以集中。我想:这可糟糕了,读书的梦想实现不了,还得回印刷厂。下一步的路怎么走?我暗暗地对自己说:"不能刚踏上实现梦想的路就打退堂鼓,要实现梦想,必须战胜前进中的障碍。"经过认真冷静的思考,我决心改变这种不利、被动的局面。首先,精神要放松,学习时间不要安排得太紧;其次,要加强锻炼,每天早晨、下午围绕民主广场跑步,开始一两圈,后来一次跑十多圈。一个月以后,发生了奇迹般的变化,先前无法有效学习的状况完全没有了。从此以后,我每天早晨起床的第一件事就是长跑,春夏秋冬,风雨无阻,坚持不懈跑了几十年,从来不感冒。

速成中学的老师、干部和工作人员是从北京大学各系选派的,都很年轻。老师们讲课很投入,水平也高,与学生关系极为融洽,晚自习时他们经常到教室辅导学习困难的学生。

通过工农速成中学的四年学习,我掌握了初中、高中的基本知识,为上大学打下了基础。经过努力,毕业前我获得北京市"三好学生"称号;毕业时,所有的课程全部为优秀。1957年5月,我被北大物理系面试提前录取。到速成中学录取我的,是后来当了北大副校长、物理系副主任的沈克琦教授。速成中学毕业的学生参加高考每门加15分,我班有近一半的同学考上大学。

圆梦燕园

1957年9月初的一天早晨,我带着简装行李到燕园大饭厅报到。这一年北大招收新生2000多人,报到的同学交了"北京大学录取通知书"以后,领取北京大学校徽、宿舍楼号、房号和一个方凳。方凳的用处可广了,无论是在大饭厅开会、看电影还是在宿舍学习,都离不开它,这个独具北大特色的方凳伴随了我60年,它既是我的纪念品,更是我走进北大之后人生道路的见证。前几年搬家,方凳被女儿悄悄扔掉了,至今想起来我仍耿耿于怀。

报到那天的下午,我们参观了北大校园。古色古香的北京大学,所有建筑都很有特色,还有很多文物。最引人注目的是北大的标志——未名湖、博雅塔。我戴着"北京大学"的校徽,沿着湖畔漫步而行,凝视着浩渺的未名湖水波,它曾经承载了多少名人的注视,这里是北大大师们和学生们散步的好地方,未名湖给了他们自由、深邃的思想启迪,给了他们学术上的灵感与创造力。未名湖的景致秀丽风雅,让人心旷神怡,在此等风景中学习成长,激动、幸福感涌上心头。

我就这样走进了大学,走进了梦寐以求的北京大学,终于开始了我的大学梦。

第二天上午,学校召开迎新大会,各系各班的同学都带着方凳排队到大饭厅。看见马寅初校长等校领导走进会场,我激动得和同学们一起把手掌都拍红了。马寅初校长在致辞中说:"你们要成为国家建设未来的栋梁之材,一是靠有科学知识,所以要发奋读书;二靠有强健体魄,所以要坚持锻炼身体。"他还说:"我一年四季洗冷水澡,很少生病,对身体很有好处。"我听后很受启发,从此学习老校长坚持冷水洗澡,确实受益匪浅。2006年,我去加拿大多伦多儿子家住了一年,严冬时气温零下30多摄氏度,我每天仍然坚持冷水

洗澡。我儿子、孙子知道后，非常吃惊。直到今天，我仍有此习惯，很少生病。

我开始在北大物理系上课以后，学习有的课程很吃力。数学、物理的大学课程内容，不像初中到高中的课程内容能够衔接起来，是一个极大的跨越，难度大大超过我的预想。我对这种状况毫无思想准备，看到同学们学习似乎很轻松，我不禁思考：为什么我学习如此困难？很多同学都是各省市学习极优秀的学生，有的是高考状元，有的是数学、物理竞赛优胜者，我仅是速成中学拔尖的学生，基础又差，相比起来差距很大。例如，"数学分析"课，很多内容我都听不懂，一节课下来常常有一种云里雾里的感觉。期末考试我不及格，经过数学老师的辅导和同学的帮助，补考终于通过了。物理学的"理论物理"是一门比较难学的课程，理论性强，不同于经典物理、近代物理，我也是下了很大的功夫。"量子力学"更是一门难"啃"的"硬骨头"，我认真对待，开动脑筋，最后还是比较顺利地通过了。

班主任高老师知道我是读速成中学上的大学，又兼做社会工作，学习比较困难，经常主动关心我的学习，讲完课以后常走到我面前，问我有没有听不懂的地方，有时提几个问题考考我，直到满意了才离开。

经过我不懈的努力，认真对待每一节课、每一学科，慢慢地情况有了很大转变，我对学习不像开始时那么生疏，学习方法掌握了，逐渐得心应手，觉得轻松了，信心也增强了，成绩自然就提高了。

入学第二年，我被选为物理系党总支学生委员。因为工作需要，第三年提前毕业。1962年年初，教育部通知提前毕业的学生，若本人愿意可以复学，学完全部课程。我复读完成物理专业6年课程后毕业，毕业论文获优。

记得最后半年，我完全投入到写毕业论文的状态中。我的论文主题是探讨金属原子结构。为了写好毕业论文，我一头扎在图书馆，没日没夜地查资料、读文献，在实验室通过 X 光机反复做衍射实验。当时对于我来说，最大的困难是读英文文献。速成中学不开英语课，到了大学，我只能在英语慢班学习，英语水平很低。可是为了写好毕业论文，我只能赶鸭子上架，抱着字典啃完了数篇英文文献。这些文献告诉了我金属原子的运动规律和结构特点，我又在实验室通过 X 光来验证结果。那半年，我废寝忘食奔波在图书馆、实验室，虽然辛苦，但当我通过实验收获了成果，那种先苦后甜的喜悦之情，只有经历过了的人才能体会到。我最终完成了 3000 多字的毕业论文初稿，经过导师审阅修改定稿，至此算是大功告成。

1964 年初春，系主任褚圣麟老先生亲手将大红绸缎封皮、烫有金字的"北京大学毕业证书"递到我手里时，我的手有些发抖。也许是因为梦想成真过于激动，也许是酸甜苦辣涌上心头……至此，经过 10 年的寒窗苦读，我终于圆了北京读书梦，而且圆的是北京大学读书梦。

在回家的路上，我又一次走上未名湖畔的小路。早春的山桃花已含苞待放，垂柳已发出翠绿的嫩芽，我再一次看了看红皮金字的"北京大学毕业证书"，眼里噙满泪花。6 年的大学生活结束了，我将开始新的征程。一个人可以一无所有，但是不能没有梦想。我正是因为有梦想，才历经坎坷依然前行，正是因为历经沧桑信心不改，才终于实现梦想。

虽然事情已经过去半个多世纪了，但这些事情仍历历在目，仿佛就发生在昨天。

我在北大上学，毕业后从事教学、党政、后勤等工作，直到退休，和北大结缘 60 多年。今天的北大已进入一个新的历史发展阶段，成为国家培养高素质、创造性人才的摇篮，科学研究的前沿阵地和知识创新的重要基地，国际交流的重要桥梁和窗口。2019 年是中华人民共和国成立 70 周年，回顾过去，我见证了国家发生翻天覆地的历史性巨变，我们党领导全国各族人民绘制波澜壮阔的历史画

卷,谱写了感天动力的奋斗赞歌。国家从站起来、富起来到强起来,人民过上了美好的生活。我这个来自贫困农村,懵懂无知、地地道道农民的儿子,完全是在党的关怀、教育、培养下,在人民的哺育下,经过自己坚持不懈的努力奋斗,圆了大学梦,成长为大学教师、国家干部,成为教育管理研究员。我在退休后继续为教育出力,直到70多岁才完全退下来,享受着国家给予的幸福晚年生活。

悠悠燕园,60多年的朝夕相处,我感受到她深厚博大的人文底蕴和激情焕发的盎然生机,感受到她不朽的精神魅力。

已经耄耋之年的我,真诚地、发自内心地感慨:感谢您,亲爱的党、伟大的祖国和人民;感谢您,培养了莘莘学子的北京大学!

梁立基
从海外"孤儿"到民间大使

梁立基，1927年生于印度尼西亚万隆，北京大学外国语学院教授。1951年进入北大学习，1954年毕业后留校任教，主要从事印度尼西亚语言、文化，中国与印度尼西亚、中国与马来西亚文化交流史，以及东方文学等方面的研究。

海外血雨腥风中的青少年时代

海德格尔说过，人是被抛入这个世界的。我们无法选择生于什么时代、什么国家和什么家庭，但来到世界之后，可以通过自己的努力和奋斗去改变自己的人生命运。

我是1927年来到这个世界的，出生在印度尼西亚万隆市一个华侨商人的家庭中。当时正值国难当头和民族存亡的危急时刻，我的幼年和青年是在"九一八"事变、"七七"事变、太平洋战争和印度尼西亚民族独立"八月革命"的血雨腥风中度过的。

我父亲叫梁尚琼,是位爱国侨领,从小就教育我:"国家兴亡,匹夫有责。"我家客厅里挂的横幅是岳飞写的"还我河山"四个大字。我在万隆中华学校念书时也受到爱国主义教育,老师经常讲抗战的故事。我还特别喜欢唱抗战歌曲,记得每次唱《松花江上》和《八百壮士》时都会激动得热泪盈眶。在家庭和学校教育的熏陶下,我从小就有强烈的民族忧患意识,决心要为振兴中华奉献自己的一生。

"七七"事变后,在荷兰殖民统治下,万隆的爱国华侨只能以赈灾的名义进行募捐来大力支援祖国的抗日战争。当时万隆成立了华侨慈善委员会,我父亲是主要领导人之一。我也想以实际行动为抗日救国做点儿事。所以一到周末,我便去慈善委员会的财务处领取募捐箱,沿街号召来往行人募捐,到中午募捐完后便把募捐箱交还给财务处,当面点清我当天募到的钱数,然后写上我的名字。我感到非常欣慰和自豪,因为这意味着我也为抗日救国做出了自己小小的贡献。

1941年12月太平洋战争爆发,日本帝国主义的侵略魔爪很快伸向东南亚。荷兰殖民统治下的印度尼西亚面临战争的直接威胁,城里人纷纷迁往郊外避难。我家迁到郊区山下公路旁的一间房子,在房屋后挖了一个防空洞,一听到空袭警报声,全家人便迅速躲到里面蜷缩着一动不动。

不久,整个印度尼西亚便被日本帝国主义占领了。万隆市沦陷不到一个月,我的家便惨遭浩劫。在一个漆黑的夜晚,突然传来一阵猛烈的敲门声,几个荷枪实弹的日本宪兵气势汹汹地闯进来,把我父亲从睡梦中叫醒抓走,第二天我们也被赶出家门,日本宪兵在我家大门上贴上封条,上面写着"敌产管理处封"。后来我才知道,我父亲是被列入"抗日分子"名单而被关进集中营的。

我父亲被抓走后,起先被关在万隆市郊的监狱里,每隔两三个月家人还可以去探监。但一年后父亲便不知去向了,家里人十分着急，整天提心吊胆，怕有不测。有一天，突然来了一位集中营的土著守兵，神神秘秘地来到我家，原来他是受我父亲的暗中委托偷偷前来通风报信的。这时我们才知道父亲的去向。原来日本人准备把集中营里的华人都送往缅泰去修"死亡铁路"，而且已经被送到海口待命出发。但那时日本的海军在太平洋海战中已经失势，海路已被盟军封锁，所以最后去不成了。这真是上天保佑，如果真去缅泰修"死亡铁路"，父亲即使不是死于苦役中也会在铁路修成后被枪杀灭口。去不成后他们便被押返到芝麻垄镇集中营。那位土著守兵还偷偷地告诉我，如果想见到我的父亲，可以前往芝麻垄镇的某一条街边偷偷等候，太阳落山时就可以看到一支服完苦役后回集中营的队伍经过那里，但千万不要被日本兵发现，会没命的。

当时我才十多岁，决心要去看父亲一眼，便一人骑自行车到芝麻垄镇上的那条街。我躲在街边一家华人的小店铺里等待，快天黑时，看到一支回集中营的服役队伍拖着极度疲乏的步伐慢慢地走过来，我因为隔着玻璃窗看不清楚，便不由地跑出去站在马路边仔细观望从眼前走过的每一个人。我终于发现了我的父亲，他也看到我了，我们俩四目相视，心里有千言万语但无法表述。这时日本守兵发现我了，上来便给我两记大耳光。店老板看到情况危急，便急忙跑出来，一边假装对我训斥大骂，一边把我拽回店铺，就这样把我从日本兵的刺刀下救出来了。我终生忘不了那一次的遭遇和店老板的救命之恩。50年后，我到印度尼西亚参加学术研讨会的时候，特意去了芝麻垄镇旧地重游，想对当年救过我命的店老板再次当面致谢，可惜已经人去楼空了。

在日军三年多占领期间，我度日如年，我们一家七八口人搬进一间小小的平房挤在一起住，靠变卖家里的剩余东西和亲友的接济过着十分艰苦的日子。我还在街边摆过小摊卖肥皂，尽量想办法贴补家用，减轻我母亲的负担。

1945年8月15日，日本宣布无条件投降，我父亲也从集中营里

被释放出来了,我们全家得以重新团圆。这时,中国在一夜之间突然变成了世界"五强"之一,过去趾高气扬的荷兰人现在见到中国人时也都变得彬彬有礼了。我感到非常自豪,中国人已不再是"东亚病夫",从此可以扬眉吐气了。

日本投降两天后,8月17日,印度尼西亚宣布独立,成立印度尼西亚共和国。代表盟军到印度尼西亚受降的是英国军队,荷兰殖民者成立荷印民政管理署,企图复辟旧殖民统治。印度尼西亚人民纷纷拿起武器来捍卫刚独立的共和国,这就是1945年爆发的"八月革命"。我参加了万隆中华红十字会的救护队,以实际行动支持印度尼西亚的独立斗争。

万隆市恢复平静后,学校开始复课,我也怀着美好的憧憬踏入新建的万隆华侨中学(侨中)的大门,重新过起向往已久的学校生活。侨中的三年是我人生新的起点,为我今后要走的人生道路打下了初步基础。学习之外,我喜欢各种体育锻炼,尤其是篮球,我是校队和市队的主力队员,经常参加各种比赛。这可以说是我三年高中生活中阳光的一面。

但在同一时期,我也深深为祖国的命运感到困惑,陷入极度的迷茫中。抗战胜利后,中国已成为世界"五强"之一,我满以为祖国的复兴指日可待,谁知接踵而来的是滚滚乌云。一方面,国民党政府贪污腐败,国内物价疯狂飞涨,老百姓无法生活下去;另一方面,内战爆发,国家重新陷入战火之中。当时海外的华侨对中国共产党还缺乏了解,我也没有机会接触进步组织和阅读革命书籍,所以我一度陷入彷徨苦闷中,不知前途在何方。

后来我借到斯诺写的《西行漫记》,才知道在中国还有共产党领导的革命。接着我设法借到一些革命书籍,第一次看到《新民主主义论》时,我就认定祖国的命运只能寄托给中国共产党。我也给自己树立了这样的信念:我热爱中华,也热爱我的第二故乡印度尼西亚,我要以振兴中华为己任,为实现中华民族的伟大复兴而奋斗终生，同时我也要为促进中国与印度尼西亚友好关系的发展和共同进步做出力所能及的贡献。

1949年10月1日中华人民共和国成立时，我也上街加入庆祝游行队伍，大家边唱歌，边高呼口号。我从来没有遇到过如此轰轰烈烈的场面，那一刻，我对祖国的伟大复兴和繁荣富强充满憧憬，决心毕业后立即回国，为建设新中国奉献自己的一生。

人生道路的新起点

1950年侨中一毕业，我便怀着报效祖国的决心，报名参加印度尼西亚归国华侨同学会，成为新中国成立后第一批印度尼西亚归侨学生。当时国际局势很紧张，中国内地已被封锁，一般邮轮不通，只有香港的太古轮船公司还有货轮运货到天津。我们回国决心已定，便与太古轮船公司联系，坐上太古轮船公司2000多吨的旧货轮从雅加达启程，穿过台湾海峡封锁线，直达天津海河码头。

到达天津的当晚，黄敬市长亲自设宴招待，他告诉我们，台湾方面已派军舰准备在台湾海峡拦截我们，把我们押到台湾去。在获得这个情报后，大陆立即跟香港太古轮船公司进行交涉，要求改变航线，一定要保证第一批印度尼西亚归侨学生安全回到中国大陆。这时我才想起船离开香港的第二天一早，确实有一架侦察机一直在尾随，低空盘旋在我们货轮的上空，看来是在跟踪我们船的行程。我们这才知道能平安到达天津，靠的是人民政府的保护。我深深地感受到过去被人称作"海外孤儿"的华侨如今第一次得到祖国母亲的关怀与呵护时的温暖。

另一件事也让我感动不已。在天津住了几天之后，中央人民政府华侨事务委员会派专人把我们接到北京，准备参加全国高考。火车抵达北京前门车站后，我们都忙于卸行李，有一位穿短裤的中年干部也在忙着帮我们卸行李。那时正值盛暑，行李卸完后，有人才

把满头大汗的那位中年干部介绍给我们,原来他就是中央侨委副主任廖承志同志,我内心无比感动:"啊,这就是新中国的干部呀!"

一踏上国土,这两件事令我终生难忘,也使我暗下决心,要为民族复兴大业奉献自己的力量。我怀着工业救国的理想考入东北大学的化学系,后来东北大学改名为东北师范大学,我也愿意毕业后当化学老师,培养祖国需要的化学人才。

但是人生并非一条直道,一个人往往会遇到意想不到的拐角而改变轨迹。第二年暑假,第二批印度尼西亚归侨学生来了,中央侨委让我作为侨委干部负责安排学生的住宿。此时正好我父亲参加第一批印度尼西亚华侨归国观光团抵达北京,侨委又让我参加接待工作。其间我父亲看到新中国欣欣向荣的景象大受鼓舞,决心把在印度尼西亚的全部家业卖掉,把资本带回国参加建设新中国。在当时成立的印度尼西亚华侨投资公司,他是宣传委员。他还把在家乡早先买的70亩果园全部无偿献给国家,他的爱国行动给我以极大的鼓舞。

当我顺利完成侨委交代的任务时,学校已经开学一个多月,我回不去了。那时候中国与印度尼西亚刚建交,很需要培养印度尼西亚语的翻译人才,于是中央侨委建议我转学到北京大学东语系新建立的印度尼西亚语专业。我早已树立这样的信念:祖国的需要就是我的志愿,印度尼西亚是我的第二故乡,发展中国与印度尼西亚的友好关系就是我的历史使命。所以我二话没说,便欣然答应了。就这样,我告别了化学专业,走进印度尼西亚语专业。从此我的一生再也不能与中国—印度尼西亚关系的发展分开了。

从语言教学进入文学文化研究

我在北京大学东语系印度尼西亚语专业工作了几十年,献出了我的全部青春和精力。从20世纪50年代起,除教学外,我经常被借调承担接待印度尼西亚代表团的翻译工作。1956年苏加诺总统访华时，我参加了翻译组的工作，一起把苏加诺总统慷慨激昂的演说全部录下翻译成中文，通过电台让全国人民当天听到。之后，我还参加了许多重要的翻译和接待工作。在实践中，我认识到要深化两国人民的友谊和相互了解，除了语言作为不可或缺的交流工具外，还需要更加深入地了解印度尼西亚的社会政治、经济、文化等方面的历史和现状，了解中国和印度尼西亚的关系史和交流史。于是，从50年代中期起，我便开始着重研究印度尼西亚文学和中国—印度尼西亚的文化交流史，并开设这方面的课程，后扩展到东方文学的研究，参加并负责东方文学史有关书籍的编写工作。

新中国成立初期，东语系的主要任务是为国家培养亟须的翻译人才，我作为东语系的一位年轻教员，理所当然要把自己的全部精力投放在专业语言的教学和翻译工作上。1956年中央号召"向科学进军"，东语系的年轻教师纷纷响应，但如何进行科研，大家心中没有数，不知从何做起。作为当时的系主任，季羡林先生根据自己多年的心得体会，有针对性地为我系青年教师作了多次专题讲座。季先生的报告使我茅塞顿开，看到了自己的努力方向，我一向对文学感兴趣，在高中时期就喜欢看中外的各种文学名著，所以我决定以印度尼西亚文学为主攻方向。我开始学习文艺理论，拓宽文学文化的知识面，大量阅读印度尼西亚的文学论著和主要的文学作品，一步一步地打好基础和积累知识，朝既定目标迈进。

季羡林教授是我国东方学的泰斗，培养了一大批东方语言、文学、文化的教学研究人才，我自己就是在他的言传身教下走上学术研究道路的。作为东语系的教师，我有幸得到季先生的直接教导和指点，使我从单纯的语言教学逐步走上印尼—马来文学和文化研究的道路，后又逐步扩大到东南亚文学和整个东方文学的研究领域。

1978年，国务院决定编辑出版《中国大百科全书》，季先生负责

东方文学的总编辑工作。东语系搞文学的教师大多参加并成了东方文学各分编委的主力和骨干,我自己也当了东南亚文学编写组的主编。在两年多《中国大百科全书·外国文学卷》的编写过程中,季先生经常召开编委会,直接带领编委们共同讨论和研究有关东方文学条目的各种问题,使我对东方文学的认识和兴趣不断提高,并决心要把自己的专业文学研究与东方文学研究直接结合起来。

1979年,中国人民大学出版社积极筹备出版《外国文学简编》作为高校外国文学的基础教材。《外国文学简编》计划出"亚非部分",在协商之后,当时便决定由朱维之、雷石榆老前辈和我担任主编,把全国15个高等院校从事东方文学教学和研究的教师第一次集结在一起,共同编写我国第一部东方文学教程。整个编写过程用了三年多的时间,不但带出了我国历史上第一支东方文学的研究队伍,同时也催生了我国第一个东方文学研究会。1983年,在乐山召开的最后定稿会上,大家决定成立高等院校东方文学研究会,我也被选为副会长。

我还参加了季羡林先生主编的《东方文学史》上下册的编写工作,并担任了副主编。这部我国最大、最全和最权威的东方文学史巨著于1995年出版了。为了大力促进我国东方文化研究的发展,季羡林教授进一步制定了一个跨世纪的工程,即编纂一套史无前例的、规模宏大的"东方文化集成"。"东方文化集成"内容涵盖东方各国的政治、经济、文化、历史、民族、宗教、哲学、文学、艺术等领域,计划出版500种,季先生亲自担任总主编,我也担任了东南亚文学相关书籍的主编。我负责和主编的被列为国家哲学社会科学"九五"规划重点科研项目的《世界四大文化与东南亚文学》便是其中之一。我完成的《印度尼西亚文学史》也被列入"东方文化集成",于2003年出版,并荣获北京市第八届哲学社会科学优秀成果奖二等奖、北京大学第九届人文社会科学优秀成果一等奖。

架设文化桥梁的"民间大使"

1965年,印度尼西亚发生"九三〇"事件,不久中国与印尼两国便断交。印度尼西亚语专业的老师们不知今后该做什么,对前途感到茫然。但作为教研室主任的我没有丧失信心,因为从两国关系的长远发展来看,我相信断交只是暂时的现象,我们应该为以后复交的到来做好准备工作。于是在1977年我便建立词典组,把全部力量调动起来编写《新印度尼西亚语汉语词典》,用了将近十年的时间编成,于1989年由商务印书馆正式出版发行。

中国的改革开放取得了明显的成果,印度尼西亚政府开始有意改善与中国的关系,1988年印度尼西亚举办第五届印度尼西亚语言全国代表大会,这是印度尼西亚官方五年举办一次的印度尼西亚语言最高的学术会议,邀请外国著名学者参加。我也收到了邀请,成为断交后第一位被邀请参加会议并作为大会的学术报告人的中国学者。这次大会使我有机会与印度尼西亚学者、华裔社会人士直接接触和交流,同时更感受到语言和文化交流对双方的相互沟通和理解所起的重要作用,我觉得有必要更加努力地培养印度尼西亚语人才与开展印度尼西亚文学文化和两国交流史的研究。

1990年8月8日中国与印度尼西亚正式恢复外交关系,当初来北京筹办大使馆的印度尼西亚公使第一个要找的人就是我,想从我这里了解中国改革开放的情况。我给他阐述了中国改革开放的理念,还带领他参观东南亚国家在北京开设的企业。后来他问我:"在两国断交期间,您是否继续教课和研究印度尼西亚的语言、文学、文化?"我说:"因为我相信两国断交是暂时的历史现象,总会有复交的一天,所以我从没有停止过对印度尼西亚语的教学和研究,而且主编了《新印度尼西亚语汉语词典》并出版。"他听了很感动。后来在把我介绍给复交后首任印度尼西亚特命全权大使时,他特地说:"断

交期间在中国'有一盏永不熄灭的灯',那就是梁教授。"从此印度尼西亚大使馆有重要的外事学术活动便经常邀请我参加,我也愿意为促进中国与印度尼西亚的友好关系尽自己的绵薄之力。

鉴于印度尼西亚语言发展很快,着眼于两国关系未来发展的需要,我们继续编写更大、更全、更新的词典。经过数年奋斗后,一部崭新的、大型的《印度尼西亚语汉语大词典》终于 2000 年在雅加达出版了,并举行了隆重的首发式,印度尼西亚教育部部长和我国驻印度尼西亚大使都拨冗出席并发表了热情洋溢的讲话。这部大词典荣获北京大学第八届人文社会科学优秀成果一等奖。

在这期间,我与马来西亚的学术交流也增多了。印度尼西亚和马来西亚在语言文化上是同一源流。1992 年,我第一次被邀请参加在马来西亚首都吉隆坡举行的马来语言国际研讨会,并被指定为大会报告人之一。这是中国学者第一次出现在马来西亚的学术论坛上。我用马来语所做的学术报告《中国的马来语言教学与研究》,第一次阐明马来语言在中马交流史上所起的作用。1994 年我被马来最高学府马来西亚国民大学聘请为客座教授,要我在该校用马来语举办讲座,专门讲有关中马文化交流的历史,并邀请我用马来文写成一部专著,即《光辉的历史篇章——15 世纪马六甲王朝与明朝的关系》。这是第一部由中国学者用马来文写的有关中马语言文化交流史的学术专著,由于引用了大量在马来学术界还鲜为人知的中国史料,受到马来西亚学术界的高度关注并深得好评。我在马来西亚进行的讲学和学术交流活动只为了一个目的,那就是以历史事实为依据,科学地阐明中马友好关系的源流,借以消除"中国威胁论"的影响,以便增进两国人民的相互了解,加深彼此的友谊和信任。由于我在马来西亚的学术活动取得了一定成果,2004 年 10 月在北京庆祝中国—马来西亚建交 30 周年的研讨会上,马来西亚首相巴达维亲自给我颁发了"马来西亚—中国友好人物荣誉奖",以表彰我在语言、文学、文化交流中所做出的贡献。

梁立基：从海外"孤儿"到民间大使

进入21世纪，我虽已过古稀之年，但赤子之心未变，仍想为促进中国与印尼的友好关系和文化交流继续发挥余热。其间，我编译了汉语—印度尼西亚语对照的《唐诗一百首》，于2005年8月在雅加达出版。接着，我继续编译了《宋词一百首》。能把中国古典诗歌的两大高峰——唐诗和宋词从原文直接翻译成印尼文介绍给印尼广大读者乃是我平生之夙愿。由于我在翻译工作上做出的成绩，中国翻译协会特授予我资深翻译家荣誉证书。

我为促进中国与印度尼西亚的友好关系和文化交流做了自己力所能及的工作。2006年8月17日，在庆祝印度尼西亚国庆61周年之际，印度尼西亚驻华特命全权大使苏特拉查特地给我颁发了"贡献奖"，表彰我为促进中国—印度尼西亚文化交流所做的贡献。北大新闻网还为此发表了专访报道，说我是"架设文化桥梁的民间大使"。

2006年，印尼大使向梁立基颁发"贡献奖"奖状，右三为梁立基

这些年我虽已退休在家，却仍在继续进行科研，集中精力搜集我国非常丰富的史料用于研究中国和印度尼西亚走向战略伙伴关系

的整个历史进程,并继续积极参加国内外举办的有关学术研讨会,写了很多专题论文。为了让印度尼西亚学者和广大读者能更直接地了解中国—印度尼西亚关系发展的整个历史进程,我集中全力用印度尼西亚文撰写了一部专著《中国—印度尼西亚从朝贡关系到战略伙伴关系2000年的历史进程》,并于2012年在印度尼西亚正式出版,受到各界的重视。

如今我已入耄耋之年,我不敢喊出"老骥伏枥,志在千里"这样的豪言壮语,但却想起了苏轼在《浣溪沙》里说的:"谁道人生无再少?门前流水尚能西,休将白发唱黄鸡。"在经历了曲折漫长的道路之后,如今中国和印度尼西亚已建立全面战略伙伴关系,尤其在中国提出"一带一路"的倡议后,两国在政治、经济、文化、教育等领域的全面合作越来越紧密和广泛。我这个出生于印度尼西亚的老归国华侨,除了感到欢欣鼓舞之外,更多了一层历史的使命感。我只要一息尚存,就会继续为促进中国—印度尼西亚全面战略伙伴关系深入发展尽自己的绵薄之力。

董士海
亲历计算技术专业的发展

董士海，1939年生，浙江镇海人，北京大学信息科学技术学院教授。1956年就读于北京大学数学力学系，1960年毕业后在无线电电子学系任教，曾任北大计算机系教授、图形与人机交互研究室主任，2002年退休。曾参加我国第一台百万次计算机、汉字激光照排系统等研制。

1956年我考入北大数学力学系，1960年毕业后在无线电电子学系任教。随着科技发展和国家需要，北大除了原有的极强基础学科外，又建立了许多新兴学科，其中计算技术专业就是从1959年创建，历经无线电电子学系、电子仪器厂、计算机系，发展到今天全校规模最大的信息科学技术学院。我在北大63年有幸经历了计算技术专业建立、发展、壮大的全过程，在此写上一些亲身经历，以庆祝新中国成立70周年。

精彩瞬间

　　因为向往钱学森的空气动力学，1956年我考进北大数力系，被录取了第一志愿力学专业。到系里报到没几天，系教学秘书丁石孙老师委托章学诚老师找我谈话，问我愿不愿意转到计算数学专业，我表示服从分配。由此，我成了北大计算数学专业最早的一批新生（从大一开始就分专业）。当时在周总理亲自主持下制定的《十二年科学技术发展规划》中明确计算机是该规划的四项紧急措施之一。新成立的计算数学教研室主任徐献瑜先生给我们班介绍了他乘坐图104喷气客机到苏联考察计算机的情况，三年级的王选也给我们介绍他为什么选择计算数学专业。就这样，全班45名同学一心一意响应国家"向科学进军"的号召，刻苦学习。当时想的是国家需要，我就愉快地从力学转到了计算数学。

　　2018年北大准备120周年校庆时，北大官网在4月24日发表了一篇《百廿回眸——北大的120个瞬间》的长文，其中第59、71和82三个瞬间，分别展示了和北大计算技术专业直接相关的三个历史时刻：红旗机、第一台百万次集成电路大型计算机和王选主持的计算机激光汉字照排系统。我有幸参加了这三个大型攻关项目，自己得到了锻炼，并做出了一定的贡献。下面分享这三个瞬间背后的三个故事片段。

　　研制红旗机

　　提到红旗机，首先要特别提及计算技术专业的创始人张世龙先生。他是燕京大学的地下党员，院系调整后他任北大党委统战委员、教学研究科科长（相当于现在的教务部长），1957年调到数力系任总支副书记，同时准备开设计算机原理课并主持建立计算实验室。

　　在张世龙先生的领导下，计算实验室摸索着为国防前沿、空三所研制测距指挥用的北京一号机（也称"北大一号改进机"），1958年朱德总司令到北大南阁视察了该计算机。大家非常激动，同学们贴出大字报：学计算数学没有计算机怎么行？我们要自己造计算机！数力系领导初步确定研制一台赶超英国每秒 1 万次的数字计算机"北大二号机"（后定名为红旗机），领导说你们班先做电阻吧。我们干劲十足，白手起家，又是"被碳"又是"刻槽"，经过奋战，真的把电阻做出来了，可惜因电阻腿接触不良等最终没有采用。

有别于当时仿制苏联计算机的状况，29 岁的张世龙先生和美国归来的董铁宝先生在讨论班的基础上，提出自行设计一个简约、运算速度较快的计算机，确定了单地址、补码两位一乘、采用变址寄存器的结构，在电路上采用锗晶体二极管门电路（电子管驱动）的方案。

结合红旗机研制的初期成果，1958 年北大还开办了面向全国高校的近百人的计算机训练班，称"红旗营"，张世龙任营长，我们班也参加了红旗营的培训和会战。1958 年我被分配在红旗营一连（运控）四排任副排长，负责电位型门电路的设计、实验和定型。在营参谋王选先生的直接指导下，我和排里的同志一起，在简陋的小平房里日日夜夜用脉冲示波器对门电路的各元件参数、负载容量和速度等做大量实验，最后代表全排向全营汇报"门电路的定型总结"。面对近百人的训练班成员，19 岁的我因亲身参加了实验，大胆上讲台做汇报。

1959 年 2 月北大决定成立无线电电子学系，在办公楼礼堂的成立大会上宣布的专业中有一个计算技术专业，由 335 教研室承担教学科研工作，教研室主任是张世龙先生。我和班上共 8 名同学调入该专业，1960 年我们又转成留校"预备师资"，从"计算数学"改为"计算技术"，成为无线电系的教师了。虽然没有征求本人的意见，但我们都愉快地"改行"了。

红旗营结束后，我被分配负责大批插件的生产和测试，成为小

"工头"来管理大批学生(包括高年级)参加插件生产劳动。由于工期紧、人数多,所以事先准备及事后检验任务比较重。虽然我们白天黑夜加班,还是出现许多焊接质量不合格的插件。这些给后来机器的分调联调带来极大的困难,也就是王选所说的"捉鬼"。1960年5月在师生的日夜奋战下,红旗机经联调,成功地完成了试算任务。

《百廿回眸——北大的120个瞬间》中第59个瞬间就是当时王选、杨天锡等同事联调成功后的照片。作为市重点科研项目,北京市领导刘仁在陆平校长的陪同下、张爱萍副总参谋长在党委副书记张群玉的陪同下都来一斋机房视察祝贺。335教研室被评为"北京市群英会先进集体",教员王选及实验员吴全富被评为"先进个人"。

红旗机试算的成功说明了张世龙、王选及很多人参加的"敢为人先"的设计方案是可行的,问题在于零部件(包括电子管、磁芯、插件、磁芯存储器)工艺差,可靠性和一致性达不到要求,从而使计算机不能稳定工作。我从亲身经历中特别感受到实事求是和科学态度的重要性。

在红旗机研制取得阶段性成果的基础上,教研室修订了教学计划,加强了对学生的基础、理论和科学研究的训练。以前学生只学红旗机的原理,1962年在王选的精心选材下,王选、张永魁与我三人分工合作为1957级和1958级本专业的同学开设了逻辑设计专题课,以加强专业基础的学习(因王选病重,他的讲课由我完成)。在科研方面,除继续改进红旗机以外,也开展了一些新器件(如磁滞伸缩延迟线元件)和交叉学科(如仿生学、与程序设计相关的系统结构等)的探索。1965年与日本东京大学伏见和郎先生合作开展了磁编织线存储器的国际项目。王选、许卓群、陈堃銶和朱万森等老师自行设计和研制的ALGOL 60编译系统,1968年在DJS-21计算机上投入运行,被列入《中国计算机工业概览》"中国计算机工业发展简史"中。1963年无线电系搬迁到昌平分校后,我也在同事的帮助下，开设了"脉冲技术"专业基础课。通过教学实践，我爱上了教师的工作，懂得了既要提高教学质量、业务素养，又要以身作则、教书育人的道理，我的课受到了学生们的欢迎。

从 1957 级开始的六年制各届本专业毕业生，成为我国计算机事业的生力军。例如，1959 级的马定贤曾担任华东计算所所长，后任上市公司"华东电脑"的董事长；1961 级的张海盛曾担任中国科学院成都计算所科研处长、所长多年，后任中科院成都信息技术公司首任董事长兼《计算机应用》主编等。

第一台百万次的集成电路计算机

1969 年 10 月按统一部署，无线电系搬到汉中分校（"653"）办学，留下计算技术专业在昌平分校（"200 号"）和物理系、数力系等兄弟系的部分师生一起筹备以生产电子计算机和集成电路为主的北大电子仪器厂，到 1973 年与北京有线电厂（738 厂）、石油部等单位共同研制成功了我国第一台百万次的集成电路计算机——DJS-11（代号 150）机，《百廿回眸》第 71 个瞬间所拍摄的就是 150 机。

1973 年 8 月 27 日《人民日报》头版刊登了 150 机研制成功的消息。后来一共生产了四台 150 机分别交付给石油部 646 厂、地质部等单位使用，第一台 150 机在 646 厂使用后完成了我国陆上和海洋部分石油勘探地震数据资料的处理任务，并提高了我国石油勘探数字处理技术能力。该机 1978 年荣获了全国科学大会奖，并作为重要历史事件之一镌刻在北京中华世纪坛前的甬道上。北大电子仪器厂还研制成功 DJS-18（代号 6912）每秒 15 万次的中型集成电路计算机，共生产了 12 台分别供北京空军、北大计算中心等单位使用。

在建厂初期，我负责计算机整机车间的规划和基建，冒着严寒和其他老师（如半导体专家黄昆教授）坐着敞篷卡车到昌平奋战。后来根据需要又从厂生产组调到一连（150 连）任二排（外设）排长，在 738 厂工人师傅协同下，负责整个 150 机电源系统的生产任

务。其间，我多次出差上海、贵州等地，落实400赫兹发电机、大功率管等。有一次坐火车因拥挤只得站着回京，到校时发着40℃高烧被诊断为丹毒而住院。在150机电源系统运行后，我又被调到刚成立的教学连，承担1970级、1973级、1974级计算机专业的电路课等教学及1974级班教员工作。在许卓群老师领导下为北京分析仪器厂等单位研制了微程序控制"积30"专用计算机，我负责磁芯存储器。

电子仪器厂计算机专业培养了许多优秀人才。例如，1970级的张大鹏曾任香港理工大学计算机系主任，是国际著名的"生物特征识别"专家；1974级的凌小宁是微软中国研究院的资深创始人之一等。738厂参加会战的人员为保证150机研制成功做了全面的前期准备，并在质量进度控制、设计工艺规范等许多方面做了种种努力，特别是任150机产品负责人的孙强南老师更是为此注入了大量心血。我也和多位738厂同事、专业学员建立了真诚的友谊。

参加"748"大会战

从1975年起计算技术专业的王选老师和数力系陈堃銶老师，在校系、四机部等多方支持下，经过反复模拟、认证，克服了重重困难，创造性地设计成功了汉字字形的高倍率压缩和不失真的快速复原方案。1976年9月，四机部终于将"748"工程中的精密照排项目下达给北大。当时北大"748"会战组长张龙翔亲自向校党委汇报，得到了大力支持后，要求全校各单位派出人员支持。于是我和陈葆珏老师等从电子仪器厂来到"748"参加会战，先投入将老图书馆改造为机房等的基建劳动，同时在王选"汉字激光照排系统总体设计方案"的基础上，经过认真消化、热烈讨论、分工设计了后处理（照排）系统的相关硬件，进行了日夜奋战调试。记得有一次工作太晚我骑自行车绕西校门回四公寓，因校友桥路灯不亮而撞了大石头。

当时，王选老师、陈堃銶老师虽然都是老病号，但他们承担的业务工作比谁都多，不仅自己要编程序和微程序，落实各部分的工作和接口，研究四线激光扫描等技术难题，还要联系许多协作单位落实配套设备和校内外的许多人事问题，更主要的是当时国内一些单位不相信我们能成功而要引进英国的蒙纳系统。王选花了大量的精力说服许多单位，据理力争让他们采用我国自己研制的第四代照排系统。

王选是一位拔尖的业务能手，他也真诚关心一起参加会战的同事，别人的困难他都一一记在心里。正是他的以身作则，使会战人员团结一心，红红火火地在老图书馆战斗，项目取得了显著进展。

1979年7月27日汉字激光照排系统成功地输出首张报刊样张，《百廿回眸》第82个瞬间就是王选正在仔细看此样张的胶片。当时大家真的非常兴奋，终于成功了。方毅副总理没有通知就来老图书馆参观，给了大家极大的鼓舞。8月11日《光明日报》头版对此做了报道。

我们在完成了原理性样机的攻关任务后，回到成立不久的计算机系。"748"虽然增加了吕之敏、毛德行等许多得力骨干，并在1980年照排出第一本中文图书《伍豪之剑》，但仍面临着系统稳定性、实用化、产品化等更大的挑战。王选带领团队克服了一个个难关。1987年《经济日报》成为世界上第一张用汉字激光照排系统实现的屏幕组版、整版输出的中文报纸。1989年通过国家级生产定型鉴定，出版领域掀起推广国产照排系统的风暴。到1993年我国99%的报社和95%的书刊印刷厂采用国产照排系统。王选再接再厉带领团队研制了远程传版新技术、彩色桌面出版系统、具有采编流程管理的电脑一体化解决方案等产品，使信息化覆盖了整个印刷行业，并向我国港澳台地区及日本、欧美市场大规模进军，被称为我国第二次印刷革命。

改革开放后,开创新局面

1978年经周培源校长提议,校党委通过决定成立计算机科学技术系(简称计算机系),由张世龙先生担任首任系主任,设立了理论、软件、系统结构、应用等多个教研室。我在"748"愉快地奋战两年多以后,即回计算机系参加教学科研工作,负责应用教研室(开始为 CAD)并给全校开设 PASCAL 程序设计语言课程。原电子仪器厂计算机专业的多数教师也转入计算机系,承担了许多国家科研项目,招收并培养了大批计算机软硬件专门人才,全校逐渐呈现计算机系、计算机研究所、计算中心、信息中心蓬勃发展的新局面。经国务院学位委员会批准,北大成为首批按计算机科学与技术一级学科授予硕士、博士学位的单位之一。2002年计算机系与电子学系、信息中心、微电子所等又重新合并为北大信息科学技术学院,成为全校最大的学院之一。下面分享一些亲历片段。

探索软件工程环境集成中的关键问题

1982年我受派遣到美国马里兰大学计算机科学系做访问学者,师从世界著名的软件工程学创始人之一叶祖尧先生(Dr. R. Yeh),主攻软件工程。1983年我回国后参加国家科委主持的中美合作项目"C 软件工程环境"总体组,在组长北航周伯生教授主持下参加了100多次总体组例会,认证、落实总体和各子项目的方案,监控项目的进展,使整个项目顺利进展。由我主持完成了"SIB 软件信息库""DFD 图形工具"北大的两个子项目,给研究生开设了软件工具课程,并出版了《计算机软件工程环境和软件工具》专著。这是我第一次独立完成研究项目,对软件工程环境集成中的关键问题和图形化软件工具做了有益的探索,并与国内外同行建立了良好的合作关系。同时,我还任《计算机科学技术百科全书》编委及软件分支副主编,成为我国较早从事软件工程队伍中的一员。

开拓图形和人机交互等新方向

1985年北京大学成立由我主持的图形研究室,开设计算机图形学课程。虽然面对经费少、人员缺、设备差的情况,但通过与学校地球系、力学系及微软中国研究院等开展合作研究,我们完成了"气象绘图软件""多窗口系统""三维GKS图形包"等国家攻关子项目。考虑到人机交互的重要发展前景,20世纪90年代起图形研究室全力开展多通道人机交互、虚拟现实、可视化方向的研究。由北大、中国科学院、浙大参加,我负责主持的"多通道用户界面研究"国家自然基金重点项目取得了成功。接着我在北大开设人机交互课程,出版了相应教材,并和戴国忠教授等一起发起成立SIGCHI CHINA。这些都对我国的人机交互领域的发展起了重要的推动作用。2014年在由中国计算机学会、中国图像图形学会、中国自动化学会所属相关专委会及SIGCHI CHINA联合召开的第十届全国和谐人机环境联合学术会议上,我被授予"卓越贡献奖"。

1999年我开发了以虚拟现实为核心技术、以桌面计算和高速网为基础的数字地球系统原型,成功地在自然基金重大项目"中国高速互联研究试验网"典型示范系统和"九五"攻关子项目"面向Internet的3D地形浏览"中得到应用。博士生王宏武以该课题为背景撰写的学位论文《面向数字地球的虚拟现实系统及若干问题研究》,被评为北大优秀博士论文。近年来我国的人机交互、普适计算、虚拟现实、可视化等领域蓬勃发展,年轻人群星荟萃,我内心由衷地高兴。

言传身教,把培养人放在首位

从1962年正式开设逻辑设计专题课以来,我在改革开放后又开设了软件工具、计算机图形学、多媒体技术、人机交互等多门内容

一新的专业课程,受到同学们的欢迎,同时培养了 10 名博士生及 40 余名硕士生,我将自己多年来的知识积累、工作心得、访美收获及做人、做事、做学问的体会,通过讲课、讨论班、个别谈心与学生们交流。看到学生们卓越的学术追求,一批批高质量人才辈出,尤其是我亲自教过的学生在国际学术领域、国内外企事业单位中取得骄人的成果,更使我欣慰。我在教书育人上的努力也得到了同学们的认可。1996 年,我获得北京大学"最受欢迎的教师"称号。

1999 年,董士海在学生赠送的"天道酬勤"前留影

结　语

我是一名普通的退休教师,在北京大学这样的人非常多,我们只是中国知识分子中的普通一员。2008 年我给一位同事写道:"我们

这一代人历经'甜酸苦辣',看到国家强大由衷地感到高兴。我所做的都是一名教师应该做的。书上只是写了一个人的'成就''优点'的一面,而每个人的另一面则常常被掩盖了。"我们这一代人所经历的坎坷,年轻人是了解很少的。我牢记"在坎坷中要坚强,遇困难要乐观,成功时要冷静"。按照北大的规定,我63岁退休,不图名不图利,让年轻人去闯新天地。退休后我和年轻同事一起修订教材,并出版了《董士海文集》。人老了更应该"苦中求乐、助人为乐、自得其乐、知足常乐",例如,应以乐观的精神、顽强的意志,对待疾病;应帮助年轻人走上教学科研第一线;要活到老学到老。我力争这样去做!

我感恩培养、帮助、关心过我的许许多多老师、朋友和亲人,真心谢谢你们!我也特别想念在海内外的历届学生们,希望你们都好。原335教研室已经故去了张世龙、王选等多位师长、同事和朋友,他们为计算机事业做了大量贡献,在此为他们默哀并愿他们安息!

韩济生
此生唯愿济众生

韩济生，1928年7月出生于浙江萧山，北京大学基础医学院教授。1952年毕业于上海医学院（现复旦大学上海医学院），1962年进入北京医学院生理系工作，1993年当选为中国科学院院士。自1965年起从事针刺镇痛原理研究。

我1952年毕业于上海医学院，1962年应卫生部的安排，担任当时北京医学院生理系王志均教授（著名消化生理学家、中科院院士）的助手。此次调动是我毕业10年来的第5次调动，开启了我与北医、与神经科学半个多世纪的缘分。

回顾自己半个世纪的教学科学生涯，我总觉得自己是十足的幸运儿：遇到好老师、好学生、出色的学校、重要的国家课题，最值得感恩的是赶上国家快速发展的大时代，教学科研工作受到国家的重视得以快速发展。在教学科研之余，我也认识到理应做一些社会工作，用自己学到的知识向社会做出回馈。我常想：自知天赋不高，只能借助勤奋；每念人生有涯，唯求后继有人。我们今天掌握的知识大多数是前人用血水和汗水换来的，我们是踩在别人肩上上来的，因此我们有责任给后人留下些什么，让后人踩在我们的肩上向前进。

教学是一种享受

在我 1952 年被分配到大连医学院生理系高级师资进修班进修期间，吴襄教授（大连医学院著名生理学家）讲课的翩翩风度使我感受到作为一名生理学老师的魅力。实际上，生理课非常有意思，生理老师可以对日常生活中的许多问题给出解释：喝水时太急为什么会引起咳嗽？献血 400 ml 以后多少天可以恢复？这些都是经常遇到的例子。吴襄教授在讲课中会融入科研思维，讲许多科学发现的小故事，令学生听了心情激动，对科研产生兴趣，跃跃欲试，是我学习的榜样。

受吴襄老师影响，讲课中我有时也会插入一些小故事给同学们提提精神。讲呼吸有关的反射时，我给大家举例：秦朝兵马俑如果开口讲话会是什么语调？我虽一无所知，但我敢保证，他们睁眼迎着太阳打喷嚏时的声音跟我们是完全一样的，因为这是一个非常古老而复杂的反射活动，也许是先民看见火山喷发时得出的有益反应，代代存留下来，远比秦朝更为古老！

在授课过程中，我注意与学生的互动，引导学生进行深入思考。这得益于我 1979 年短期出访美国和瑞典的体会，我发现瑞典教授讲课时允许学生中间打断，进行提问，这种方式更能引发学生对讲授内容的思考。1980 年我从瑞典回来，同学们都希望我讲些国外的新鲜事。我说没问题，但是有一个附加条件：你们听完讲座，必须有提问。希望大家在听课过程中就把问题写下来，我讲课一结束，你们就可以立即举手提问，而且手要高高举起。在这样的要求下，经过多次练习，同学们终于养成了一个好习惯，在听课过程中不是乖

乖地被动接受知识，而是动脑筋，主动思考和提问。在当时，这算是一种创新。

20世纪80年代开始有外国专家访问中国做学术报告，很多时候报告结束后，大家都很有礼貌地热烈鼓掌。当演讲人问到"是否有什么问题可以讨论"时，一片沉寂，当时大多数听众没有提问题的习惯。但是当外宾到北医演讲的时候，却发现提问题的人很多，有的外宾因为讲完就要赶飞机，来不及回答所有问题，只好抱歉地说："对不起，提问到此结束吧。"他们对北医听众留下了深刻印象。听众与来宾的发问和互动，成了北医的特色，被传为佳话。

科研是一种幸福

我对科研的兴趣最早源于对生活中问题的观察和思考。1953年我被分配到哈尔滨医科大学生理系当助教，当时哈医大生理系只有讲课任务，没有科研项目，我经常跑到松花江边一些疗养院去参观，看到不少高血压病人在那里疗养。我偶然观察到，用水银血压计测量血压时，仅凭按压气囊产生的脉冲式压力变化，会造成血压的轻微升高，这种人为的血压升高明显干扰正常血压的精确测定。如果在气囊与血压计之间加一个缓冲气囊就能完全消除这一人为干扰，这个现象和解决方案经过多方面实验确认结果，发表在《哈尔滨医科大学学报》上。60年后的今天，在便携式血压计中，电动马达取代了橡皮球，避免了脉冲式压力变化对血压的影响，再次证实了这一结果。

1958—1960年经济困难，粮食定量，"吃不饱，瓜菜代"，白薯成为人们的重要口粮。白薯吃多了总是会感到胃里返酸，但如果就着咸菜吃白薯，就不返酸。这是为什么？我们做起了研究。发现吃白薯以后，确实造成胃酸分泌增多，而咸菜能减少胃酸分泌和反流。究竟是咸味（氯化钠）起了作用，还是菜起了作用？我们进行了进一步的研究，结果表明是氯化钠的作用，而不是蔬菜的作用。

自发的小研究，当时只是为满足自己的好奇心，但对培养科研兴趣有益，对科研思维和动手能力也是一种锻炼，这些都对我今后的科研工作产生了很大影响。到北医以后，王志均教授给我提出了一个研究方向：为什么情绪变化会影响消化系统功能？他希望我从中枢神经系统的角度进行研究。要选择性精准干预大脑核团功能就需要用到脑立体定位仪，当时北医没有脑立体定位仪，我也从未见过。经过仔细调研，我发现协和医院有一台进口的小动物脑立体定位仪。20世纪60年代，北医不可能进口这样的仪器设备。买不到，只好自己做。我带了仪器修理厂工人师傅去参观，画了一个图带回来，硬是用旋床和锉刀仿制出这样一台精密仪器。用这台仪器，把刺激电极分别插入兔脑下丘脑的外侧区（LA）和腹内侧核（VMH）以后，我们惊喜地观察到：电刺激LA（摄食中枢），兔子就猛吃青菜；刺激VMH（饱中枢），兔子就立即停止摄食。这个实验结果验证了中枢核团电刺激技术的作用。在此基础上，就可以研究大脑如何对消化系统功能进行调控了，真是令人兴奋。今天回想起来，也认为自己是够大胆的。

我们带领同学下乡，到通县（今通州区）马驹桥村劳动，恰逢乙型脑炎流行。病人脑压升高，呼吸减慢，为了及时抢救，我们在卫生院动手制造输液瓶架，编织输液瓶套，在自己设计的图表上记录心率、血压、脉搏等生命特征曲线。当患者心率、呼吸减慢，表明有颅内高压的时候，就输入高渗糖水，降低颅压，这时生命特征曲线往往随即回归正常范围。如此日夜坚守，硬是挽救回来几个危重病人。这样的经历，既抢救了病人，也锻炼了学生，显示理论联系实际的临床效果。

我系统的科研工作始于1965年，也决定了我的科研走向。20世纪50年代后期，我国一些地区开始利用针刺穴位来止痛，但当时西方的一些学者仍把针刺镇痛看作是东方巫术。1965年，周恩来总理

指示卫生部,组织力量研究"针刺麻醉"的原理。时任国家卫生部部长钱信忠将这个任务交给了北京医学院。同年9月,北医党委书记彭瑞骢找到生理学教研室的我,希望我担起这项任务,完成总理的嘱托。当时我对"针刺麻醉"一无所知,究其原理为何,更不知从何谈起。但是我深感责任之重,全力以赴开展工作。根据医学科学的基本概念,当时首先要回答的问题不是针刺为什么会镇痛,而是针刺是否的确有镇痛作用。当时我37岁,我的助手汤健27岁,还有刚分配来的一名北大生物系毕业生周仲福。我年龄最长,有一些科研经验,自然担负起科研设计的任务。我们首先要建立起标准的镇痛刺激方法和准确定量记录痛反应的方法,测量痛觉是否能被针刺所抑制(减轻),然后才能谈得上针刺效果在时间和空间范围内的分布和消长规律。

当时马上就要决定的是:在人体还是在动物身上进行观察。茫顾四周,举步维艰。正在此时,北医基础部党总支书记许鹿希老师告诉我好好做计划,拿出方案,学院会对我们全力支持,并立即从相关教研组调来几名技术员帮忙。经过阅读文献、摸索各种测痛方法,我们最终拟定了人体实验方案,因为人体测痛、镇痛实验最接近临床条件。我在讲生理课的时候,动员学生作为志愿被试者参与科学研究,得到同学们的热烈响应。至此,科研工作紧张有序地全面铺开。正式实验在三个实验室同时进行,被试者躺在受试床上,同时进行人体针刺—测痛实验观察,在合谷穴扎针,在全身有代表性的8个部位测定皮肤痛阈值变化。白天得到了大量数据,晚上我用一个算盘和一把计算尺进行计算和数理统计,随即在方格纸上画图,看变化趋势。到如今44年过去了,回忆往事,仍历历在目,真道是:

  白昼扎针忙测痛,深夜数据如潮涌。
  珠盘不知何处去,算尺依旧在橱中!

经过三个月的苦战,我们获得了66例针刺治疗组和22例对照组的数据,初战告捷:针刺确能使人对痛觉的敏感性显著降低。其规律是，镇痛作用发生缓慢，要半个小时才能充分起效，停针后还有一定的后效应。对大部分人有效，少部分人无效。看了我们的实验结果以后，临床医生说："这些结果样样都和临床符合，确实如此！"这时，我对针刺是否镇痛的问题心中有了底，开始思考：针刺为什么镇痛？针刺镇痛作用起效这么慢，有什么化学因子逐渐产生积累？如果有这种化学物质产生，到哪里去寻找？会不会在脑子里产生？实验室玻璃柜里还有一台脑立体定位仪，何不拿来试试？一系列遐想油然而生。

北医真正的针麻科研之旅开始于1972年，北医的针麻原理研究是一段可歌可泣的伟大征程。持续半个世纪，先后动员200余人，我们终于找到了针刺发挥镇痛作用的物质基础（至少是部分物质基础），找到了动员脑内特定物质的电子密码（电针的参数，特别是频率参数），找到了神经系统中存在着降低痛觉的化学因子（如内啡肽、脑啡肽、强啡肽等，统称阿片肽），也找到了内源性对抗阿片肽的物质——八肽胆囊收缩素（CCK-8）。其后还扩大了研究范围，针刺不仅有镇痛作用，还能治疗几十种疾病。我们分别研究了其中的十余种，包括中枢性肌肉痉挛、药物滥用（俗称药物成瘾）、酒精成瘾、肥胖、抑郁症、焦虑症、高血压、儿童孤独症和不孕症。其中在学术上最令人难忘的是，从毛主席矛盾论的观点出发，推测脑中既然有镇痛物质，是否也有对抗镇痛的物质，从而发现了对抗阿片类物质的CCK-8。正是由于CCK-8的存在，扎针时间不能太长久，次数不能太频繁，要适可而止，以免产生针刺镇痛耐受。

韩济生正在做研究

故事尚未完结。既然发现了CCK-8,那么它是如何对抗阿片类物质的镇痛作用呢?针对这个问题我只阐明了细胞水平的作用机制,可我们发现在同一个神经细胞上既有阿片受体,也有CCK受体。激活CCK受体,可以抑制阿片受体的功能。那么这两种受体之间又是如何发挥相互作用呢?这个问题留给了北大神经科学研究所我的博士后也是我的继任者万有。经过十几年的努力,万有团队2018年终于发表了论文,证明CCK受体被激活以后,可以通过阿片受体细胞内第3个环状结构与阿片受体结合,从而抑制阿片受体的活性。这件事说明,一个科学问题可能要等待长达20年的时间才能得到解释。这是"持之以恒,不忘初衷"含义的一种诠释。

办学会是一种奉献

搞教学、做科研是在学校内部做事,但同时也对整个学术界有影响,两者是紧密相连的。在很长一段时间内,北医生理教研室在中国生理学界起着领头羊的作用。王志均院士长期担任中国生理学会主任委员,推动消化生理的发展。我在1983年接任北医生理教研室的主任一职。疼痛肯定是一个生理学问题,但是其原理又集中在神经系统,针刺镇痛科研任务很自然使我的科研兴趣朝着神经科学的方向移动。1994年我不再担任生理教研室主任职务,1998年我开始担任神经科学研究所所长,2002年担任神经生物学系主任。

与此相应,学会工作自然也发生了变化。在我和同人的努力下,1988年北京神经科学学会(成立时间早于中国神经科学学会)成立,1989年中华疼痛学会成立(该会1992年转为中华医学会下属的疼痛学分会)。在20世纪90年代,疼痛医学作为一个专科出现在医学界,是一个新事物。临床有需求,但实际上缺乏疼痛专业医师队伍。为了在实际接触疼痛病人中增长基础和临床结合的认识和体验,1995年在法国Upsa疼痛研究所支持下,我们在北医校医院的二楼创建了"北京医科大学中法疼痛治疗中心",收治难治的慢性疼痛病人,聚集有志疼痛医学之士,钻研切磋,对病人加以积极治疗。在此基础上,每年举办大型学习班,交流全国各地的疼痛诊治经验。在1995—2007年间,共举办了13届疼痛治疗研讨学习班,参加者1400余人次。目前疼痛医学界的中坚人物大多为当年学习班的受惠者和贡献者。该组织也被称为"疼痛医学界的黄埔军校"。经过我们再三向各级领导反映临床实际需要并积极申请成立疼痛科的情况,2007年国家卫生部决定在一级临床科目中增添一个新的科目:疼痛科,并在全国二级以上医院成立该科目,专治慢性疼痛。

这段学会工作过程中所遇到的困难和克服困难的过程,是我在北医工作半个多世纪中最为难忘的。因为神经科学、疼痛医学、疼痛科这些名词在当时都是新名词、新概念,人们对这些新概念不理解、不接受,是完全可以理解的。例如,在要求成立"神经科学学会"时我们被问道:已经有了"神经科",为什么还要成立"神经科学"?在要求成立疼痛科时,我们被问道:疼痛是疾病的一个症状,病好了,痛也消了,为什么还要专治疼痛的医生?

我们在尽力解释"神经科学"不同于"神经科",慢性疼痛(一种疾病)不同于急性痛(一种症状)的同时,也向各方面伸出求援之手。当我向吴阶平院士求教时,他坦陈:"成立一个新的临床科目,谈何容易?"他当年在申请成立泌尿科时,也是困难重重,但他鼓励我们,只要病人有需要,医学有能力帮助,就要为此努力。

有一位领导关心地问我:"韩院士,你又不是临床医生,为什么这么积极申请成立疼痛科?"我回答:"我脑子里充满着一个个被慢性疼痛折磨而找不到疼痛医生的病人痛苦而紧迫的要求。他们有的说:'我这块皮肉日夜疼痛难熬,生不如死,你帮我把它挖掉吧!'有的说:'我跑了几个大城市,没有一个大医院能负责治疗日夜折磨我的痛症。'"

至于我自己,作为一名神经生物学工作者,不能满足于教书、

写书（北医神经科学研究所分别于1993年、1999年、2009年主编了三部大型神经科学教科书，每部平均200万字），还应该解决一些实际问题，所以要根据国际大形势和国内实际情况，起到培养疼痛医师队伍、发出大声呼吁的作用，其目的纯粹是想为慢性疼痛病人建造起一个能为他们解决痛苦、负责到底的"家"。韩启德院士在了解了有关疼痛医学的国际、国内情况后，动情地说："解除疼痛是人民的基本权利，也是医生的神圣职责。"

经过12年的努力，现在各地医院疼痛科业务的发展令人欣喜，这也是对中国疼痛医学工作者最大的奖赏。

感谢母校，感谢祖国

在我的北医生涯中，我充分感受到了各级领导对我的关心和培养。王志均教授原来不认识我，是大连医学院的吴襄老师到北京来修改生理学教科书时叫我过来帮忙整理稿子，才认识了我。在中央为著名专家配助手的政策下，王先生选我做助手，调我来北医。很惭愧，我未能如愿做王先生的科研助手，倒是领走了王先生原来的研究生去研究针刺麻醉原理。北医党委书记彭瑞骢在指定我做针刺麻醉研究时，非常有策略。他看到我对于"针刺麻醉"的认识有疑虑，就不是单纯命令我，而是说："咱们一起去通县结核病研究所看看手术再说吧。"一场针麻下肺叶切除手术成功结束后，我感到十分信服。于是不必再被动员，而是志愿参加。北京医学院院长马旭在1979年6月下旬一个大雨天，亲自陪同我爱人朱秀媛送我到机场登机赴美，他感叹地说："韩济生单枪匹马打天下去啰！"马院长对国际开放很有前瞻性，抓住机会通过我在旧金山结交并介绍他认识的刘汉民医生，介绍了一大批北医教师和医生赴美进修，在国内各医学院中开了先河。基础医学院许鹿希书记在我最迷茫时期对我的鼓励，更是让我终生难忘！北京医科大学王德炳校长、韩启德副委员长、基础医学院王锷院长……对我的关心爱护就更是说不尽、道不完了。

我的一生如果有一点成绩，除了老师的栽培、领导的大力支持，以及同事和学生们的帮助和通力合作，更重要的是赶上祖国快速发展的时代，使得科研能够顺利开展，并且得到了人力、物力方面的大力支持。

一个人可以靠耍小聪明得到一时一事的成功，但要最终取得一定的成绩只能靠勤奋。对于任何一个人来说，唯一可以掌握的是不放松对自己的要求，尽可能利用生命的每一分每一秒做好自己能做的每件事情，这是我的简单信条。用自己争分夺秒的努力，不辜负时代赐予的良好机遇。

储槐植
我与中国刑法发展同行

储槐植，1933年出生于江苏武进县（现常州市武进区），北京大学法学院教授。1952年进入北京政法学院求学，1955年毕业后在北京大学法律系任教，从事刑法学研究，参与《中华人民共和国监狱法》《中华人民共和国国家安全法》等多部重要法律法规的起草、咨询工作，参与1997年《中华人民共和国刑法》的修订工作。

我的求学、研究经历：多想、多看、多写

未上大学前，我的理想是成为一名外交官，于是我计划高考报考北京大学政治系的外交专业。然而1952年院系调整将北大、清华、朝阳、燕京等大学的政治系、法律系等合并，成立了北京政法学院。因此，高考放榜的时候，北京大学没有了政治系，也没有了法律系，我便进入了北京政法学院学习。可以说，我走上法律这条路，是一种偶然之中的必然。

1955年，我从北京政法学院毕业。当时北大已恢复了法律系，我被分配到北大法律系刑法教研室当助教，正式开启了我与北大之间的缘分。20世纪50年代初，我国正开始逐步建立律师制度，但由于受到新中国成立以前社会背景的影响，当时的老百姓对律师的认识大多仍停留在"讼棍"的层面，觉得律师，尤其是刑事辩护律师，都是替坏人说话的人。因此，系里让我写点东西，以推进当时律师制度的建设进程。我就在《学习》杂志上发表了一篇文章，主要介绍了苏联的刑事辩护制度，以论述刑事辩护制度的必要性与正当性，这也是我与我国法制建设之间的缘起了。这篇文章中引用的文章与材料，大多是俄文的，虽然我在大学时期并未好好学习俄文，但因为觉得俄文有用，毕业后坚持每天记20—30个单词，这也为我之后的学术研究提供了不少的帮助。

我一直以来都认为，学习很难有捷径，只有笨办法，回望自己的学习与研究经历，便愈发觉得如此。我常常对学生们强调"三多"与问题意识：一方面，要多想、多看、多写，勤能补拙，高尔基说"天才出于勤奋"，做学问亦是如此，最重要的就是要脚踏实地；另一方面，要有问题意识，在思考问题的时候，我们应该有独立见解，这在一定意义上也是跟"三多"联系在一起的，多想就会发现问题，有了问题就会深入钻研，写出有独立思考成果的文章，而不是人云亦云。以上两点，说出来大家都懂，但自己要真正去做却不容易。就我自己而言，无论是在学习过程中，还是毕业后带学生、做研究，我都时刻告诉自己，要多想、多看、多写，一步一步踏踏实实地往前走。

我年轻时很自负，第一篇文章便发表在了《学习》杂志上。那时，杂志种类还很少，《学习》是全国非常有水平的一本杂志（同期还载有郭沫若的一篇文章，足见其学术地位）。直到几年前，我写文章、写书都几乎不打草稿，写完就送去发表、出版。而且，我写的文章一般都不长，即便是在大多数期刊文章要求不能少于15000字

的今天，我发表的文章也大多只有3000多字。直到现在，也只有一篇文章超过10000字。尽管我写出来的文章字数很少，但它们所论述的问题可能已经在我的脑子里思考了很长时间。我坚信，问题不是马上就能发现的，也不是想到了就能马上写出来的，但只要自己认为它是问题，那么这个问题就会促使我进一步思考。有时候，一年前想过的问题，半年后重温，或许又有茅塞顿开的感觉，抑或是发现以前的不足之处，慢慢地就会写一些有价值的东西。记得有一次，一个著名的杂志邀请我写一些与刑法目的相关的东西，我只写了300字，但被放在了第一版。

我的心态其实很简单，用几句被学界的人屡屡引用的话来形容再合适不过：不要跟别人比，应该跟自己比，拿自己的现在跟过去相比。跟别人比有时有正面作用，但更多时候要不就是使自己泄气，要不就会使自己想歪主意；跟自己比，想到比过去进步，就会高兴。

所以，从一定意义上来说，我是一个比较自信的人。但相信自己，也不能是凭空的，我会对自己有一个客观的估量。这种客观的估量一方面要靠自我认知；另一方面，我也会多看看别人的东西，发现自己与别人有距离，勉励自己上进。

说到多看，我在阅读方面的经历和体验也非常有意思。我是在江苏读的小学和中学。当时，江苏省人民整体的文化水平虽高，但我小时候的语文老师不讲语文书，只在黑板上写诗词，因为他父亲是清朝的举人。正因如此，我跟着记了很多诗词，现在看诗词大会也大多都能答对，但另一方面，我的阅读能力并没有得到训练，直到现在，我的阅读能力也比较差，阅读速度非常慢。毫不夸张地说，我看小说需要一个字一个字地读，一本就得看五天、十天甚至一个月。阅读速度还是非常重要的，我现在体会到了它的重要性，但是已经晚了，速度提不上来。不过，即便如此，"阅读"二字也是万万不可抛弃的，不阅读就不能接收信息。对此，我也有自己的"应对方法"：读书太慢，那我索性就不读书，只看报，主要是订阅《法制日报》。直到现在,我每天也都会花两个小时的时间看报。

然而,光多看多想却不多写是决然不行的,有些东西看似想清楚了,但一旦落实到文字,其中的毛病便会逐一显现,通过把所看、所思写在纸上,我会发现自己思维中存在的漏洞,不断将其修正完善。说来说去,我的学习与学术研究的过程,绕不开的大概还是"三多"吧!

赴美访学:英美法系的思考方式

1981年,我被派往美国访学一年,这一年的访学经历对我后来法学研究的思路与方法产生了至关重要的影响。

访问学者机会的取得,还多亏了我的英语底子。高中时我在江苏省常州中学读书,它是当时江苏最有名的三所中学之一,对英语学习抓得很紧,英语老师要求我们背英语词典。去访学之前,因为掌握了不少英语词汇,一般的英文文章我都能看,但是不会说,基本上是"哑巴英语"。在美国的头半年,跟美国人对话对于我来说还很费劲,但在快回国的时候,我感到自己的英语口语有了一个质的提高。所以我深深地感到,环境对一个人的语言乃至其他方面的学习起着至关重要的作用,如果浸淫在环境中,口语就会很快长进。回国后,北大法律系请英美学者来做讲座的时候,我还经常做现场翻译。

英美法系的一大特点是注重实际。美国的刑法学主要侧重于实践,而不是抽象理论。美国法学院上课时,教授一般不讲多少东西,而是事先给一个题目,指点几句,剩下的由学生互相辩论,这对于培养学生的实践能力很有好处。甚至可以这么说,美国人读法学院不是为了做学问,而主要是为了当律师。

英美法系注重实际的特点也为我国刑法的发展提供了不少借鉴,其中一个例子就是《刑法修正案(九)》。该修正案对有关互联网安全的内容进行了补充和完善,记得在它出台之前,有个公安部的同志举例子:有人发明某个互联网程序,可能会有其他人利用这个发明来犯罪。虽然发明者并不想或者说不会故意期待有人会用此发明来犯罪,但问题是没有这个发明就不可能产生犯罪,所以可以认为这是在帮助犯罪。因为从客观上来说,发明和犯罪两者之间是有因果关系的,而且发明者也可能会知道他的发明会被用来犯罪。当时的困境在于,一般刑法上的共犯要有意思的联络,正犯与从犯之间需要存在意思上的沟通。但在前述情况中,尽管其在客观情况上存在联系和危害,可由于二者并没有意思沟通,根据当时的刑法理论,无法对发明者(客观帮助了犯罪的人)进行惩罚。对于这个问题,我当时提出美国法律上有个罪名叫"帮助犯罪罪",与会者都说好,后来在刑法修正案中出现了这个罪名,即为他人利用信息网络犯罪提供帮助罪。根据一般德国、日本的理论来说,这种情况不好定罪,美国的刑法注重实际,他们认为帮助犯罪不一定要有意思上的联络,所以说英美注重实际也是有道理的。

我的学术研究与观点:从犯罪论和刑罚论说起

刑法学中包含犯罪论和刑罚论两部分内容。犯罪论最发达的是德国,因为日耳曼民族抽象思维能力特别强,但是德国的刑罚制度并不发达,在这方面,英美法则更胜一筹。英美刑法重实用,而刑罚主要就是供人使用的,所以在刑罚制度方面,英美更胜一筹。

犯罪论是一种价值考量,我们在思考"为什么要叫犯罪""怎样算是犯罪"的过程中,不乏价值的掂量。我在1988年发表了一篇文章,名为《我国刑法中犯罪概念的"定量因素"》,提出中国刑法中"定量因素"的概念。我在文章中指出,就刑事立法而言,中国的犯罪概念既有定性考量,又包含定量因素,这是我国刑法的一个显著特征,但在其他国家是立法定性、司法定量,定量因素在立法环节并不被考虑。拿罪刑法定举例，虽然我国罪刑法定的"法"和国外罪刑法定的"法"所遵循的是同一个原则，但是国外的立法仅限于法律本身，我国的"法"除了法律，还包括中央两高的司法解释，而司法解释中就体现了定量因素的作用，中国的"法"不能排除中央两高的司法解释，如果没有司法解释，很多刑事司法条文根本就没法运用。放眼全世界，只有中国最高司法机关的解释叫司法解释，就是因为我国的犯罪概念除了要定性还要定量。直到现在，"定量因素"这一概念对中国刑法制度的建设、立法、司法的发展还有作用，在今天所讨论的"数量刑法学"背景之下，它应当能发挥重要的现实意义。

"定量因素"是中国刑法的本土特点，不仅是犯罪概念，犯罪原因的研究也不能脱离真实的社会条件。20世纪80年代，我发表了《犯罪原因研究的方法论》一文，其主要目的便在于解放思想，因为当时有许多人认为，在社会主义、人民民主专政的条件之下，犯罪之所以还会存在，主要是受到封建残余、资产阶级的影响，但从这一观点（犯罪原因仅限外来侵袭和历史过往）出发进行的犯罪原因研究，脱离真实的社会条件，只能是"在死胡同里做游戏"。

此外，我国刑法"定量因素"特点的形成，也能从我国的社会现实中找到原因与合理性。在中国，犯罪对人的污名化影响太大，而定量因素可以缩小犯罪圈，不让过多的人戴上"犯罪"的帽子，对公民的正常生活与发展有好处。以偷钱为例，为什么偷10元不是犯罪，偷1000元才是？此类规定便包含了这样的考虑。有人对"定量因素"进行批判，但我认为中国有中国的特点，"定量因素"作为一个制度长期存在，必然有其用处和好处。同理，我们现在的刑法与司法解释中的许多规定都不是那么简单的，背后都有深层次的社会因素。

以上是我在学术上的一些思考，说到当下刑法学的研究，我感到，现在刑法学者对犯罪论部分比较感兴趣，为什么呢？其中一个原因就是犯罪论研究容易出成果，相比之下，刑罚论就比较难了。从刑法裁判的内容来看，定罪和量刑是其中不可缺少的两个部分，但其中与老百姓利益相关性更大的主要是量刑问题。刑罚合适不合适、重不重，实际上是关乎受刑人的切身利益的。

储槐植在一次刑法学研讨会上发言

对此，我主张在罪刑适应的讨论下，法官有发言权，但是被判刑的人也应该有发言权。所谓"认罪伏法"，其含义就是被告人接受了判刑，这并不是说判刑越轻越好，如果判得合适，有的被告人是会服气的，若被告人不服气，有的时候其实是刑罚不合适造成的。因此，做刑罚论的研究脱离不了实证，实证需要涉及数据，所以现在法学研究的杂志采纳的关于刑罚论的文章都明显看到有实证的东西，这样才有说服力。人自己说话有各种各样的利益关系，但数据却是实实在在的。马克思曾说："一种科学，只有在成功地运用数学时，才算真正达到了完善的地步。"刑法学研究亦是如此，推理是必要的，但是纯粹的推理不是社会科学最基本的方法。所以我常常感到，研究刑法的人懂一点高等数学是好的。

我的期待：独立思考的学术研究与未来刑法发展

我主张学术研究要重视独立思考，记得 20 世纪 50 年代初，我说独立思考不要有"框框"，要有自己的看法才能有用处。在这方面，北大的学风就很好，有原则但是也坚持学术自由，在做学问、搞研究方面，都不会有其他不应该有的约束，这是难能可贵的，对研究和发展起着一种看不见但十分重要的作用。学校氛围不是两三个人就能改变的，也不是短期内就能改变的，是历史传下来的好的传统。

直到现在，依旧有人问我，我有多少有价值的东西。如果我写的东西大家都写了，就没有什么价值了。所以我一直坚持，做学问要讲究质量，质量就涉及价值。只要文章里面有些精彩的东西能够让人们记住，那么它就是有价值的。比如对于"刑法结构是厉而不严还是严而不厉"，我写的文章字数虽少，但对于现在的立法依然有启发意义。世界万物是各种各样的，世界现象也是复杂的，这些事物在脑子里反映出来，我们就应该抓住精华的东西，把想法物质化流传下来才有用。

在学术研究的过程中，还涉及方法论问题。例如，"刑事一体化"是一种思想，也是一种方法，它主张任何事物的发展可能有自己的动力，但不可能离开客观环境，刑法也是被社会治理的各个方面推动发展的。方法是非常重要的，做学问如果在方法论上有新的东西，那就比观点的创新更有用，然而也更困难。

人类社会发展是从没有规则的社会到有规则的社会再到规则更细的社会。规则就是文明，让社会上的人不能根据需要就随便行事，而最高的规则就是法律。法治是社会发展的必然趋势，法律的发展体现了社会从野蛮到文明、从不够文明到进一步文明的社会发展的规律。从人类发展来看，文明的标志是由各种各样的规则表现出来的。现在我国的法治已经有了很明显的进步，但是规则还是不够的，要往细线条不断推进。近些年来，越来越多的学校开设了法律系，说明社会还是非常需要法律人才的，这让我觉得非常高兴，也让我对于我国法治的未来更加有信心了。

潘文石
生态保护四十年

潘文石，1937年生于泰国曼谷，北京大学生命科学学院教授，北京大学大熊猫及野生动物保护中心主任，北京大学崇左生物多样性研究基地主任。1961年毕业于北京大学生物系并留校任教。长期从事野生动物，尤其是大熊猫、白头叶猴、中华白海豚的研究和保护工作，为生态文明建设做出了贡献。

从事保护工作这么多年，我得到最大的启示是：人类不能孤独地行走于天地之间，人类应该与万物众生同生共存。

生态文明的出现是人类演化史上最伟大的事件之一。美国哈佛大学的威尔逊教授曾说过，如果全球的蚂蚁被消灭了，全球许多生态系统也会随之消亡，但假如人类消亡，那么地球上很多生态系统就会随之恢复。我想，这样一个比喻很具有警醒意义。人类在地球上曾经很渺小，随着逐渐发展强大，人类开始去伤害其他的物种乃至生态环境，这形成了过去非可持续发展的生活生产方式。但是现在我们认识到问题的重要性，我们要为了生命的未来去大声呼吁，建立一种充分考虑生态环境保护的新生态文明。我工作研究的这 40 年正是为了这个目标。习总书记在十九大中号召"加快生态文明体制改革，建设美丽中国"，我想，这个目标终会实现。

我很小的时候就对自然、野外非常感兴趣，那时最喜欢看的书是丹尼尔·笛福的《鲁滨孙漂流记》和杰克·伦敦的《荒野的呼唤》，与野生动物近距离地生活逐渐成为我的梦想。读大学时，我毫不犹豫选择了生物系。就这样，大学毕业后我成为一名生物学研究者，也成为一名生态保护者。

从事生态保护工作这么多年，我愈发真切地感觉到生态保护绝不仅仅是一项研究。我经常对自己的学生说："即使我们有 1000 篇论文和 100 本专著，但如果动物都灭绝了，老百姓依旧贫困，那么这些论文、专著又有什么用？"生态问题直接关乎生态环境的延续，关乎人类及其他物种的生存。保护生态多样性，推动人与自然和谐相处和发展，作为保护学家，这份责任始终放在我的心头。

保护秦岭：留住熊猫的自然栖息地

1980 年我开始了真正漫长的野外科考生活，我来到四川卧龙地区和秦岭南坡地区研究大熊猫。

当时普遍的保护出发点是美学，因为熊猫是全世界所关注的珍稀物种，所以它们应该在地球上存在。也因此有很多研究认为既然熊猫在野外生活有困难，那就应该把它们放到动物园中饲养保护起来。但是到了熊猫栖息地，我很快发现根据这个出发点并不能真正保护熊猫生存下去。

物种应该在它们本身的栖息地生存、觅食，在那里追求爱情，在那里生和死，这才是对生命的尊重。如果这个物种在野外灭绝了，动物园中有再多也没有意义。拯救一个物种最好的办法就是在它的

自然栖息地里保护它所在的群落的完整性、稳定性和物种内在的遗传多样性。因此，我和我的团队保护熊猫的目标始终是保全那些充满野性的自由生活的种群，保护它们世代生存的自然栖息地——给它们留下最后的自然庇护所。

我们首先花了很久时间观察记录大熊猫的行为，这是了解研究它们的基础。我们给熊猫戴上了无线电颈圈，颈圈每15分钟一次发回它们的位置数据，我们要不分昼夜地记录，一般是两小时一换班。十多年的野外科考生活已经让我形成了两小时一醒的睡眠节律。秦岭的冬季寒气逼人，林业工人都下山过冬，但对熊猫的记录不能停止。我和学生们住在四面透风的棚子里，钻进鸭绒睡袋，借着蜡烛微弱的光亮，用冻僵的手指记录熊猫通过无线电颈圈发回的数据。

除了寒冷和疲惫，有时甚至面临生死考验。1982年，我在卧龙山区追踪观察大熊猫时不慎从200多米高的山崖摔下，重重地摔在一块石头上。性命虽保住了，但猛烈的撞击撕裂了我的肛门。由于无法进食，我每天只能靠一勺蜂蜜和一个鸡蛋在山上维持生命，其间的痛苦刻骨铭心。

1983年年底至1984年年初，四川地区死了8只大熊猫，碰巧60年才开一次花的竹子大面积开花了。于是，"竹子开花导致大熊猫死亡，要把野生大熊猫都圈养起来保护"的观点甚嚣尘上。但依据我长期的观察和研究，我确信这样做是不合理的。首先，大熊猫和竹子一起共存了几百万年，竹子几十年就会开花一次，所以不会因为竹子开花大熊猫就失去了食物；其次，饲养野生熊猫会破坏它们的种群结构，而且还可能导致其繁殖能力大幅下降。随着保护热潮不断升温，大量资金投入到饲养场建设中，原本生活在荒野家园的大熊猫被送进饲养场，我心中非常着急。1984年10月，在山中简陋的工棚中，我向中央提交了一份报告，用我亲自观察到的第一手科学数据和实证，陈述了我不赞成人工饲养大熊猫的原因。最终中央采纳了我的建议，停止了大熊猫集中人工饲养的计划。

在这之后我发现,熊猫生存的真正主要干扰因素是森林砍伐。如果秦岭伐木者按照国家森林法控制的伐木强度伐木,熊猫和人就能够在一个共同的环境里生存下去。但是我去秦岭的时候,痛心地发现人类因为经济利益增长的驱使已经破坏了这种平衡,反过来人类生活也受到损害。秦岭的原始森林被严重砍伐,水土也无法保持了,一场大水甚至冲掉了半个县城。不仅熊猫没法生存,百姓也没有办法生存下去了。

看到秦岭当时这样严重的生态危机,我同我的研究生们写了一封致国家领导人的信,陈述了秦岭的情况和建议解除危机的办法。几天之内就得到了回复批准,中央高度重视,命令立即停止采伐,安排职工转产,批准在秦岭南坡原先大熊猫的自然栖息地里建立新的长青自然保护区。国务院出资5500万元,世界银行出资477万美元来支持这项工作。

自然保护区成立一年之后,秦岭的生态环境显著恢复,熊猫和其他动物能够安宁地生活,我就满怀高兴地离开了秦岭。在我离开秦岭的时候,最骄傲和最快乐的事情就是,看到熊猫娇娇、熊猫虎子和它们族群的生命,有如秦岭南坡那些汹涌奔腾的河,在自己故乡的沃土上绵延。

在离开的路上,我路过一个小城华阳镇,看到那里的情形我一下子惊呆了。华阳镇自古以来是一个商贸重镇,伐木兴盛时期它是木材运输买卖的中转站,旅店、饭店、邮局一应俱全,非常繁荣。但是在我经过的时候,华阳镇荒凉极了,街道空无一人,所有的商店、饭店都关门了。因为中央限制了伐木,华阳镇衰落了。我当时心里特别难过,一下子不知道自己做的事情是对的还是错的,为了保护熊猫等动物的生命,让百姓的生活变得这么萧条。我开始反思保护的方式,开始把人的生活作为保护工作中重要的考量因素,这样的思想贯穿在我之后对秦岭以及其他地方的保护行动中。

1990年3月，秦岭山区，潘文石与熊猫虎子

但是，正如习近平总书记所说："绿水青山就是金山银山。"20年后再看，环境保护和发展经济并不冲突。现在的秦岭已经恢复了生机，熊猫、亚洲豹、金丝猴、羚牛等不同的物种都和谐地在这个区域内生存繁衍，植被也都恢复得非常好，百姓也过上了安宁富裕的生活。几年前我再次回秦岭，看到他们发展生态旅游、种植药材。我在秦岭有个老朋友叫王文书，他们家里盖了新房子，我问他两个孩子的情况，他说都已经大学毕业了，一个在深圳，一个在汉中。一个原来贫穷山区的人，现在能够供养自己的孩子上大学，并找到了新的工作机会。动物、人与自然真正实现和谐共生，我感到特别欣慰。

保护崇左：保护猴子，要先改善百姓的生活

白头叶猴是一种生活在喀斯特山地区的美丽的猴子，但也被公认为世界25种最濒危的灵长类动物之一，在我国被列为一级保护动物。以前人们对它知之甚少，20世纪90年代，仅有广西崇左70—80平方公里的石山上生存着4个种群的白头叶猴。

1996年年初，我来到了崇左弄官山区，当地的条件比较艰苦。住的地方很难找，我只能蜷缩在一个废弃军营的破房子里，墙壁四

处开裂,没有门窗,更不用提水电了,稻草堆上铺一张草席子就是床。但我仍然非常喜欢这房子,在外面写上了八个大字"君子之居,何陋之有"。没有足够的食物,我常常饿得头晕眼花,难以入眠。但为了研究,生活困难都不算问题。

20世纪90年代,崇左还未脱贫,贫穷的人们为了一点薪柴,破坏了大片的森林。森林被破坏后,水土流失,生态恶化,人们的生活更加困难。那里的生活像是一种无限进行的恶性循环:穷困,砍伐、偷猎,更加穷困,再去砍伐、偷猎。最终导致整个生存环境被彻底破坏。我走访了几处山林,很多山上几乎没有树。看到一个几乎毁灭的生存环境时,我心情非常沉痛。恶劣的生态环境其实是人类和猴子共同面临的生存瓶颈,人类的生存甚至更困难,因为猴子还可以寻找到山壁石坑中下雨存积的水,但老百姓不可能爬到悬崖峭壁上,他们只能饮用一些很脏的水,这引发了很多疾病。

面对这种"人比猴子苦"的恶劣环境,我认为,崇左自然保护的核心问题,首先是提高当地人的生活水平,然后白头叶猴才会有希望。要保护猴子,先要改善人的生活。

村民砍伐森林是为了烧木材作为能源,如果能够推广沼气作为替代能源的话,他们就不会再去滥砍滥伐。那时我刚刚获了福特基金会一个10万元奖金的环保奖,我把奖金全部拿出来在山村修建沼气池,并在村口贴出了收购牛粪的告示。结果,家家户户都抢着送来牛粪,百姓很快地就发现这种能源的好处,很容易就接受了它。村民的水源也是个大问题,我又联系北大生态文明中心出资给村民修盖水池,改善他们的用水情况。一些因为卫生条件问题而引发的疾病肆虐村庄,比如肝病、妇科病等,我就从北京请来医生为村民医治。村里小学的硬件情况很糟糕,孩子们的学习难以保证,我想办法募集资金建了一座安全的新教学楼。

但要最终改善贫穷问题,仅仅依靠救助款是不够的,百姓需要掌握收益更高的生产方式。我建议他们种植适合该地气候、土壤的

甘蔗等经济作物，政府很快就出资资助农民种植甘蔗，牵线糖厂来该地投资建厂。老百姓的收入年年增长，原先贫困山区的村子里几乎80%的人都有钱盖新的房子了。随着村民生活越来越好，对森林的破坏也逐渐停止。

我的方向虽然主要是生物基本问题研究，但是我坚持利用一些力量去关怀老百姓，即使投入不多，效果却是巨大的。我们有很多宏伟的城市和高楼大厦，但我们还要看到在那些最偏僻的角落仍然有贫困的一群人，那里也恰恰是人和动物生存的危机前线。

我毕生研究的愿望就是，通过我们的努力能够和谐地处理这些生命之间的关系，根据当地动物生命与百姓生活的实际状况，寻找到一种合适的方法，帮助他们建立起自我创造、良性循环的生态环境。

在广西这20余年来，我不断地宣传可持续文明的思路，我想去影响政府、百姓来为环境做出更大的努力，从广西壮族自治区政府到小学，我都会去做报告宣传保护思想和生态文明。大家都接受了这种新的伦理道德之后，事情就会发生很大的变化。我清楚地记得，有一天早晨，三位农民发现了一只偷猎者铁夹子上的白头叶猴，他们赶忙把白头叶猴解救下来送到我这里，他们拒绝了我的酬劳，认为这是他们应该做的事。

最终生态环境会因此大大受益，弄官山白头叶猴从1996年的100只左右增长到现在的900只左右。经过秦岭和崇左两个地方的保护实践，我们的团队逐渐探索出一条兼顾珍稀物种、生物多样性保护和当地人民生存发展的有效途径。

北部湾："绿水青山"和"金山银山"的双赢

2003年，我听说三娘湾栖息着中华白海豚后，立即带着我的团队前去考察。30年前白海豚的分布从北部湾一直到长江口，但是现在在世界濒危物种红色名录上已经属于极危物种。我们在两年时间里收集到了18万张照片、上千段视频及数千个GPS定位点，确认三娘湾海域的中华白海豚种群数量正不断增加，是世界上最健康、最有繁殖能力的群体，北部湾剩下的这100多只中华白海豚正是这个物种最后的希望。

白海豚主要栖息在北部湾钦州市的东部地区，因为这里过去属于尚未开发的空地，北部湾新建的工业基地也选址这里。其中，紧靠大风江入海口的三娘湾，非常适合建设大型修造船项目，故被规划为造船工业开发区。2004年，我向政府提交重新规划工业区的建议，向政府说明北部湾地区是全球保护生物多样性的热点地区，这里生存着许多独一无二的珍贵物种，于此设立工业区带来的工业污染和人口增加会大大影响白海豚等物种的生存。

北部湾政府很快就接受了我的建议，我们达成了追求自然保护与经济发展"双赢"的共识：北部湾地方的生物多样性对我们子孙后代的生存是非常重要的，保护刻不容缓；但是北部湾作为国家开发区，当下也很需要有经济增长，没有经济增长的社会是不完善的社会，我们不能为了保护自然就回到吃不饱穿不暖的原始阶段。

半年之后，北部湾的整体布局发生了很大的变化。钦州市政府将工业园区西移集中在北部湾的西面，远离北部湾东边白海豚的栖息保护区。工业区与海豚自然保护区之间也建立起了保护线——修建了一条三墩路作为界线。相关工业企业也主动再增加约3亿元投资以购入污水处理设备，将排污标准提高到接近零排放。这样，白海豚能够在这片没有被破坏的环境中自由自在地生长，这个物种的希望也被延续下来。

白海豚自然保护区沿岸原先有一些渔村，我建议保留下来，渔民仍然保持养殖水产的生产模式，这其实能够促进生态和谐。近海养殖的生蚝、沿海滩涂生长的沙虫，都对环境质量十分敏感，它们也能够成为白海豚生活环境的监测指标。更重要的是，它们是当地

群众增收致富的重要来源,现在钦州已成为全国著名的生蚝养殖基地。

钦州的实践很好地证明了经济发展和生态保护并不矛盾,可以是"鱼和熊掌兼得"的共赢关系。对海洋生态环境和水质极其敏感的中华白海豚的数量从21世纪初一直在增长。我也听钦州政府说,10年间钦州GDP从不足300亿元跻身"千亿元俱乐部","大工业和白海豚同在"已经成了钦州的生态品牌。

今天,当我们面对大海,站在钦州市三墩路的分界处,朝西边看是钦州保税港区的现代化工业园区和一个个大型的储油罐,转向东边就可以看到一小群白海豚自由自在地巡航在蔚蓝的海面上。三墩路已经不仅仅是一条普通的路,它象征着一项伟大事业的召唤和责任,为了子孙后代的安全与幸福,钦州人必须迎接时代的挑战,既要发展经济,也要保护自然。

许多国家曾经走过"先污染,后治理"的弯路,但今日不同往昔,如今,"绿水青山"就是"金山银山"的理念深入人心。通过合理科学的保护方式,社会经济快速发展中的生态保护也成为可能,实现"美丽中国"之梦正依赖这种生态友好的良性发展方式。

我们生态保护工作者的这些努力只是一部分,解决问题的主力始终是政府。只有政府才有力量去帮助百姓解决问题,去恢复那些被破坏了的生态系统,去改善环境。在人们的想象中,环境学家和政府的关系往往是不和谐的,环境学家呼吁保护环境似乎就要限制政府行为。但是我的经验充分表明,生态保护工作者和国家政府能够和谐地合作,目的都是为了百姓的生活,为了国家长久的发展,为了人类与地球的繁衍生息。

积累了这么多年的生态保护经验,我逐渐形成了一整套"生命教育"的教育理念,这也是我发起成立钦州市文实中学的初衷——从孩子起,就注重培养他们对生命的热爱,让他们感知自然的神奇与可贵。我常常邀请孩子们来到野外参观,亲自带着他们穿越繁茂的树木和灌丛,仔细观察白头叶猴们的生活。看到山林的生命力深深植根于茂密丛林、奇幻悬崖和小溪农田之中,看到学生们在生态体验中获得的那份快乐,我倍感欣慰。

我愿在荒野终老

大自然中永远蕴含着生命的惊喜。2009年10月,我们在广西江州木榄山附近山洞中进行环境考察时,偶然找到了距今约11万年的早期现代人的下巴颏。这个发现足以证明左江流域过去是早期现代人类的伊甸园,同时也为现代人多起源学说提供了新的有力证据。同年,我的队伍在秦岭野外研究又取得三项发现,首次发现了动物中的隔代照料现象,猴子的爷爷奶奶、姥姥姥爷会照顾孙子孙女、外孙外孙女……这些新发现引领着我继续探究生命的奥秘。

回首已经走过的路,我总觉得自己就像杰克·伦敦笔下的布克,由于一个偶然的原因落入北极荒原,从此就心甘情愿地在漫漫的雪野里追赶猎物。我的精神世界与布克一样,洋溢着对野性的虔诚向往。

大学期间攀登珠峰的经历是我坚定梦想的关键经历,那是我一生最难忘的记忆。从1958年5月至1959年10月,我随中国第一支珠穆朗玛峰登山队,先赴甘肃的祁连山攀登"五一冰川",后到西藏的念青唐古拉山,再后来进入珠穆朗玛峰北坡登山和进行科学考察……在冰山雪野中,我真正地感受到生命存活下来的艰难,但同时也坚定了我人生的志向,从此决心走上研究自然的苦旅之路。如果没有参加珠穆朗玛峰的登山考察科考活动,也就没有我今生的科学生涯。

2018年是北京大学百廿校庆,北大山鹰社登上了珠峰,将"北大精神,永在巅峰"的口号留在了世界之巅。我感到非常高兴,给北大山鹰社写了封贺信,信中说:"我对于登山活动的热爱就在于,一种发自内心的激情,一种在雪道苦旅上的感悟。""我已经81岁

了，年龄和体力均在衰退之中，但北大山鹰社的精神无时不在鼓舞着我在当今地球上最后的荒野上空飞翔，直到那一天，我已成仙，不为别的，只为万物苍生的喜乐平安。"

我的研究历程也仿佛是攀登一座高峰，但是，我的探索之峰永远没有山巅。如今，我虽然已经八十余岁了，但是我目前的身体状况和精力仍然足以支撑我搞研究，那么我想我的保护和研究就要继续做下去，继续攀登下去。前段时间，广西涠洲岛附近发现大批布氏鲸，这引发了我的关注，我正在积极筹备赴涠洲岛实地考察，准备开启学习、研究的新篇章。

科学之路没有尽头，我愿在荒野终老。

（采访、整理：陈震坤、王艺遥）

后　记

2019年是新中国成立70周年。回首70年来，中国人民一路披荆斩棘、跋山涉水，创造了举世瞩目的伟大成就，书写了感天动地的奋斗史诗。在这一进程中，北京大学始终与国家和民族同呼吸、共命运。从新中国成立之初的筚路蓝缕，到改革春风中的扬帆起航，再到新时代的砥砺奋进，在国家发展的道路上，永远有北大人奋斗的身影。这段历程值得总结，值得回味。为此，2019年年初，学校号召广大离退休老同志围绕"我和我的祖国"的主题，撰写回忆文章，我们从中选择了45篇文章，组织编写了这本《我和我的祖国——北大老同志庆祝新中国成立70周年回忆文集》。

本书的作者，年龄上至97岁，下到62岁。他们曾经奋斗在北大的各个岗位：有来自各学科各领域的专家学者，包括院士及资深教授；也有来自各个系统的服务管理人员。他们的功业载入史册，他们的精神历久弥新。他们撰写的回忆文章，从不同的侧面，勾画出北京大学的发展历程，记述了许多鲜为人知的故事，讴歌了新中国的辉煌成就，为了解北大历史，乃至中国高等教育史保存了珍贵的史料，也为我们理解北大传统、传承北大精神提供了一本生动的教科书。

这本书仿佛是一幅逶迤磅礴、绚丽多姿的画卷，勾勒出北京大学乃至新中国栉风沐雨、砥砺前行的动人画面；又仿佛是一条汹涌澎湃、奔流不息的河流，北大人的家国情怀和奋斗精神在其中缓缓流淌，生生不息。它是一封穿越时空的来信，更是一份矢志报国、

永久奋斗的青春宣言。

"踏遍青山人未老,风景这边独好。" 70 年后的今天,我们整理行囊再出发,踏上民族复兴的伟大征途,建功立业的舞台空前广阔、梦想成真的前景空前光明。北大的故事说不尽,北大的精神常为新。从这一意义上讲,《我和我的祖国》是一本没有写完的书,新的、更精彩的"我和我的祖国"的故事,在等待继续讲述和书写。

在本书编辑出版过程中,学校党政领导给予了强有力的关心和指导,离退休工作部承担了具体工作,党委宣传部、相关院系领导及离退休系统的工作人员积极配合,新闻中心记者团、校团委《北大青年》报社记者团、元培学院团委等都为文章的整理和本书的编辑提供了帮助。北京大学出版社的编辑对本书进行了认真细致的编辑、审校,使本书得以顺利面世。在此一并表示感谢!由于我们水平有限,加上时间紧张,书中难免存在一些疏漏,敬请广大读者批评指正。

本书编委会
2019 年 6 月 28 日